Christine Dalles

Le gaullisme

1940-1969

Ouvrages de
Jean Touchard

La République argentine
(avec la collaboration de Alain Rouquié)
1re éd. 1949-4e éd. 1972, Paris, PUF, « *Que sais-je ?* »

Histoire des idées politiques
(avec la collaboration de Louis Bodin, Pierre Jeannin,
Georges Lavau, Jean Sirinelli)
t. 1. 1re éd. 1959-4e éd. 1971; t. 2. 1re éd. 1959-6e éd. 1973
Paris, PUF, « *Thémis* »

Front populaire : 1936
(avec la collaboration de Louis Bodin)
1re *éd. 1961-2e éd. 1965, Paris, A. Colin,* « *Kiosque* »
rééd. 1972 dans la collection « *U2* »

La Gloire de Béranger
Paris, A. Colin, 1968

Louis Rousseau, 1787-1856
Aux origines du catholicisme social
Paris, A. Colin, 1968

La Gauche en France depuis 1900
Paris, Éd. du Seuil, 1977

EN PRÉPARATION À PARTIR DES COURS POLYCOPIÉS
DE L'INSTITUT D'ÉTUDES POLITIQUES

Littérature et Politique
Paris, 1954-1955

Jean Touchard

Le gaullisme
1940-1969

Éditions du Seuil

En couverture : 1er plan, photo Marc Riboud, Magnum;
2e plan, photo Magnum.

ISBN 2-02-004797-7

Ce livre a été publié d'abord sous la forme d'un cours polycopié, à l'Institut d'études politiques de Paris, en 1972. La mise au point définitive du texte, les notes d'éditeur qui l'accompagnent, les compléments chronologiques et bibliographiques sont dus à Olivier Rolin.

Introduction

Que l'on soit gaulliste, antigaulliste ou indifférent au gaullisme, il ne me paraît pas inutile de chercher à réfléchir sur la signification idéologique du gaullisme : le gaullisme est-il, dans l'histoire des idées politiques, un événement purement conjoncturel lié à la personnalité exceptionnelle d'un homme exceptionnel ou est-ce un phénomène plus profond, original, appelé à survivre au général de Gaulle et à survivre sous quelle forme ? Et que faut-il penser des quelques explications globales du gaullisme qui ont été avancées depuis une dizaine d'années ? Nous examinerons en détail les différentes thèses en présence, celle d'Henri Claude et du PCF, celle de Serge Mallet, celle de François Mitterrand, celle de René Rémond, celle de François Goguel et celle de Jean Charlot. Je dirai cependant tout de suite que les explications plus ou moins globales du gaullisme me laissent perplexe et insatisfait, car elles me paraissent négliger, dans la plupart des cas, deux séries de distinctions qui me semblent fondamentales.

La première porte sur les niveaux d'analyse : il y a le gaullisme du général de Gaulle, dont le premier écrit date de 1924, et dont la dernière déclaration officielle date du 28 avril 1969 : « Je cesse d'exercer mes fonctions de président de la République. Cette décision prend effet aujourd'hui à midi. » Il y a le gaullisme des personnalités gaullistes, celles qui ont été gaullistes et ne le sont plus, celles qui le sont devenues, celles qui n'ont pas cessé d'être gaullistes. Il n'est pas évident a priori — c'est le moins qu'on puisse dire — que tous ces gaullismes soient identiques, ni qu'ils soient identiques au gaullisme de leur commun inspirateur. Il y a encore le gaullisme des formations gaullistes, France libre pendant la guerre, RPF de 1947 à 1953, UNR puis UDR depuis 1958. Il y a, enfin, le gaullisme de l'opinion publique, ce que le général de Gaulle avait coutume d'appeler « la Nation dans ses profondeurs », et qu'on peut chercher à appréhender d'après les témoignages, la presse, les sondages, les résultats électoraux. Il n'est pas évident du tout que le gaullisme présente, à ces quatre niveaux, des caractères identiques. Le contraire semble même le plus probable.

Il est important de distinguer les niveaux d'analyse, mais il n'est pas moins important de distinguer les périodes, et on peut en compter huit, allant du gaullisme de guerre à la période du gaullisme pompidolien qui a commencé avec l'élection de Georges Pompidou à la présidence de la République : gaullisme de gouvernement de la Libération à janvier 1946, gaullisme d'opposition avec le RPF, époque mal connue dont le général ne parle ni dans ses *Mémoires de guerre*, ni dans ses *Mémoires d'espoir ;* gaullisme de 1958-1959, très marqué par les souvenirs du 13 mai et l'image de l'Algérie française, gaullisme des années 1959-1962, qui voient les étapes dramatiques de l'indépendance algérienne amener les partis à respecter une sorte de trêve de l'opposition, gaullisme de gestion des années 1962-1968, qui se termine par la brève phase allant de mai 1968 au départ du général, et qui coïncide avec le gouvernement Couve de Murville. On peut évidemment postuler que le gaullisme présente durant ces huit périodes les mêmes traits fondamentaux aux quatre niveaux d'analyse. Mais on peut aussi penser que ces huit périodes, tout en présentant des traits communs, sont assez profondément différentes les unes des autres pour qu'il convienne d'accueillir avec la plus extrême réserve les explications globales du gaullisme.

Je voudrais ajouter trois choses : tout d'abord, le cours que je vais essayer de vous faire est un cours d'histoire des idées et non pas un cours d'histoire politique. Il suppose connue l'histoire politique de la France depuis 1940, telle qu'elle est notamment relatée dans le manuel Thémis de Jacques Chapsal et dans le cours d'Alain Lancelot [1]. Ensuite

1. Cf. J. Chapsal et A. Lancelot, *La Vie politique en France*, Paris, PUF, 1975.

je vous indique d'emblée que j'essaierai de replacer l'histoire du gaullisme dans l'histoire du nationalisme français, en donnant au mot de nationalisme le sens large et neutre qu'il convient de lui donner ou que j'ai en tout cas l'habitude de lui donner. Mon cours prend donc la suite du cours polycopié que j'ai fait en 1964-1965 sur le nationalisme français. Enfin, je ne me pique pas de vous faire un cours objectif. J'ai été mêlé, à un rang modeste, à certaines périodes de l'histoire du gaullisme, mais pas à toutes, et en tout cas pas à ses périodes les plus récentes. Je ne parlerai donc pas du gaullisme avec indifférence, mais je m'efforcerai d'en parler sans parti pris.

1

Le général de Gaulle avant le gaullisme

Dans ce chapitre, j'aurai à vous fournir des précisions biographiques, car il serait évidemment absurde d'étudier la pensée du général de Gaulle sans connaître sa vie. Mais la biographie ne nous intéresse que dans la mesure où elle nous permet de comprendre l'homme — et ni dans ce chapitre ni dans les suivants je n'abuserai des détails biographiques. Il me semble que dans ce premier chapitre nous avons avant tout à réfléchir à deux problèmes.

Il est, d'abord, très évident que sans la guerre, sans la défaite, sans l'appel du 18 juin, il n'y aurait pas eu de gaullisme. Le gaullisme est né de la guerre et ne s'explique que par la guerre. Mais en 1940, le général de Gaulle a 50 ans ; il a, à l'époque, beaucoup écrit, beaucoup plus que n'ont écrit la plupart des militaires de carrière de son grade. Ainsi se pose une première question qui est fondamentale pour qui s'intéresse à la genèse d'une pensée : le gaullisme du général de Gaulle est-il déjà formé dans ses lignes essentielles en 1940 ou a-t-il été forgé par l'événement à partir de 1940 ? En d'autres termes, existe-t-il une sorte de structure initiale de la pensée gaullienne, et si oui, quelles en sont les composantes ?

— C'est ici que se pose la seconde question fondamentale : qu'est-ce qui a contribué à former la pensée du général de Gaulle, telle qu'elle s'est exprimée avant 1940 ? Est-ce le milieu, familial, social, militaire ? Est-ce l'époque, l'appartenance à la génération qui a eu 20 ans en 1910, 40 ans en 1930 ? N'y a-t-il pas, quelle que soit l'influence de l'époque et de la société, un certain nombre de traits propres au futur général de Gaulle, inhérents à sa personnalité la plus profonde ? L'homme, l'époque, la société : ce sont les trois termes de l'analyse qui s'imposent à tout historien des idées. L'analyse de ces trois termes est particulièrement importante — et particulièrement difficile — en ce qui concerne le général de Gaulle.

Charles de Gaulle est né le 22 novembre 1890 à Lille. Il a donc 8 ans au moment des grands débats provoqués par l'affaire Dreyfus, 15 ans au moment des Inventaires, 24 ans au début de la guerre de 1914. Il n'a pas tout à fait 50 ans lorsqu'il lance l'appel du 18 juin 1940. Il a 67 ans lors de la crise de mai 1958 qui le ramène au pouvoir.

Charles de Gaulle est né à Lille et son milieu familial — du côté maternel — est cette bourgeoisie catholique du Nord à laquelle Paul-Marie de la Gorce consacre quelques bonnes pages dans son *De Gaulle entre deux mondes* [1]. Sa famille paternelle est d'ascendance aristocratique — une petite aristocratie pauvre — et on en trouve la trace dès 1210; elle est fixée à Paris depuis quatre générations. Le père du général de Gaulle, Henri de Gaulle, est un intellectuel, qui enseigne dans l'enseignement libre à Paris.

Dans ses *Mémoires de guerre*, à la première page, le général de Gaulle parle brièvement de son père, mais ce qu'il en dit est important : « Mon père, homme de pensée, de culture, de tradition, était imprégné du sentiment de la dignité de la France. Il m'en a découvert l'Histoire. » Et le mot Histoire est écrit avec une majuscule. Henri de Gaulle est professeur, puis préfet des études dans un collège de jésuites, le collège de l'Immaculée Conception, rue de Vaugirard; il enseigne aussi rue des Postes, à l'école Sainte-Geneviève; lorsque les jésuites sont expulsés de France, il fonde un nouvel établissement libre, l'école Fontanes, rue du Bac. C'est un homme de vraie culture, sans aucune ambition, traditionaliste et pauvre comme peut l'être un

1. Fayard, 1964.

professeur d'enseignement libre. De formation monarchiste, se définissant comme un « monarchiste de regret », il est résigné à la République, mais c'est un esprit très indépendant, et au moment de l'affaire Dreyfus il ne dissimule pas qu'il croit Dreyfus innocent. En revanche, il est profondément atteint par la politique anticléricale de Combes; le futur général de Gaulle a été élevé dans un milieu où la politique de la Séparation et des Inventaires apparaissait comme un scandale ou du moins comme une triste division des Français : Il semble certain que la division des Français au temps de l'affaire Dreyfus et de la Séparation a vivement marqué sa sensibilité d'enfant. Après l'expulsion des jésuites, dont il est l'élève, Charles de Gaulle va terminer en Belgique les études qu'il avait commencées en France. Évoquant, très brièvement, cette époque, il écrit dans le premier tome de ses *Mémoires de guerre :* « Rien ne m'attristait plus profondément que nos faiblesses et nos erreurs révélées à mon enfance par les visages et les propos : abandon de Fachoda, affaire Dreyfus, conflits sociaux, discordes religieuses » (*MG*, I, p. 2).

La famille paternelle de Charles de Gaulle est une famille d'intellectuels aux spécialités étranges. Un de ses oncles, Charles de Gaulle, est spécialiste des Celtes et du bas-breton, et publie des poèmes gaéliques sous le nom du barde de Gaulle. En 1969, à Quimper, devant un auditoire un peu étonné, le général de Gaulle déclame quatre vers en breton de son oncle Charles. Un autre de ses oncles, Jules, est entomologiste, et consacre sa vie à recenser des centaines de variétés de guêpes et d'abeilles.

La famille maternelle de Charles de Gaulle est originaire du Nord et sa grand-mère, Joséphine Maillot, qui appartenait à une famille d'industriels de Dunkerque, se fit connaître au XIXe siècle en publiant des livres de piété et surtout *la Correspondance des familles*, où elle montre une certaine hardiesse d'esprit en publiant du Jules Vallès et en appréciant élogieusement Proudhon — ce qui était peu commun à l'époque dans les publications bien pensantes. La mère du général de Gaulle était une femme pieuse et patriote : « Ma mère, écrit-il dans ses Mémoires, portait à la patrie une passion intransigeante à l'égal de sa piété religieuse » (*MG*, I, p. 1). De Mme de Gaulle mère, nous ne savons pas grand-chose, sinon cette anecdote publiée le 2 juillet 1958 dans *le Figaro* et reprise dans le livre de Tournoux, *Pétain et de Gaulle*, p. 41 [1] : « Mme de Gaulle parle avec une de ses amies, Mme de Lanzac, et celle-ci la félicite d'avoir des enfants si brillants et affectueux. Mme de Gaulle répond que c'est vrai et elle ajoute que ses fils — quatre fils et une fille aînée — lui font beaucoup de peine. Mme de Lanzac s'étonne et Mme de Gaulle lui fait cette révélation : " Ils sont républicains. " »

En 1921, à 31 ans, le futur général de Gaulle épouse Yvonne Vendroux qui appartient elle aussi à la bourgeoisie industrielle et catholique du Nord et dont le frère a été longtemps député RPF, puis UNR, puis UDR.

Tel est le milieu familial et intellectuel du futur général de Gaulle avec la double influence de la bourgeoisie du Nord et de l'éducation donnée par les jésuites, mais aussi avec l'influence d'un père, qui est un intellectuel, qui est un homme pauvre et qui était, d'après les témoignages de ses anciens élèves, une personnalité attachante et forte. Ce qu'il faut noter, c'est que le général de Gaulle n'est absolument pas solidaire du monde de l'argent, de la bourgeoisie d'argent. A un de ses interlocuteurs, il déclare en 1962 : « Bourgeois ? Je ne l'ai jamais été. La bourgeoisie, c'est la richesse, la conscience de la détenir ou la volonté de l'acquérir. Ma famille et moi, nous avons toujours été pauvres... Je ne me suis jamais senti lié aux intérêts, aux aspirations de cette classe » (cité par Jean Lacouture, p. 13 [2]).

Il n'est pas pareil, il est différent et a une conscience aiguë de cette différence. Très jeune, Charles de Gaulle manifeste une forte personnalité. Il n'est pas communicatif. On dit de lui : « Charles est tombé dans la glacière. » Lorsqu'il joue aux soldats de plomb, il choisit toujours les Français, laissant les Allemands et les Anglais à ses trois frères, Xavier, Pierre et Jacques. Il se signale par une mémoire prodigieuse.

1. Plon, 1964.
2. *De Gaulle*, Le Seuil, 1969.

Avec ses frères, il invente un langage, le siacnorg qui consiste à inverser toutes les lettres; il manifeste à cet égard une belle virtuosité et parle couramment siacnorg. Il lit beaucoup, il admire, comme toute sa génération, Edmond Rostand et sait *Cyrano de Bergerac* par cœur. A 14 ans, il compose une saynète en vers, *Une mauvaise rencontre*, qui est reproduite dans le livre de J.-R. Tournoux, *Pétain et de Gaulle*. Il s'agit d'un dialogue entre un voyageur et un brigand. Le brigand, avec une exquise politesse, finit par dépouiller entièrement le voyageur terrorisé. Certains ont vu dans cette saynète une sorte d'éloge de la ruse qui annoncerait le comportement ultérieur du futur général de Gaulle, mais il ne semble pas qu'il faille être trop subtil. *Une mauvaise rencontre* n'est pas autre chose qu'un exercice scolaire, qui montre une certaine habileté à manier les alexandrins à la façon de Rostand, mais ni le fond, ni la forme n'appellent de très longs commentaires.

Charles de Gaulle décide de préparer Saint-Cyr — vocation normale en raison de son milieu familial. Il est reçu en 1909 et en sort en 1912, treizième de sa promotion. Avant d'entrer à Saint-Cyr, Charles de Gaulle, conformément à l'usage de l'époque, fait une année comme simple soldat à Arras.

La légende a pieusement recueilli le mot — le premier d'une longue série — du capitaine commandant la compagnie dans laquelle servait le jeune Charles de Gaulle, le capitaine de Tugny. Comme on lui demandait pourquoi il n'avait pas nommé sergent un conscrit aussi bien doué, il aurait répondu : « Que voulez-vous que je nomme sergent un garçon qui ne se sentira à l'aise que généralissime » (J. Lacouture, p. 22).

A sa sortie de Saint-Cyr en 1912, Charles de Gaulle demande à être affecté au 33ᵉ régiment d'infanterie d'Arras que commandait alors un colonel connu pour son indépendance d'esprit, pour son opposition à la doctrine officielle de l'armée sur l'offensive à outrance — doctrine à laquelle il opposait de sages considérations sur la puissance du feu : le colonel Pétain. Les hommes que commande de Gaulle sont des hommes du Nord, et P.-M. de la Gorce souligne l'importance de cette expérience initiale : « Tout au long de sa vie quand il évoque le peuple français, c'est surtout la population du nord de la France qu'il imagine. Quand il s'adresse aux Français, c'est aux Français du Nord qu'il pense. »

Ce qui est important, c'est que Charles de Gaulle est un saint-cyrien de 1910. Il est à Saint-Cyr pendant l'affaire d'Agadir, au temps des manifestations du souvenir pour Metz et Strasbourg. Il sort de Saint-Cyr en 1912, l'année où Henri Massis et Alfred de Tarde publient dans *l'Opinion* sous le pseudonyme d'Agathon leur enquête sur les jeunes gens d'aujourd'hui. Cette enquête révèle une jeunesse intellectuelle profondément différente de la génération qui avait eu 20 ans vers 1895 : une jeunesse traditionaliste, nationaliste, catholique et sportive, qui admire Barrès, Bergson, Péguy et Psichari [1], une jeunesse qui sent venir la guerre, qui l'attend et qui l'appelle. Parlant de la guerre qui vient, le général de Gaulle écrit dans ses Mémoires : « Je dois dire que ma prime jeunesse imaginait sans horreur et magnifiait à l'avance cette aventure inconnue. En somme je ne doutais pas que la France dût traverser des épreuves gigantesques, que l'intérêt de la vie consistait à lui rendre, un jour, quelque service signalé et que j'en aurais l'occasion » (*MG*, I, p. 2).

La guerre de 1914 éclate. Péguy est tué, Psichari est tué, la génération d'Agathon est massacrée. Charles de Gaulle est blessé une première fois en 1914, blessé une seconde fois en 1915, blessé une troisième fois à Douaumont en 1916, laissé pour mort et fait prisonnier. Le général Pétain, le croyant mort, lui attribue la citation suivante : « Le capitaine de Gaulle, commandant de compagnie, réputé pour sa haute valeur intellectuelle et morale, alors que son bataillon, subissant un effroyable bombardement, était décimé et que les ennemis atteignaient la compagnie de tous côtés, a enlevé ses hommes dans un assaut furieux et un corps à corps farouche, seule solution qu'il jugeait compatible avec

1. Bergson salue la « renaissance morale française », Péguy évolue du dreyfusisme au bellicisme, Psichari, petit-fils de Renan, publie *l'Appel des armes* et écrit *le Voyage du centurion. (N. d. É.)*

son sentiment de l'honneur militaire. Est tombé dans la mêlée. Officier hors de pair à tous égards. » A 26 ans, le capitaine de Gaulle est donc prisonnier en Allemagne où il restera jusqu'à la fin de la guerre. Après une tentative d'évasion, il est envoyé à Ingolstadt sur les bords du Danube. Ses biographes soulignent l'importance de ces deux ans de captivité pendant lesquels — tout en cherchant plusieurs fois à s'évader — il lit beaucoup; c'est aussi en captivité qu'il fait la connaissance du futur général Catroux, de Rémy Roure et du futur maréchal Toukatchevsky qui devait être victime des purges staliniennes en 1937. Ses camarades de captivité ont l'habitude de l'appeler « le connétable ».

Libéré à la fin de la guerre, le capitaine de Gaulle fait un séjour en Pologne et participe en 1920 à la défense de Varsovie contre l'Armée rouge, commandée par Toukatchevsky, son ancien camarade de captivité. De retour en France, Charles de Gaulle prépare l'École de guerre où il entre en 1922 et dont il sort en 1924 avec un rang médiocre, dans le second tiers. Sur ce séjour à l'École de guerre, nous pouvons consulter les témoignages de deux de ses camarades, le général Chauvin (dans *Miroir de l'histoire*, 10 juillet 1960) et le général Laffargue (dans *Fantassin de Gascogne* [1]). Ils le dépeignent comme un camarade, chantant volontiers *la Femme du roulier* et ne répugnant pas à chahuter. Mais le futur général de Gaulle montre un caractère difficile, manifestant, selon les notes qui lui sont attribuées et qui sont intégralement citées par Tournoux dans *Pétain et de Gaulle*, « l'état d'esprit de roi en exil ». Il exaspère manifestement ses instructeurs qui lui font payer son mauvais caractère par un mauvais classement. Certaines anecdotes révèlent ce caractère difficile : c'est ainsi que pendant les grandes manœuvres d'été, Charles de Gaulle est invité à tenir la place d'un général de corps d'armée. Lors de la critique de l'exercice, l'instructeur, le colonel Moyrand, pose la question : « Où est le train des équipages ? » Et le capitaine de Gaulle se tourne vers son camarade qui jouait le rôle de chef d'état-major : « Chateau-

1. Flammarion, 1962.

vieux, veuillez répondre : “ De minimis non curat praetor. ” » Le général Chauvin rapporte une anecdote significative — et aussi invérifiable que la précédente — datant du passage du capitaine de Gaulle à l'École de guerre. Un jour pendant une manœuvre, ils se trouvent assis tous deux contre un arbre, fumant en silence. Le capitaine Chauvin dit tout à coup : « Mon cher, je vais vous dire une chose qui vous fera sans doute sourire. J'ai ce curieux sentiment que vous êtes voué à un très grand destin. » Long silence, et le capitaine de Gaulle répond : « Oui, moi aussi » (J.-R. Tournoux, *Pétain et de Gaulle*, p. 98).

Quelques années plus tard, le 20 juin 1929, alors qu'il commande à Trèves le 19ᵉ bataillon de chasseurs, le commandant de Gaulle écrit à son ami le colonel Nachin : « Ah! toute l'amertume qu'il y a de nos jours à porter le harnais! Il le faut pourtant. Dans quelques années l'on s'accrochera à nos basques pour sauver la patrie. » Pendant longtemps, on a lu : « On s'accrochera à mes basques... » La photocopie citée par Jean Lacouture montre qu'il convient, semble-t-il, de lire : « On s'accrochera à nos basques » — ce qui modifie sensiblement le sens de la phrase : « Les civils auront un jour besoin des militaires » et non pas « La France aura un jour besoin de Charles de Gaulle ».

La carrière du capitaine de Gaulle se poursuit normalement sans rapidité exceptionnelle : il reste 12 ans capitaine, de 1915 à 1927; en décembre 1927, il est envoyé à Trèves — dans la zone d'occupation en Allemagne — pour commander le 19ᵉ bataillon de chasseurs (beau commandement); à la fin de 1929, il est envoyé à Beyrouth, mais il y reste peu de temps et ne s'y plaît guère; Charles de Gaulle n'est pas un colonial; il appartient à la tradition métropolitaine. En 1932, il est nommé lieutenant-colonel et affecté au secrétariat du Conseil supérieur de la Défense nationale : poste de relations, de contacts et de confiance, plus que de responsabilité. En 1937, il est nommé colonel, commandant le 507ᵉ régiment de chars à Metz. Il est alors sous les ordres du général Giraud qui ne l'apprécie pas beaucoup, mais qui accepte cependant de l'inscrire au tableau pour une nomination aux fonctions de général de brigade. Il est, en effet, nommé pendant la guerre, en mai 1940, général de brigade à titre temporaire et n'a jamais voulu être nommé à un grade supérieur (cf. la lettre du général de Gaulle à Edmond Michelet le 12 avril 1946, citée par Jean Charlot, *le Gaullisme*, p. 23 [1]).

Dans cette carrière, un problème : les relations avec Pétain auxquelles J.-R. Tournoux a consacré un livre très documenté. Il est certain que de Gaulle a fait longtemps partie de l'équipe Pétain. Jeune officier, de Gaulle avait appartenu avant 1914 au 33ᵉ régiment d'infanterie que commandait le colonel Pétain à Arras. Après la guerre, de Gaulle témoigne à Pétain une extrême déférence et il apparaît comme le plus brillant espoir de « l'écurie Pétain ». C'est Pétain qui l'impose comme conférencier à l'École de guerre en 1927 et, fait tout à fait inhabituel, il vient y présider les trois conférences que fait le capitaine de Gaulle en avril 1927 et qui seront publiées plus tard dans *le Fil de l'épée*, y compris le fameux passage sur « l'homme de caractère » qui peut passer pour un éloge de Pétain et qu'en tout cas certains auditeurs interprétèrent comme tel. Plus tard, les relations entre Pétain et le colonel de Gaulle se relâchèrent. Le colonel de Gaulle reprochait à Pétain de ne pas soutenir ses idées sur la mécanisation de l'armée et même de s'y opposer. Le maréchal Pétain était vraisemblablement irrité par l'orgueil et la raideur de son ancien subordonné. En 1938, la publication de *la France et son armée* par le colonel de Gaulle provoque une assez vive tension entre le maréchal Pétain et lui. Il s'agissait en effet d'un texte rédigé par de Gaulle alors qu'il était le collaborateur de Pétain et que celui-ci songeait à publier une *Histoire de l'armée française*. De Gaulle, se considérant comme libre de toute obligation envers Pétain, publia le livre sous son nom, ce qui provoqua une réaction assez vive de Pétain. Cependant, les choses finirent par s'arranger, et Pétain partit représenter la France auprès du général Franco (cf. J.-R. Tournoux, p. 172-176).

Telle est la carrière proprement militaire du futur général de Gaulle : honorable, plutôt brillante, pas fulgurante, pas

1. Armand Colin, 1970.

retardée par son indépendance d'esprit. Mais cette carrière présente une particularité assez rare : c'est celle d'un officier qui écrit. Le premier livre du futur général de Gaulle paraît en 1924; entre 1924 et 1939, il publie trois autres livres ainsi que divers articles. 1924 : premier livre, *la Discorde chez l'ennemi*. 1er mars 1925 : article dans la *Revue militaire française*, « Orientation de nos doctrines de guerre », qui sera reproduit dans *le Fil de l'épée* en 1932. 1er décembre 1925 : article dans la *Revue militaire française*, « Rôle historique des places françaises » qui sera reproduit en 1945 dans *Trois Études*, avec un avant-propos du colonel Nachin. Avril 1927 : dans la *Revue militaire d'information*, publication d'une saynète intitulée « Le flambeau ». Cette saynète se situe sous la Restauration et se présente comme un dialogue entre le sergent Fricasse, le capitaine Coignet et le saint-cyrien Canrobert qui reprend « le flambeau » des mains de ses aînés. A partir du 7 avril 1927 : trois conférences à l'École de guerre, *Du chef*, *Du caractère*, *Du prestige*. Ces conférences paraîtront en articles dans la *Revue militaire française* et en brochure chez Berger-Levrault. 1932 : second livre, *le Fil de l'épée*, qui comprend cinq chapitres : les trois premiers, « De l'action de guerre », « Du caractère » et « Du prestige » ont pour origine les conférences faites à l'École de guerre en 1927; le quatrième, « De la doctrine », provient de l'article de 1925 sur le thème « Doctrine a priori et doctrine de circonstance »; le cinquième, « Le politique et le soldat », est inédit. 1er janvier 1934 : article de la *Revue militaire française*, « La mobilisation économique à l'étranger », qui sera republié en 1945 dans *Trois Études*. La même année 1934 : troisième livre, *Vers l'armée de métier*. Plusieurs articles de revue destinés à faire connaître les thèses développées dans *Vers l'armée de métier*, notamment dans la *Revue politique et parlementaire*, le 10 mai 1933, dans les *Études*, dans l'*Aube* et dans la *Revue hebdomadaire*, le 1er juin 1935. Ce dernier texte se retrouve dans *Trois Études*. 1938 : quatrième livre, *la France et son armée*. Janvier 1940 enfin, pendant l'hiver de la drôle de guerre, envoi à 80 personnalités civiles et militaires d'un mémorandum polycopié intitulé l'*Avènement de la force mécanique*. Texte publié dans *Trois Études* en 1945. L'œuvre du colonel de Gaulle en 1940 comprend donc quatre livres et plusieurs articles. C'est une œuvre ample, importante et qu'il faut examiner d'assez près.

La Discorde chez l'ennemi (1924) : c'est en captivité que le capitaine de Gaulle commence à écrire ce livre qui paraît en 1924 chez Berger-Levrault et qui passe, semble-t-il, à peu près complètement inaperçu. Ce premier livre est cependant très intéressant lorsqu'on le relit aujourd'hui. Il s'agit d'une série d'études sur divers épisodes de l'histoire de l'Allemagne en guerre : la désobéissance de von Kluck, qui, au lieu de marcher sur Paris en 1914, incline sa marche vers le sud et s'expose ainsi à l'attaque de flanc qui est à l'origine de la victoire de la Marne ; la déclaration de la guerre sous-marine renforcée imposée au début de 1917 par les militaires allemands au gouvernement Bethmann-Hollweg qui initialement n'en voulait pas ; la démission de Bethmann-Hollweg, en juillet 1917, sous la pression des plus grands chefs militaires allemands, Hindenburg et Ludendorff ; enfin l'effondrement de l'Allemagne en 1918. Le récit est clair, bien conduit, d'une facture très traditionnelle. C'est un bon livre d'histoire, comme on en écrivait beaucoup à l'époque ; le livre se termine même par une bibliographie.

Plusieurs choses sont intéressantes dans ce livre lorsqu'on songe à la destinée ultérieure du capitaine de Gaulle : dès l'introduction, Charles de Gaulle se prononce, comme il le fera souvent plus tard, comme il le fait dès mars 1925 dans son article de la *Revue militaire française*, contre les doctrines a priori, contre les systèmes universels, pour un empirisme inspiré par les circonstances. « A la guerre, à part quelques principes essentiels, il n'y a pas de système universel, mais seulement des circonstances et des personnalités. » Le capitaine de Gaulle explique que les militaires allemands ont perdu l'occasion de gagner la guerre dès 1914, car l'état-major allemand était resté fidèle au modèle des guerres de 1866 et de 1870. Il explique plus tard que l'armée française a failli être écrasée en 1914, car l'état-major entendait rester fidèle aux enseignements de la guerre de 1870 et était prisonnier d'une doctrine a priori : l'offensive à outrance. Plus tard, dans les années trente, au temps où il cherche vainement à faire prévaloir ses idées sur l'arme blindée, il expliquera que l'état-major français est, comme en 1914, prisonnier d'une doctrine a priori : celle de la guerre défensive, à l'abri de la ligne Maginot. Dès son premier livre, le capitaine de Gaulle affirme donc le primat des circonstances. Il ne parle alors que de la guerre, mais lorsqu'il se trouvera conduit à assumer des responsabilités politiques, il ne se comportera pas autrement.

La Discorde chez l'ennemi n'est pas un livre d'histoire militaire. C'est un livre sur les rapports entre pouvoir civil et pouvoir militaire — ce qui peut étonner de la part d'un capitaine d'active de 33 ans. Ce qui est plus étonnant encore au premier abord, c'est que le capitaine de Gaulle affirme du début à la fin de son livre la suprématie — même en temps de guerre — du pouvoir civil sur le pouvoir militaire. On aurait pu penser que le capitaine de Gaulle manifesterait plus de sympathie pour les militaires allemands, Tirpitz, Falkenhayn, Hindenburg, Ludendorff, que pour le chancelier Bethmann-Hollweg, qui tentait de pratiquer une politique relativement libérale à l'intérieur — il était partisan d'instaurer le suffrage universel en Prusse — et relativement conciliante à l'extérieur — il redoutait par-dessus tout l'entrée en guerre des États-Unis et était partisan d'une paix de compromis. Or le livre se présente comme une défense et illustration de Bethmann-Hollweg, comme une condamnation des militaires qui interviennent sur un terrain qui n'est pas le leur, le terrain politique. Charles de Gaulle revient plusieurs fois sur ce thème dans son premier livre : parlant de la déclaration de guerre sous-marine, il écrit : « La solution arrêtée contre celui qui aurait dû être seul à en connaître, contre le chef du gouvernement, contre le chancelier, fut la cause directe de la défaite allemande » (p. 44). Parlant de l'amiral Tirpitz, qui avait fait ouvertement campagne contre le gouvernement pour imposer la guerre sous-marine, il écrit : « (L'Histoire) ne pardonnera pas au grand amiral Tirpitz et aux marins qu'il inspirait d'avoir par tous les moyens cherché à forcer la main au chancelier d'Empire dans une question politique au premier chef, et déchaîné dans la nation une furieuse et mortelle tempête » (p. 89). Enfin, après avoir relaté la chute de Bethmann-Hollweg sous la pression des militaires, il conclut : « [...] L'effondrement soudain d'un peuple fort et vaillant allait servir de témoignage à la vengeance des Principes outragés » (p. 215). Le contexte indique que le premier « Principe outragé » est la suprématie du pouvoir civil sur le haut commandement.

D'autre part, aux militaires allemands, le capitaine de Gaulle adresse un reproche inattendu, inattendu surtout pour ceux qui devaient plus tard voir en lui un fidèle disciple de Nietzsche, un adepte de la volonté de puissance, un admirateur du surhomme. Sans doute, Charles de Gaulle a-t-il une certaine connaissance de Nietzsche, mais cette connaissance ne dépasse pas une sorte de nietzschéisme diffus et élémentaire qui était en vogue dans les milieux intellectuels français avant la guerre de 1914 (cf. Geneviève Bianquis, *Nietzsche en France* [1]). Toujours est-il que, dans son premier livre, le futur général de Gaulle prend nettement position contre Nietzsche. Il reproche aux militaires allemands d'avoir une mauvaise « philosophie de la guerre », d'avoir été influencés par Nietzsche, de croire au Surhomme (introduction et p. 31). A cette philosophie de la démesure, le capitaine de Gaulle oppose l'éloge de la mesure et du classicisme. Et c'est ainsi que l'avant-propos de *la Discorde* se termine par une évocation extrêmement littéraire et un peu inattendue de l'esthétique classique et des jardins à la française (p. 15). Le paysage de Colombey viendra plus tard se substituer à cette évocation trop littéraire, mais pour qui croit à l'importance des références et des paysages intérieurs, cette page est digne d'intérêt.

Le dernier thème est celui de l'unité nécessaire. Ce que relate *la Discorde chez l'ennemi* — titre révélateur — c'est la décomposition de l'unité nationale. Pour le capitaine de Gaulle, si l'Allemagne s'est effondrée en 1918, c'est parce qu'elle ne croyait plus à la victoire (p. 241), et si elle ne croyait

1. Alcan, 1929.

plus à la victoire, c'est parce que l'unité nationale s'était brisée : « D'âpres et dégradantes querelles, des intrigues passionnées avaient abaissé vis-à-vis d'eux-mêmes et devant l'opinion les chefs civils de l'Allemagne » (p. 243). Ainsi le capitaine de Gaulle croit à la force de l'opinion, une opinion unanime et rassemblée. Il se montre en revanche fort sévère pour les partis politiques lorsqu'il analyse l'effondrement de l'Allemagne en 1918. « Les partis, déjà résignés à la honte ou la voyant inévitable, ne cherchaient plus qu'à se tirer de la bagarre à leur avantage » (p. 263). C'est le premier texte du futur général de Gaulle contre les partis politiques. Ce ne sera pas le dernier. Il n'est pas plus aimable pour la presse allemande et il écrit : « Dans la presse le fiel coulait à pleines colonnes. » C'est la première critique de la presse, la première apparition du fiel. Là encore ce ne seront pas les dernières.

Ainsi apparaissent dès *la Discorde chez l'ennemi* un certain nombre de thèmes : l'opposition entre doctrine a priori et doctrine de circonstance, l'opposition entre pouvoir civil et pouvoir militaire, l'éloge de la mesure, l'obsession de l'unité, qui seront ultérieurement repris, amplifiés et parfois modifiés.

Pour apprécier comme il convient le second livre de Charles de Gaulle, *le Fil de l'épée*, il ne faut pas oublier qu'il a pour origine des conférences faites à l'École de guerre par un capitaine de 37 ans, que ce capitaine est sorti 3 ans plus tôt de l'École de guerre avec un rang médiocre, que ces conférences ont été imposées à la direction de l'École de guerre par le maréchal Pétain dont le capitaine de Gaulle passe pour le plus brillant et le plus fidèle adjoint, et qu'elles se présentent donc comme une sorte de revanche et de réhabilitation imposées à la direction de l'école qui, selon Pétain, est coupable d'avoir méconnu l'exceptionnelle personnalité du capitaine de Gaulle. Il faut imaginer le capitaine de Gaulle en grand uniforme, déclamant sans une note des textes minutieusement élaborés et soigneusement appris par cœur, devant un auditoire un peu étonné, le maréchal Pétain assistant au premier rang aux trois conférences.

Ce qui est très apparent, c'est d'abord le souci du beau style, un style oratoire et tendu très différent du style beaucoup plus simple de *la Discorde chez l'ennemi.* Un style étonnamment ternaire : chaque substantif appelant deux substantifs, chaque adjectif appelant deux adjectifs, chaque membre de phrase appelant deux membres de phrase. Un style orné de comparaisons et de métaphores nombreuses : non seulement la métaphore de l'arbre — qui est de tradition chez Chateaubriand, chez Taine, chez Barrès, dans la grande lignée du traditionalisme français (« Comme le vent redresse l'arbre après l'avoir penché », p. 81); non seulement la métaphore de la route montant vers les sommets; mais les métaphores maritimes, qui tiennent une telle place dans l'œuvre du général de Gaulle. La mer n'apparaissait — sauf erreur de ma part — que deux fois dans *la Discorde chez l'ennemi :* « Tirpitz a déchaîné dans la nation une furieuse et mortelle tempête » (p. 89); « l'empereur redoutait les houles politiques » (p. 194). La mer apparaît six fois dans *le Fil de l'épée :* la France de 1815 est dans un « abîme de détresse » (p. 56); « une sorte de lame de fond pousse au premier plan l'homme de caractère » (p. 66); « les plus habiles marins ne quittent point le port si personne ne règle la manœuvre » (p. 97); « c'est pourquoi l'énergie du chef affermit les subordonnés, comme la bouée de sauvetage rassure les passagers du navire » (*ibid.*); « Ulysse, regagnant après une longue guerre Ithaque, sa patrie, se fit attacher au mât du navire pour éviter de céder aux séductions des sirènes et de rouler dans l'abîme des mers » (p. 159); enfin, Charles de Gaulle, dans la conclusion, évoque ces « ambitieux de premier rang »... « qui, de la rive où les fixent les jours ordinaires ne rêvent qu'à la houle de l'histoire » (p. 202). La mer, la houle, le rivage... C'est le côté « suave mari magno » du futur général de Gaulle, mais on peut se demander si les métaphores maritimes n'ont pas pour lui une signification plus profonde. Nous y reviendrons peut-être plus tard si nous en avons le loisir.

Ce qui est aussi très apparent, c'est l'étalage un peu disparate des lectures. Charles de Gaulle est un officier cultivé et nul ne peut l'ignorer. Il cite Psichari, Vigny, Vauvenargues, Retz, Bergson, Francis Bacon, Flaubert *(Salammbô)*, Socrate, Tolstoï, Anatole France *(Jérôme Coignard)*, *Ubu roi*, Barrès, François de Curel, Musset, Descartes, Bossuet, Faguet, Lanson. Ce sont de bons auteurs, fort classiques (sauf Jarry). Ce n'est pas une bibliothèque d'avant-garde, ni de militant d'Action française.

Ces remarques étant faites sur le style et sur les références, pourquoi le général de Gaulle a-t-il écrit *le Fil de l'épée ?* Pourquoi a-t-il jugé bon de le publier en 1932, quelques mois avant l'avènement de Hitler ? La réponse est claire : l'armée française de 1930 entretient le souvenir de la victoire de 1918. Mais la vie militaire est morne, la pensée militaire semble immobile, les vocations sont rares. Charles de Gaulle écrit *le Fil de l'épée* pour lutter contre le découragement et contre ce qu'il appelle « la mélancolie du corps militaire » (p. 11). Charles de Gaulle veut arracher les militaires à la mélancolie, il veut « maintenir l'orgueil des armes ». Son livre s'adresse aux jeunes bacheliers qui songent à préparer Saint-Cyr, aux officiers que dégoûte la vie de caserne. C'est une défense et illustration de la carrière militaire et en même temps un appel au renouveau de la carrière militaire. « L'ordre militaire est attaqué dans sa racine » (p. 13). Mais « il est temps que l'élite militaire reprenne conscience de son rôle prééminent, qu'elle se concentre sur son objet qui est tout simplement la guerre » (p. 16). L'auteur du *Fil de l'épée* s'adresse à « l'élite militaire ». Il veut former des chefs et il écrit : « Aux armées comme aux peuples pourvus de chefs excellents, tout le reste sera donné par surcroît » (p. 45). Il ajoute un peu plus loin : « Notre temps est peu propice à la formation et à la sélection des chefs militaires » (p. 49). Il est soucieux d'ordre, d'autorité, de prestige, de responsabilité. Il parle de « l'âpre joie d'être responsable » (p. 64). Aux hommes des temps faciles, il oppose les hommes de caractère (p. 74). Il distingue les faibles et les forts, les petits et les grands. Au chef il oppose « le commun », « la masse », « le vulgaire » (p. 100). Il parle des « ambitieux de premier rang » (p. 202). Il croit aux grands hommes et il écrit vers la fin de son livre : « On ne fait rien de grand sans de grands hommes et ceux-ci le sont pour l'avoir voulu » (p. 201). Tout cela est très traditionnel et très traditionnellement militaire, mais doit être nuancé par quelques remarques.

Tout d'abord le futur général de Gaulle reprend avec plus de force et d'ampleur l'éloge de l'empirisme et du pragmatisme qui apparaissent déjà dans *la Discorde chez l'ennemi.* Le chef militaire doit savoir tenir compte des circonstances. « L'action ce sont des hommes au milieu des circonstances » (p. 197). Le chef doit tenir compte de « la force des choses »; le futur général de Gaulle emploie trois fois cette expression qui reviendra si souvent dans la suite de son œuvre (p. 44, 75, 109). Le chef doit tenir compte des circonstances (p. 125) et de « l'opinion, cette souveraine » (p. 165). *Le Fil de l'épée* est l'œuvre d'un officier profondément traditionaliste, mais qui a une conscience claire des évolutions irréversibles. Il a le sentiment aigu — même s'il est exprimé d'une façon très littéraire — que la société de 1930 est profondément différente de la société de 1900. Le temps de l'individualisme lui paraît révolu et il écrit en 1932 — après l'avoir dit en 1927 — « Aujourd'hui l'individualisme a tort. Partout se fait jour le besoin de s'associer » (p. 109). Ailleurs, dans *le Fil de l'épée*, il évoque « le siècle des syndicats, du code de la route, du système Taylor et des grands magasins » (p. 110). Deux ans plus tard dans *Vers l'armée de métier*, il parlera des maillots de bain et des « bureaux Véritas ». Il n'est pas sûr que ce soient là les faits les plus marquants du XXᵉ siècle, mais il est important que le futur général de Gaulle attache une telle importance à la « force des choses » et au mouvement de l'histoire.

D'autre part — et nous retrouvons là encore un thème de *la Discorde chez l'ennemi* — le futur général de Gaulle n'incite pas du tout les chefs militaires à faire de la politique ou à mépriser les politiques. Il écrit, tout au contraire : « Dans un pays où les militaires feraient la loi, on ne peut guère douter que les ressorts du pouvoir, tendus à l'excès, finiraient par se briser... » (p. 171). En 1932, à l'époque où, en France et ailleurs, beaucoup de militaires et d'anciens militaires obéissent à la tentation de la politique, Charles de

Gaulle incite fermement les militaires à faire leur métier de militaires. *Le Fil de l'épée* ne contient aucune attaque contre les gouvernants français, aucun encouragement aux ligues comme les Croix-de-Feu du colonel de La Rocque qui sont en 1932 en plein essor. Selon *le Fil de l'épée*, le métier militaire exige sans doute le courage, l'autorité, le prestige, le caractère, mais il exige aussi de la part des chefs l'intelligence, l'aptitude à la synthèse, l'art d'embrasser les ensembles. L'idéal du lieutenant-colonel de Gaulle, c'est le militaire qui réfléchit. L'action n'est pas exclusive de la méditation : « Les grands hommes d'action furent des méditatifs. Tous possédaient au plus haut degré la faculté de se replier sur eux-mêmes, de délibérer au-dedans » (p. 32).

Ce livre très littéraire et très composé a des accents personnels autobiographiques et presque prophétiques. On y sent l'impatience et la « mélancolie » d'un officier de 40 ans que sa carrière déçoit et qui rêve de tâches exaltantes. Les pages fameuses sur l'homme de caractère sont à la fois une amplification littéraire sur un thème conventionnel, un hommage rendu au maréchal Pétain, et aussi une méditation personnelle : « La passion d'agir par soi-même s'accompagne évidemment de quelque rudesse dans les procédés. L'homme de caractère incorpore à sa personne la rigueur propre à l'effort. Les subordonnés l'éprouvent et parfois ils en gémissent. D'ailleurs un tel chef est distant, car l'autorité ne va pas sans prestige, ni le prestige sans éloignement. Au-dessous de lui l'on murmure tout bas de sa hauteur et de ses exigences. Mais, dans l'action, plus de censeurs ! Les volontés, les espoirs s'orientent vers lui comme le fer vers l'aimant. Vienne la crise, c'est lui que l'on suit, qui lève le fardeau de ses propres bras, dussent-ils s'y rompre et le porte sur ses reins quand même ils en seraient brisés. Réciproquement, la confiance des petits exalte l'homme de caractère... » (p. 64-65). Ainsi il y a les hommes des temps ordinaires, mais vienne la crise et l'homme de caractère paraît au premier plan. « [...] Mais que les événements deviennent graves, le péril pressant, que le salut commun exige tout à coup l'initiative, le goût du risque, la solidité, aussitôt change la perspective et la justice se fait jour. Une sorte de lame de fond pousse au premier plan l'homme de caractère » (p. 66). Un peu plus loin, le lieutenant-colonel de Gaulle précise que l'égoïsme, l'orgueil, la dureté et la ruse sont nécessaires à l'homme d'action : « L'homme d'action, écrit-il, ne se conçoit guère sans une forte dose d'égoïsme, d'orgueil, de dureté, de ruse. Mais on lui passe tout cela et même il en prend plus de relief s'il en fait des moyens pour réaliser de grandes choses. Ainsi, par cette satisfaction donnée aux secrets désirs de tous, par cette compensation offerte aux contraintes, il séduit les subordonnés et, lors même qu'il tombe sur la route, garde à leurs yeux le prestige des sommets où il voulait les entraîner. Mais qu'il se borne au terre à terre, qu'il se contente de peu, c'en est fait! il peut être un bon serviteur, non pas un maître vers qui se tournent la foi et les rêves » (p. 100-101). Ainsi, le lieutenant-colonel de Gaulle est un officier qui croit à la force des rêves et il n'est pas interdit de penser qu'en écrivant cette page Charles de Gaulle songe à Charles de Gaulle.

Mais le lieutenant-colonel de Gaulle est aussi un officier qui croit à l'histoire et qui se réfère constamment à l'histoire. On trouve dans *le Fil de l'épée* un raccourci de l'histoire militaire française, qui sera repris et développé en 1938 dans *la France et son armée* et dont je parlerai à propos de ce dernier livre.

Le Fil de l'épée est donc un texte important. Des quatre livres écrits par Charles de Gaulle avant 1940, ce n'est pas à mon avis le meilleur, mais c'est sans doute celui qui éclaire le mieux sa personnalité. Ce livre n'eut qu'un succès d'estime et le colonel Nachin, le fidèle ami du général de Gaulle, ne dissimule pas que les conférences de 1927 à l'École de guerre laissèrent la plus grande partie de l'auditoire beaucoup plus perplexe qu'enthousiaste.

Le Fil de l'épée est un essai de philosophie militaire. *Vers l'armée de métier*, que le lieutenant-colonel de Gaulle publie en 1934, est un livre de tactique et d'organisation militaire, un plaidoyer pour la formation de divisions blindées. Le futur général de Gaulle n'a pas immédiatement découvert l'intérêt de l'arme blindée. Son article du 1er décembre 1925 sur le « Rôle historique des places françaises » était un éloge très traditionnel des fortifications, avec un hommage à Vauban, un hommage inattendu à Thiers, « ce grand homme d'État » qui fit fortifier Paris en 1840, un hommage à Gambetta qui comprit la nécessité des fortifications, un hommage à Pétain pour la défense de Verdun. La conclusion de l'article était claire : la France doit fortifier ses frontières. Il n'est pas question des chars. C'est seulement en 1932, selon le colonel Nachin, que le lieutenant-colonel de Gaulle, d'une façon quelque peu fortuite, découvre l'intérêt capital que peuvent présenter les chars dans une guerre moderne. En novembre 1932, le *Journal des anciens enfants de troupe* publie dans le même numéro un compte rendu élogieux du *Fil de l'épée* et un article sur l'arme blindée intitulé « Réflexions d'un amateur ». Charles de Gaulle, qui lit ce dernier article par hasard, est très frappé par son contenu et il écrit en novembre 1932 à Nachin qu'il y a trouvé abordées « de biais, mais d'une façon originale, certaines conceptions militaires qui sont désormais les miennes. Je suis d'ailleurs en train, dans mes loisirs, de les développer dans un nouvel ouvrage » (L. Nachin, p. 65 [1]). Ainsi se trouve précisée, grâce à Nachin, la genèse des idées qui inspirent *Vers l'armée de métier*.

Le livre est dédié — d'une façon parfaitement ternaire — « A l'armée française pour servir à sa foi, à sa force, à sa gloire ». Il est composé d'une façon très rigoureuse, parfaitement symétrique et ternaire. La première partie, « Pourquoi ? », se divise en trois chapitres : I. Couverture, épigraphe : « vieille argile faite aux douleurs » (A. Samain [2]); II. Technique, épigraphe : « c'est ainsi » (Hegel devant les montagnes); III. Politique, « ne prétendons pas changer la nature des choses » (Épictète). La seconde partie, « Comment ? », se divise également en trois chapitres : IV. Compo-

1. Lucien Nachin, *Charles de Gaulle, général de France*, éd. Colbert, 1944.

2. Albert Samain a toujours été un des poètes préférés du général de Gaulle; il passe pour avoir reproché à Georges Pompidou de l'avoir négligé dans son *Anthologie de la poésie française*.

sition, « ce n'est point assez d'avoir des qualités, il en faut l'économie » (La Rochefoucauld); v. Emploi, « la vie n'est sans doute qu'un mouvement de la matière » (Maeterlinck); VI. Commandement, « pour te laver du sommeil » (Jean Richepin).

Aux yeux de beaucoup, *Vers l'armée de métier* est un livre prophétique, un plaidoyer lucide pour les chars et l'arme blindée : si le général de Gaulle avait été écouté, la France n'aurait pas perdu la guerre. C'est la thèse qui se trouve dans la plupart des biographies édifiantes du général de Gaulle, notamment dans le livre de Jean Auburtin, *le Colonel de Gaulle* [1]. A cette thèse s'oppose vigoureusement une autre conception, dont vous retrouvez les échos dans le livre de Jacques Laurent, *Mauriac sous de Gaulle* [2], et qui s'articule en trois points : le livre du lieutenant-colonel de Gaulle est d'abord un plaidoyer pour l'armée de métier, secondairement un livre sur les chars; c'est après 100 pages seulement qu'il est question de chars. Les idées du général de Gaulle sur les chars ne sont, d'autre part, absolument pas originales; on retrouve exactement les mêmes idées dans de nombreux textes militaires de l'époque, antérieurs ou contemporains (le général Estienne pendant la guerre de 1914-1918, Liddel Hart et Fuller en Angleterre, Von Seeckt et Guderian en Allemagne); cf. aussi les textes signés par un mystérieux H. de Trézène (« Hippolyte »..., « le récit de Théramène »..., « Il était sur son char »...) dans la page militaire de *l'Action française*. De toute façon, les idées de Charles de Gaulle étaient exprimées si maladroitement, si « impolitiquement », qu'elles ne pouvaient que heurter d'une part les responsables de la politique militaire, taxés d'incompétence et d'impéritie, d'autre part les responsables du gouvernement, inquiets de la défiance de l'auteur à l'égard de la nation en armes et de l'insistance mise sur l'armée de métier. Personnellement, après avoir relu plusieurs fois le livre, je serais enclin à présenter des conclusions nuancées. Sans doute, la première

1. Plon, 1965.
2. La Table ronde, 1964.

moitié du livre est-elle consacrée à l'armée de métier, mais l'objet du livre est bien de moderniser l'armée française, et le chapitre IV contient un plan assez précis pour organiser des divisions cuirassées de 100 000 hommes. Sans doute, le livre n'est pas fait pour plaire, et il n'a eu sur le moment même aucun succès. Mais il ne faut pas séparer *Vers l'armée de métier* de l'ensemble de la campagne menée par le général de Gaulle en faveur de l'arme blindée et qui se précise peu à peu entre 1934 et le mémorandum de janvier 1940. Par conséquent, *Vers l'armée de métier* n'est sans doute pas aussi prophétique que le disent les thuriféraires du général de Gaulle et il est évidemment gênant que les éditions postérieures à 1944 soient différentes des éditions antérieures à 1939. C'est la découverte d'Alfred Fabre-Luce : la réédition de *Vers l'armée de métier*, publiée à Alger en 1944, contient la phrase suivante qui ne figurait pas dans les éditions antérieures : « Mais surtout, en frappant elle-même à vue directe et profondément, l'aviation devient par excellence l'arme dont les effets foudroyants se combinent le mieux avec les vertus de rupture et d'exploitation des grandes unités mécaniques » (*Le plus illustre des Français*, p. 47-48 [1]). Cette adjonction n'était assurément pas indispensable, mais le livre n'est tout de même pas aussi banal, aussi médiocre, aussi inutilisable sur le plan militaire que je l'ai parfois entendu affirmer.

Cela dit, *Vers l'armée de métier* est un livre intéressant sur un plan plus général. Bien que le style soit moins oratoire et moins tendu que celui du *Fil de l'épée*, on retrouve la plupart des traits que nous avons déjà notés : de nouveau, le rythme ternaire; de nouveau le goût des épigraphes et des citations, y compris une citation de César en latin; de nouveau « la force des choses », mais cette fois le lieutenant-colonel de Gaulle parle de « la force des choses accrue du poids de l'histoire »; de nouveau les métaphores maritimes qui ont définitivement submergé toutes les autres : « un certain goût qui nous est propre de tendre nos voiles aux vents du dehors » (p. 36); « où donc est la digue du torrent ? » (p. 37);

1. Julliard, 1960.

« Il y a dans l'honneur militaire un môle qui ne cède point aux égarements de l'opinion » (p. 52); « on sait que l'instinct national, réveillé par le péril, a tôt fait de balayer les sophismes, comme la vague dissipe l'écume sur la mer » (p. 126); « l'honneur du navire... » (à propos de l'esprit de corps) : c'est la première apparition de « l'honneur du navire »; ce ne sera pas la dernière.

Dans le premier chapitre intitulé « Couverture », l'auteur retrace l'histoire des relations franco-allemandes ou, comme il dit, des Gaulois et des Francs. Et c'est très exactement du Bainville, historien de l'Action française : la menace allemande, l'éternelle Allemagne, la lutte pour les frontières, les Allemagnes réelles et le danger permanent de l'Allemagne unifiée. Charles de Gaulle croit à la psychologie des peuples et au caractère national. Il oppose le Français à l'Allemand, en des termes qui font presque penser à Giraudoux dans *Siegfried :* « Ce Français qui met dans son esprit tant d'ordre et si peu dans ses actes, ce logicien qui doute de tout, ce laborieux nonchalant, ce casanier qui colonise, ce fervent de l'alexandrin, de l'habit à queue, du jardin royal qui tout de même pousse la chanson, se débraille et salit les pelouses, ce Colbert collègue de Louvois, ce jacobin qui crie « vive l'Empereur », ce politicien qui fait l'union sacrée, ce battu de Charleroi qui donne l'assaut sur la Marne, bref ce peuple mobile, incertain, contradictoire... » (p. 26-27).

Ainsi on pourrait avoir le sentiment d'une pensée immobile, d'une conception figée de l'histoire. Ce n'est pas le cas. Le second chapitre intitulé « Technique » est à cet égard très important — et très actuel —, Charles de Gaulle y parle de nouveau de la « force des choses » (p. 106), de la « loi du progrès » (p. 65), de l'esprit du temps (« Rien ne prévaut contre l'esprit du temps ») (p. 66), de la loi du nombre. Il parle de « la disparition des chandelles ou de la fin du cadran solaire » (p. 67) en des termes qui annoncent exactement la fameuse phrase sur les lampes à huile et la marine à voile à propos de la décolonisation. Il fait longuement l'éloge de la machine « qui gouverne en toutes matières la vie des contemporains » (p. 58). Il s'oppose complètement à toute la littérature de réaction contre le machinisme, de René Bazin à Gustave

Thibon [1]. Rien de tel chez Charles de Gaulle : pragmatisme et empirisme, sans doute, acceptation des révolutions inéluctables, mais nulle trace de passéisme.

Ainsi, pour Charles de Gaulle l'histoire n'est pas faite. Il appartient aux grandes nations de la faire et parmi elles naturellement à la France. La condition de la grandeur, c'est « un grand rêve national ». Il faut citer ici le passage important, où on trouve l'écho du mot de Chateaubriand dans les *Mémoires d'outre-tombe* : « Mener les nations par les songes » : « Il faudrait savoir en effet si quelque grand rêve national n'est pas nécessaire à un peuple pour soutenir son activité et conserver sa cohésion. Le heurt d'idées et de passions, l'opposition des intérêts, en quoi consiste l'existence d'un État, risquent de devenir à la longue intolérables s'il manque aux citoyens une espérance commune qui atténue les divergences et rassemble les dévouements » (p. 105). Mais le texte le plus étonnant, le plus personnel, sans doute, se situe vers la fin du livre : « Car si les enseignements reçus et les quotidiennes occupations suffisent à façonner la plupart de nos semblables, les puissants se forment eux-mêmes. Faits pour imprimer leur marque plutôt que d'en subir une, ils bâtissent dans le secret de la vie intérieure l'édifice de leurs sentiments, de leurs concepts, de leur volonté. C'est pourquoi, dans les heures tragiques où la rafale balaie les conventions et habitudes, ils se trouvent seuls debout et par là nécessaires. Rien n'importe plus à l'État que de ménager dans les cadres ces personnages d'exception qui seront son suprême recours » (p. 241-242).

Voilà l'essentiel de ce livre étrange et contradictoire. A certains égards, c'est un livre extrêmement traditionnel et traditionnellement militaire : « Le corps militaire est l'expression la plus complète de l'esprit d'une société » (p. 251). « L'épée est l'axe du monde et la grandeur ne se divise pas » *(ibid.)*. Mais ce livre, très réaliste dans son plaidoyer pour le

1. René Bazin (1853-1932) a écrit notamment *La Terre qui meurt* et *Les Oberlé*, romans où sont exaltées la terre, la patrie, la religion. Gustave Thibon, écrivain traditionaliste, collaborateur des revues nationalistes, est l'auteur notamment de *Destin de l'homme*, *L'Échelle de Jacob*, *Retour au réel*, parus de 1941 à 1943. *(N.d.É.)*

machinisme, est singulièrement romantique par son appel au rêve, rêve national ou rêves individuels : « Car la gloire se donne seulement à ceux qui l'ont toujours rêvée » (p. 243).

Vers l'armée de métier n'a eu qu'un succès médiocre. Le livre est tiré à 1 500 exemplaires; il s'en vend 700 ou 800. Il semble, d'après Auburtin et Nachin, que le livre ait eu un certain écho en Angleterre et en Allemagne. Mais en France les thèses soutenues par le lieutenant-colonel de Gaulle se heurtent à l'hostilité de l'état-major et des principaux responsables de la politique militaire française : le général Debeney, chef d'état-major général de 1923 à 1930, le général Maurin, ministre de la Guerre, le colonel Fabry, président de la Commission de l'armée, ministre de la Guerre en 1935, Édouard Daladier, ministre de la Guerre en 1936, le général Gamelin, le général Weygand (*Revue de la Défense nationale*, 15 octobre 1936 et *Revue militaire générale*, janvier 1937), enfin le maréchal Pétain, qui préface élogieusement en 1938 le livre du général Chauvineau *Une invasion est-elle possible aujourd'hui ?*

Mais Charles de Gaulle ne se tient pas pour battu. Il entreprend une vaste campagne de persuasion auprès des journalistes et des hommes politiques. Il fait partie d'un petit groupe qui se réunit périodiquement pour essayer de secouer l'inertie de l'état-major autour d'un personnage étrange, un vieux colonel juif à l'esprit fort indépendant, le colonel Mayer. De ce groupe font notamment partie le gendre du colonel Mayer, Grunebaum-Ballin, juif comme son beau-père, qui finira sa carrière au Conseil d'État, et un avocat, Jean Auburtin, qui sera, sous la Ve République, président du Conseil municipal de Paris et qui introduit le colonel de Gaulle dans les milieux politiques. Ce qui frappe ce sont les amitiés juives du colonel de Gaulle, et la diversité des contacts qu'il prend. Du côté de la droite conservatrice, André Pironneau, rédacteur en chef de *l'Écho de Paris*, Rémy Roure, journaliste au *Temps* soutiennent ses idées. Il fait des conférences sous l'égide du cercle Fustel de Coulanges, d'inspiration monarchiste. Mais il collabore à *l'Aube*, le journal de Francisque Gay, bête noire des maurrassiens, et il fait partie des amis de *Temps présent*, organe des démocrates chrétiens. La collaboration du lieutenant-colonel de Gaulle à *l'Aube* a été découverte par Françoise Mayeur, dans sa thèse sur *l'Aube* [1]. Du 7 au 25 novembre 1933, *l'Aube* publie les résultats d'une enquête sur les problèmes militaires. Les conclusions de cette enquête sont dégagées par un officier anonyme que *l'Aube* présente comme « un de nos plus grands techniciens ». Nous savons, par le témoignage de Francisque Gay, que cet officier était le lieutenant-colonel de Gaulle, mais on aurait pu s'en douter en lisant le texte signé par cet officier (Françoise Mayeur, *op. cit.*, p. 113) : « Parce que notre frontière est ce qu'elle est, que nos voisins sont ce qu'ils sont, que nous avons l'empire que vous savez, que nous nous trouvons bon gré mal gré liés à d'autres peuples eux aussi bien déterminés, je pense que le régime de la nation armée nous est actuellement indispensable, mais qu'il ne nous suffit pas. » Charles de Gaulle prend contact avec des hommes de gauche : Philippe Serre, de la Jeune République, Marcel Déat [2], Léo Lagrange, P. O. Lapie qui appartiennent à la SFIO. Il rend visite à Léon Blum en octobre 1936 et il a raconté longuement cet entretien dans le premier tome de ses Mémoires. Quand on se rappelle la haine inspirée à la presse de droite par Blum en 1936, cette visite au président du Conseil du Front populaire n'est pas sans intérêt.

Cependant, le seul homme politique d'envergure que de Gaulle parvienne à convertir est Paul Reynaud qui fait figure d'isolé et de franc-tireur dans la droite française. Paul Reynaud adopte immédiatement les idées du lieutenant-colonel de Gaulle, qu'il rencontre pour la première fois par l'intermédiaire de Jean Auburtin, le 5 décembre 1934. Il relate longuement cet entretien dans ses *Mémoires* (I, p. 421 [3]). Le 15 mars 1935, Paul Reynaud, à la Chambre des députés, intervient dans un débat militaire pour défendre les idées du lieutenant-colonel de Gaulle. Il présente vainement

1. Armand Colin, 1966.

2. Avant de fonder le Rassemblement national populaire, et d'être, sous Vichy, un des éléments les plus extrémistes de la collaboration, Marcel Déat avait appartenu à la SFIO. En 1933, il avait fondé le parti socialiste de France. *(N. d. É.)*

3. Flammarion, 1960-1963.

une proposition de loi dans le même sens. Il publie en 1937 une brochure sur « le problème militaire français » directement inspirée par de Gaulle. Le 5 juin 1940, Paul Reynaud nomme de Gaulle sous-secrétaire d'État à la guerre, en pleine débâcle.

Cette vaine campagne pour les chars est fondamentale, car elle ancre le futur général de Gaulle dans deux convictions : d'abord le mépris pour le conservatisme des chefs militaires français, la conviction qu'il est impossible de leur faire entendre raison. Ensuite et surtout, la conviction que le régime tel qu'il fonctionne est un régime de faiblesse. L'aversion du général de Gaulle pour la démocratie parlementaire a sans nul doute été puissamment renforcée par cette vaine campagne pour l'armée de métier.

En 1938, le colonel de Gaulle publie *la France et son armée*, dans une collection dirigée par Daniel-Rops. L'essentiel du livre avait été écrit en 1924-1925, lorsque le capitaine de Gaulle était le collaborateur du maréchal Pétain. C'est, à mon avis, le meilleur des quatre livres publiés par de Gaulle avant 1940, le plus dense, le plus ample, le moins chargé de littérature. Cette histoire de l'armée française depuis les origines jusqu'à la guerre de 1914 n'est pas seulement un livre d'histoire militaire. Le colonel de Gaulle replace l'histoire militaire dans le contexte de l'histoire générale. Il s'intéresse à l'état de la technique, à la société, aux institutions, à l'opinion publique. L'histoire de la France, pour le colonel de Gaulle n'est pas une histoire linéaire. Elle se découpe, comme pour Péguy, en époques et en périodes, en zones d'ombre et de lumière. A cet égard, *la France et son armée* ne fait que développer ce qui était esquissé dans *le Fil de l'épée.* Il importe d'examiner de près cette conception de l'histoire, car sur ce point le général de Gaulle ne changera point et sa pensée apparaît dès ses premières œuvres comme une pensée historique, une pensée ancrée dans l'histoire, nourrie par l'histoire.

Le colonel de Gaulle n'aime pas la féodalité, période

néfaste où les armées françaises sont le plus souvent vaincues, période de division et de morcellement. Il parle de la « diversité féodale », de la « broussaille féodale », des « fractions » de l'époque féodale. Plus tard, le général de Gaulle se déchaînera contre les féodaux et les féodalités, en donnant à ce mot une conception extrêmement extensive.

En revanche, Charles de Gaulle fait l'éloge de l'Ancien Régime et notamment du XVIIe siècle. « Le même siècle où parurent les Discours sur la méthode et sur l'histoire universelle vit la politique réaliste de Richelieu, la stratégie objective de Turenne, l'administration pratique de Colbert » (*le Fil de l'épée*, p. 127). Dans *le Fil de l'épée*, de Gaulle range Boileau parmi les hommes de caractère. Le XVIIe siècle est un siècle de grandeur militaire parce que c'est un siècle d'unité : « De l'unité ainsi réalisée sort une éclatante grandeur militaire » (p. 57). Autre éloge : la politique de l'Ancien Régime est celle des circonstances. « La politique de l'Ancien Régime est celle des circonstances se gardant d'abstractions mais goûtant les réalités, préférant l'utile au sublime, l'opportun au retentissant, cherchant pour chaque problème particulier la solution non point idéale mais pratique, peu scrupuleuse quant aux moyens, grande toutefois par l'observation d'une juste proportion entre le but poursuivi et les forces de l'État » (*la France et son armée*, p. 53). Chose curieuse pour les lecteurs de la chronique de la Cour dans *le Canard enchaîné* : le colonel de Gaulle ne parle pas de Louis XIV. En revanche, il cite à plusieurs reprises — dans *le Fil de l'épée* et *la France et son armée* — Louvois qui est à ses yeux le type même du « grand commis » et du loyal organisateur.

De Gaulle apprécie peu le XVIIIe siècle, « transition longue et pénible ». Il parle de « scepticisme et de corruption ». Il évoque « le flot d'idées et de sentiments qui devaient emporter les institutions de l'Ancien Régime après en avoir miné les fondements » (p. 73). Bref, le siècle des Lumières ne lui plaît pas, mais son jugement sur l'Ancien Régime est en définitive positif : « Au total, les forces dominant les faiblesses, les qualités l'emportant sur les vices, l'œuvre de notre Ancien Régime reste efficace et durable » (p. 80).

Sur la Révolution française, le colonel de Gaulle porte un

jugement nuancé. Il n'approuve manifestement pas l'inspiration politique de la Révolution : « sanglantes fureurs, agitation désordonnée, agitation frénétique, lutte furieuse des partis ». Il ne mentionne ni Mirabeau, ni Danton, ni Robespierre, l'allusion qu'il fait à Saint-Just n'est pas favorable. Mais il rend hommage à l'élan patriotique qui anime les armées de la République. Les deux hommes qui pour lui dominent cette période et dont il parle avec le plus de sympathie sont Carnot, l'organisateur de la victoire, et Hoche.

Le jugement du colonel de Gaulle sur Napoléon est très balancé. Il rend hommage à son génie, mais il l'accuse de démesure et il estime que sa chute est la revanche de la mesure : « [...] Tragique revanche de la mesure, juste courroux de la raison; mais prestige surhumain du génie et merveilleuse vertu des armes » (p. 155).

Entre 1815 et 1870, la France suit une « route sans horizon ». De Gaulle parle de cette période médiocre sous le titre « D'un désastre à l'autre ». Il ne fait pas de différence bien nette entre la Restauration, la monarchie de Juillet, la IIe République, le second Empire. Il ne manifeste aucune sympathie pour le second Empire ou pour Napoléon III. L'ensemble de la période lui apparaît comme une période routinière avec des gouvernants et des militaires également dénués d'envergure. Et cette période de médiocrité s'achève normalement par le désastre de 1870. Le colonel de Gaulle rend un hommage nuancé au gouvernement de la défense nationale après la chute de l'Empire : « Malgré toutes les erreurs dues à l'idéologie, au parti pris, à l'inexpérience, le gouvernement de la défense nationale a vraiment exercé la direction de la guerre » (p. 184). Il porte sur Gambetta un jugement plutôt favorable, mais c'est le général Chanzy qui a droit aux pages les plus élogieuses.

Entre 1871 et 1914, la France revit une grande aventure nationale, elle s'abandonne à un grand rêve collectif qui aboutit à la Revanche, grâce à « cette force secrète qui toujours nous tire des abîmes ». Cependant, le tableau que le colonel de Gaulle présente de la IIIe République n'est pas sans ombres. Il déplore la division des Français au temps de l'affaire Dreyfus et des querelles religieuses. C'est ainsi qu'il consacre cette page à l'affaire Dreyfus : « Mais l'affaire Dreyfus survient. Par une sorte de fatalité, au moment même où l'esprit public tend à s'éloigner de l'armée, éclate la crise la plus propre à conjuguer les malveillances. Dans ce lamentable procès, rien ne va manquer de ce qui peut empoisonner les passions. Vraisemblance de l'erreur judiciaire qu'étayent les faux, inconséquences, abus commis par l'accusation, mais que repoussent avec horreur ceux qui par foi ou par raison d'État veulent tenir pour infaillible une hiérarchie consacrée au service de la patrie » (p. 215-216). Un peu plus loin, le colonel de Gaulle parle des « deux meutes rivales ». Parmi les hommes politiques de la IIIe République, de Gaulle ne cite pas Jules Ferry (le grand homme de Michel Debré), ni Waldeck-Rousseau (le grand homme de Giscard d'Estaing). Les seuls hommes politiques qu'il cite élogieusement sont Thiers (déjà cité dans l'article de 1925), Poincaré « fidéicommis de notre vigilance », et Clemenceau : « Poincaré fut la raison de la France, Clemenceau en fut la fureur. » La guerre de 1914 commence mal : « conjonction de la routine technique et de l'imprévoyance politique ». Mais un sursaut national se produit qui conduit la France à la victoire. Et le livre se termine par une étonnante invocation adressée à la France : « Pauvre peuple... Vieux peuple... Peuple fort... Ah! grand peuple... » (p. 277), qui annonce la dernière page du troisième tome des *Mémoires de guerre* et qui est en quelque sorte une première version.

Une première conclusion s'impose : la constance d'un style, et d'une pensée. Le général de Gaulle est, à cet égard, déjà tout entier dans ses premiers écrits, marqués par le style ternaire, les tautologies (« les choses étant ce qu'elles sont »), les métaphores maritimes; par le sens de la « force des choses » et du « poids de l'histoire », la « mélancolie », l'obsession de l'unité nationale, l'opposition entre « doctrine a priori » et « doctrine de circonstances », le sens des évolutions irréversibles et, à partir de 1932, l'obsession de la mécanisation, l'éloge de « l'homme de caractère » et de la « solitude du chef », les allusions au rêve — « le grand rêve national », « le maître vers qui se tournent la foi et les rêves » —, une certaine idée enfin de l'histoire, de la France, du chef et, ajoutons, de Charles de Gaulle. Sur certains points, de Gaulle évoluera en fonction des circonstances, mais le gaullisme de Charles de Gaulle, dans ses traits essentiels, est déjà préformé avant l'appel du 18 juin 1940.

Ce qui est aussi très frappant — même si ce n'est pas très original — c'est qu'il s'agit de la pensée d'un militaire, qui raisonne en militaire, en fonction d'une certaine situation de l'armée française et de la France dans le monde. Le général de Gaulle est un saint-cyrien de 1910, un combattant de la guerre de 1914, un blessé de Douaumont, un commandant dans la zone d'occupation en Allemagne, un colonel de chars qui a connu pendant la guerre de 1914 l'humiliation de la captivité en Allemagne, qui a connu en mai 1940 l'humiliation de la défaite et de la brusque liquéfaction de l'armée française. Relatant dans le premier tome de ses Mémoires la bataille de Montcornet où, avec ses chars, il arrêta pendant quelques heures l'avance allemande en mai 1940, il écrit : « Ce que j'ai pu faire par la suite, c'est ce jour-là que je l'ai résolu » (*MG*, I, p. 31). 20 ans en 1910, au temps de « la renaissance de l'orgueil français » — pour reprendre le titre d'un livre de l'époque —, 49 ans en 1940, au temps de cette effroyable décomposition de tout ce qui jusqu'alors semblait le plus solidement assuré, c'est cela qui me semble fondamental pour comprendre la pensée du général de Gaulle : l'appartenance à une certaine génération, le poids des événements, l'appartenance à l'armée française beaucoup plus que l'appartenance à un certain milieu social ou l'influence de certaines lectures.

On a beaucoup épilogué sur les influences qui se seraient exercées sur la formation de la pensée du général de Gaulle : l'influence de Nietzsche, celles de Machiavel, de Bergson, de Maurras. Sans doute le général de Gaulle a-t-il lu *le Prince*, encore qu'il n'y fasse aucune allusion explicite, mais il faut beaucoup de subtilité pour faire de lui l'héritier fidèle du « secrétaire florentin ». Sans doute a-t-il été imprégné, comme presque tous les intellectuels de sa génération, par un nietzschéisme diffus, mais sa connaissance de Nietzsche semble courte et lorsqu'il parle de Nietzsche, dans *la Discorde chez l'ennemi*, c'est pour le critiquer. Sans doute aussi a-t-il été marqué — et là encore il s'agit d'un phénomène qui a touché l'ensemble d'une génération — par un certain bergsonisme diffus : l'élan vital, l'énergie créatrice, les données immédiates de la conscience. Mais il ne faut pas surestimer l'importance de cette influence possible.

En ce qui concerne Maurras, il faut s'arrêter un peu plus longtemps, car une légende tenace représente l'auteur du *Fil de l'épée* et de *Vers l'armée de métier* comme un officier maurrassien. Rappelons les principales pièces du dossier : les parents du général de Gaulle sont de tradition monarchiste, mais son père Henri de Gaulle se qualifie de « monarchiste de regret » et ne croit pas à la culpabilité du capitaine Dreyfus. La mère de Charles de Gaulle déplore avant 1914 que ses fils soient « républicains ». En 1924, à l'École de guerre, le capitaine Laffargue raconte que le capitaine de Gaulle lui aurait dit un jour : « Par tradition de famille, je ne puis être que monarchiste. » Il fait des conférences sous les auspices du cercle Fustel de Coulanges, mais il écrit dans *l'Aube*, l'organe des démocrates chrétiens, et fait partie en 1940 des amis de *Temps présent*, qui se situent à la gauche de l'opinion catholique et qui sont une des bêtes noires de l'Action française. Dans sa campagne pour l'arme blindée, il prend des contacts dans tous les secteurs de l'opinion, y compris parmi les socialistes, avant de devenir l'inspirateur et le collaborateur de Paul Reynaud que l'Action française ne cesse de dénoncer comme un dangereux « va-t-en guerre ».

Si on examine l'action et les relations du général de Gaulle avant 1940, rien ne permet de le qualifier de maurrassien. Si on examine ses écrits, on aboutit à la même conclusion. Sans doute peut-on trouver çà et là des points de convergence avec la doctrine maurrassienne : l'éloge de la doctrine des circonstances contre la doctrine a priori peut faire penser à l'empirisme organisateur; les pages de *Vers l'armée de métier* sur l'Allemagne, le danger de l'unité allemande, les Allemagnes, correspondent exactement aux thèses de Bainville, dans *Histoire de deux peuples*. Mais le futur général de Gaulle, même s'il reste comme son père un « monarchiste de regret », même s'il n'a aucune sympathie pour la démocratie parlementaire, sait que la monarchie appartient à une époque révolue, comme « celle des lampes à huile et de la marine à voile », dont il parlera plus tard à propos de l'Algérie et dont il parle déjà, en termes différents, dans *Vers l'armée de métier*. Il a conscience des évolutions irréversibles et il présente dans *la France et son armée* une vision de l'histoire de France qui est profondément différente de la vision maurrassienne : il fait l'éloge des armées révolutionnaires et de Carnot, il ne dénonce pas « le stupide XIXᵉ siècle », il rend hommage aux fondateurs de la IIIᵉ République.

Les écrits du général de Gaulle avant 1940 sont l'œuvre d'un officier traditionaliste et nationaliste, mais il ne s'agit pas d'un nationalisme qui choisit et qui exclut comme le nationalisme maurrassien. Il s'agit d'un nationalisme synthétique et unitaire qui incorpore toute l'histoire de France et qui amalgame les diverses tendances du nationalisme français. D'autre part, il faut souligner le fait que le général de Gaulle appartient à la droite antimunichoise, à cette fraction de la droite française, sans doute largement minoritaire à la Chambre des députés (un seul député de droite vote contre Munich, Henri de Kérillis [1]), mais vraisemblablement plus nombreuse dans le pays qu'on ne le dit souvent. Il n'est pas douteux que le colonel de Gaulle a considéré l'accord de Munich comme un abandon et une humiliation. Plusieurs témoignages l'attestent. Il le dit lui-même dans ses *Mémoires de guerre :* « La stupidité des badauds qui acclamaient l'abandon de Munich » (I, p. 22).

1. Sur Kerillis, qui devait s'opposer violemment au général de Gaulle pendant la guerre (cf. son livre *De Gaulle dictateur)*, voir le bon mémoire de Olivier Gaudry, ancien élève de la Fondation de l'Institut d'études politiques. La mort accidentelle d'Oliver Gaudry ne lui a pas permis d'achever la révision de ce travail qu'il avait entreprise en vue d'une éventuelle publication.

2

Le général de Gaulle au temps du gaullisme de guerre

Ainsi, la pensée du général de Gaulle est déjà formée dans ses traits essentiels en juin 1940, au moment où à l'âge de 49 ans il entre brusquement dans l'histoire. Sur certains points, cette pensée évoluera plus ou moins profondément, en fonction des circonstances. C'est à étudier cette évolution mais aussi cette permanence sur d'autres points que nous allons maintenant nous consacrer.

Pour cette étude, j'ai hésité entre deux plans : un plan par thèmes : une certaine idée de la France, une certaine idée de l'État, une certaine idée de la société, etc., qui aurait présenté l'avantage d'être plus synthétique, plus ramassé, plus « Sciences-Po »; et un plan chronologique, qui a l'inconvénient de morceler l'analyse, mais qui présente l'avantage de ne pas présenter la doctrine du général de Gaulle comme une entité intemporelle et qui oblige à la replacer dans l'histoire. Or, vous êtes nés pour la plupart vers 1948 ou 1950 : l'histoire du gaullisme à ses débuts est pour vous aussi éloignée et aussi abstraite que pouvait l'être pour les jeunes gens de ma génération la France du président Fallières. Je crois donc qu'un plan chronologique s'impose et je commence par le gaullisme du général de Gaulle au temps de l'exil, de juin 1940 à août 1944.

Vous vous rappelez le passage de *Vers l'armée de métier* où le lieutenant-colonel de Gaulle en 1934 évoquait les circonstances exceptionnelles où le chef se retrouve « seul debout et par là nécessaire ». Se trouvant 6 ans plus tard à Londres, en plein désastre, le général de Gaulle parle immédiatement au nom de la France. C'est l'appel du 18 juin, et c'est cette phrase extraordinaire dans l'appel du 19 juin : « Devant la confusion des âmes françaises, devant la liquéfaction d'un gouvernement tombé sous la servitude ennemie, devant l'impossibilité de faire jouer nos institutions, moi, général de Gaulle, soldat et chef français, j'ai conscience de parler au nom de la France. » C'est aussi plus tard le passage des *Mémoires de guerre* (I, p. 71) : « A mesure que s'envolaient les mots irrévocables, je sentais en moi-même se terminer une vie, celle que j'avais menée dans le cadre d'une France solide et d'une indivisible armée. A 49 ans, j'entrais dans l'aventure comme un homme que le destin jetait hors de toutes les séries. »

Effectivement, cette histoire est une histoire hors de toutes les séries. En juin 1940, à Londres, ayant décidé de refuser l'Armistice, de tenir pour nul l'appel du maréchal Pétain du 17 juin : « C'est le cœur serré que je vous dis aujourd'hui qu'il faut cesser le combat », le général de Gaulle a le choix entre deux solutions : il peut maintenir son action sur le plan purement militaire, continuer à se battre à la tête d'une sorte de légion étrangère incorporée à l'armée anglaise. Mais il choisit immédiatement une autre solution. Il affirme, lui, général à titre temporaire, secrétaire d'État d'un gouvernement en pleine décomposition, qu'il parle au nom de la France, qu'il incarne la souveraineté et la légitimité française. Avant 1940, le colonel de Gaulle apparaissait dans ses différents livres comme un auteur en quête d'un personnage. Dès l'appel du 18 juin 1940, l'auteur trouva son personnage — et c'est le personnage dont il avait jadis rêvé : le chef qui dans la tempête reste seul debout et par là nécessaire.

Je laisse de côté les détails de l'histoire événementielle. Je laisse aussi de côté le style et le ton du général de Gaulle auxquels je consacrerai sans doute plus tard une séance. Pour le moment, je me contenterai de procéder à un inventaire des thèmes fondamentaux de la période 1940-1944, en distinguant les thèmes permanents — ceux qui apparaissent immédiatement et ne se modifient point — et les thèmes qui évoluent, ceux qui n'apparaissent qu'à une certaine date. Pour cette analyse, je m'appuierai sur les *Discours*, contemporains de l'événement, beaucoup plus que sur les *Mémoires de guerre* qui présentent évidemment un grand intérêt, mais qui ont parfois le caractère d'une recomposition a posteriori.

Il y a, d'abord, un certain nombre de thèmes constants, et dont la formulation ne variera pas.

En premier lieu, *le refus :* un refus élémentaire et immédiat, un refus qui ne procède point de la politique, mais d'un réflexe physique. Refus de se rendre, refus de lever les bras, refus total de l'armistice : les « abominables armistices », les « armistices déshonorants », le « crime de l'Armistice ». A la fin de l'appel du 18 juin, le général de Gaulle déclare : « La flamme de la résistance française ne doit pas s'éteindre et ne s'éteindra pas. » Le 14 juillet 1941, il s'écrie : « Au bout de nos peines il y a la plus grande gloire du monde, celle des hommes qui n'ont pas cédé. » Mais il ne s'agit pas seulement d'un geste élémentaire de refus. Dès le 18 juin 1940, le général de Gaulle affirme que la guerre n'est pas finie et que la victoire est possible. Deux affirmations : le primat de la « force mécanique » : « Foudroyés aujourd'hui par la force mécanique, nous pourrons vaincre dans l'avenir par une force mécanique supérieure. Le destin du monde est là » (18 juin 1940). Le général de Gaulle revient à plusieurs reprises sur le même thème en employant toujours l'expression de « force mécanique ». Seconde affirmation : « la guerre est une guerre mondiale », « la France n'est pas seule, elle n'est pas seule, elle n'est pas seule » (18 juin 1940). Le « bon sens » se conjugue donc avec « l'honneur » pour imposer la poursuite du « combat » : c'est l'appel du 22 juin, le plus complet des premiers discours de Londres. « Beaucoup de Français n'acceptent pas la capitulation ni la servitude, pour des raisons qui s'appellent : l'honneur, le bon sens, l'intérêt supérieur de la patrie. »

L'honneur et le bon sens : « l'honneur du drapeau et la grandeur de la patrie » (28 juin 1940); « l'honneur et l'espérance » (2 juillet 1940); « le bon sens, la sagesse, l'habileté sont du même côté que l'honneur » (22 août 1940); « le fier bon sens des Français » (9 septembre 1940); « l'honneur de la France » (26 octobre 1940); « à la Patrie nous rendrons son honneur, sa grandeur, son bonheur » (11 novembre 1940), etc. C'est sans doute le mot honneur qui revient le plus souvent dans les discours du général de Gaulle en 1940. Mais au mot honneur est très souvent associé le mot bon sens. Le général de Gaulle reparlera de « l'honneur du navire ». Il ne cessera pas de faire appel à cette notion prosaïque qui s'appelle « le bon sens » et qui imposait en 1940 un comportement éminemment déraisonnable aux yeux des hommes raisonnables.

La liberté : la liberté apparaît immédiatement, dès le discours du 22 juin 1940 : « Vive la France libre dans l'honneur et dans l'indépendance. » La France libre s'oppose évidemment à la France esclave, à la France occupée par les Allemands. Mais le mot « liberté » a pour le général de Gaulle un autre sens qui apparaît très tôt, quand il parle le 9 janvier 1941 des gouvernants de Vichy : « La France libre oppose à leur autorité politique toute la tradition des libertés françaises. » Il fait l'éloge de la liberté le 14 juillet 1941. Tous les discours du 14 juillet sont des éloges de la liberté. Il parle de « la douceur de la liberté » (2 octobre 1941, 31 décembre 1941). Il parle aussi du « parti de la liberté ». Bien sûr on peut mettre bien des choses derrière le mot liberté, jusqu'au « parti républicain de la liberté ». Mais c'est un mot qui n'apparaît jamais — et pour cause — dans les messages de Pétain.

L'unité : les mots « un », « même », « seul », « indivisible » sont les mots fondamentaux de l'époque pour le général de Gaulle; « la France une et indivisible », « une seule patrie ». Le 31 décembre 1941, le général déclare : « Nous entendons refaire, dans la guerre pour la France et pour la liberté du monde, l'unité nationale rompue par l'invasion et par la trahison. » Il déclare le 11 novembre 1942 pour l'anniversaire de l'Armistice : « Je dis la France, c'est-à-dire une seule nation, un seul territoire, un seul empire, une seule loi. » En revanche, il parle le 10 mai 1942 de « la dislocation nationale, cette sorte de rupture de l'unité et de la cohésion française devant la faillite ou la trahison ». Le général de Gaulle séparé de la communauté française, créant contre Vichy une contre-légitimité, lançant ses troupes à Dakar et en Syrie contre celles de Vichy, est constamment hanté par l'idée de l'unité française, non pas certes l'unité des vaincus autour de Vichy, mais l'unité d'une France enfin rassemblée et présente à la victoire. Le thème du rassemblement et le mot même de rassemblement du peuple français reviennent constamment dans les *Discours de guerre :* « une seule question intéresse la France combattante. C'est le rassemblement du peuple français dans la guerre » (27 mai 1942); « ce malheur, qui s'ajoute à tous ses malheurs, achève de la dresser, et de la rassembler — oui de la rassembler — dans la volonté unanime d'effacer par la victoire toutes les atroces conséquences du désastre et de l'abandon » (27 novembre 1942, après Toulon); « [...] le devoir, c'est l'union nationale, recours de nos suprêmes efforts, source de notre éternelle grandeur »; « rien ne pourra désormais rompre le grand rassemblement de nos âmes. Le peuple français s'est décidément constitué en un bloc » (18 juin 1943); « la France ? Mais la voilà! C'est ce rassemblement immense et enthousiaste de Tunis libérée » (27 juin 1943, à Tunis); « après trois années... le peuple français reparaît en masse, rassemblé, enthousiaste, sous les plis de son drapeau » (14 juillet 1943); [le gouvernement] « veut associer à son action et même à sa composition des hommes de toutes — je dis : de toutes les origines et de toutes les tendances [...] pourvu qu'ils veuillent poursuivre [...] l'intérêt général dont chacun n'est que le serviteur. Le gouvernement [...] appelle tous les Français au rassemblement national » (18 mars 1944, Assemblée consultative d'Alger).

Le peuple : thème constant : la France a été trahie par ses élites et par ses privilégiés, et notamment par ses chefs militaires qui sont rudement traités dans les premiers discours et aussi plus tard : « Notre armée préparée d'une manière absurde et commandée d'une manière indigne. » Le général de Gaulle s'en prend même d'une façon assez inattendue à l'alliance des privilèges et des Académies : (la France) « n'a payé que trop cher l'alliance honteuse des privilèges et l'Internationale des Académies » (20 janvier 1942). Le 20 avril 1943, il évoque « la faillite des corps qui se disaient dirigeants ». Le 14 juillet 1943, il dénonce « les coalitions d'intérêts ou de privilèges ». Dans ses *Mémoires* (II, p. 171), le général de Gaulle est plus sévère encore pour la classe dirigeante : « [...] la classe qualifiée de dirigeante, c'est-à-dire établie dans les emplois, la fortune, la notoriété ». Le général de Gaulle éprouvait peu de sympathie pour la classe dirigeante de la IIIe République. Il a trouvé aussi sans nul doute que la classe dirigeante française et les élites françaises manifestaient plus de propension à se rallier à Vichy qu'à rejoindre Londres (cf. le texte cruellement ironique des *Mémoires*, I, p. 83 [1]). D'où l'opposition entre les élites pourries et la

1. « Encore fallait-il que des personnalités assez représentatives voulussent m'apporter leur concours. Pendant les premiers jours, quelques optimistes pensaient qu'on en trouverait à volonté. On annonçait, d'heure en heure, le passage à Lisbonne ou le débarquement à Liverpool de tel homme politique connu, de tel général célèbre, de tel académicien consacré. Mais le démenti venait vite. A Londres même, sauf quelques exceptions, les Français notoires qui s'y trouvaient, soit en service, soit par occasion, ne rejoignirent pas la France libre...

« Vous avez raison, me disait par exemple M. Corbin, ambassadeur de France. Moi, qui ai consacré le meilleur de ma carrière à la cause de l'alliance franco-britannique, j'ai pris ouvertement parti en donnant ma démission le lendemain même de votre appel. Mais je suis un vieux fonctionnaire. Depuis 40 ans, je vis et j'agis dans un cadre régulier. La dissidence, c'est trop pour moi! »

« Vous avez tort, m'écrivait M. Jean Monnet, de constituer une organisation qui pourrait apparaître en France comme créée sous la protection de l'Angleterre. Je partage complètement votre volonté d'empêcher la France d'abandonner la lutte... Mais ce n'est pas de Londres que peut partir l'effort de résurrection. »

« Je dois rentrer en France, faisait dire M. René Mayer, pour ne pas nation saine dans ses profondeurs : « la France réelle, populaire et profonde » (1er avril 1942); « ce que je cherchais, c'était l'opinion profonde » (*MG*, II, p. 154). Ainsi le général de Gaulle oppose les élites à la nation dans ses profondeurs et pour lui la nation ne se distingue guère du peuple. Mais, comme Jules Michelet, il donne un double sens au mot peuple : c'est l'ensemble de la nation moins les traîtres; ce sont les « travailleurs » qui s'opposent aux élites et aux privilégiés. D'où cette phrase : « Ce sont les travailleurs français [...] qui donnent [...] l'exemple de la Résistance » (30 avril 1942).

La France : le général de Gaulle parle « au nom de la France ». « La France est la France. Il y a en elle un ressort secret qui depuis toujours étonna le monde » (27 août 1940); « l'âme française », « l'âme de la France » (8 juillet 1940); « le fier bon sens des Français »; « l'indépendance et la grandeur de la France »; « Notre Dame la France » (16 décembre 1940); « les bons Français » et « les bonnes Françaises » (1er mars 1941); « que la France soit présente à la victoire » (12 août 1940); « France, France nouvelle, grande France, en avant » (29 août 1940); « la fureur française » (25 novembre 1940); « il y a un pacte 20 fois séculaire entre la grandeur de la France et la liberté du monde »; « la France avec nous » (formule fréquente); assez étonnant discours de Noël aux enfants de France (24 décembre 1941); « la voix éternelle d'une France dont le monde ne se passera pas »

---

séparer mon sort de celui de mes coreligionnaires qui vont y être persécutés. »

« Je vous approuve, m'affirmait M. Bret. Quant à moi, dans la métropole ou dans l'empire, j'aiderai de mon mieux au redressement de la France. »

« Nous allons en Amérique, me déclaraient MM. André Maurois, Henry Bonnet, de Kerillis. C'est là, d'ailleurs, que nous pourrons vous être le plus utiles. »

« Nommé consul-général à Shangaï, m'annonçait M. Roland de Margerie, je passe à Londres, non pour vous joindre, mais pour gagner la Chine. J'y servirai, comme vous le faites ici, les intérêts de la France. » *(N. d. É.)*

(31 décembre 1941); « la France a les promesses de la vie éternelle » (6 janvier 1942); « la sécurité et la liberté du monde ne se passeront jamais de la France » (13 janvier 1942); « les Français n'ont qu'un drapeau, le drapeau du 14 juillet » (14 juillet 1942).

Les références historiques sont significatives : Clauzel, Bugeaud, Lyautey; puis Jeanne d'Arc, Richelieu, Louis XIV, Carnot, Napoléon, Gambetta, Poincaré, Clemenceau, Foch (2 juillet 1940), Duquesne, Tourville, Suffren, Courbet, Guépratte (même discours), Dupleix, Montcalm, Bugeaud, Lyautey (même discours), le maréchal Foch avec lequel le général de Gaulle dialogue (11 novembre 1940), Jeanne d'Arc, Danton, Clemenceau (25 novembre 1940), Jeanne d'Arc (10 mai 1941), Foch, Clemenceau (18 septembre 1941), Jeanne d'Arc, Poincaré, Clemenceau (2 octobre 1941), Clemenceau (13 octobre 1941), Clemenceau avec lequel le général de Gaulle dialogue (11 novembre 1941), Barrès (25 novembre 1941), « Au siècle de Jeanne d'Arc et au temps de la Révolution » (13 janvier 1942), « Voici l'heure de Clemenceau » (4 mars 1942), Hoche, Danton, la Déclaration des droits de l'homme (1er avril 1942), Clemenceau, Jeanne d'Arc (30 avril 1942), Jeanne d'Arc à laquelle le général consacre tout son discours du 10 mai 1942 : « Elle triomphe non seulement des Anglais, mais des " montagnes des intérêts particuliers ", Jeanne d'Arc, Danton, Clemenceau (18 juin 1942), Péguy (même discours), Jeanne d'Arc (23 juin 1942), Corneille (11 novembre 1942), etc. Les trois noms qui reviennent le plus souvent jusqu'en novembre 1942 sont ceux de Jeanne d'Arc, de Danton, de Clemenceau. Ce n'est pas la France de l'Action française, c'est bien davantage la France de Michelet et de Péguy, celle des manuels scolaires et des livres d'histoire.

Quant aux thèmes sujets à évolution — plus ou moins nette — on peut en distinguer six : Vichy, la résistance intérieure, la République, la démocratie, la révolution, l'empire français enfin.

La condamnation de l'Armistice est immédiate et totale, mais pendant quelques semaines le général de Gaulle ménage relativement la personne du maréchal Pétain qu'il appelle à plusieurs reprises un « très vieux maréchal ». « La vieillesse est un naufrage », écrira plus tard le général de Gaulle dans ses *Mémoires* (I, p. 61), à propos de la vieillesse de Pétain. Le 19 juin 1940, il parle de « la liquéfaction d'un gouvernement tombé sous la servitude ennemie »; 26 juin : dialogue assez respectueux avec le maréchal Pétain; 30 juillet : « les abominables armistices de juin », « les hommes qui se soignent à Vichy »; 12 août : « un très vieux maréchal »; 22 août : « le soi-disant gouvernement de Vichy », « sous le couvert d'un très vieux maréchal »; 29 août : « le crime de l'Armistice ».

Mais, après Montoire en octobre 1940, le ton change et devient aussitôt extrêmement violent : 27 octobre 1940 (manifeste de Brazzaville) : « cédant à une panique inexcusable, des dirigeants de rencontre ont accepté et subissent la loi de l'ennemi [...]. L'organisme sis à Vichy et qui prétend porter ce nom [de gouvernement] est inconstitutionnel et soumis à l'envahisseur. Dans son état de servitude, cet organisme ne peut être et n'est en effet qu'un instrument utilisé par les ennemis de la France contre l'honneur et l'intérêt du pays »; même date (discours de Léopoldville) : « le gouvernement de Vichy est définitivement passé à l'ennemi » (très net changement de ton dans ce discours); 25 novembre 1940 : « la terrible logique de la guerre met en pleine lumière la vanité des prétendus chefs qui osèrent affirmer qu'ils allaient rénover la France, livrée par eux aux chaînes de l'ennemi »; 29 novembre 1940 : « l'épouvantable équivoque de l'obéissance aux gouvernants de trahison »; 28 décembre 1940 : « traiter avec les ennemis, accepter leur contrôle, collaborer avec eux, c'est, au sens propre du terme, trahir la Patrie. » A la fin de 1940, les thèmes et le vocabulaire sont fixés : ils ne changeront pas jusqu'à la fin de la guerre. 23 janvier 1941 : les « soi-disant réformes de Vichy » sont « des champignons poussés sur la pourriture »; 23 octobre 1941 (après l'exécution par les Allemands des otages de Chateaubriant) : « Vichy collabore avec les assassins... Vichy n'a droit qu'au mépris public... Le Père la Défaite »; 15 novembre 1941 : « le rite des prosternations devant l'image du Père la Défaite »; 3 décembre 1941 : « l'entreprise de trahison qu'il [M. Hitler] patronne à Vichy » ; 13 janvier 1942 : Vichy « régime abominable »; 18 avril 1942 : « des chefs prosternés dans la boue... »; 20 octobre 1942 : « la trahison, c'est-à-dire Vichy. » Ce qui frappe, lorsqu'on relit ces textes — et il y en a beaucoup d'autres semblables —, c'est la violence catégorique de la condamnation portée sur Vichy par le général de Gaulle, alors que de très nombreux Français ont longtemps voulu croire à une entente secrète Pétain-de Gaulle, l'épée et le bouclier. Lorsqu'on compare les textes de Londres aux textes issus de la Résistance intérieure, il est incontestable que le général de Gaulle est plus violent, et violent plus tôt à l'égard du maréchal Pétain que ne le sont longtemps restés — le cas des communistes devant être mis à part — la plupart des membres de la Résistance métropolitaine (cf. par exemple la collection de *Défense de la France*).

S'agissant de *la résistance intérieure*, on peut distinguer deux moments. Pendant près de 2 ans, le général de Gaulle — qui est à Londres à peu près seul — multiplie les appels à une résistance unanime et passive. Il condamne le 23 octobre 1941 les attentats individuels qui ont pour conséquence de faire massacrer inutilement des otages : « La guerre des Français doit être conduite par ceux qui en ont la charge, c'est-à-dire par moi-même et par le Comité national. » Du 1er janvier 1941 au 11 novembre 1942, il multiplie les appels à des manifestations silencieuses. Une heure de recueillement est demandée le 1er janvier 1941, « l'heure de l'espérance » (3 fois annoncée). Durant cette heure, les rues doivent se vider et les Français se recueillir chez eux. Le général affirme, le 9 janvier 1941, que cet appel a été suivi par « l'immense majorité des Français ». Le 2 avril 1941, il déclare : « L'opinion nationale diffère en ce moment totalement de ce qu'elle était à l'époque de l'Armistice. » Au printemps 1941, il répète infatigablement : « La France avec nous », sans ébranler beaucoup de Français. Il demande « une heure de silence » pour la fête de Jeanne d'Arc, le

12 mai 1941. Il parle ensuite d'une « colossale manifestation ». Il lance un appel à un « garde-à-vous national » de 5 minutes pour le 31 octobre 1941, de 4 heures à 4 h 5. Le succès de cette manifestation n'est pas mentionné. Pour le 1er mai 1942, fête du Travail, il demande à tous les Français de passer silencieusement devant les statues de la République. Il s'adresse plus particulièrement au « peuple laborieux », aux « classes laborieuses françaises », il mentionne les « grandes vagues profondes... ». C'est le 27 mai 1942, dans une conférence de presse, que le général de Gaulle mentionne pour la première fois les mouvements de résistance dans la France métropolitaine, mais sans beaucoup de précision. Pour le 14 juillet 1942, le général de Gaulle demande aux Français de sortir — en France non occupée — les drapeaux tricolores, d'organiser des défilés, de chanter *la Marseillaise*. Le 11 novembre 1942, pour l'anniversaire de la Victoire, il demande aux Français de se rassembler de midi à 12 h 30. C'est le dernier appel de ce type et il n'est pas sûr du tout que ces appels aient été largement suivis.

C'est à partir de mars 1942 qu'arrivent à Londres les premiers émissaires des mouvements de résistance : Christian Pineau, Emmanuel d'Astier, Pierre Brossolette, André Philip, Henri Frenay, etc. A partir de cette date, le ton change. Le général de Gaulle mise sur les mouvements de résistance pour imposer son autorité aux Américains réticents. Entre novembre 1942 et mai 1943, il mise, pour évincer Giraud, sur la Résistance, que Jean Moulin a reçu mission d'unifier au sein du CNR qui se réunit pour la première fois le 27 mai 1943. Ce qu'il importe, semble-t-il, de noter, c'est le décalage entre les *Discours* et les *Mémoires*. Dans les *Discours*, le général de Gaulle affecte de croire que la France est derrière lui. Dans les *Mémoires*, il ne dissimule pas son extrême solitude. L'impression qui domine est la déception : déception devant l'attitude des élites, une certaine déception devant l'attitude des masses, une certaine incompréhension des mouvements de résistance en dehors de ceux qui font partie de l'armée secrète. Le général de Gaulle a profondément souffert de l'attentisme et de la passivité des Français, ainsi que des ovations faites au maréchal Pétain. Dans ces textes sur la

Résistance apparaissent tous les germes du divorce qui se manifestera en 1944.

Au début de juillet 1940, de Gaulle aurait déclaré à Londres, à Philippe Barrès : « En tout cas, Barrès, il y a deux mots que vous ne m'entendrez pas souvent prononcer, c'est le mot de république et le mot de démocratie. » Cette phrase est-elle authentique ? Nul ne peut l'affirmer avec certitude. En tout cas, de Gaulle prononcera à Londres et prononcera abondamment — mais il ne prononcera pas immédiatement — le mot de république et le mot de démocratie. Le mot de république ne figure pas dans le manifeste ni dans l'ordonnance n° 1 du 27 octobre 1940, qui est le premier acte officiel de la France libre et qui constitue le Conseil de défense de l'Empire. En revanche, le terme de république et les références républicaines figurent abondamment dans le texte apparemment rédigé par Cassin, mais signé par de Gaulle, de la Déclaration organique du 16 novembre 1940 (*MG*, I, p. 313 s.). Ce texte a un objet précis : démontrer que le gouvernement de Vichy est contraire à la légalité républicaine, Vichy n'est pas le gouvernement de la République. L'objet de ce texte est essentiellement négatif : il n'indique pas que la IIIe République continue, il prévoit un régime provisoire qui sera plus tard soumis au jugement des représentants de la nation. Dans les discours du général de Gaulle, la République apparaît tard. Le mot apparaît pour la première fois, sauf erreur de notre part, dans un discours du 1er avril 1942 et c'est pour répondre à une accusation : « Comment [...] attribuer quelque portée à certaines suggestions suivant lesquelles les démocraties devraient reconnaître la France dans la personne des gens de Vichy plutôt que dans celle des chefs de la France combattante, sous prétexte que ces derniers n'auraient pas pris assez nettement position en faveur de la liberté ? » Ce même discours évoque « la Déclaration des droits de l'homme », la « grande Révolution française », ... de bons Français qui persistent à appliquer les lois de la République, ... « le peuple souverain ».

Après cette date, les références à la République deviennent nombreuses : défilé muet le 1er mai 1942 « devant les statues de la République »; 27 mai 1942 : de Gaulle s'affirme sans équivoque pour la République et pour la démocratie; 18 juin 1942 : les libertés de la République française; 21 septembre 1942 : les lois de la République; 28 décembre 1942 : « le dernier gouvernement républicain auquel j'avais l'honneur d'appartenir »; 2 janvier 1943 : les lois de la République et la « tradition de la démocratie française »; dans la conférence de presse du 9 février 1943, il est constamment question de la République. Contre Giraud, le général de Gaulle incarne la République, il parle au nom de la République. Auparavant, il parlait au nom de la France. La République est l'exemple type d'un thème auquel le général de Gaulle n'est pas hostile, mais qui ne lui est pas immédiatement naturel et qu'il assume parce que les circonstances l'exigent.

Le terme de démocratie apparaît pour la première fois le 18 septembre 1941, dans un discours de Londres, après 6 mois en Orient et en Afrique : « Et quand les démocraties devront refaire le monde sur les bases sacrées de la liberté humaine, de la souveraineté des peuples et de la coopération des nations, alors on pourra voir aussi ce qu'est et ce que vaut la France. » On le retrouve dans des discours ultérieurs : « La résistance française [...] placera la démocratie française, renouvelée par ses épreuves, de plain-pied avec la victoire » (2 octobre 1941); les démocraties (7 novembre 1941); le camp des démocraties (13 janvier 1942). Le 27 mai 1942, répondant à une question posée lors d'une conférence de presse, le général de Gaulle définit brièvement sa conception de la démocratie : « La démocratie se confond exactement pour moi avec la souveraineté nationale. La démocratie, c'est le gouvernement du peuple par le peuple, et la souveraineté nationale c'est le peuple exerçant sa souveraineté sans entrave. » Le 11 novembre 1942, à l'Albert Hall de Londres, le général de Gaulle reparle de la démocratie : « Une démocratie nouvelle, telle que la souveraineté du peuple puisse s'exercer totalement par le suffrage et par le contrôle et telle aussi que le pouvoir chargé de diriger l'État ait les moyens de le faire avec force et continuité. » Le 18 mars 1944, dans un important discours à l'Assemblée consultative d'Alger dans lequel il annonce les mesures qui devront être prises dans la France libérée, il déclare : « C'est la démocratie, renouvelée dans ses organes et surtout dans sa pratique, que notre peuple appelle de ses vœux. » Un exécutif stable, un gouvernement qui gouverne, une démocratie sociale. La même conclusion se dégage à peu près que pour la république. Le terme apparaît tard, lorsque le général de Gaulle en a besoin. Mais on trouve dès le début et constamment affirmée l'idée qu'il faut le plus tôt possible rendre la parole à la nation et que la démocratie de l'avenir doit être profondément différente de la démocratie du passé.

Paradoxalement, le général de Gaulle parle de révolution avant de parler de république ou de démocratie. Dès le 3 août 1940 : « Cette grande guerre qui est aussi une grande révolution. » La « révolution nationale » est une imposture absolue. Le général de Gaulle l'affirme très tôt, notamment dans son discours du 25 novembre 1940. Et il parle dès le 29 novembre 1940 de renouvellement et de révolution : « De cette victoire certaine, de notre victoire, nous entendons, nous les Français libres, qu'une France nouvelle doit sortir. Une telle guerre est une révolution, la plus grande de toutes celles que le monde a connues. » De Gaulle répète à plusieurs reprises, notamment le 23 octobre 1941, que cette guerre est une révolution et il revient le 15 novembre 1941 sur le thème du renouvellement. Après une longue description des malheurs français, il déclare : « Il n'y a pas le moindre doute que, de la crise terrible qu'elle traverse, sortira pour la nation française un vaste renouvellement. » Ce discours du 15 novembre 1941 est le premier dans lequel le général de Gaulle esquisse le régime de l'avenir. Dans ce même discours, le 15 novembre 1941, à l'Albert Hall de Londres devant les Français de Grande-Bretagne, de Gaulle condamne d'un même mouvement, dans la même phrase, avec un rigoureux balancement : « les abus anarchiques d'un régime en décadence » et « l'affreuse tyrannie des maîtres esclaves de l'ennemi ». Il condamne totalement le régime du passé : « Nous savons que l'immense majorité des Français, dans laquelle nous nous comptons, a définitivement condamné à la fois les abus anarchiques d'un régime en décadence, ses gouvernements d'apparence, sa justice influencée, ses combinaisons d'affaires, de prébendes et de privilèges et l'affreuse tyrannie des maîtres esclaves de l'ennemi, leurs caricatures de lois, leur marché noir, leurs serments imposés, leur discipline par délation, leurs microphones dans les antichambres. Nous tenons pour nécessaire qu'une vague grondante et salubre se lève du fond de la nation et balaie les causes du désastre pêle-mêle avec l'échafaudage bâti sur la capitulation. Et c'est pourquoi, l'article 2 de notre politique est de rendre la parole au peuple, dès que les événements lui permettront de faire connaître librement ce qu'il veut et ce qu'il ne veut pas. » Il indique les trois principes des institutions futures : « Quant aux bases de l'édifice futur des institutions françaises, nous prétendons pouvoir les définir par conjonction des trois devises qui sont celles des Français libres. Nous disons : " Honneur et Patrie ", entendant par là que la Nation ne pourra revivre que dans l'air de la victoire et subsister que dans le culte de sa propre grandeur. Nous disons : " Liberté, Égalité, Fraternité ", parce que notre volonté est de demeurer fidèles aux principes démocratiques que nos ancêtres ont tirés du génie de notre race et qui sont l'enjeu de cette guerre pour la vie ou la mort. Nous disons : " Libération ", et nous disons cela dans la plus large acception du terme, car, si l'effort ne doit pas se terminer avant la défaite et le châtiment de l'ennemi, il est d'autre part nécessaire qu'il ait comme aboutissement, pour chacun des Français, une condition telle qu'il lui soit possible de vivre, de penser, de travailler, d'agir, dans la dignité et dans la sécurité. Voilà l'article 3 de notre politique! » (même discours du 15 novembre 1941). Le 24 mars 1942, le général de Gaulle prend à son compte l'expression de « révolution nationale » : « Patience, on verra bien qui fera, pour finir, la " révolution nationale. " « Le 1er avril 1942, le général de Gaulle affirme solennellement : « [...] Car c'est une révolution, la plus grande de son Histoire, que la France, trahie par ses élites dirigeantes et par ses privilégiés, a commencé d'accomplir. Et je dois dire à ce sujet que les gens qui, dans le monde, se figureraient pouvoir retrouver, après le dernier coup de canon, une France politiquement, socialement, moralement pareille à celle qu'ils ont jadis connue, commettraient une insigne erreur. » Le 27 mai 1942, le général déclare : « Dans sa douleur, le peuple français a fait une révolution. » Il reprend le 18 juin 1942 : « Le peuple français s'assemble pour une révolution. » Et il poursuit : « Pour la France, en particulier, où le désastre, la trahison, l'attentisme ont disqualifié beaucoup de dirigeants et de privilégiés, et où les masses profondes du peuple sont au contraire restées les plus vaillantes et les plus fidèles, il ne serait pas acceptable que la terrible épreuve laissât debout un régime social et moral qui a joué contre la nation. » Le 23 juin 1942, c'est la double condamnation publiée en France par les journaux clandestins : « Un régime moral, social, politique, économique a abdiqué dans la défaite après s'être lui-même paralysé dans la licence. Un autre, sorti d'une criminelle capitulation, s'exalte en pouvoir personnel. Le peuple français les condamne tous les deux. » Sur la déception provoquée par ce rigoureux balancement, voir le témoignage de Christian Pineau, *la Simple Vérité* [1]. Le 11 novembre 1942, le général de Gaulle parle d' « un régime libre et pur » et le 4 février 1943 d' « une Nation pure et dure ». Il évoque avec une certaine précision, le 20 avril 1943, le régime économique et social de la France libérée : « un régime économique et social tel qu'aucun monopole et aucune coalition ne puissent peser sur l'État, ni régir le sort des individus, où, par conséquent, les principales sources de la richesse commune soient ou bien administrées ou, tout au moins, contrôlées par la Nation, où chaque Français ait, à tout moment, la possibilité de travailler suivant ses aptitudes, dans une condition susceptible d'assurer une existence digne à lui-même et à sa famille, où les libres groupements de Travailleurs et de Techniciens soient associés organiquement à la marche des entreprises, telle est la féconde réforme dont le pays renouvelé voudra consoler ses enfants ». Le 18 juin 1943 encore : « dans la révolution où nous sommes ».

Mais à partir du milieu de 1943, après la création du CNR, le mot de renouveau devient plus fréquent que celui

1. Julliard, 1960.

de révolution. Tout se passe comme si le général de Gaulle cessait de parler de révolution à partir du moment où les représentants de la Résistance intérieure, regroupés dans le CNR, commencent à en parler abondamment. Dans son dernier discours à l'assemblée d'Alger, le 27 juillet 1944, le général de Gaulle reprend et précise les grandes lignes de la politique qu'il entend mener dans la France libérée. Il entend « rétablir l'État », mais aussi « mettre à la disposition de la nation la direction et l'exploitation des grandes sources de la richesse commune ». Évoquant ses débats avec le personnel politique d'Alger en 1943, de Gaulle se demande, dans ses *Mémoires de guerre*, s'il n'était pas, en vérité, « le seul révolutionnaire » (II, p. 153). Cf. la conversation télévisée avec Michel Droit en juin 1968.

Deux conclusions se dégagent donc, d'une part le général de Gaulle parle très tôt de révolution; il entend réaliser la véritable révolution nationale, d'autre part il formule dès 1943 le programme de son action dans la France libérée, et ce programme n'est pas en retrait sur le programme du CNR.

Avant la guerre de 1939, les thèmes impériaux tenaient peu de place dans les écrits du colonel de Gaulle. C'est, on l'a dit, un officier métropolitain, ce n'est pas un colonial. A partir de juin 1940, le thème de la défense de l'Empire contre les Allemands et contre Vichy passe tout naturellement au premier plan, et le général de Gaulle fonde en octobre 1940 un Conseil de défense de l'Empire. Jusqu'à la fin de l'année 1943, de Gaulle n'a pas le loisir de beaucoup s'occuper du statut des colonies et des différents territoires de l'Empire. En décembre 1943, une ordonnance du CFLN [1] élargit sensiblement les droits électoraux des musulmans d'Algérie ou plutôt le nombre des musulmans d'Algérie qui jouissent de leurs droits entiers de citoyens. Le 30 janvier 1944, c'est le discours de Brazzaville dont il ne faut pas surestimer la por-

1. Comité français de libération nationale, fondé en juin 1943 à Alger, et dont le général de Gaulle est coprésident avec le général Giraud. Un an, jour pour jour, après sa fondation, le CFLN deviendra le GPRF, gouvernement provisoire de la République française. *(N. d. É.)*

tée. Que dit en effet le général de Gaulle à cette conférence qui groupe les représentants des territoires français d'Afrique noire ? Il importe « d'établir sur des bases nouvelles » « l'exercice de la souveraineté française ». Entre la métropole et l'Empire il existe, à cause de la guerre, un « lien définitif ». La France entend conduire « librement, libéralement » vers « la route des temps nouveaux » les 60 millions d'hommes « qui se trouvent associés au sort de ses 42 millions d'enfants ». « Il appartient à la Nation française et il n'appartient qu'à elle de procéder, le moment venu, aux réformes impériales de structure qu'elle décidera dans sa souveraineté. » Il convient d'étudier des mesures progressives afin que les territoires constituant l'Empire « par leur développement même et le progrès de leur population s'intègrent dans la communauté française, avec leur personnalité, leurs intérêts, leurs aspirations, leur avenir ». C'est une déclaration importante, mais quelque peu ambiguë, qui laisse ouverts beaucoup d'avenirs possibles. Ce n'est pas la charte et l'annonce précise de la décolonisation.

En guise de conclusion, on peut dire que ces années de guerre ont sans nul doute profondément marqué la personnalité du général de Gaulle. C'est alors qu'il achève de composer son personnage. C'est ce qu'il confesse dans ses *Mémoires de guerre :* « Le fait d'incarner, pour mes compagnons, le destin de notre cause, pour la multitude française le symbole de son espérance, pour les étrangers la figure d'une France indomptable au milieu des épreuves, allait commander mon comportement et imposer à mon personnage une attitude que je ne pourrais plus changer. Ce fut pour moi, sans relâche, une forte tutelle intérieure en même temps qu'un joug bien lourd » (I, p. 111).

Durant ces années de guerre, le général de Gaulle a d'ailleurs une conscience aiguë de sa solitude : « Aucun homme public n'éleva la voix pour condamner l'Armistice » (*MG*, I, p. 73). Les premiers ralliés sont des inconnus. A la fin de juillet 1940, les Français libres sont au nombre de 7 000. C'est un singulier paradoxe de parler au nom de la France et de ne rallier qu'une poignée d'inconnus. D'où la fidélité du général de Gaulle à ses premiers compagnons, et le terme même de compagnons. D'où aussi l'écrasant mépris du général de Gaulle pour les élites. D'où une blessure profonde qui ne se refermera pas.

Les années de guerre sont pour le général de Gaulle celles d'une bataille de tous les instants pour faire reconnaître par les alliés la légitimité de la France libre. La route est jalonnée d'épreuves : Mers el-Kébir, le 3 juillet 1940; l'échec de l'expédition sur Dakar, en septembre 1940 : « les jours qui suivirent me furent cruels » (*MG*, I, p. 108); bataille en Syrie (mai-juin 1941); en décembre 1941, conflit avec les Américains à propos de Saint-Pierre-et-Miquelon; en mai 1942, conflit avec les Anglais à propos de Madagascar; le débarquement de novembre 1942 est préparé à son insu; Roosevelt mise sur Giraud contre lui; la rencontre d'Anfa au Maroc en janvier 1943 est pour lui plutôt humiliante, avec la comédie de la poignée de main [1]; plus tard, ce sera Yalta. Jamais le général de Gaulle n'a pardonné à Roosevelt. Jamais il n'a oublié les difficultés et les affronts personnels qui ont jalonné pour lui la marche vers la victoire.

Dernière remarque : on a parfois soutenu que de Gaulle et Pétain incarnaient dans deux camps opposés les mêmes thèses, qu'ils relevaient d'une seule et même idéologie. Sans doute n'est-il pas difficile de relever chez Pétain et chez de Gaulle un bon nombre de thèmes analogues. Mais on ne trouve dans les discours de guerre du général de Gaulle ni l'extrême moralisme, ni les considérations sur le retour à l'homme et à la personne humaine, ni l'agrarianisme, ni l'antisémitisme, ni le corporatisme qui caractérisent l'idéologie de la révolution nationale. Les grands thèmes de la révolution nationale ont trouvé plus d'échos dans la Résistance intérieure que dans les discours prononcés à Londres par le général de Gaulle.

1. Roosevelt qui tente, en vain, d'imposer au chef de la France libre la prééminence du général Giraud insiste pour qu'au moins de Gaulle accepte de lui serrer la main devant les journalistes. « Ma réponse fut : « I shall do that for you » *M G*, II, p. 85. *(N. d. É.)*

3

Le général de Gaulle au temps du gaullisme de gouvernement

(août 1944 - janvier 1946)

Quatre ans, deux mois et sept jours après avoir lancé l'appel du 18 juin 1940, le général de Gaulle revient dans Paris libéré. Le vendredi 25 août 1944, en fin d'après-midi, après avoir tenu à passer au ministère de la Guerre, il prononce à l'Hôtel de Ville une allocution improvisée qui commence par ces mots : « Pourquoi voulez-vous que nous dissimulions l'émotion qui nous étreint tous, hommes et femmes, qui sommes ici, chez nous, dans Paris debout pour se libérer et qui a su le faire de ses mains. Non! nous ne dissimulerons pas cette émotion profonde et sacrée. Il y a des minutes qui dépassent chacune de nos pauvres vies. » Le lendemain, 26 août, le général de Gaulle descend les Champs-Élysées à pied, avec les membres du CNR entre Georges Bidault et Alexandre Parodi. Il faut lire — ou relire — la page des *Mémoires de guerre* dans laquelle il décrit la foule parisienne sur les Champs-Élysées; en quelques lignes, deux métaphores maritimes : « Ah! c'est la mer! Une foule immense est massée de part et d'autre de la chaussée. Peut-être 2 millions d'âmes. Les toits aussi sont noirs de monde. A toutes les fenêtres s'entassent des groupes compacts, pêle-mêle avec des drapeaux. Des grappes humaines sont accrochées à des échelles, des mâts, des réverbères. Si loin que porte ma vue, ce n'est qu'une houle vivante, dans le soleil, sous le tricolore. » Et il poursuit un peu plus loin : « Je vais donc, ému et tranquille, au milieu de l'exultation indicible de la foule, sous la tempête des voix qui font retentir mon nom, tâchant, à mesure, de poser mes regards sur chaque flot de cette marée afin que la vue de tous ait pu entrer dans mes yeux, élevant et abaissant les bras pour répondre aux acclamations. Il se passe, en ce moment, un de ces miracles de la conscience nationale, un de ces gestes de la France qui, parfois au long des siècles, viennent illuminer notre Histoire. Dans cette communauté, qui n'est qu'une seule pensée, un seul élan, un seul cri, les différences s'effacent, les individus disparaissent. Innombrables Français dont je m'approche tour à tour, à l'Étoile, au Rond-Point, à la Concorde, devant l'Hôtel de Ville, sur le parvis de la cathédrale, si vous saviez comme vous êtes pareils [...]. Et moi, au centre de ce déchaînement, je me sens remplir une fonction qui dépasse de très haut ma personne, servir d'instrument au destin » (*MG*, II, p. 311-312).

Moins de 18 mois plus tard, le 20 janvier 1946, le général de Gaulle quitte le pouvoir. Il s'en va, déçu, amer, convaincu qu'il est impossible de gouverner efficacement dans les conditions où il exerçait le pouvoir. L'opinion française dans l'ensemble est elle aussi déçue par le passage du général de Gaulle au gouvernement. La plupart des résistants sont insatisfaits, pleins d'amertume, et « la Nation dans ses profondeurs » ne réalise pas en janvier 1946, lorsque le général de Gaulle s'en va, le grand sursaut national qu'il espérait. Elle est déconcertée par un départ qu'elle ne comprend pas, elle réagit très peu. Ainsi, la période 1944-1946 est celle de la « rupture de l'unité ». En 1944, le général de Gaulle paraît avoir toute la France derrière lui (à l'exception d'une opposition réduite au silence). Il s'en va en janvier 1946, au milieu d'une opinion divisée et désorientée, sans réaction. Il se retrouve en avril 1947 chef d'un parti politique. Comment cela s'est-il produit ?

Il importe de souligner d'abord l'ampleur de l'œuvre accomplie sous la présidence du général de Gaulle d'août 1944 à janvier 1946. Qu'il s'agisse de la reconstruction du pays, de la remise en route des grandes activités nationales qui se trouvaient totalement paralysées lors de la Libération; qu'il s'agisse des réformes de structure, comme la nationalisation des houillères et du crédit, la création d'Air-France et de la

Régie Renault, la création du commissariat au Plan, et celle de l'ENA, réalisées avant janvier 1946, ou comme la nationalisation de l'électricité et du gaz réalisée après janvier 1946, mais préparée par les ministres du général de Gaulle; qu'il s'agisse des réformes destinées à améliorer la condition des travailleurs, comme l'institution de la Sécurité sociale et des comités d'entreprises, comme le statut du fermage; qu'il s'agisse enfin de l'attribution du droit de vote aux femmes : l'œuvre accomplie en 18 mois — alors que la France, ne l'oublions pas, est encore engagée dans la guerre jusqu'en mai 1945 — est réellement considérable. Il n'est pas excessif de dire que la France a connu alors une des mutations législatives les plus profondes de son histoire et que cette mutation a été non seulement acceptée, mais voulue par le général de Gaulle. Lorsqu'on relit le programme du CNR, on se rend compte que le général de Gaulle a non seulement réalisé l'essentiel de ce programme, mais qu'il l'a sur plusieurs points dépassé, notamment en ce qui concerne la planification, qui n'a droit dans le programme du CNR qu'à une mention très vague et qui avait été écartée en 1936 du programme du Rassemblement populaire. Tout cela est incontestable et pourtant l'impression de déception est très générale. L'unité de 1944 se brise. Les griefs adressés au gouvernement s'accumulent. Lesquels ?

Une première série de griefs concerne l'œuvre même du gouvernement : les modérés et les radicaux reprochent au général de Gaulle d'engager la France dans la voie du collectivisme. Leur force dans la presse et dans les assemblées est très limitée, mais ce sont eux qui constituent le noyau des opposants les plus actifs. Le général de Gaulle se contente d'écrire dans ses Mémoires que les privilégiés accueillent « mélancoliquement » les réformes de 1945, mais c'est peu dire. Dans certains milieux patronaux, dans certains milieux bancaires règne à l'égard du gouvernement une atmosphère de rancune et de peur, comparable à la grande peur de juin 1936. Tout cela peut paraître aujourd'hui très lointain, mais cela a existé et cela suffit à faire justice de la thèse communiste sur « gaullisme et grand capital ». Le « grand capital » n'a pas pardonné au général de Gaulle la grande peur qu'il a éprouvée en 1944 et qui le rendit d'ailleurs à l'époque très discret et très malléable.

Une seconde série de griefs concerne l'épuration : les uns, qui ne peuvent alors faire entendre leur voix par la presse, reprochent au général de Gaulle d'être responsable d'une épuration impitoyable et d'innombrables exécutions sommaires; les autres reprochent au contraire au général et à ses ministres de la Justice, François de Menthon et P. H. Teitgen, de ne réaliser qu'une parodie d'épuration, de laisser impunis les principaux coupables. Le débat est très violent et très douloureux; il laissera pour ceux qui ont été du côté des victimes des souvenirs ineffaçables. Et c'est aujourd'hui encore un problème dont il est très difficile de parler sereinement dans certains milieux proches de Vichy ou de l'Action française où on continue à dénoncer, 25 ans après les événements, les crimes du « résistantialisme ».

Mon sentiment personnel est le suivant : je pense que l'épuration a été manquée, que des innocents ou de petits coupables ont été lourdement frappés, que d'autres beaucoup plus coupables ont échappé à la justice, que l'exécution de Pierre Laval a été affreuse. Mais je me demande s'il peut y avoir des épurations réussies. Les précédentes épurations qu'avait connues la France en 1815, en 1852, en 1871 n'avaient en tout cas pas été des réussites. Les épurations en 1944 dans les autres pays d'Europe n'ont pas été non plus des réussites. Il semble bien d'autre part que les chiffres avancés par les antigaullistes en ce qui concerne les victimes de l'épuration soient largement grossis. Il n'y a pas eu plusieurs centaines de milliers d'exécutions sommaires. Le général de Gaulle parle d'un peu plus de 10 000 exécutions. Le chiffre est faible et Robert Aron avance le chiffre de 40 000 environ dans les semaines qui ont précédé et qui ont suivi la Libération — chiffre qui semble vraisemblable. Compte tenu de ce qu'était l'état de la France en 1944, le gouvernement a fait ce qu'il pouvait pour éviter le désordre et la violence. Il ne les a pas évités, mais en tout cas, sur le moment même, les griefs concernant l'épuration, sinon pour les amis des victimes, du moins pour l'ensemble de l'opinion, n'ont eu qu'une importance secondaire par rapport à d'autres griefs.

En effet l'opinion inorganisée (c'est-à-dire l'immense majorité des Français) se plaint essentiellement des difficultés de la vie quotidienne. Les Français s'imaginaient naïvement que, par une sorte d'opération magique, les difficultés de la vie quotidienne, les tickets de pain, de viande et de textiles allaient disparaître avec la Libération. Or la vie reste très difficile, presque plus difficile, car le marché noir a perdu sa justification « patriotique ». L'hiver 1944-1945 est extrêmement froid, l'existence matérielle des Français et notamment des habitants des villes est très précaire. Le général de Gaulle donne le sentiment de se désintéresser de ces problèmes. Il en parle rarement dans ses discours. La situation ne s'améliore pas. Le ministre du Ravitaillement, Ramadier, est l'objet d'attaques très violentes, et on le surnomme Ramadan. En 1946, après le 20 janvier, un journal radical titre : « On la saute, mon général. » Il est clair qu'en 1944-1945, le général de Gaulle et la « Nation dans ses profondeurs » ne sont pas sur la même longueur d'onde. La « Nation dans ses profondeurs » songe avant tout à vivre. Le général songe jusqu'en mai 1945 à faire la guerre.

Il songe aussi à assurer le rang de la France. D'où les divers incidents qui l'opposent aux Alliés anglo-saxons; 20 février 1945 : le général de Gaulle refuse d'aller voir Roosevelt à Alger à son retour de Yalta [1]; 24 avril 1945 : de Gaulle télégraphie à de Lattre de rester à Stuttgart, contrairement aux ordres d'Eisenhower [2]; 31 mai 1945 : semi-ultimatum de Churchill à de Gaulle à propos de la Syrie [3]; 6-7 juin 1945 :

1. De Gaulle s'en explique ainsi dans ses *Mémoires de guerre*, II, p. 88 : « Si c'était pour le bon motif que Roosevelt désirait voir de Gaulle, que ne l'avait-il laissé venir en Crimée ? Et puis, à quel titre le président américain invitait-il le président français à lui faire visite en France ? » *(N. d. É.)*

2. Plus exactement, du général américain Devers; prise le 20 avril 1945 par la 1re armée française, la ville ne se trouvait pas dans la zone d'occupation réservée aux troupes françaises (cf. *MG*, II, p. 170). *(N. d. É.)*

3. En mai 1945, des émeutes éclatèrent au Levant contre les troupes françaises, qui intervinrent pour rétablir l'ordre. Bien que, en vertu d'un mandat de l'ancienne SDN, la France exerçât un protectorat sur la Syrie et le Liban, le gouvernement britannique somma le commande-

semi-ultimatum de Truman à de Gaulle à propos de La Brigue, de Tende et du val d'Aoste [1]. Lors de ces 4 crises, de Gaulle réagit différemment : dans les deux premiers cas, il se montre intransigeant (il ne va pas à Alger — les troupes françaises restent à Stuttgart). Dans les deux autres cas, il se montre beaucoup plus conciliant sur le fond, sinon dans la forme : il donne aux troupes françaises l'ordre de cesser le feu en Syrie et de rester dans leurs cantonnements ; il renonce à la plupart de ses prétentions, notamment sur le val d'Aoste, et envoie sur place un conciliateur. Il bat en retraite, mais noblement, les formes lui important essentiellement, autant et plus peut-être en la circonstance que les décisions elles-mêmes. En tout cas, lors de ces diverses crises, l'opinion française — ou du moins l'opinion organisée (les députés, la presse) — ne le soutient pas ou le critique ouvertement. Il s'en plaint amèrement dans ses Mémoires et c'est un nouveau motif de divorce entre la présidence du gouvernement et l'opinion.

Un conflit beaucoup plus violent oppose le général de Gaulle aux partis politiques à propos de la Constitution et du fonctionnement des pouvoirs publics. En choisissant, non sans hésitations, de recourir à un référendum, il a contre lui les partisans de la Constitution de 1875, essentiellement les modérés et les radicaux. Il a contre lui à l'origine les trois grands partis politiques [2] qui sont partisans d'élire une Constituante souveraine. Il finit par imposer, non sans mal, le principe d'un référendum à deux questions : l'Assemblée sera-t-elle constituante ? Les pouvoirs de l'Assemblée constituante seront-ils limités dans le temps (7 mois) et dans leur

---

ment français de faire cesser le feu et de se placer sous l'autorité du commandant en chef britannique au Levant (cf. *MG*, II, p. 184 s). *(N. d. É.)*

1. Les troupes françaises avaient occupé les cantons de Tende, la Brigue et Vintimille, rattachés aussitôt au département des Alpes-Maritimes ; la France prétendait d'autre part obtenir l'autonomie du val d'Aoste. Les Américains exigeaient le retrait sur les frontières de 1939 (cf. *MG*, II, p. 180-181). *(N. d. É.)*

2. MRP, SFIO, PC. *(N. d. É.)*

champ d'application ? Les socialistes et le MRP se rallient sans enthousiasme et le général de Gaulle obtient le 21 octobre 1945 un demi-succès, très comparable à ce que sera le demi-succès d'octobre 1962 : sur 25 717 551 inscrits, il y eut 20 361 709 votants; à la première question, 18 584 746 votants répondirent par « oui », 699 136 par « non »; mais, à la seconde, 12 795 213 votants seulement répondirent positivement, contre 6 449 206 bulletins négatifs. Le premier contact du général de Gaulle avec le suffrage universel est à la fois un succès (il remporte une large victoire contre la plupart des partis coalisés), et un échec, car pour quelqu'un qui entend incarner la volonté nationale et non celle d'un parti, il est décevant de ne pas obtenir la moitié des suffrages des électeurs inscrits.

La suite des événements est connue. Le général de Gaulle est élu président du gouvernement à l'unanimité, après 8 jours de ce qu'il appellera plus tard de « désobligeantes palabres », et c'est la crise provoquée par les exigences du parti communiste réclamant un des trois grands ministères : Intérieur, Affaires étrangères, Guerre, crise qui se termine par un compromis; les communistes obtiennent un demi-ministère militaire : Tillon à l'Armement. Mais un second affrontement se produit quelques semaines plus tard, lorsque les socialistes demandent une réduction de 20 % des crédits militaires. Le général de Gaulle répond très vivement à Gazier et à André Philip. Il enlève le vote des crédits, mais il prend le 1er janvier 1946 la décision de s'en aller. Il part pour Eden-Roc, devant la mer, revient remettre Herriot à sa place, à propos de l'affaire des Légions d'honneur décernées aux militaires qui s'étaient opposés au débarquement américain en Afrique du nord [1] et il annonce sa démission 4 jours plus tard.

1. Herriot s'était opposé à la régularisation d'un certain nombre de citations décernées, 3 ans auparavant, par le général Giraud à des soldats ayant combattu contre les Américains en Afrique du Nord. De Gaulle lui répondit « qu'il n'était pas question d'arracher de la poitrine de pauvres morts et de malheureux mutilés les croix qu'on leur avait décernées, 3 ans plus tôt, pour avoir combattu suivant les ordres de leurs chefs, et bien que ces ordres eussent été donnés à tort ». « Puis, continue-t-il, marquant mes distances par rapport à l'interpellateur, qui à la

Ainsi, cette première expérience de collaboration du général de Gaulle avec une Assemblée élue se termine par un constat d'incompatibilité. Cette expérience malheureuse est certainement à l'origine — comme le souvenir de juin 1940 — des idées constitutionnelles du général de Gaulle : le débat de décembre 1945 annonce la Constitution de 1958 et plus encore la pratique constitutionnelle qui suivra. Mais si cette controverse sur le fonctionnement des pouvoirs publics est fondamentale pour comprendre l'opposition entre les partis et le général de Gaulle, elle ne l'est pas du tout pour l'opinion, qui ne porte qu'un intérêt lointain aux problèmes constitutionnels et qui est avant tout préoccupée par les problèmes de la vie quotidienne.

Un dernier grief est fréquemment adressé au général de Gaulle dans les milieux issus de la Résistance : celui d'avoir trahi l'esprit de la Résistance, d'avoir procédé à la restauration d'un État alors qu'il était possible de faire une révolution. Cette thèse a été longuement développée en 1965 par Philippe Tesson, rédacteur en chef de *Combat,* dans un livre passionné intitulé *De Gaulle Ier, la révolution manquée* [1].

Sur le moment même, des thèses analogues sont exprimées dans divers articles ou brochures, notamment dans une brochure intitulée *Nous sommes des rebelles*, écrite en décembre 1944 par Philippe Viannay — alors âgé de 25 ans et qui avait été avec Jurgensen et Salmon un des fondateurs de *Défense de la France*, sous le pseudonyme d'Indomitus. Cette brochure est infiniment plus respectueuse envers le général de Gaulle que ne l'est le livre violemment antigaulliste de Philippe Tesson, mais la thèse est claire : le général de Gaulle n'a pas fait confiance à la Résistance intérieure, la Libération a été un échec, la révolution ne sera pas manquée si les résistants savent créer, en dehors des partis politiques, une union travailliste fondée sur un socialisme humaniste. Ce qui est

---

veille de la libération de Paris avait eu la faiblesse de déjeuner et de négocier avec Laval et avec Abetz, j'ajoutai que j'étais le meilleur juge de ces citations, parce que « moi je n'avais jamais eu affaire avec Vichy, ni avec l'ennemi, excepté à coups de canon » (*MG*, II, p. 285). *(N. d. É.)*

1. Albin Michel, 1965.

frappant, lorsqu'on relit les textes de cette époque — après l'avoir vécue il y a 25 ans avec une certaine intensité — c'est la rupture totale entre le ton du général de Gaulle, dans les semaines qui suivent la Libération, et le ton qui s'exprime dans les organes de la Résistance intérieure, notamment dans *Combat*, le *Combat* d'Albert Camus, qui portait en sous-titre « De la Résistance à la Révolution ». Les éditoriaux de Camus dans *Combat* se caractérisent par un certain ton [1], par certains mots, toujours les mêmes : solidarité, fraternité, justice, vérité, responsabilité, le sens du relatif, le goût de la grandeur humaine : « introduire le langage de la morale dans l'exercice de la politique » (7 octobre 1944); « nous ne croyons pas au réalisme politique » *(ibid.)*; « il n'y a pas d'ordre sans justice et l'ordre idéal des peuples réside dans leur bonheur » (12 octobre 1944); l'intransigeance et la dignité, la pureté, le bonheur, l'amitié, l'homme, « le sort de l'homme est toujours entre les mains de l'homme ». Il y a donc un ton de la Résistance et de la Libération. Un ton plus qu'un contenu politique et en définitive — je m'en rends compte aujourd'hui — une extrême ignorance des réalités politiques, économiques, sociales et internationales, et notamment une ignorance totale de ce qu'est un État. Or, tandis que la génération issue de la Résistance rêve confusément d'une révolution généreuse et d'un socialisme à l'échelle humaine, le général de Gaulle fait la guerre, rétablit l'ordre et entreprend de restaurer l'État. De ce divorce profond, il est assez vain de se demander qui fut responsable. Mais il importe sans doute d'examiner d'un peu près les discours et les écrits du général de Gaulle concernant cette période et de tenter, comme nous l'avons fait pour la période antérieure, d'en recenser les thèmes fondamentaux.

Pour cette étude, nous disposons de deux sources : les *Discours* d'une part, près de 250 pages en petit caractère, et les *Mémoires* d'autre part : le dernier chapitre du tome II,

1. « Il y a un ton à trouver », écrit Camus, le 8 septembre 1944.

« L'unité », et le tome III, « Le salut » (qui a paru en 1959 après le retour du général de Gaulle au pouvoir). Ces deux sources ne concordent pas. Elles ne laissent pas la même impression : les *Discours* donnent l'impression que tout va fort bien, que la nation est unanime, qu'elle a toujours été résistante, qu'il n'y a pas de crises. Le parti communiste n'est pas nommé. Les principes sont nettement affirmés, mais on ne trouve aucune attaque contre les élites ou le personnel politique. Au contraire, les *Mémoires* présentent le récit très dramatique d'une incompréhension profonde et totale, d'une rupture complète entre de Gaulle et les partis (le MRP n'étant pas distingué des autres). Il y a le guide, la nation dans ses profondeurs. Les intermédiaires, tous les intermédiaires sont fort cruellement traités. A la fin du second tome des *Mémoires* qui est précisément intitulé « L'unité », le général de Gaulle écrit : « Devant moi, je le sais bien, je trouverai, au long de ma route, tous les groupements, toutes les écoles, tous les aréopages... » (II, p. 322). Mais le but est clair : « bâtir un État juste et fort ».

Le général de Gaulle est également beaucoup plus aimable avec l'URSS dans ses *Discours*, où il parle de la « belle et bonne alliance » avec l'URSS que dans les *Mémoires* écrits à la lumière de la guerre froide. Inversement, il est encore plus désagréable pour les Anglo-Saxons dans les *Discours* que dans les *Mémoires* (où il atténue certains jugements). Dans les *Mémoires*, il paraît très préoccupé par le péril communiste; il attribue aux communistes les fusillades du 26 août à Notre-Dame; cette crainte du PCF n'apparaît absolument pas dans les *Discours*. Dans les *Mémoires*, il apparaît comme un prophète de la décolonisation (III, p. 213), alors que dans les textes de 1944 à 1946 il est constamment question de la France de 110 millions de Français. Par exemple, à propos de la fête du Têt, le général évoque, le 15 février 1945, « la grande association française que formeront demain en tant de contrées de la terre, 110 millions d'hommes vaillants et laborieux, vivant sous notre drapeau ». Dans les *Mémoires*, il explique sa politique sociale par un calcul politique (« faire échouer la subversion ») alors qu'on ne trouve rien de tel dans les *Discours*. Autre différence : dans les *Discours*, le général présente l'image d'une France unanimement résistante. Dans les *Mémoires*, il écrit : « Encore un peu, mourait l'âme de la France » (III, p. 236). Les *Discours*, dans l'ensemble, sont assez décevants, car la plus grande partie est constituée par des allocutions de circonstance ou des conférences de presse se référant à des événements de politique étrangère. Leur portée idéologique est assez mince. Mais cependant, je crois utile de poursuivre, pour la période 1944-1946, l'inventaire des thèmes que j'avais entrepris pour la période antérieure.

Il y a, d'abord, l'insistance mise sur la nécessaire poursuite de l'effort de guerre. L'immense majorité des Français considère qu'avec la libération de la plus grande partie de la France, la guerre est pratiquement achevée. Le général de Gaulle, au contraire, ne cesse de rappeler d'août 1944 à mai 1945 que la guerre n'est pas finie. Il répète que la guerre peut être longue, et il le souhaite pour affirmer davantage le rang de la France : c'est ce qu'il écrit dans ses *Mémoires de guerre*. « Que la guerre dût se poursuivre, c'était assurément douloureux sous le rapport des pertes, des dommages, des dépenses que nous, Français, aurions encore à supporter. Mais, à considérer l'intérêt supérieur de la France — lequel est tout autre chose que l'avantage immédiat des Français — je ne le regrettais pas » (III, p. 28). Après la fin de la guerre, il écrit : « Voici que déjà tout s'abaisse et se relâche » (III, p. 178). Le succès des travaillistes et la défaite de Churchill aux élections de juillet 1945 marquent le retour au « temps de la médiocrité ». A cet égard, de Gaulle est en opposition totale avec l'opinion moyenne qui considère la guerre comme finie depuis le jour de la Libération. Jusqu'en mai 1945, le général de Gaulle songe constamment à la guerre, il s'oppose catégoriquement, en janvier 1945, à l'évacuation de Strasbourg décidée par l'état-major allié. Il suit sans cesse la marche des troupes françaises, en Alsace, en Allemagne, jusqu'à la capitulation du Reich. Le mépris du général de Gaulle pour les agitations des politiques et les récriminations de ce qu'il appelle les « petites feuilles péremptoires » s'explique dans une large mesure par cette obsession de la guerre et par le sentiment aigu que, dans la France de la Libération, cette obsession de la guerre n'est assurément pas très largement répandue.

Si la France doit participer activement à l'effort de guerre, c'est afin de retrouver son rang et sa puissance. Dans les mois qui suivent la Libération, le général de Gaulle ne cesse de parler de grandeur et de puissance : « la France éternelle » (25 août); « être présent à la victoire » (29 août); « vers l'effort et la grandeur » (12 septembre); « la grande victoire de la France » *(ibid.)*; « la position internationale de la France » (19 novembre 1944); « rebâtissons notre puissance. Voilà quelle est désormais, la grande querelle de la France » (22 novembre 1944); la France est « une puissance sans laquelle rien ne se décide, ni la victoire, ni l'ordre du monde, ni la paix » (31 décembre 1944); « dans le monde, chacun aujourd'hui regarde vers la France » (17 janvier 1945); « rien ne vaut un grand devoir, à remplir au nom d'un grand peuple, au milieu d'une grande époque » (22 janvier 1945); « l'ascension vers la puissance » (2 mars 1945); « tout se tient dans la vie d'un peuple et la grandeur ne se divise pas » (5 février 1945). Le général de Gaulle reprend ainsi, le 5 février 1945, la dernière phrase du *Fil de l'épée* et, là encore, le décalage est manifeste entre le ton du général et les soucis d'un pays qui se préoccupe avant tout du ravitaillement.

En ce qui concerne l'organisation des relations internationales, les discours de la période 1944-1946 fournissent quelques précisions sur les conceptions du général de Gaulle. Pour ce qui est de l'Allemagne, c'est toujours le même thème : l'Allemagne a été « l'agent de nos épreuves » (5 février 1945); « il y a des Allemagnes... nous ne voulons plus jamais de Reich » (12 octobre 1945). Le général de Gaulle préconise donc « la séparation de la rive gauche du Rhin et de la Ruhr de ce qui sera l'État ou les États allemands » (5 février 1945). C'est la grande pensée de Jacques Bainville. C'est la politique du traité de Westphalie. La position à l'égard de l'URSS se résume en une tautologie : la Russie est la Russie et Staline est un Russe. Voyant défiler l'Armée rouge à Bakou le 26 novembre 1944, le général de Gaulle déclare : « C'était bien là l'éternelle armée russe » (*MG*, III, p. 59). La Russie et la France sont « les deux grandes puissances du continent » et il est conforme à l'intérêt de la France de conclure une « belle et bonne alliance » avec la Russie soviétique — celle qui est conclue en décembre 1944 —, car l'alliance russe, déclare le général de Gaulle à l'Assemblée consultative le 21 décembre 1944, est « un impératif catégorique de la géographie, de l'expérience et du bon sens ». Sur l'Europe, quelques notations éparses : « l'Europe est une » (25 octobre 1944); « elle a trois pôles : Moscou, Londres et Paris » (22 novembre 1944); il importe de former un « groupement occidental ayant pour artères le Rhin, la Manche, la Méditerranée ». Quant au problème colonial, le général de Gaulle affirme dans le troisième tome de ses *Mémoires de guerre* qu'il a annoncé au président Truman, dès août 1945, l'inéluctable indépendance des nations colonisées. Voici ce qu'il écrit en effet : « Quant aux pays d'Asie et d'Afrique plus ou moins " colonisés ", je déclarai qu'à mon avis l'époque nouvelle marquerait leur accession à l'indépendance, réserve faite des modalités qui seraient forcément variables et progressives. L'Occident devait le comprendre et, même, le vouloir » (III, p. 213). Rien ne permet de mettre en doute la sincérité du général lorsqu'il formule cette déclaration prophétique, mais on peut remarquer que cette révélation intervient 14 ans après les événements, dans un livre qui paraît en librairie dans le 4e trimestre de 1959, après la déclaration du 16 septembre 1959 sur l'autodétermination de l'Algérie. Ce qu'il faut aussi remarquer, c'est que le général de Gaulle, s'il était convaincu, dès 1945, de l'inéluctable accession des colonies à l'indépendance, se montre d'une remarquable discrétion dans ses déclarations de l'époque. Tout ce qu'on peut trouver à cet égard dans les discours de 1945 est une phrase plutôt réticente à propos de la Syrie et du Liban : « [...] Si l'indépendance est encore concevable, même pour de petits États, l'interdépendance est, par le temps qui court, une donnée de fait à laquelle nul ne peut plus se soustraire » (19 juin 1945). Et, le 23 novembre 1945, le général de Gaulle affirme : « Le génie de notre époque est celui de l'interdépendance. » Ainsi, en 1945, il n'est guère question d'indépendance, et l'insurrection du Constantinois est écrasée cette année-là, sans que l'événement suscite dans l'opinion une très vive émotion : l'incident est mentionné en deux lignes dans les *Mémoires de guerre* et la responsabilité de la répression est attribuée au gouverneur Chataigneau. Le thème fondamental est celui du rang, le rang de la France dans le monde (cf. le second chapitre du tome III des *Mémoires de guerre*), la France de 110 millions d'hommes dont parlera le général de Gaulle dans son discours de Bayeux de juin 1946 qui, en matière coloniale, est remarquablement conservateur.

La France ne peut, cependant, retrouver son rang dans le monde que si sont restaurés l'ordre et l'autorité de l'État. Immédiatement le général de Gaulle se préoccupe de « rassembler les âmes en un seul élan national, mais aussi de faire paraître tout de suite la figure et l'autorité de l'État » (*MG*, II, p. 304). Le général incorpore les FFI dans les troupes régulières, il dissout les milices patriotiques contrôlées par les communistes, il réduit à néant le rôle du CNR, il recommande aux commissaires de la République d'imposer leur autorité aux « Comités de libération ». Ainsi le thème de l'État, qui n'apparaissait guère dans les œuvres d'avant 1940, et qui était à peu près absent — et pour cause — des discours d'exil de 1940-1944, prend brusquement, à partir d'août 1944, une importance capitale : « la seule autorité valable, celle de l'État » (29 août 1944); « contre toutes les « improvisations d'autorité » (14 octobre 1944); « ce rôle dirigeant que l'évolution générale et les nécessités de la reconstruction imposent désormais à l'État... » (2 mars 1945); ... cette « rigueur obstinément centralisatrice » contre le « goût du centrifuge » (15 mai 1945); ... « il n'y a pas de rayonnement dans la confusion ni de progrès dans le tohu-bohu » (24 mai 1945). Le général de Gaulle ne définit pas l'État dans ses discours de 1944-1946. Il le définit dans le troisième tome de ses *Mémoires de guerre* lorsqu'il évoque les réformes de 1944-1945 : « [...] L'idée que je me fais de l'État. Je vois en lui, non point comme il l'était hier et comme les partis voudraient qu'il le redevienne, une juxtaposition d'intérêts particuliers, d'où ne peuvent sortir jamais que de faibles compromis, mais bien une institution de décision, d'action, d'ambition, n'exprimant et ne servant que l'intérêt national » (*MG*, III, p. 98). La définition n'est pas extrêmement originale. Mais ce qui est important, c'est que le général de Gaulle souligne aussi fortement le rôle qui incombe à l'État au moment même où la grande majorité des Français issus de la Résistance rêve plus ou moins confusément d'une révolution. Au contraire, dans le vocabulaire du général de Gaulle, le terme de révolution est remplacé tout de suite après la Libération par celui de rénovation.

Pendant la guerre, le général de Gaulle avait plusieurs fois parlé de la révolution entreprise par la France libre. En 1944, alors que tout le monde parle de révolution dans la France libérée, le général de Gaulle ne prononce pas le mot et se contente de parler de « rénovation ». Très caractéristique à cet égard est son premier grand discours politique, le 12 septembre 1944, au palais de Chaillot : le général de Gaulle refuse de prononcer le mot que la foule attend de lui. Il parle d'une « démocratie nouvelle » qui abolira « les abus de l'ancien régime parlementaire tel qu'il fonctionnait » (25 octobre 1944), avec ses « absurdes batailles » (25 avril 1945) et ses « absurdes querelles » (11 novembre 1945). Il fait confiance au peuple de France, il évoque « la voix profonde de notre peuple comme on entend la rumeur de la mer » (2 mars 1945). Il parle des « réformes de base qui correspondent à la fois aux exigences de l'économie moderne et à celles du progrès social » (31 décembre 1944). Il réalise des réformes d'une incontestable ampleur conformément au programme qu'il avait tracé avant la Libération. Mais il présente ces réformes comme un moyen d'atteindre la puissance : la véritable rénovation, c'est « l'ascension vers la puissance » (2 mars 1945); « un grand renouveau économique et social constitue la première condition » (*ibid.*) qui permet de retrouver la puissance. « La puissance est au bout, une puissance qui celle-là n'écrasera personne et au contraire profitera à tous nos semblables. Cette puissance, ah! puisse-t-elle devenir la grande ambition nationale » *(ibid.)*. Ainsi s'estompe le thème de la révolution tandis que passe au premier plan celui de la puissance.

Pour réaliser cette « grande ambition nationale », le général de Gaulle ne cesse, après comme avant la Libération, de faire appel à l'unité de la nation : « une merveilleuse unité se révèle dans ses profondeurs » (29 août 1944); « une extraordinaire unanimité nationale » (12 septembre 1944); « nous devons nous unir [...]. La France est formée de tous les Français... leur union réelle, sincère, fraternelle » (14 octobre 1944); avant tout « préserver l'unanimité française » (9 novembre 1944); « dans la communauté française, tous les Français, paysans, ouvriers, bourgeois, qu'ils fussent, comme on disait naguère de droite, du centre ou de gauche ont leur place et doivent la tenir » (31 décembre 1944)... « Français, Françaises, que vos pensées se rassemblent sur la France. Plus que jamais, elle a besoin d'être aimée et d'être servie par nous tous qui sommes ses enfants. Et puis, elle l'a tant mérité » *(ibid.)*. Le 11 novembre 1945, il déclare : « Il faut que nous acceptions de nous unir fraternellement, afin de guérir la France blessée. Fraternellement, c'est-à-dire en taisant d'absurdes querelles pour marcher sur la même route, du même pas, en chantant la même chanson... » Et il termine par l'évocation d' « un grand peuple rassemblé ». Le 10 décembre 1945, le général de Gaulle affirme : « Nous sommes entrés, pour la première fois depuis longtemps dans notre histoire, dans la voie de l'unité nationale. » Ainsi le général de Gaulle s'oppose-t-il à la naissance d'un nouveau parti, d'un parti gaulliste. Il le dit très nettement le 2 mars 1945 à l'Assemblée consultative : « Un parti unique ou nouveau ? Ah! non certes! Pas plus demain qu'hier! Mais de bons Français de toutes opinions, origines et tendances qui, partout où ils se trouvent, donnent l'exemple de l'ardeur et font en sorte que dans chacune des fractions politiques, sociales ou professionnelles, entre lesquelles ils se répartissent, les intérêts et les passions s'inclinent toujours devant l'intérêt supérieur de la Patrie. »

Ce thème de l'unité n'est pas nouveau. Il apparaissait constamment avant 1944 et le second tome des *Mémoires* est précisément intitulé « L'unité ». Ce qui est frappant, c'est que le général de Gaulle s'attache ainsi à présenter dans ses discours une France à peu près unanime au moment même où l'unité nationale se brise. Le troisième tome des *Mémoires*, composé a posteriori, donne des années 1944-1946 une image totalement différente des *Discours* contemporains des événements. Dans les *Discours* il n'est question que d'unité. Dans les *Mémoires*, il n'est question que de divisions. Le général de Gaulle, dans ses Mémoires, manifeste un écrasant mépris pour « les politiques » (III, p. 40), pour les « catégories politiques » (III, p. 197), pour « les éléments organisés pour se faire entendre » (III, p. 89), pour ceux qui se plaisent aux « jeux savoureux des illusions et du dénigrement » (III, p. 90), pour les partis politiques et « leur caractère fractionnel » (III, p. 239), leur « omnipotence » (III, p. 270), leur « régime exclusif » (III, p. 285); il ne cesse de fustiger « ceux qui tendent à revenir au régime confus d'autrefois » (III, p. 180), les « équipes vociférantes » (III, p. 245), les « fractions politiques » (III, p. 265), les « clameurs des partisans » (III, p. 232), le Parlement qui « réunit des délégations des intérêts particuliers » (III, p. 240). Par-dessus et contre les partis, qui ne sont que des fractions, il importe d'établir un contact direct avec la nation dans ses profondeurs, c'est-à-dire avec la foule.

Le tome III des *Mémoires de guerre* contient dans son premier chapitre une brassée de textes étonnants sur le contact direct avec la foule, la technique du bain de foule, et de ces textes se dégage une certaine idée de la démocratie qui n'est assurément pas celle de tous les démocrates. A Chaillot, en septembre 1944, le général scrute « la tonalité différente de l'enthousiasme, le dosage des applaudissements ». A Lyon, il découvre que les Lyonnais souhaitent l'équilibre. Chambéry « débordant de ferveur me donne la mesure du loyalisme savoyard ». A Lille, où la foule est sombre, il découvre qu'il faut faire des réformes sociales pour éviter la révolution et prendre les communistes de vitesse. Au Neubourg, les paysans ont les manches retroussées. Donc, les paysans français sont décidés à travailler. A New York, en août 1945, le général défile dans Broadway et découvre « l'extraordinaire dilection à l'égard de la France que recèle le fond des âmes ». Et c'est l'étonnant passage des *Mémoires* (III, p. 129) dans lequel le général de Gaulle décrit un de ses voyages en province. « Ce jour-là, comme toujours en de telles cérémonies, je quitte, par intervalles, le cortège officiel afin d'aborder la foule et de m'enfoncer dans ses rangs. Serrant les mains, écoutant les cris, je tâche que ce contact soit un échange de pensées. “ Me voilà, tel que Dieu m'a fait! voudrais-je faire entendre à ceux qui m'entourent. Comme vous voyez, je suis votre frère, chez lui au milieu des siens, mais un chef qui ne saurait ni composer avec son devoir, ni plier sous son fardeau. ” Inversement, sous les clameurs et à travers les regards, j'aperçois le reflet des âmes. Pour le grand nombre, il s'agit d'émotion, suscitée par ce spectacle, exaltée par cette présence et qui s'exprime en : “ Vive de Gaulle! ” en sourires, en larmes aux yeux. Chez beaucoup, transparaît l'inquiétude que des troubles nouveaux viennent menacer la vie de chacun. Ceux-là semblent me dire : “ Nous vous acclamons parce que vous êtes le pouvoir, la fermeté, la sécurité. ” Mais qu'elle est grave la question muette que je lis sur certains visages! De Gaulle! cette grandeur, dont grâce à vous nous sentons le souffle, résistera-t-elle demain au flot montant de la facilité ? » Ainsi apparaît clairement l'idée qu'il y a le guide, qu'il y a la nation et qu'entre les deux il n'y a rien, qu'il ne peut rien y avoir. Cette conception de la démocratie qui apparaît très clairement dans le tome III des *Mémoires* est évidemment aux antipodes de celle qui prévaut dans tous les partis politiques de l'époque.

Plutôt que d'ajouter une conclusion, je préfère vous citer les notes que j'ai prises dans le livre de Claude Mauriac qui vient de paraître [1] et qui est particulièrement riche de témoignages inédits sur les propos du général de Gaulle : « les alliés, ils nous trahissent » (5 septembre 1944); « je n'ai pas un homme, personne ne m'aide » (20 septembre 1944); « les

1. Claude Mauriac, *Un autre de Gaulle*, Hachette, 1970.

communistes, voyez-vous, ne sont pas dangereux. Tout au plus des roseaux peints en fer. On ne fait pas de révolution sans révolutionnaires. Il n'y a qu'un révolutionnaire en France, c'est moi » (30 octobre 1944); « voyez-vous, la grandeur de la France, c'est maintenant que ça se décide » (13 janvier 1945); « ce n'est pas possible, l'état-major allemand fait la grève » (à propos de l'avance russe sur le front de l'Est, 30 janvier 1945). A propos de l'Assemblée consultative : « Si ça devient un peu houleux, j'irai crever l'abcès et remettre tous ces gens-là à la raison » (20 février 1945). A propos d'une demande de rendez-vous : « Ils sont étonnants tous ces gens qui n'hésitent pas une seconde à venir emmerder le chef de l'État avec leurs petites histoires » (7 mars 1945). Au sujet de Pétain : « J'ai vu mourir ce grand homme en 1925 » (15 mai 1945). Au sujet du premier référendum : « Il faut que les Français votent oui, oui. Il le faut. Ou alors moi... » (8 septembre 1945). Après le départ, en janvier 1946 : « Comme j'ai bien fait de m'en aller, hein! Et de partir sans rien dire. Ils attendaient des explications... mais puff... Plus personne » (9 février 1946). A propos de la politique étrangère du ministère Gouin : « Évidemment Bidault a déjà commencé de céder... Il faudrait un autre homme qu'un pauvre petit démocrate populaire pour résister au Foreign Office » (16 février 1946). « Ce qu'il faut, c'est que les partis crèvent. Et il n'y a qu'à laisser faire : ils crèvent seuls » (26 février 1946); « bien sûr il y aura la guerre » (20 mars 1946); « la chose certaine est que si cela se gâte par trop, j'abandonnerai ma retraite » (20 mars 1946); « vous n'avez qu'à y réfléchir : les intellectuels ont toujours pris parti contre la France » (2 avril 1946). Avant la réforme de mai 1946 : « Je leur ai attaché une belle casserole à la patte avec le référendum. » Et peu de temps avant la création officielle du RPF, l'évocation du péril communiste : « Il s'agit d'être prêt si les communistes s'avisaient d'employer la force ou de prendre illégalement le pouvoir » (2 février 1947).

4

Le général de Gaulle au temps du RPF

Je crois utile de commencer ce cours par quelques remarques sur la période 1946-1947, avant la création du RPF : période dont le général de Gaulle ne parle pas du tout dans ses Mémoires, période pendant laquelle il parle peu (dix discours ou déclarations en 15 mois), mais période importante car elle éclaire la naissance du RPF. Elle se décompose en trois moments : de janvier à mai 1946, le général observe un silence total. De mai à novembre 1946, il se lance dans une vaine campagne contre la Constitution de 1946. Enfin, jusqu'en avril 1947, il garde à nouveau un silence presque total.

Dans ses *Mémoires de guerre*, le général de Gaulle commente ainsi le départ de janvier 1946 : « Cependant, tandis que le personnel du régime se livrait à l'euphorie des habitudes retrouvées, au contraire la masse française se repliait dans la tristesse. Avec de Gaulle s'éloignaient ce souffle venu des sommets, cet espoir de réussite, cette ambition de la France qui soutenaient l'âme nationale. Chacun, quelle que fût sa tendance, avait, au fond, le sentiment que le général emportait avec lui quelque chose de primordial, de permanent, de nécessaire, qu'il incarnait de par l'Histoire et que le régime des partis ne pouvait pas représenter » (III, p. 287). Tout semble prouver que le général de Gaulle, en janvier 1946, était convaincu qu'il serait rapidement rappelé au pouvoir. Mais les choses ne se passent pas exactement comme il l'avait prévu et l'année 1946 lui apporte un certain nombre de déceptions : son départ provoque une stupéfaction déférente, mais absolument pas un grand mouvement d'opinion, un sursaut national pour exiger son retour. Le gouvernement Gouin se forme rapidement, le régime du tripartisme fonctionne vaille que vaille, mais il ne se produit de crise grave ni à l'intérieur ni à l'extérieur. Jusqu'au premier référendum, celui du 5 mai 1946, le général de Gaulle garde donc un silence total. Il intervient par MRP interposé. Il parvient ainsi à faire rejeter, le 5 mai 1946, le premier projet constitutionnel soutenu par la SFIO et le PC. Le MRP qui fait figure de parti officieusement gaulliste est, le 2 juin 1946, le premier parti de France : c'est un succès.

Le 16 juin 1946, le général de Gaulle décide de faire sa rentrée politique. C'est le discours de Bayeux, et il fait campagne contre le second projet constitutionnel, notamment à Épinal, le 29 septembre. Il pense que le MRP le suivra jusqu'au bout dans cette campagne pour le non. Il pense et il espère — sa déclaration du 19 septembre à l'AFP en fait foi — que le second projet constitutionnel sera rejeté comme le premier. Sur ce point, il se trompe. Le MRP, non sans déchirements, décide de soutenir un projet pour lequel il a obtenu des améliorations substantielles. C'est la rupture entre le général de Gaulle et le MRP ; le 2 octobre 1946, M. Vendroux, beau-frère du général de Gaulle, démissionne du MRP. Le 13 octobre, le second projet constitutionnel soutenu par les trois grands partis est adopté à une faible majorité : sur 26 203 469 inscrits, on compte 17 407 307 suffrages exprimés. Les « oui », qui ont suivi les consignes des trois grands partis, se chiffrent à 9 263 416, tandis que 8 143 981 votants se sont prononcés pour le « non ». La Constitution n'est votée que par un peu plus d'un tiers du corps électoral. Mais le vote non recommandé par le général de Gaulle n'a obtenu qu'un peu plus de 8 millions de voix : le général de Gaulle contre les partis mobilise moins du tiers des électeurs inscrits. Cette impression d'échec se trouve doublement confirmée aux élections du 10 novembre 1946 : le MRP perd 500 000 voix, mais sa rupture avec le général de Gaulle ne l'a pas ébranlé sérieusement, et il a 158 élus. D'autre part, l'Union gaulliste fondée par René Capitant, et qui représente une sorte de gaullisme sans de Gaulle, n'obtient qu'une demi-douzaine d'élus.

Entre novembre 1946 et mars 1947, le général de Gaulle

garde un silence à peu près complet; il n'en sort que le 28 décembre 1946 pour déclarer qu'il ne sera pas candidat à la présidence de la IVe République : « le régime exclusif des partis tels qu'ils sont dans notre peuple tel qu'il est... ». Enfin, le 30 mars 1947 à Bruneval [1] il annonce la prochaine naissance du RPF qu'il précise à Strasbourg, le 7 avril. Ici se pose un problème fondamental : quand et pourquoi le général de Gaulle a-t-il décidé de créer le RPF ? Quand ? La décision, semble-t-il, est prise dès le mois de décembre 1946 [2]. Les deux hommes qui paraissent avoir joué un rôle déterminant sont Malraux et Soustelle, qui d'ailleurs ne s'aimaient guère et n'avaient pas du tout les mêmes conceptions. Malraux a une vue poétique du futur mouvement : attaché à la défense de la civilisation, il veut susciter un sursaut national. Soustelle a du futur RPF une vue politique : il veut créer une organisation politique, une formation politique. A partir de janvier 1947 des missi dominici se mettent à parcourir la France, à visiter les anciens des réseaux et à leur poser la question : si le général de Gaulle décidait de sortir de sa réserve seriez-vous disposé à le soutenir ?

Ainsi la décision de créer le RPF est prise avant la coupure du monde en deux blocs et l'abaissement du rideau de fer, avant les grandes grèves de 1947 et le départ des communistes du gouvernement. On peut en revanche penser que le début de la guerre d'Indochine en décembre 1946 a précipité la décision de créer le RPF, car elle a vraisemblablement inspiré au général de Gaulle la certitude que le régime était incapable d'assurer la défense des positions françaises outre-mer. Quoi qu'il en soit, le RPF à l'origine est moins un parti qu'une sorte d'entreprise générale de mobilisation en cas de catastrophe, extérieure ou intérieure. Mais la catastrophe ne se produisant pas, la mobilisation perd une part de sa raison d'être et l'entreprise devient sans issue.

1. Sur le discours de Bruneval, voir le récent témoignage de Rémy, *Dix Ans avec de Gaulle*, Éditions France-Empire, 1971.

2. Le 28 janvier 1947, le général de Gaulle annonce au colonel Rémy qu'il va fonder un mouvement et lui dit qu'il compte sur lui (Rémy, *op. cit.*, p. 237).

Dans l'histoire du gaullisme, la période 1947-1958 est sans doute la plus mal connue : le général de Gaulle n'en parle pas dans ses Mémoires. Pendant très longtemps, ses déclarations et ses discours correspondant à cette période n'ont pas été recueillis en volume. Le seul ensemble de textes disponibles était le recueil publié pour les élections de 1951, sous le titre *la France sera la France*, et dont le principal responsable était un collaborateur alors obscur du général, Georges Pompidou. J'avais, pour ma part, consulté également, en 1963-1964, les microfilms des discours qu'avait pu se procurer la Fondation. C'est seulement depuis 1970 qu'on dispose d'une édition complète des discours de cette période, le second tome, intitulé « Dans l'attente », de l'édition établie par François Goguel. Le RPF a fait l'objet d'un seul livre, la thèse de Christian Purtschet qui est essentiellement consacrée à la structure du Rassemblement et qui ne peut pas être considérée comme un ouvrage définitif, ni même comme un ouvrage très satisfaisant [1]. La plupart des biographes du général de Gaulle, Paul-Marie de la Gorce ou Jean Lacouture, parlent peu de cette période. On trouve, en revanche, des indications intéressantes dans J.-R. Tournoux, *la Tragédie du général* [2], dont plus de la moitié est consacrée à l'époque du RPF, et dans Claude Mauriac, *Un autre de Gaulle* — encore que Claude Mauriac ait été beaucoup moins proche du général de Gaulle après la naissance du RPF, envers lequel il se montre assez réticent, qu'en 1944, 1945 et 1946. Il y a aussi des indications à glaner dans le livre de Rémy, *Dix Ans avec de Gaulle ;* Rémy a été un des fondateurs du RPF et en a été exclu en 1950, après avoir publié un article favorable au maréchal Pétain sur le thème « l'épée et le bouclier ». Cette période est donc mal connue et il importe sans doute de donner rapidement quelques

1. Christian Purtschet, *Le Rassemblement du peuple français, 1947-1953*, Cujas, 1965.
2. Plon, 1967.

indications chronologiques avant d'étudier la pensée du général de Gaulle pendant cette longue période de sa vie.

Je me suis demandé pendant un certain temps, après être pour ma part resté totalement à l'écart du RPF, si le général de Gaulle l'avait vraiment dirigé ou s'il l'avait lointainement présidé. Le doute ne me paraît plus possible : le général de Gaulle a voulu le RPF; il l'a dirigé d'extrêmement près, au moins jusqu'en 1951; il l'a organisé sur le modèle de la constitution de Bayeux : une autorité strictement concentrée entre les mains du président. Le RPF a été sa chose, sa chose et son échec.

On peut distinguer trois phases : l'année 1947 est celle de l'ascension du RPF. Ensuite, le mouvement décline, à partir des élections municipales de 1947 jusqu'au 6 mai 1953, date à laquelle le général de Gaulle prend ses distances à l'égard du RPF et lui notifie en quelque sorte son congé. Enfin, la phase 1953-1958 voit le RPF entrer dans un demi-sommeil. Les déclarations du général de Gaulle deviennent de plus en plus rares, et il garde un silence à peu près total en 1956, en 1957 et dans les premiers mois de 1958. C'est durant cette phase que paraissent les deux premiers tomes des *Mémoires de guerre*, « L'appel », en 1954, « L'unité », en 1956.

Pour comprendre la naissance et l'essor du RPF, il importe d'évoquer le climat et les principaux événements de l'année 1947 : le monde scindé en deux blocs connaît les débuts de la guerre froide. Le 5 mai 1947, les ministres communistes sont exclus du gouvernement Ramadier. La conférence des partis communistes en Pologne, en septembre 1947, voit la création du Kominform, parallèlement les communistes français durcissent leurs positions dans leur pays, face à un gouvernement qui ne parvient pas à maîtriser les difficultés de la vie quotidienne; le rationnement du pain à 200 g par jour est établi en août 1947; en octobre et novembre, les grandes grèves secouent le pays, en proie à la peur de la guerre civile, à la peur aussi de l'invasion russe. Sans doute, cette peur peut-elle paraître aujourd'hui totalement illusoire et invraisemblable, mais elle a été très largement répandue dans la France de 1947 : il suffit de lire le *Journal*[1] de Vincent Auriol pour s'en convaincre.

C'est le 7 avril 1947 à Strasbourg que le général de Gaulle annonce officiellement la naissance du RPF : une entreprise de mobilisation nationale, une nouvelle résistance. Dans la première partie du discours, le général de Gaulle évoque le passé : la guerre, son action au gouvernement, la raison de son départ en janvier 1946 : « laisser les partis faire leur expérience », préserver « cette sorte de capital national que les événements m'ont conduit à représenter ». Dans la seconde partie, il analyse un présent qui lui semble chargé de menaces. Il passe en revue quatre secteurs d'activités. L'action économique : il importe de stabiliser la monnaie, de réduire les dépenses et les activités de l'État, d'encourager la production, de favoriser l'esprit d'entreprise, l'initiative, l'émulation, la liberté. L'action sociale : reprenant les idées qu'il avait exprimées le 2 mars 1945, le général de Gaulle se prononce pour l'association qui constitue une troisième voie entre le capitalisme et le collectivisme : « C'est la voie de la concorde et de la justice fructifiant dans la liberté. » L'action impériale, c'est-à-dire « le droit et le devoir de faire vivre et développer l'Union française ». Enfin, l'action extérieure : devant la rivalité entre l'Amérique et la Russie, la France doit assurer son indépendance. Il convient de réduire l'Allemagne à l'impuissance, de refaire l'Europe. Les Français sont des Occidentaux. Le discours se termine par une évocation de la République et un appel au rassemblement.

Le 1er mai 1947, 3 semaines après sa création, le RPF annonce 810 000 demandes d'adhésion. Il annonce 1 500 000 membres, le 5 octobre 1947. Les 19 et 26 octobre 1947, le RPF remporte un large succès aux élections municipales; dans les communes de plus de 9 000 habitants, les listes qu'il a présentées ou patronnées obtiennent près de 40 % des suffrages exprimés. Sur 92 chefs-lieux de département, 52 ont, selon le général de Gaulle, un maire élu sous le signe du RPF. Pierre de Gaulle est élu président du Conseil municipal de

1. *Journal du Septennat*, Armand Colin, t. I (présenté et annoté par Pierre Nora).

Paris. Le général de Gaulle déclare le 12 novembre 1947 : « La vague est levée; je vous répète qu'elle va grossir et déferler. Je ne peux que plaindre ceux qui ne voudraient pas le comprendre. S'ils veulent lutter contre cette force qui rappelle certaines forces qui se sont quelquefois dans notre Histoire manifestées et qui ont emporté tout, eh bien, ils seront emportés. S'ils veulent rester sur le rivage en déblatérant inutilement, leurs malédictions n'auront pas plus d'importance que des crachats dans la mer. »

Mais la vague ne grossit pas et le reflux commence dès le début de 1948 : c'est *la seconde phase*. Les gouvernements succèdent aux gouvernements (Robert Schuman, André Marie, Robert Schuman, Queuille, Bidault, Pleven, Queuille, etc.), mais la troisième force se maintient au pouvoir et ne manifeste aucune complaisance à l'égard des communistes qui l'attaquent violemment, l'économie française bénéficie de l'aide Marshall, décidée en 1947, la France adhère au Pacte atlantique, qui est constitué en 1949, les menaces d'une invasion russe et d'une guerre civile semblent écartées, le régime de la IVe République ne s'effondre pas, bref la situation se stabilise tandis que le général de Gaulle ne cesse d'annoncer des catastrophes imminentes.

Le MRP, que les élections municipales d'octobre 1947 avaient ébranlé, serre les rangs; il exclut les dissidents gaullistes, comme Edmond Michelet et Louis Terrenoire, dès 1947, mais il ne rejoint pas le RPF et ne vole pas en éclats, contrairement à ce que semble avoir pensé le général de Gaulle. En 1948, 1949, 1950, le RPF tourne à vide et devient une gigantesque entreprise de spectacle et de mise en scène avec une vedette unique, avec un rituel très régulier, comportant les grandes manifestations populaires de Vincennes, de Bagatelle et du Vel d'Hiv. Le RPF, ayant misé sur l'action légale, refusant le coup de force pour accéder au pouvoir, reprend inépuisablement les thèmes de 1947, alors que le contexte intérieur et international s'est sensiblement modifié : il dénonce la malfaisance intrinsèque d'un système qui se renforce peu à peu, il réclame vainement des élections anticipées, et après avoir obtenu aux élections sénatoriales de novembre 1948 et aux élections cantonales de mars 1949 des succès appréciables mais d'une portée limitée, il en est réduit à miser sur les élections générales de 1951 pour accéder légalement au pouvoir.

Ces élections, qui se déroulent le 17 juin 1951 avec le système des apparentements, sont un échec pour le RPF. Il obtient 4 058 336 voix pour 24 530 523 électeurs inscrits, soit 16,5 % des inscrits et 21,2 % des exprimés. Il est devancé d'un million de voix environ par le PCF. Il apparaît donc comme le second parti de France, un parti comme les autres. Son groupe parlementaire compte à l'origine 121 membres ou apparentés — ce qui lui interdit tout espoir d'accéder au pouvoir par la voie parlementaire. Une fraction du groupe cède d'ailleurs à la tentation d'entrer dans le système; le 6 mars 1952, 27 députés RPF votent l'investiture de Pinay. Les dissidents sont exclus au Conseil élargi de Saint-Maur en juillet 1952. Mais, le 2 janvier 1953, le groupe parlementaire RPF vote en faveur de l'investiture à René Mayer. Les élections municipales d'avril 1953 sont un désastre pour le Rassemblement qui perd la moitié de ses sièges. Le 6 mai 1953, le général de Gaulle prend acte de cet échec et prescrit aux membres du RPF de renoncer à toute action parlementaire qui puisse engager le Rassemblement : « Avant tout il [le Rassemblement] doit s'écarter d'un régime qui est stérile et qu'il ne peut pour le moment changer. En tant que Rassemblement, il n'a, au cours de la période qui s'ouvre, aucune action d'ensemble à mener sur le terrain électoral, dont ne peuvent sortir et ne sortent au total que des déboires pour lui-même et pour le pays. Des compagnons pourront légitimement se présenter à telle ou telle élection, mais ils le feront individuellement et non point en son nom propre. Au Parlement, il [le RPF] ne saurait non plus prendre part, en corps et ès qualités, à la série des combinaisons, marchandages, votes de confiance, investitures, qui sont les jeux, les poisons et les délices du système. Les compagnons qui détiennent un mandat et, par là, ne peuvent se soustraire au manège, doivent certes, de leur personne, rester liés au mouvement, mais, jusqu'à nouvel ordre, ce qu'ils auront à faire dans le cadre du régime, ils le feront sans engager le Rassemblement lui-même et sous leur responsabilité. Par contre, il est plus que jamais d'intérêt public que le Rassemblement, dégagé de l'impasse électorale et parlementaire, s'organise et s'étende dans le pays pour accomplir sa mission. Cette mission consiste à servir d'avant-garde, non certes à quelque cartel organisé par les partis pour leur propre sauvetage, mais au regroupement social et national du peuple pour changer le mauvais régime. L'occasion de ce regroupement peut venir d'une future consultation populaire dans des conditions et une ambiance profondément modifiées. Elle peut venir, aussi, d'un sursaut de l'opinion qui, sous l'empire de l'inquiétude, amènerait les Français à s'unir et le régime à se transformer. Mais elle risque, hélàs! de se présenter sous forme d'une grave secousse, dans laquelle une fois de plus la loi suprême serait le salut de la patrie et de l'État. Voici venir la faillite des illusions. Il faut préparer le recours. » Une phase se termine manifestement avec cette déclaration, mais elle ne marque pas la fin du RPF. Elle marque seulement la fin du rassemblement parlementaire. Le général de Gaulle, une fois de plus, semble placer ses espoirs en un sursaut de la nation dans ses profondeurs.

En mai 1953, le général de Gaulle semble songer à un nouveau rassemblement, mais ce rassemblement tarde à se produire. A cette époque, le RPF ne semble pas compter plus de 100 000 membres, alors qu'il en annonçait 1 500 000 à la fin de 1947. Une campagne de propagande lancée au début de 1954 ne paraît avoir donné que de médiocres résultats. Le général de Gaulle se rend seul à l'arc de Triomphe le 9 mai 1954, 2 jours après Dien Bien Phu, mais cette manifestation ne mobilise que les fidèles. Il tient encore des conférences de presse, qui portent essentiellement sur la situation internationale et les dangers de la CED, le 12 novembre 1953, le 7 avril 1954 et le 30 juin 1955. Cette conférence de presse du 30 juin 1955 est la dernière jusqu'au 13 mai 1958; le général de Gaulle ne sort du silence que pour inaugurer le 24 juin 1956 un monument en l'honneur des maquisards de l'Ain, pour prononcer une allocution le 2 août 1956 devant les saint-cyriens de Coëtquidan, et pour démentir, le 12 septembre 1957, les propos qui lui sont prêtés au sujet de l'Algérie.

Pendant ce temps, les gaullistes entrent dans le « système » : 5 anciens membres du RPF entrent en juin 1953 dans le gouvernement Laniel et jusqu'en 1958 le gaullisme parlementaire fournit un contingent de ministres aux présidents du Conseil de la IVe République, notamment Jacques Chaban-Delmas qui est ministre de la Défense nationale dans le dernier ministère de la IVe République. Le gaullisme délaissé par le général de Gaulle s'effondre dans l'opinion, et les républicains sociaux qui ont pris la relève du RPF connaissent une défaite spectaculaire le 2 janvier 1956 : inscrits : 26 772 255; républicains sociaux : 842 351 voix, soit 3,1 % des inscrits et 3,9 % des suffrages exprimés. Le gaullisme semble donc au plus bas dans l'opinion en 1957, mais dans l'hiver 1957-1958 commence à se manifester un gaullisme d'action secrète tandis que la presse publie certains appels au général de Gaulle. Cependant, au début de l'année 1958, bien rares sont les Français qui auraient prévu le retour au pouvoir du général de Gaulle 6 mois plus tard.

Lorsqu'on relit les textes du général de Gaulle datant de cette période, une chose est très frappante : on découvre un ton nouveau, ou plutôt un singulier mélange de tons; le ton dramatique : le destin, la menace, la catastrophe, l'angoisse; mais aussi le ton de la gouaille et du mépris. Ce ton de mépris apparaît dans certaines déclarations publiques sur les députés qui vont à la soupe. Mais il apparaît surtout dans les propos privés que relate J.-R. Tournoux : « les politichiens », « les barrachins », « les Français sont des veaux », « les parlementaires je les vomis », ou à propos des Américains : « Les Américains sont forts, courageux et cons... » On retrouve des propos analogues dans le livre de Claude Mauriac, *Un autre de Gaulle :* « Je tiens pour assuré que 18 mois, dans les circonstances actuelles, est la date extrême. Ce qui est certain, c'est que le Parlement actuel ne durera pas 5 ans » (2 février 1947); « quant au MRP, je lui casserai les reins » (27 avril 1947); « l'inflation est inévitable pour juillet au plus tard » (11 mai 1947); « bien sûr, nous allons à la guerre [...] et nous y allons avec un peuple avachi » (18 juillet 1947);

« cette troisième force lamentable, mais c'est Vichy » (9 janvier 1948); « tout cela ne serait pas arrivé s'ils m'avaient suivi. Ils ne se relèveront pas de ne pas l'avoir fait [1] » *(ibid.)*; « les communistes vont être rappelés au gouvernement. Ils vont refaire le Front populaire » (14 mai 1948); « c'est Vichy qui recommence. Le pays trahi par ses élites » (4 août 1948); « mais non, je suis toujours la France » (20 août 1948); « c'est la fin d'un monde » *(ibid.)*; « la France est morte » (5 juin 1952).

Premier thème, thème fondamental du début à la fin de la période : la France est en péril de mort. Vous connaissez les textes de 1947 sur le risque d'hégémonie soviétique, le rideau de fer à deux étapes du Tour de France. En juillet 1952, au Conseil national de Saint-Maur, le général de Gaulle déclare que le RPF est né en 1947 d' « une grande peur nationale ». Le thème de la grande menace, un peu moins apparent peut-être en 1948 et 1949, est repris avec une extrême vigueur après le début de la guerre de Corée en 1950 : « le gouffre à nouveau béant... » (25 juin 1950); « [...] la tempête approche... » (17 août 1950); « [...] si par malheur quelque catastrophe devait fondre sur la patrie, sachez qu'un autre pouvoir prendrait en main ses destinées » (21 octobre 1950). Le 7 janvier 1951, à Nîmes, c'est une vision d'apocalypse : le Parthénon, le Colisée, Notre-Dame de Paris s'écroulant sous les bombes... Dans le même discours, le général de Gaulle parle du « combat qui est engagé entre la nuit et la lumière ». Le 22 juin 1951 : « La guerre est hélas commencée... » Le 4 novembre 1951 : « [...] une menace immense, la plus grande peut-être de toutes celles que nous avons connues dans notre histoire. » Le 23 février 1952, la menace s'étend partout : « Dans le domaine des finances et de l'économie, le pays est au bord du gouffre. » Ainsi le général de Gaulle vit dans une atmosphère de drame permanent, de catastrophe imminente et on ne comprend rien à l'histoire du RPF si on ne cherche pas à retrouver cette atmosphère de drame.

1. Parlant des socialistes, qui ont subi un grave revers aux élections municipales. *(N. d. É.)*

De 1947 à 1954, le général de Gaulle ne cesse de souligner les immenses menaces qui pèsent sur la France, mais la menace n'est pas exactement la même selon les moments : en 1947-1948, la grande menace est la menace communiste (à l'intérieur et à l'extérieur). En 1950 (après la guerre de Corée), c'est le spectre d'une guerre mondiale, d'une guerre totale, qui est agité. En 1951 (après les élections) - 1952, le principal risque est un risque subalterne, dont le général de Gaulle ne parle qu'avec mépris et dégoût : celui de l'enlisement dans le système. En 1953-1954, de nouveau, le général de Gaulle retrouve une grande menace, une menace à sa taille : la perte de l'indépendance française à cause de la CED.

Second thème fondamental, qui dérive du précédent : devant cette immense menace, le RPF, pour le général de Gaulle, a essentiellement pour objet d'assurer la survie de la France, de préserver son existence en tant que nation indépendante. C'est toujours la même idée de la France — cette idée de la France que le général de Gaulle décrira dans la première page de ses *Mémoires* — qui apparaît tout au long de l'époque du RPF : « Il y avait une fois une grande Nation » (29 juin 1947). Et c'est aussi la péroraison du discours de clôture des Assises nationales à la porte de Versailles, le 25 juin 1950 : « Vieux monde, toujours nouveau, qui reçut de siècle en siècle, la marque profonde de la France et qui attend en secret qu'elle vienne encore montrer le chemin... » Le RPF, pour le général de Gaulle, est avant tout une entreprise d'ambition nationale : il doit rendre à la France son rang, et préserver jalousement son indépendance. « Rendre une âme à la France », comme dit Malraux aux assises de Marseille en 1948 (Debu-Bridel, *les Partis contre de Gaulle*, p. 347-348 [1]). Le RPF pour le général de Gaulle n'est assurément pas une entreprise de conservation sociale, c'est une entreprise héroïque, c'est une nouvelle résistance, une nouvelle France combattante, ou plutôt la poursuite du combat jadis poursuivi et gagné par la France combattante. C'est le sens de la réponse à Yvon Morandat lors de la conférence

1. Somogy, 1948.

de presse du 24 avril 1947 : « Nous ne prétendons pas être un parti, bien sûr, pas plus que la France combattante dont vous étiez, comme moi-même, n'en était un. » Il arrivera au général de Gaulle de présenter du RPF devant de larges auditoires une tout autre image : le rassemblement des « braves gens de France », mais l'image à laquelle il reste attaché est celle de la France combattante.

Cette assimilation RPF-France combattante explique sans doute la structure du RPF, mais aussi son idéologie ou du moins son idéologie au sommet de la pyramide, car le drame du RPF, la contradiction interne dont il mourra, c'est de vouloir faire vivre dans une atmosphère de combat une immense majorité de Français qui avaient été des combattants par procuration et dans une atmosphère de grande menace une majorité de citoyens qui pensaient moins aux menaces pesant sur l'indépendance nationale qu'aux menaces pesant sur le portefeuille des contribuables, bref de vouloir faire vivre dans une atmosphère de guerre des gens qui se souciaient avant tout de vivre en paix.

Une autre chose est également très frappante : c'est l'obsession de la défense nationale qui apparaît constamment dans les discours et déclarations du général de Gaulle. Le plan Marshall est une bonne initiative, mais il faut qu'il s'étende à la défense, il faut « que nous ayons nous-mêmes une véritable Défense nationale » (7 mars 1948). Seuls des Français peuvent être responsables de la Défense nationale de la France. Qui plus est, en cas de guerre c'est à la France qu'il appartient de diriger la défense de l'Europe, comme la Grande-Bretagne doit diriger la défense du Moyen-Orient et les États-Unis celle de l'Extrême-Orient. « C'est pour cela que je souffre mort et passion en constatant l'impuissance du régime dans lequel nous nous traînons et qui est incapable d'organiser, d'inspirer, de diriger une Défense nationale digne de ce nom » (29 mars 1949). A partir de 1950, le général de Gaulle ne cesse de répéter que la France doit être forte; il énumère le nombre de divisions, de bateaux, d'avions qui lui sont nécessaires. Un peu plus tard, il explique que la France doit avoir une force atomique.

Ces remarques générales étant faites, il est intéressant de suivre l'évolution — ou la non-évolution — de la pensée du général de Gaulle à propos de quatre problèmes : le problème communiste et les relations avec l'URSS ; la politique atlantique et les relations avec les États-Unis ; la politique européenne et les relations avec l'Allemagne ; enfin, les problèmes d'outre-mer. Face au premier et au quatrième problème, l'attitude du général de Gaulle reste à peu près inchangée. En ce qui concerne le deuxième et le troisième, en revanche, elle évolue sensiblement et parfois même de façon brutale.

Le général de Gaulle ne cesse de répéter, après 1947, que le RPF est la seule force qui puisse s'opposer au communisme. Parlant de la période de guerre, il déclare : « Il n'y avait alors, comme il n'y a aujourd'hui que lui [le communisme] et nous » (12 octobre 1952). Pour le général de Gaulle, le problème communiste est essentiellement un problème de politique internationale, avant d'être un problème français : c'est banal et c'est fondamental, mais c'est relativement nouveau par rapport aux ligues et formations nationalistes d'avant 1939. L'anticommunisme de la droite française avant 1939 est évidemment fondamental, mais le communiste est avant tout l'homme qui fomente des grèves, qui menace l'ordre public et la propriété, c'est le collectivisme qui est l'ennemi, c'est la grande peur des possédants. Pour le général de Gaulle, les communistes sont avant tout des hommes qui ont partie liée avec une puissance étrangère, qui menace la France avec ses chars, ses avions. Les communistes sont des agents de l'étranger et c'est pourquoi il les qualifie de « séparatistes » à Rennes en 1947. Ce n'est pas tellement leurs principes subversifs qu'il critique, mais le fait qu'ils se soient retranchés de la nation : toujours le primat de la politique étrangère.
Tout au long de l'histoire du RPF, une objection sera souvent adressée au général de Gaulle : « Vous critiquez aujourd'hui les séparatistes, mais c'est vous qui avez réhabilité les communistes, c'est vous qui les avez introduits au gouvernement, c'est vous qui avez fait de Maurice Thorez un ministre, c'est vous qui avez conclu en décembre 1944 un accord avec l'URSS. » L'objection est indéfiniment reprise,

et aujourd'hui encore, dans certains milieux irréductiblement anticommunistes, on n'a pas pardonné au général de Gaulle son alliance avec les communistes pendant la guerre. A cela, de Gaulle répond très souvent qu'il a fait alliance avec les communistes, pendant toute la période précédente, précisément parce que c'était la guerre et qu'il fallait faire la guerre, et aussi parce que lui seul pouvait faire sans danger pour la France ce qui a été fait. Il arrive à de Gaulle de parler avec émotion du rôle des communistes pendant la guerre. Ainsi, le 23 octobre 1949, au Mans, après avoir inauguré un monument à la gloire de la Résistance, il déclare : « C'est en criant : " Vive la France ! " comme les autres que tombèrent ceux de vos camarades qui donnèrent leur vie pour elle. Quoi que vous puissiez dire aujourd'hui, moi je n'oublie pas le grand mouvement qui nous rassembla naguère pour sauver notre vieille patrie. C'est pourquoi, d'ailleurs, malgré les troubles et les divisions du présent et, peut-être, les drames et les déchirements de l'avenir, je crois qu'en fin de compte, par-delà les années, les haines, les tombeaux, notre peuple, un jour, refera son unité nationale. » De Gaulle, dans les *Mémoires de guerre* (t. III), explique qu'en définitive, sous son autorité, et parce que l'État avait alors une tête, les communistes ont bien servi la France pendant la guerre et à l'époque de la Libération. Il répète à Nantes, le 27 juillet 1948, à propos de la participation des communistes au gouvernement : « Ce geste de réconciliation, il fallait qu'il fût accompli. L'homme qui vous parle l'a fait et ne le regrette pas. » Aux assises de Lille (12 février 1949), il présente une explication très personnelle du départ des communistes du gouvernement Ramadier en mai 1947 : « Il est vrai que notre seule existence a eu, jusqu'à présent, pour effet d'empêcher le pire. La frayeur que cause, paraît-il, à l'actuel système notre ombre portée sur les murs n'est pas sans servir le pays. Sitôt né le Rassemblement, on a vu les séparatistes perdre leurs postes de ministres. A mesure que le peuple sentait notre force grandir, les tentatives de bouleversements économiques et sociaux échouaient devant sa résistance... » C'est grâce à de Gaulle que les communistes auraient été chassés du gouvernement : c'est ainsi que le général recompose le passé. Même idéalisation à propos du traité franco-soviétique de décembre 1944 : il fallait « offrir à la Russie [...] une voie pour rentrer vraiment dans la communauté internationale. Il fallait que ce fût essayé. Je ne le regrette pas du tout » (29 mars 1949).

Mais cette justification du passé n'empêche pas le général de Gaulle de dénoncer régulièrement à partir de 1947 le péril communiste, « un chancre près du cœur de la France », « la plaie affreuse du séparatisme ». Certaines phrases, à dire vrai ambiguës, semblent indiquer qu'il est partisan d'interdire le parti communiste ou du moins de le mettre hors d'état de nuire en épurant rigoureusement les administrations. Ainsi l'anticommunisme du général de Gaulle est-il fondamental. C'est un trait constant pendant toute la période mais beaucoup plus accusé au début. C'est un trait commun à tout le RPF (encore qu'au niveau des adhérents et des électeurs il s'agisse sans doute moins d'antisoviétisme que d'anticollectivisme). C'est une des principales motivations des votes RPF en 1951, le RPF se donnant alors beaucoup de mal pour expliquer qu'il offre plus de garanties de résistance aux communistes que les partis de la troisième force : on assiste à une sorte de surenchère entre le RPF et la troisième force, chacun accusant l'autre de complaisance passée ou présente à l'égard des communistes. En tout cas, l'anticommunisme du général de Gaulle n'est pas le même que celui de Paix et Liberté [1], qui développe son action à partir de 1951, avec de gros moyens. Plusieurs circulaires du RPF mettent d'ailleurs en garde les adhérents contre Paix et Liberté. Pour le RPF, l'anticommunisme de Paix et Liberté sent un peu trop l'odeur du dollar, à une époque où le Rassemblement se montre de moins en moins aimable à l'égard des Américains.

En 1947, le général de Gaulle adopte des positions résolument " atlantistes ". Il rend un hommage marqué à l'Amérique le 9 juillet 1947. Le RPF, à l'origine, paraît avoir été considéré

1. Mouvement anticommuniste, atlantiste, dirigé par le député-maire RGR (Rassemblement des gauches républicaines) de Mantes Jean-Paul David, Paix et Liberté animait deux émissions hebdomadaires à la radio. *(N. d. É.)*

avec sympathie aux États-Unis et il semble même vraisemblable qu'il a reçu en 1947 des concours financiers américains au nom de l'anticommunisme. Mais, très vite, les relations se détériorent et le général de Gaulle qui n'a oublié ni ses difficultés avec les États-Unis pendant la guerre ni son absence à Yalta (« Je n'étais pas à Yalta », 1er octobre 1948) va lancer des critiques de plus en plus acerbes contre la politique américaine en Europe. Le Pacte atlantique est une « très heureuse et très importante manifestation d'intentions », mais il faut que l'Europe soit réarmée, et qu'elle reçoive des précisions sur la nature et surtout le délai de l'aide américaine. D'autre part, il est regrettable que le Traité ne couvre pas l'Afrique du Nord (29 mars 1949) [1]. Mêmes réserves dans la déclaration à la presse du 4 avril 1949 : la France doit savoir à quoi elle s'engage. Le général est encore plus réservé le 1er mai 1949 à Bagatelle : « C'est alors que l'équipe du chloroforme, sachant l'impuissance de l'actuel régime, intervient pour faire croire que le Pacte garantit la sécurité de tous et, par conséquent, la nôtre... » Viennent les allusions plus ou moins précises à l'ingérence des États-Unis dans les affaires intérieures françaises. Par exemple, le 14 novembre 1949 : « Quant à la manière dont elle [l'aide Marshall] est appliquée pour faire pression sur la politique étrangère du régime français actuel, alors cette application n'est pas bonne. Il y a quelques raisons de penser que cela arrive quelquefois. » En 1951 (*Rass.*, numéro du 13-19 avril), le général de Gaulle formule des accusations précises et graves à l'égard du Pacte atlantique et des Américains : « Nos alliés atlantiques n'envisagent pas, en cas d'invasion, de couvrir efficacement le territoire du vieux continent. Ils sont portés à limiter l'effort à la défense de quelques môles : Angleterre, Espagne, réduit breton. » Le général de Gaulle parle des difficultés américaines en Corée sur un ton condescendant et apitoyé qui devait exaspérer les dirigeants américains (10 décembre 1950, Lille). Il rend à Mac Arthur, après son limogeage, un hommage très marqué (15 avril 1951, Rennes).

1. Le Pacte couvrait en fait l'Algérie, mais non le Maroc et la Tunisie. *(N. d. É.)*

Il s'élève contre la présence de bases américaines au Maroc (22 juin 1951) et en France (23-25 novembre 1951, Nancy). Le problème fondamental pour la France est celui de son indépendance : « Nous ne saurions accepter de cesser d'être nous-mêmes, de noyer notre sécurité, notre politique, notre indépendance dans des organismes qualifiés de collectifs, mais en fait dirigés par d'autres, bref de nous dérober au devoir d'être la France » (23 septembre 1951, Cherbourg). Que l'Amérique, en conséquence, ne s'occupe pas des affaires de la France « ni à l'ONU ni ailleurs » (25 novembre 1951, Nancy). Encore des allusions peu aimables aux Américains dans la conférence de presse du 21 décembre 1951 : « [...] Il y a peut-être quelques nuances fâcheuses de l'action américaine qui, à certains moments donnent un peu trop à penser que la pression des États-Unis pourrait être l'élément essentiel de la création de l'Europe, alors qu'il est évident que l'Europe se fera par elle-même ou ne se fera pas du tout. » Mêmes affirmations le 10 mars 1952 : « Les choses [...] paraissent parfois se passer comme si — je suis obligé de le dire — l'Amérique jouait aujourd'hui sous le couvert du Pacte atlantique et de l'armée européenne une alliance particulière de fait entre elle-même et l'Allemagne. » Et de Gaulle préconise une profonde réorganisation de l'alliance atlantique. A mesure que les années passent, le général de Gaulle devient de plus en plus désagréable à l'égard des États-Unis (notamment le 6 juin 1952). Il accuse le régime de tout céder aux Américains (11 novembre 1952), le gouvernement américain de faire pression sur le gouvernement français et sur le Parlement pour qu'ils acceptent la CED. Le 7 avril 1954, dans sa conférence de presse, de Gaulle se moque ouvertement de la phrase de Foster Dulles sur la « révision déchirante » de la politique américaine. Il termine une longue tirade en disant : « Ne vous gênez pas, cher ami. »

Ainsi nous constatons une évolution vers un anti-américanisme croissant qui provoque aux États-Unis une exaspération croissante envers le général de Gaulle et envers le RPF et en même temps une défiance croissante de la droite modérée (type *le Figaro*) à l'égard du RPF. En même temps, le RPF soutient — pour des raisons évidemment différentes —

les mêmes thèses que le PC qui place toute sa propagande sous le signe de la défense de l'indépendance française.

A l'égard de l'Europe, l'attitude du général de Gaulle ne change pas de 1947 à 1954. Il se déclare partisan d'une Fédération européenne (29 juin 1947 et 7 mars 1948), se prononce en faveur d'un vaste référendum des Européens libres (25 septembre 1949) et parle à plusieurs reprises d'une sorte de contagion de la liberté au-delà du rideau de fer et de la formation d'une grande Europe allant de l'Atlantique à l'Oural. En juillet 1952 à Saint-Maur, de Gaulle déclare que la « confédération européenne est peut-être la dernière chance de l'Occident ». Mais en même temps il laisse clairement percer sa défiance à l'égard des institutions supranationales : l'Europe à créer doit être celle des États. D'autre part, il est bien entendu qu'un rôle prépondérant doit incomber à la France. Le 7 mars 1948 à Compiègne, il parle d'une Europe « qui pourrait comprendre 250 millions d'hommes [...]. Mais d'un groupement ayant pour artères la mer du Nord, le Rhin, la Méditerranée, c'est à la France que doivent revenir le devoir et la dignité d'être le centre et la clef ».

En revanche, sur l'Allemagne, la position du général de Gaulle a changé du tout au tout. Dans les premiers temps du RPF, sa position est nette. Il réclame le démembrement de l'Allemagne (les Allemagnes) et le rattachement de la Sarre à la France (notamment le 29 juin 1947). C'est l'Allemagne selon Bainville, l'éternel péril allemand. Pendant 2 ans, la politique du général de Gaulle ne change pas. En 1948, il parle très souvent du problème allemand, il dénonce les « absurdes accords » de Londres qui, en prévoyant l'unité de l'Allemagne occidentale, font peser sur la France un « danger permanent » : « Nous sommes au bord d'un abîme », affirme-t-il le 9 juin 1948 dans une déclaration à la presse. Il condamne l'aveuglement des alliés et les capitulations d'un régime sous lequel l'action diplomatique de la France « fut une série continue de reculs jusqu'à l'abandon final » (9 juin 1948). Le 17 novembre 1948, le général de Gaulle prédit les pires catastrophes dans sa conférence de presse : le Reich reconstitué évoluera nécessairement vers l'aventure; il risque de conclure un nouvel accord avec les Russes. Il déclare : « J'ai pesé mes termes, croyez-le bien, et je vous dis que ce qui vient d'être fait à propos de la Ruhr est, de tout le XXe siècle et quoi qu'il soit arrivé déjà, la décision la plus grave qui encore ait été prise » (17 novembre 1948). Le 22 mai 1949, le général de Gaulle fait encore de sombres pronostics sur l'avenir de l'Allemagne. Il prévoit pour elle « un régime des partis qui, comme tout régime de ce genre, perdra son temps dans les comités, les vanités, les insanités. Mais [...] tout laisse prévoir qu'une nouvelle dictature, même si elle cache sa nature et nie son nom, prendra en main les destinées germaniques ».

Cependant, le général de Gaulle semble désormais accepter l'inévitable. Il propose une politique à long terme pour que la France retrouve sa puissance et son rang et qu'alors se réalise « une entente réelle entre le peuple français et le peuple allemand ». Il déclare : « L'Allemagne, prenons-la comme elle est et comme l'Histoire l'a faite, énorme et par certains côtés admirable de dynamisme, d'ardeur, de capacité, mais sollicitée toujours, quand elle se trouve dans certaines conditions, par les démons de la domination et de la conquête. » Le 14 novembre 1949, un nouveau pas est franchi. Le général de Gaulle se déclare partisan d'un accord économique et culturel entre la France et l'Allemagne et il déclare : « Je tiens à dire que j'ai étudié avec soin les déclarations récentes du chancelier Adenauer [1] et qu'elles ont éveillé en moi un écho que je ne cache pas. » Le 16 mars 1950, Adenauer est qualifié de « bon Allemand » et le général de Gaulle déclare qu'il suit depuis 30 ans avec intérêt et considération ses actes et ses propos : « Il m'a semblé, à plusieurs reprises, percevoir dans ce que dit ce bon Allemand une sorte d'écho à l'appel de l'Europe, ruinée, disloquée, sanglante et qui appelle ses enfants à s'unir. » Il évoque la victoire des Champs Catalauniques où les Francs, les Gaulois, les Germains, les Romains réunis mirent en déroute Attila. Il imagine ce que pourrait être une Europe reposant sur l'accord de la France et de

1. Déclarations affirmant que le peuple allemand souhaitait le dépassement de la rivalité franco-allemande. *(N. d. É.)*

l'Allemagne : « Ce serait reprendre sur des bases modernes [...] l'entreprise de Charlemagne [...]. Toute l'atmosphère européenne serait changée, de l'Atlantique jusqu'à l'Oural. »

Le général de Gaulle, à partir de 1950, s'oppose au pool charbon-acier (25 juin 1950, et surtout à partir de 1952), et à l'armée européenne, une « machinerie apatride » dans laquelle les forces françaises seraient dissoutes; il accepte en revanche l'idée d'un réarmement allemand (10 juillet 1950). Il le redit le 21 octobre 1950 : « A une France ferme et forte dans une Europe organisée et dont elle serait le centre, la participation éventuelle de contingents allemands d'Occident à la bataille interalliée de l'Elbe ne pourrait paraître alarmante. » Ainsi, dès l'origine, ce n'est pas au principe même du réarmement allemand que s'oppose le président du RPF mais à une organisation de la défense qui ne tient compte ni des réalités nationales ni de la prépondérance française. Aussi parle-t-il avec mépris de « l'armée apatride » et de « cette Babel militaire » (7 janvier 1951, Nîmes). Le 12 septembre 1951, il critique... « le projet d'une armée dite européenne qui, par mélanges alchimiques, combinaisons algébriques et formules cabalistiques résoudrait le problème de la sécurité de notre continent comme celui de son unité ». L'armée européenne est « un organisme apatride entre les mains d'un grand chef américain ». Pas d'armée allemande, sinon « dans le cadre, les liens, les obligations d'une Europe confédérée que nous appelons de nos vœux » (25 novembre 1951, Nancy). Le pouvoir supranational dirigeant la CECA sera « une espèce de synarchie » (conférence de presse du 21 décembre 1951). Quant à la défense, elle ne peut être assurée que par les peuples eux-mêmes : « A la base de la défense des peuples, il y a les peuples [...]. On fait la guerre avec le sang et l'âme des hommes. On ne peut bâtir ni la défense européenne ni la défense atlantique, sinon sur la base des réalités qui sont les réalités nationales. Il n'y en a pas d'autres, en effet, excepté naturellement dans les formulaires des politiciens » (21 décembre 1951). L'opposition du général de Gaulle à la CED est donc catégorique et constamment affirmée : « En raison d'abandons lamentables, tels que le pool charbon-acier ou le projet d'armée dite européenne, la communauté de l'Europe, qui devrait être l'entente entre Français et Allemands risque de devenir simplement une brillante carrière offerte à l'hégémonie d'un Reich réunifié » (1er mai 1952). Et aussi la déclaration du 6 juin 1952 au sujet de la CED : de Gaulle dénonce les « protocoles d'abandon », manifeste une extrême méfiance à l'égard de l'Amérique et termine par cette affirmation : « La Nation ne saurait, dans ses profondeurs, ratifier l'abandon ni la dépendance qu'on vient d'accepter en son nom » (6 juin 1952). C'est surtout dans les deux conférences de presse du 25 février 1953 et du 12 novembre 1953 que de Gaulle exprime de la façon la plus catégorique son hostilité à la CED : la CED détruit l'armée française, elle remet le commandement de troupes apatrides à un général américain, elle exclut l'Union française. Par conséquent, en raison des charges qui pèsent sur la France en Indochine, elle assure l'hégémonie du Reich. La CED risque de conduire à la guerre, soit que l'Allemagne livrée à ses démons se tourne vers l'Est pour reconquérir les territoires perdus, soit qu'elle s'allie une nouvelle fois à la Russie et qu'elle ne se lance à la conquête de l'Europe occidentale. La CED est donc une « abdication nationale » (25 février 1953), un acte de « forfaiture [1]» (12 novembre 1953). Pour la première fois, le général de Gaulle évoque la possibilité d'une insurrection nationale si la CED était ratifiée. 25 février 1953 : « Non, ce traité ne peut, ne doit pas être accepté par le peuple français. Beaucoup de Français, j'en suis sûr, comme moi-même ne reconnaissent à personne, je dis bien à personne, le droit de les subordonner, de les livrer à l'étranger sans aucun recours national. » Le 12 novembre 1953 (c'est la conférence de presse sur « l'inspirateur ») : de Gaulle déclare que la CED suscite un « trouble profond dans l'âme de notre peuple ». C'est dans la même conférence qu'il parle de « ce monstre artificiel, ce robot, ce Frankenstein que, pour tromper le monde, on appelle la Communauté ». Le 7 avril 1954, il approuve le général Juin d'avoir pris publiquement position contre le projet de Traité. Après le rejet de la CED en août

1. Le général de Gaulle utilise en 1953 le mot dont se servira dans un autre contexte le président Monnerville en 1962.

1954, de Gaulle déclare que ce rejet « est depuis 8 ans le premier signe d'une salutaire évolution » et il affirme que les accords conclus à Londres et à Paris « sont par eux-mêmes bien préférables ». La bataille de la CED est la dernière bataille menée par le général de Gaulle avant qu'il ne s'enferme dans le silence.

Pour conclure, il importe de souligner le fait qu'il y a une profonde différence entre la campagne communiste et la campagne RPF contre la CED. Les communistes se battent contre le principe même du réarmement allemand et ils exploitent largement le peu d'enthousiasme de l'opinion française à l'égard de ce réarmement. Le général de Gaulle accepte dès l'origine le réarmement allemand, mais il s'oppose irréductiblement à un certain type d'organisation des forces européennes. C'est pour lui une affaire de commandement, une affaire de drapeau, une atteinte à la souveraineté française. Autre remarque : la bataille du général de Gaulle contre la CED ne passionne pas également l'ensemble du RPF. L'électorat RPF de 1951, soucieux de ne pas décoller de l'Amérique, ne suit qu'avec réticence la campagne du général contre la CED. Une enquête de l'IFOP menée en août-septembre 1954, fait apparaître que les anciens électeurs RPF sont très divisés à propos de la CED : 22 % sont pour la CED, 16 % sont plutôt pour la CED, soit 38 % favorables à la CED; 11 % sont plutôt contre, 25 % sont contre, soit 36 % hostiles à la CED; ne se prononcent pas 26 %. C'est le type même du problème qui fait apparaître une différence entre le gaullisme du général de Gaulle et celui de la base. On peut sans doute faire la même remarque à propos de l'Union française, mais en sens inverse.

En 1947, l'Algérie et l'Indochine tenaient une très grande place dans les déclarations du général de Gaulle et on peut se demander si, dans une large mesure, le RPF n'est pas né de la volonté de lutter contre la décomposition de l'Empire français. En 1947, le général de Gaulle expose une conception d'ensemble sur l'Union française (7 avril, 24 avril et 15 mai 1947) : il convient, selon lui, de favoriser l'évolution des territoires vers l'autonomie interne tout en assurant la souveraineté de la France en ce qui concerne la défense, la diplomatie, l'économie. En 1947 enfin, le général de Gaulle soutient des thèses très réservées sur l'évolution du statut de l'Algérie, notamment dans sa déclaration du 18 août 1947 et dans son discours du 12 octobre 1947. Voici trois textes de 1947 concernant l'Algérie : « La question, en ce qui concerne l'Algérie, est de lui tracer un statut qui la maintienne française et sous la souveraineté de la France et qui, d'autre part, organise à l'intérieur de l'Algérie un système représentatif qui lui permette de faire valoir à l'intérieur d'elle-même ce qui concerne ses propres intérêts. Toute la question est là » (24 avril 1947). Dans sa déclaration à la presse le 18 août 1947 au sujet du statut de l'Algérie, le général de Gaulle déclare : « [...] Le problème essentiel de l'Algérie est un problème économique et, corrélativement, social et culturel. » Le général affirme la souveraineté absolue de la France en Algérie. Il se prononce pour une Assemblée algérienne avec deux collèges; il semble exclure catégoriquement le collège unique. Et il termine : « La France, quoi qu'il arrive, n'abandonnera pas l'Algérie » *(ibid.)*. Le 12 octobre 1947, le général fait à Alger un grand discours avant les élections municipales. Thème général : la menace communiste pèse sur l'Algérie. Une affirmation évidente : l'Algérie est « partie intégrante de la France ». « Toute politique qui, sous le prétexte fallacieux d'une évolution à rebours, aurait pour effet de réduire ici les droits et les devoirs de la France, ou bien de décourager les habitants d'origine métropolitaine, qui furent et qui demeurent le ferment de l'Algérie, ou bien enfin de donner à croire aux Français musulmans qu'il pourrait leur être loisible de séparer leur sort de celui de la France, ne ferait en vérité qu'ouvrir la porte à la décadence. » Chemin faisant, le général de Gaulle se montre fort réservé sur le statut de l'Algérie promulgué en 1947 : « On s'explique donc que ceux des Français qui tiennent, comme il le faut, à ce qui a été accompli n'accueillent pas sans malaise le statut récemment promulgué. Non point tant à cause du texte, quelques réserves qu'il mérite, qu'en raison de l'ambiance d'incertitude, d'irréalisme, souvent de surenchère dans laquelle il fut adopté. » Il faut avouer que ces discours de 1947 ne concordent pas exactement avec ce que le général de Gaulle dit en 1970 du statut de l'Algérie dans ses *Mémoires d'espoir* : « Il est vrai qu'en 1947 était adopté un statut de l'Algérie qui y créait une assemblée élue au suffrage universel, ayant qualité pour voter le budget et délibérer des affaires du gouvernement général. C'était là un pas important dans la bonne voie et, pour peu qu'on en voulût faire d'autres, la marche du territoire vers la prise en main de ses affaires par ses propres habitants, et l'apparition progressive d'un État algérien associé à la République française, se fussent sans doute accomplis pacifiquement. Par malheur, l'action d'une grande partie des éléments de souche française et la routine administrative avaient bloqué l'évolution » (p. 18). Le moins qu'on puisse dire c'est qu'en 1947, le général de Gaulle n'avait, pour sa part, guère favorisé cette évolution.

Dans les années qui suivent 1947, le général de Gaulle parle fort peu de l'Algérie. En revanche, il parle souvent de l'Indochine, mais presque toujours très brièvement et pour en dire toujours la même chose. En 1947 (15 mai), le général de Gaulle déclare que la France ne peut pas traiter avec Ho Chi-minh. Il adresse fréquemment son salut à l'armée française qui se bat en Indochine : « Face à l'ambition conquérante qui menace la terre entière, une seule armée au monde se bat : l'armée française en Indochine » (11 février 1950). Le 16 mars 1950, il déclare : « Il faut que la France et l'armée française restent en Indochine. » Sinon, c'est le triomphe du communisme et l'Indochine d'Ho Chi-minh « ne serait que subordonnée au système eurasien que l'on sait ». Après le début de la guerre de Corée, le général de Gaulle compare à plusieurs reprises le combat que les Américains mènent en Corée à celui que les Français poursuivent en Indochine (notamment le 10 juillet 1950). Le 12 novembre 1953, le général de Gaulle déclare qu'il faut « soutenir la guerre d'Indochine », mais il déclare aussi qu'il faut traiter avec l'adversaire. En août 1954, après les accords de Genève il n'adresse sur ce point aucun reproche à Mendès France et une circulaire de Terrenoire aux républicains sociaux indique que « la paix a été conclue dans les moins mauvaises conditions possibles ». Le général de Gaulle ne reproche pas non plus aux gouvernants français de « brader l'Afrique du Nord ». Il rappelle fièrement qu'il a su, à Brazzaville, engager la France dans la voie qui aurait permis d'assurer l'évolution des territoires d'outre-mer vers l'autonomie interne tout en sauvegardant la souveraineté française. Le 1er mai 1952, il déclare qu'il faut avant tout tracer fermement les étapes vers l'autonomie interne en Tunisie et au Maroc. Le 12 octobre 1952, il approuve la politique de réformes en Tunisie. Le 30 juin 1955, dans sa dernière conférence de presse, il s'exprime avec une remarquable modération, en répondant à une question sur l'Afrique du Nord. Rappelant avec fierté la déclaration de Brazzaville, la venue en France du sultan et du bey, etc., il déclare : « Mais je dis qu'aucune autre politique que celle qui vise à substituer l'association à la domination dans l'Afrique du Nord française en y apportant bien sûr la fermeté qui est nécessaire et en châtiant tous les crimes, ne saurait être ni valable, ni digne de la France. » Et il ajoute : « Mais cette solution n'est pas à la portée de l'actuel régime [...]. Aussi faut-il le changer. » C'est une affaire française et les alliés n'ont pas à s'en occuper. Dans cette conférence de presse du 30 juin 1955, le général de Gaulle n'accuse pas les gouvernements français d'abandon. Il les accuse d'être impuissants et velléitaires. Il en parle avec une modération qui contraste avec la violence employée pour parler de la CED et avec la violence de certains membres du RPF pour parler des problèmes d'outre-mer. Dans cette même conférence de presse, le général répond à une question sur l'Indochine. Il justifie la politique menée jusqu'en janvier 1946. Ensuite le problème a dépassé le régime. Le général parle sans accabler quiconque. Il ne critique pas sur le fond les accords de Genève, est très dur avec Diem et laisse entendre qu'il vaudrait mieux retirer le corps expéditionnaire d'Indochine et laisser à un gouvernement « d'ailleurs très artificiel » et à ses conseillers étrangers la pleine et entière responsabilité de l'ordre public et de la défense, dans le Sud-Vietnam. Ainsi le général ne reproche pas aux gouvernements français (sauf à propos des bases au Maroc) de consentir à des abandons. Le reproche qu'il leur adresse est de ne pas avoir de politique et de ne pas s'engager nettement dans la voie des réformes.

En tout cas, il faut souligner le prestige dont le général de Gaulle jouit à cette époque dans les territoires de l'Union française. Il fait en AOF et en AEF un voyage triomphal au début de 1953 avant de notifier son congé aux parlementaires RPF.

La politique intérieure, pour le général de Gaulle, n'est qu'un moyen d'assurer la grandeur de la nation. En matière de politique intérieure, de politique économique, de politique sociale, il répète à peu près constamment la même chose pendant toute la période du RPF. Sa critique vise, avant tout, la faiblesse du *régime et des institutions*.

Le général de Gaulle reprend sans cesse la condamnation du régime qu'il appelle « le système » : « le régime qui a le recul pour loi et l'abandon pour destinée » (21 octobre 1950); « un pouvoir flageolant et larmoyant » *(ibid.);* « les clignotants de l'abandon » (10 décembre 1950); « la coopérative de conservation politicienne et sociale qui, pour le moment, s'appelle troisième force » (1er mai 1950). Pour le général de Gaulle, rien de sain n'est possible dans le cadre du régime, et c'est pourquoi il manifeste une extrême amertume et un implacable mépris à l'égard des parlementaires RPF — les « barrachins [1] » — qui acceptent en 1952 d'entrer dans le système et de soutenir Pinay. C'est à ce moment que le général de Gaulle évoque les « jeux, les poisons et les délices du système ». Le mépris, chez le général de Gaulle, s'exprime par des métaphores culinaires : le 5 octobre 1947, à Vincennes, il parle du système des partis « suivant lequel chacun d'entre eux cuit sa petite soupe, à petit feu dans son petit coin ». Le 12 octobre 1952 à Neuilly, après la défection de l'ARS [2], le général parle encore de la soupe : « On peut quelquefois demeurer immobile sur des positions plus ou moins longtemps, en attendant la soupe. Mais on ne peut pas remporter la victoire sans combattre. Nous sommes des combat-

1. Du nom d'un des chefs des députés RPF « ralliés » au régime. *(N. d. É.)*

2. Action républicaine et sociale. *(N. d. É.)*

tants [...]. Ailleurs, il y a des positions acquises. On mange la soupe. Mais on ne combat pas... » Le 11 novembre 1952, le général de Gaulle parle de nouveau des parlementaires ARS : « Du même coup, certains professionnels anciens ou nouveaux des combinaisons politiques, pour lesquels aucun engagement ne compte devant l'opportunité, nous ont quittés ou bien nous quittent pour des antichambres ou des salles à manger. » Nous notons ici un trait constant du général de Gaulle : il est rare qu'il prête à ses adversaires des mobiles nobles : les « barrachins » veulent des portefeuilles, les partisans de la supranationalité ambitionnent des postes dans les organismes européens, etc. Toutefois le ton du général de Gaulle à l'égard du système reste relativement modéré et il ne s'abaisse pas à dénoncer lui-même comme le fait la presse du RPF les « scandales de la IVe ».

L'antiparlementarisme du général de Gaulle est moins apparent que son hostilité aux partis politiques et à tout ce qu'il appelle les féodalités. Sur le Parlement lui-même : peu de chose. Le général de Gaulle estime qu'il doit y avoir deux Chambres. Il n'admet pas que le pouvoir exécutif procède d'une assemblée unique. Il déclare à l'occasion que le « régime représentatif est contemporain du capitalisme [1] » (12 octobre 1952) et il s'oppose à l'un comme à l'autre. Mais la critique du régime représentatif n'est pas chez lui fondamentale. En revanche, la dénonciation des partis politiques et des féodalités tient une place essentielle dans les discours datant du RPF : « Leur nature [des partis] est de représenter, d'opposer les unes aux autres nos divisions, nos divergences » (24 avril 1947); « les féodaux ne sont jamais favorables à un État qui fasse réellement son métier et qui, par conséquent, les domine. Il est tout naturel que les féodaux d'aujourd'hui ne soient pas favorables au Rassemblement du peuple français » (12 novembre 1947). A Nice, le 12 septembre 1948, la foule crie « Au pouvoir! » et le général de Gaulle répond : « Vous dites : " au pouvoir! " Mais nous y allons! [...] Mais oui, nous allons au pouvoir malgré toutes les combinaisons

1. Thèse chère à René Capitant dont l'influence sur certaines déclarations du général de Gaulle est alors perceptible.

des politiciens spécialisés, par-dessus ce qu'on appelle " les partis ", par dessus ces féodalités de la politique, de la presse, des affaires, des syndicats, qui voudraient tenir notre peuple dans leurs liens et poursuivre ces jeux étranges dont nous voyons bien tous qu'ils ne conduisent à rien. » Contre les féodaux un seul recours : l'appel au peuple : « Il n'y a pas moyen de surmonter les féodalités politiques, sociales, syndicales et autres, qui forcément s'instituent si on ne recourt pas au souverain qui est le peuple » (1er octobre 1948). Même affirmation, mais plus solennelle, le 11 février 1950 au Vel d'Hiv. Le général de Gaulle dépeint la situation de la France en 1945. « Devant moi j'avais le peuple qui, par mille signes émouvants, me témoignait sa sympathie. Mais tout ce qui, dans la Nation, se trouvait organisé m'était en réalité hostile dès lors qu'il s'agissait de bâtir des institutions [...]. Ce n'est pas à dire, bien sûr, que tous les hommes politiques, tous les journaux, tous les hommes d'affaires, tous les syndiqués, fussent individuellement contre moi. Mais, je le répète, les organisations politiques, économiques, sociales en tant que telles, refusaient de me suivre en matière d'institutions. C'était d'ailleurs très naturel. Car les féodalités, lors même qu'elles luttent entre elles, sont d'accord pour s'opposer à l'établissement d'un État qui les dominerait toutes et gênerait leurs combinaisons. Or c'est à un État de cette sorte que j'entends conduire la Nation. » En juillet 1952, à Saint-Maur, le général de Gaulle a une conception encore plus extensive des féodalités. Parlant de ses efforts pour faire adopter des institutions satisfaisantes en 1946, il déclare : « Pour parvenir à ces institutions, je me suis trouvé opposé pour ainsi dire à tout ce qui était organisé en France. Tous les partis, toutes les féodalités, qu'elles fussent politiques, économiques, sociales ou qu'elles fussent celles de la presse, parfois même certaines interventions spirituelles [1] refusaient qu'on dotât la France de l'État juste et fort sans lequel elle ne peut que descendre la pente de la décadence. » Cette opposition entre les féodaux et le peuple, les « élites et privilégiés » et « la nation dans ses profondeurs » est fondamentale et n'est pas

1. Allusion aux interventions conseillant de « voter utile ».

nouvelle. La doctrine du général de Gaulle est une doctrine de l'appel au peuple (par-delà les intermédiaires). Il s'exprime très clairement à ce sujet au Congrès national de Saint-Maur, en juillet 1952, où il déclare que la doctrine du Rassemblement est « l'association du peuple à son destin » et cela dans tous les domaines. En politique étrangère, le général se prononce contre les comités et la diplomatie secrète : « Or la voie que l'on suit est complètement différente. On s'enferme dans des comités. On élabore des techniques. On fabrique des pools. On se réunit dans des conseils entre augures intéressés. Mais les peuples n'y sont pas. » Et c'est pourquoi le général de Gaulle est partisan d'un référendum européen. En matière de Défense nationale : « On ne défend les peuples que s'ils sont eux-mêmes associés, passionnément, à leur propre défense [...]. Ah! pour défendre les peuples, associons-les directement à tout ce qu'ils ont à faire. Car l'effort c'est eux qui le font. La peine, c'est eux qui la portent. Les larmes c'est eux qui ont à les verser. » Dans le domaine des Institutions : c'est la constitution de Bayeux, l'exécutif procédant de la nation, le recours au référendum. S'agissant, enfin, de politique sociale : c'est l'association capital-travail. Ainsi apparaît une conception parfaitement cohérente du recours au peuple, et il est caractéristique que le premier intergroupe gaulliste dans la Chambre élue en 1946 se soit intitulé « intergroupe pour une vraie démocratie ».

Cette conception de la démocratie fondée sur le peuple s'oppose évidemment à la conception de la démocratie fondée sur les corps intermédiaires. Ici se posent diverses questions : que signifie le mot peuple pour le général de Gaulle ? Deux choses (comme chez Michelet); nous l'avons déjà signalé : le peuple unanime, la nation dans ses profondeurs. Et aussi les couches populaires, par opposition aux notables. De Gaulle contre les notables. Les notables contre de Gaulle. Quelles sont, d'autre part, les origines de cette conception ? Faut-il ici mentionner Jean-Jacques Rousseau (« la souveraineté ne se délègue pas »), Carré de Malberg [1] et René

1. Juriste français du XIXe siècle, auteur de *Contribution à la théorie générale de l'État*, Sirey, 1920-1922; CNRS, 1962. *(N. d. É.)*

Capitant ? Faut-il mentionner la tradition bonapartiste de « l'appel au peuple » ? Ni l'une ni l'autre de ces deux pistes ne conduisent à des découvertes très convaincantes, et on aurait tort de surestimer l'influence des sources livresques sur la pensée du général de Gaulle. Sans doute le général a-t-il toujours témoigné de la sympathie pour la personnalité chaleureuse de René Capitant, mais sa conception de la démocratie est déjà bien enracinée lorsqu'il fait la connaissance de celui-ci. D'autre part, rien ne permet de penser que le général de Gaulle ait une connaissance très poussée de l'œuvre de Jean-Jacques Rousseau et qu'il éprouve pour lui une vive attirance. Quant à la « tradition bonapartiste », nous en reparlerons sans doute à la fin de ce cours, mais il suffit pour le moment de noter que le général de Gaulle n'a jamais témoigné la moindre sympathie à Napoléon III, au général Boulanger ou aux ligues antiparlementaires des années 1930. L'influence des événements vécus est certainement plus forte que celle des sources doctrinales. Le général de Gaulle a été sans doute sensible à l'antiparlementarisme répandu dans la droite française avant 1939. Mais, surtout, il y a eu juin 1940 : l'effondrement des pouvoirs publics, la lâcheté des notables, la « discrétion pleine de mérite » des partis politiques, la solitude des Français combattants. Les conceptions du général de Gaulle, son aversion pour les féodalités, son recours à la nation dans ses profondeurs trouvent là leur origine la plus profonde. Et puis il y a eu 1945, la déception du pouvoir, les conflits, la renaissance des partis politiques. Le 8 octobre 1952, le général de Gaulle évoque l'Unité du temps de guerre : « Après quoi on vit se disperser ceux qui s'étaient réunis, chacun suivant son intérêt, sa passion, sa chimère. » Si on se rappelle les origines du gaullisme, on comprend mieux la signification qu'a pour le général de Gaulle la doctrine de « l'appel au peuple », et on est enclin à conclure qu'il est un peu trop facile d'évoquer à ce propos Napoléon III, le général Boulanger et le colonel de La Rocque.

Pendant toute l'époque du RPF, le général de Gaulle ne fait que répéter le discours de Bayeux et l'organisation interne du RPF est en quelque sorte la première application de la constitution de Bayeux. En ce qui concerne les institutions politiques, les déclarations du général se ramènent à un petit nombre de points qu'il reprend constamment : séparation des pouvoirs : que le pouvoir exécutif ne procède pas du Parlement, le peuple est source de tout pouvoir (27 octobre 1947); deux chambres; référendum et dissolution; contre la proportionnelle et, naturellement, contre l'escroquerie des apparentements; pour le scrutin de liste majoritaire à deux tours.

Pendant l'époque du RPF, on ne trouve pratiquement pas de traces de corporatisme; le général de Gaulle propose comme il l'avait fait à Bayeux de faire place aux activités professionnelles dans la seconde chambre (notamment le 4 janvier 1948). Mais cela ne va pas très loin. La conception même de l'appel au peuple sans intermédiaire est en contradiction avec les principes du corporatisme et il semble pour le moins aventureux de soutenir que le gaullisme est un corporatisme, comme le fera Jacques Duclos dans les premiers temps de la Vᵉ République.

Ce qu'on peut noter pour conclure sur ce point, c'est que le général de Gaulle est beaucoup moins hostile au Parlement qu'aux partis politiques. Sa condamnation des partis politiques est totale et il ne fait exception en faveur d'aucun. La condamnation des partis politiques procède d'une condamnation générale des féodalités. En revanche, il n'attaque pas l'institution parlementaire en tant que telle; tout au contraire, il mise sur l'accès au pouvoir par la voie parlementaire. Et il attend 4 ans des élections qui se solderont par un échec.

En matière économique, une certaine évolution est aisément perceptible dans la pensée du général de Gaulle. A l'origine, et jusqu'en 1951, le général de Gaulle (et le RPF plus encore) se montre très partisan de la « libre entreprise » (7 avril et 10 août 1947). Il se prononce contre l'hyperfiscalité et les dépenses excessives de l'État, pour des économies, toujours des économies, en faveur d'une réforme des nationalisations (12 novembre 1947) et de la Sécurité sociale. Il souhaite un bon emprunt... (29 mars 1949, 21 octobre 1950) : mais seul le général de Gaulle peut réussir un emprunt; le régime des partis en est incapable. C'est, en quelque sorte, du Pinay, avant Pinay, mais précisément Pinay vole au RPF son programme et débauche une partie de ses parlementaires.

A partir de 1952, le général de Gaulle devient plus sévère pour l'orthodoxie financière. Il reproche aux tenants du libéralisme économique de négliger les investissements, de pratiquer la stagnation (11 novembre 1952). Le 1er mai 1952, il déclare : « Nous voulions de la gauche ce qu'elle eut souvent de généreux : la volonté de progrès social; de la droite ce qu'elle avait à maintes reprises montré de noble, la tradition nationale. » Le 8 octobre 1952, le général de Gaulle parle des deux ennemis : « L'argent [...] qui fait la loi dans nos affaires du dedans, tandis que c'est l'étranger qui domine celles du dehors. » Enfin, le 12 octobre 1952, il déclare qu'il faut entreprendre sans tarder « la révolution politique, économique et sociale qui doit associer le peuple à son destin ». Associer le peuple à son destin : c'est l'objet de l'association capital-travail.

L'association capital-travail tient une place considérable dans les déclarations du général de Gaulle à l'époque du RPF. Dès le discours de Strasbourg, le 7 avril 1947, il présente la théorie de la troisième voie entre le capitalisme et le collectivisme. Sans doute, les formules proposées restent-elles imprécises, mais il semble très manifeste que le général de Gaulle y croit profondément. Pour lui, l'association a deux vertus essentielles : stimuler la productivité, donc augmenter la production; mais aussi et surtout faire reculer le communisme en faisant disparaître les antagonismes sociaux et la lutte des classes. La définition la plus précise — ou la moins imprécise — de l'Association figure dans le discours prononcé par le général de Gaulle à Saint-Étienne le 4 janvier 1948 : « L'Association, qu'est-ce à dire ? D'abord ceci que, dans un même groupe d'entreprises, tous ceux qui en font partie, les chefs, les cadres, les ouvriers, fixeraient ensemble entre égaux, avec arbitrage organisé, les conditions de leur travail, notamment les rémunérations. Et ils les fixeraient de telle sorte que tous, depuis le patron ou le directeur inclus jusqu'au manœuvre inclus, recevraient, de par la loi et suivant l'échelle hiérarchique, une rémunération proportionnée au rendement global de l'entreprise. C'est alors que les éléments d'ordre moral qui font l'honneur d'un métier — autorité pour ceux qui dirigent, goût du travail bien fait pour les ouvriers, capacité professionnelle pour tous — prendraient toute leur importance puisqu'ils commanderaient le rendement, c'est-à-dire le bénéfice commun. C'est alors qu'on verrait naître, à l'intérieur des professions, une autre psychologie que celle de l'exploitation des uns par les autres ou bien celle de la lutte des classes. » Un tel projet était évidemment difficile à mettre en œuvre. Il était non moins évidemment de nature à susciter l'hostilité conjointe des patrons et des salariés. Mais il faut souligner l'insistance avec laquelle le général de Gaulle ne cesse de préconiser l'Association et de condamner une certaine forme de capitalisme. Le 1er octobre 1948, il déclare : « Le vieux capitalisme, nous ne le maintiendrons pas tel quel et cela vaut mieux »; le 1er mai 1949 à Bagatelle, il parle des « capitalistes du temps de papa » et cette formule annonce celle sur l'Algérie de papa; le 25 septembre 1949, il parle d' « abolir le salariat »; le 1er mai 1952 à Bagatelle, il évoque « un dirigisme qui ne dirige rien et un libéralisme qui ne libère personne »; le 6 juillet 1952, il reprend une formule de René Capitant — « comme l'a dit admirablement Capitant » — et parle d' « associer le peuple à son destin ». L'association capital-travail n'est donc pas pour le général de Gaulle une simple préoccupation tactique, mais une ambition constante qui s'intègre dans une philosophie générale de l'Association appliquée à tous les domaines de la vie politique et sociale. Lorsqu'on relit ces textes, on comprend sans doute mieux les raisons pour lesquelles le général de Gaulle a tenu à engager — sur un très mauvais terrain — la bataille du référendum d'avril 1969.

Ces idées sur l'Association, quelle en est la source ? L'influence de René Capitant est probable, mais le général de Gaulle n'aurait pas ainsi repris le thème de l'Association s'il n'y avait pas cru profondément lui-même. On est donc réduit à avancer, sans aucune certitude, deux éléments d'explication : d'abord, la personnalité du général de Gaulle, qui est un militaire sans fortune et qui est totalement étranger, par sa famille, par sa carrière et par ses goûts, à l'univers du capitalisme et de la bourgeoisie d'argent. D'autre part, l'influence de certaines idées répandues au début du siècle sur le rôle social du patron ou le rôle social de l'officier, tel que le dépeignait Lyautey. Les idées du général de Gaulle sur l'Association ne sont donc ni très précises, ni très originales. Mais on aurait certainement tort de sous-estimer l'importance qu'il leur attachait.

Mais on ne serait pas complet — on risquerait même d'omettre l'essentiel — si on ne mentionnait pas un thème qui devient de plus en plus important : la place que tient le général de Gaulle dans les discours du général de Gaulle. A mesure que les années passent, le général de Gaulle parle de plus en plus de lui-même : « Le RPF a été fondé par moi-même. Il est dirigé par moi-même » (10 mars 1952); « chaque Français fut, est, ou sera gaulliste » *(ibid.)*; « il a suffi que nous entrions en ligne pour que les communistes fussent mis à la porte du gouvernement » (juillet 1952, Saint-Maur); « je pus rétablir l'unité... Je proposai les institutions » (6 mai 1953); « un régime fait malgré moi, contre moi (12 novembre 1953); « un système rebâti contre la France » (26 août 1954). Ainsi se réalise une équation de Gaulle = la France. Ainsi l'histoire se partage-t-elle en deux périodes : de Gaulle au pouvoir — de Gaulle dans l'opposition. Ce que le pouvoir ne peut faire parce qu'il n'est pas un vrai pouvoir, de Gaulle le fera et est le seul à pouvoir le faire. Le 12 novembre 1953, à la fin d'une conférence de presse dont l'essentiel est consacré à la lutte contre la CED, le général de Gaulle répond à une question concernant le Rassemblement. Il répond longuement et conclut : « [...] Voilà ce qu'il en est du Rassemblement. On a dit qu'il a échoué. Cela a pu être vrai dans une certaine mesure et à un certain moment. Mais devant la liquéfaction du régime et devant ce qu'annonce l'avenir, ce n'est déjà plus vrai aujourd'hui. Je suis, quant à moi, rompu à ces déboires suivis par la justification qu'apportent les événements. En ce sens, de combien d'échecs fut marquée ma vie publique! Ayant, naguère, tenté d'amener les pouvoirs et le commandement à doter la France du corps cuirassé qui nous eût évité l'invasion, je n'y suis pas parvenu. Lors du désastre de 1940, j'ai tâché de décider le gouvernement dont je faisais partie à gagner l'Afrique du Nord et à se soustraire à l'ennemi. Ce fut en vain. Quelques semaines plus tard, j'ai voulu me rendre à Dakar pour y rallier toute l'Afrique française et la remettre dans la guerre. Je ne pus entrer à Dakar. Après la victoire, je me suis efforcé de maintenir l'unité que j'avais formée autour de moi. Cette unité s'est brisée! Dans une situation grave, j'ai voulu rassembler, de nouveau, les fils et les filles de France. Je n'y ai pas encore réussi. Si ces échecs n'étaient que les miens, cela n'aurait pas d'importance. Mais, hélas! ce sont les échecs de la France! Il est vrai que, dans les intervalles, sont venus quelques succès. Ce qui m'engage à poursuivre, c'est que ce furent les succès de la France. Pendant la guerre, aux jours de la plus sombre épreuve, je me suis quelquefois laissé aller à penser : « Peut-être ma mission consiste-t-elle à rester dans notre Histoire comme l'ultime élan vers les sommets. Peut-être aurai-je écrit les dernières pages du livre de notre grandeur. » Mais bientôt, sentant renaître en mon âme la foi avec l'espérance, je me disais, au contraire : " Peut-être, le chemin que je montre à la Nation est-il celui d'un avenir où l'État sera juste et fort, où l'homme sera libéré, où la France sera la France, c'est-à-dire grande et fraternelle. " J'en suis là, encore aujourd'hui. » Quelques mois plus tard, le 7 avril 1954, dans une autre conférence de presse, le général de Gaulle répond à une question concernant le maréchal Juin. Le maréchal Juin, vice-président du Conseil supérieur des Forces armées, chargé du commandement Centre-Europe des forces du Pacte atlantique, avait publiquement pris position contre la CED. Convoqué par le président du Conseil, il avait refusé de se rendre à sa convocation. Le général de Gaulle approuve sur le fond les positions du maréchal Juin, puis un journaliste lui pose d'une façon apparemment inopinée cette question : « Est-ce que vous auriez admis, lorsque vous étiez chef du gouvernement provisoire, qu'un officier général — fût-il maréchal de France — refusât de se rendre à votre convocation ? » La réponse est immédiate : « Moi, j'étais la France, l'État, le gouvernement. Moi, je parlais au nom de la France. Moi, j'étais l'indépendance et la souveraineté de la France. C'est d'ailleurs pourquoi, en définitive, tout le monde m'a obéi. » Ainsi le gaullisme n'est-il pas seulement une certaine idée de la France, de l'État, de la société, c'est aussi — et de plus en plus — une certaine idée du général de Gaulle.

Ce qu'il faudrait sans doute souligner pour finir, ce sont les souvenirs que le général de Gaulle a pu garder du temps du RPF, et les enseignements qu'il a pu en tirer pour l'avenir.

Les souvenirs sont sans nul doute de très mauvais souvenirs : rancune contre les hommes du système et contre les partis qui ont fini par juguler le RPF, rancune contre une opinion publique qui n'a pas répondu à son appel, rancune enfin peut-être contre certains de ses conseillers, et notamment sans doute contre Jacques Soustelle. Pour le général de Gaulle, Jacques Soustelle, secrétaire général du RPF de 1947 à 1951, puis président du groupe parlementaire RPF de 1951 à 1955 jusqu'à sa nomination par Mendès France comme gouverneur général de l'Algérie, a eu le tort d'être le chef d'état-major d'une bataille perdue, perdue alors que le général comptait bien la gagner par la voie parlementaire : en 1949, il prévoit devant Joseph Barsalou que le RPF aura de 200 à 250 élus : il en a eu en fait moins de 120 (J.-R. Tournoux, *la Tragédie du général*, p. 543). D'autre part, le général de Gaulle ne semble pas avoir pardonné à Soustelle de s'être émancipé de son autorité et surtout de s'être pris abusivement au sérieux lorsque le président Auriol lui proposa en décembre 1952, après la chute de Pinay, de former un nouveau gouvernement. L'affaire n'eut pas de suites, mais, après avoir initialement donné son accord à Soustelle, le général de Gaulle paraît avoir manifesté la plus vive irritation (selon le témoignage de J.-R. Tournoux). Tandis que Soustelle s'entretient avec Auriol, le général de Gaulle préside une réunion rue de Solférino. « De Gaulle ne tient pas en place : “ Ah! Il fallait qu'il aille bavasser devant les micros... La tournée des chevaux de bois... Le cirque... Les délices et voluptés du système... Un discours sur les objectifs du gaullisme ? Ils les connaissent! De Gaulle les a indiqués... Cela ne fera pas avancer le problème d'un pouce... Pourquoi donc fallait-il que Soustelle aille trafiquer chez Auriol ? Ah! qui a dévoré l'autre ? Passez-moi la casse, je vous passerai le séné. Voyons! Que devient M. le président du Conseil ? Nous ne pouvons plus prendre de décision en son absence, puisque M. le président du Conseil va tenir en main les destinées du pays... Je voudrais bien connaître le programme de M. le président du Conseil. " Benoît, il interroge : " Décidément, M. le président, du Conseil n'est pas encore arrivé ? Je suis bien impatient de conférer avec lui. " Inquiet, il s'informe : " Et moi, qu'est-ce que je deviens dans cette affaire ? Quel poste M. le président du Conseil m'offrira-t-il ? " Sarcastique, il demande : " Le sous-secrétariat d'État aux Beaux-Arts peut-être ? Ou bien l'Éducation physique " » (J.-R. Tournoux, p. 129). Selon Tournoux, le divorce entre le général et Soustelle daterait de cette scène mémorable, qui ne semble pas invraisemblable et qui — il faut bien le dire — n'est pas exempte de toute mesquinerie (cf. J. Soustelle, *28 ans de gaullisme* [1]).

Quant aux enseignements que le général de Gaulle a tirés de son échec, il ne les a confiés à personne, mais on peut penser qu'ils se résument en une phrase : que l'UNR ne soit pas un second RPF. C'est-à-dire que le général de Gaulle n'en soit pas président, qu'il ne soit pas compromis dans des vicissitudes électorales; bref, que l'UNR existe — puisqu'il faut bien un Parlement et une majorité au Parlement — mais qu'elle existe le moins possible et qu'elle se montre aussi peu que possible. En somme, le malencontreux épisode du RPF a renforcé l'aversion du général de Gaulle pour les corps intermédiaires, y compris pour les corps intermédiaires gaullistes.

Une dernière question : le RPF a-t-il en définitive retardé ou facilité le retour au pouvoir du général de Gaulle ? Les deux thèses ont été soutenues, et il est évidemment impossible de dire aujourd'hui ce qui se serait produit si le RPF n'avait pas existé. On peut cependant dire deux choses : il est certain

1. Table ronde, 1968.

que le RPF a détourné du gaullisme un certain nombre d'hommes qui avaient été proches du gaullisme au temps de la Résistance et de la Libération. Ces hommes n'ont pas aimé le caractère plébiscitaire du RPF, sa politique du pire, la violence méprisante de ses attaques contre tous ceux qui n'adhéraient pas à ses analyses. Ils ont vu, à tort ou à raison, dans le RPF une résurgence du boulangisme et des Croix-de-Feu. C'est du RPF que date la rupture du général de Gaulle avec la plus grande partie de la gauche française. Le gaullisme du RPF a beaucoup moins mordu — en dehors de quelques rares individualités — sur l'opinion de gauche que le gaullisme de la Vᵉ République. Il serait cependant aventureux d'affirmer que la création du RPF a retardé l'avènement du général de Gaulle. Le RPF a marqué politiquement le gaullisme, mais il a constitué les cadres politiques qui joueront un rôle décisif dans les dernières années de la IVᵉ République pour ramener au pouvoir le général de Gaulle. Sans l'action de ces cadres, il semble douteux que le général de Gaulle soit revenu au pouvoir à la fin du mois de mai 1958.

5

Le général de Gaulle au temps de la « traversée du désert »

La seconde retraite du général de Gaulle est différente de la première et de la troisième. Le 20 janvier 1945, le 27 avril 1969 il quitte le pouvoir du jour au lendemain. En 1954-1955, c'est peu à peu qu'il se détache de l'action politique. Le 6 mai 1953, il rompt brusquement avec le gaullisme parlementaire, mais dans les mois qui suivent, il semble miser sur un rassemblement de la nation dans ses profondeurs contre la menace de mort que représente à ses yeux la Communauté européenne de Défense. La Communauté européenne de Défense est rejetée en 1954, le ministère Mendès France est renversé en février 1955. Le 30 juin 1955, le général de Gaulle donne sa dernière conférence de presse de la IVe République. Il ouvre cette conférence par ces mots : « Il y a plus d'un an que nous nous sommes réunis. Tout laisse prévoir qu'un long temps s'écoulera avant que nous nous retrouvions. Mon intention est en effet de ne pas intervenir dans ce qu'il est convenu d'appeler “ la conduite des affaires publiques ”. » Pendant près de trois ans, le général de Gaulle garde un silence à peu près total, jusqu'à sa déclaration du 15 mai 1958 dans laquelle il se déclare prêt à « assumer les pouvoirs de la République ».

Nous manquons donc de sources pour étudier cette période de transition entre le gaullisme du RPF et le gaullisme de la Ve République. Mais nous ne pouvons négliger cette période durant laquelle se posent deux questions fondamentales. Quelle est l'attitude du général de Gaulle à l'égard de son éventuel retour au pouvoir ? Quels sont ses rapports avec les gaullistes qui préparent ouvertement la chute de la

IVe République ? Quelle est, d'autre part, son attitude à l'égard du problème algérien et très précisément à l'égard de l'Algérie française ? Cette attitude est-elle restée constante ou a-t-elle sensiblement évolué ? Pour répondre à ces deux questions, il semble nécessaire de suivre un plan chronologique, étudiant d'abord l'action du général de Gaulle pendant les dernières années de la IVe République, puis se concentrant sur le 13 mai et les circonstances de son retour au pouvoir.

Pour étudier l'ensemble de cette période, il faut recourir à des livres d'histoire plus ou moins secrète, qui ne donnent pas toujours leurs références : Merry et Serge Bromberger, *les Treize Complots du treize mai* (Fayard, 1959), livre d'après lequel le général de Gaulle semble être resté totalement à l'écart des événements; Jean Ferniot, *De Gaulle et le 13 mai* (Plon, 1965), qui exprime à cet égard une opinion beaucoup plus nuancée; et, une fois encore, J.-R. Tournoux, *la Tragédie du général*, qui contient le récit détaillé de plusieurs entretiens avec le général de Gaulle au temps de la traversée du désert. En ce qui concerne l'Algérie, les deux thèses opposées sont fournies par Jacques Soustelle et Louis Terrenoire. Jacques Soustelle, dans l'*Espérance trahie* (Éd. de l'Alma, 1962), affirme que le général de Gaulle a trahi les partisans de l'Algérie française, tandis que Louis Terrenoire, dans *De Gaulle et l'Algérie* (Fayard, 1964), rétorque que de Gaulle est toujours resté fidèle aux mêmes conceptions.

Les dernières années de la IVe République sont, pour le général de Gaulle, le temps de la solitude et de l'aigreur, le « temps du mépris ». Il vit à Colombey. Lorsqu'il vient à Paris, les visiteurs se font de plus en plus rares, et l'entourage du général s'efforce discrètement de meubler son carnet de rendez-vous. Il reçoit Poujade (Pierre), qu'il n'aurait sans doute pas reçu en d'autres temps, et lui déclare : « Réussissez, Poujade, je ne suis pas jaloux » (J.-R. Tournoux, *op. cit.*, p. 249-250). Après le succès poujadiste aux élections du

2 janvier 1956, le général avait eu ce mot : « Autrefois les épiciers votaient pour les notaires. Maintenant les notaires votent pour les épiciers... »

Le général travaille à ses Mémoires. Il publie le tome I « L'appel » en 1954, le tome II « L'unité » en 1956; en mai 1958, il a à peu près complètement achevé la rédaction du tome III. Tandis qu'il écrit ses Mémoires, il manifeste devant ses visiteurs le plus écrasant mépris pour le « système », la « chienlit » et les « politichiens » : « On fait voter les électeurs pour les betteraves, pour le vin, pour les salaires... »; « les bourgeois se sont rassurés à coups de *Figaro* et d'*Aurore* » (J.-R. Tournoux, p. 152); « les bien-pensants sont des lâches » (p. 239).

Parmi les hommes politiques de la IVe République, le général de Gaulle ne fait exception que pour Antoine Pinay et Pierre Mendès France. En 1952 de Gaulle parle trois fois d'Antoine Pinay dans des déclarations publiques, sans d'ailleurs le nommer; 10 mars 1952 : « un homme fort honorable qui était président du Conseil désigné »; 1er mai 1952 : Pinay est une seconde fois qualifié d' « homme fort honorable »; le 25 décembre 1952, de Gaulle fait allusion au départ de Pinay, toujours sans le nommer : « [...] Par exemple, celui-là qui, à son tour, vient d'être contraint de quitter le régime y a montré à maints égards de louables et honnêtes intentions. » Ces jugements publics sont certes dénués de toute chaleur mais en privé le général se montre beaucoup moins aimable envers le maire de Saint-Chamond : « je n'ai pas sauvé la France pour la confier à M. Pinay » (J.-R. Tournoux, p. 119); Pinay, c'est la revanche de Vichy (p. 143). Contrairement à Antoine Pinay, Pierre Mendès France est un ancien combattant de la France libre. Il a été ministre du général de Gaulle et il manifeste à son égard la plus grande déférence. Le général de Gaulle parle avec estime de Mendès France dans le tome III de ses *Mémoires de guerre*. En juin 1953, lors de sa première déclaration d'investiture, Mendès France, quant à lui, rend hommage à Poincaré, à Léon Blum et au général de Gaulle. L'investiture est refusée à Mendès France et le général de Gaulle publie un bref communiqué : « Contrairement aux alllégations de certains journaux, le général de Gaulle ne prend aucune part directe ou indirecte aux péripéties diverses de l'actuelle crise du régime » (6 juin 1953). L'année suivante, Mendès France forme un gouvernement dans lequel entrent 6 ministres gaullistes. Pour l'anniversaire du 18 juin 1940 il adresse un message déférent et admiratif au général de Gaulle : « En ce jour anniversaire qui est aussi celui où j'assume de si lourdes responsabilités, je revis les hautes leçons de patriotisme et de dévouement au bien public que votre confiance m'a permis de recevoir de vous. » Le général répond indirectement et sèchement par un communiqué du 22 juin 1954 : « Quelles que puissent être les intentions des hommes, l'actuel régime ne saurait produire qu'illusions et velléités. Je demande aux Français de croire que, ni directement, ni par personnes interposées, je ne prends aucune part à aucune des ses combinaisons. Le redressement national est possible. Il commencera quand sera mis un terme au système sans tête, sans âme, sans grandeur, rebâti contre moi après la victoire et qui, depuis, gaspille les chances de la France et les hommes qui pourraient la servir. » Cependant ni le général de Gaulle ni les dirigeants du RPF ne traitent Mendès France de « bradeur » après la conclusion du cessez-le feu en Indochine. Très significative à cet égard est la circulaire adressée le 22 juillet 1954 par Louis Terrenoire, secrétaire général, aux délégués du RPF (cité par J. Charlot, *le Gaullisme*, p. 66). « [...] Jamais le général de Gaulle, s'il avait été au pouvoir, n'aurait accepté d'engager une négociation dans une position de faiblesse militaire. » Cependant, « il a fallu toutes les qualités personnelles de M. Mendès France, qualités qui sont indéniables, pour qu'il puisse obtenir des conditions d'armistice qui sont les moins mauvaises qui pouvaient être obtenues, compte tenu de ce que j'ai dit plus haut ». Le 26 août 1954, avant l'ouverture du débat sur la Communauté européenne de Défense, le général de Gaulle publie un communiqué qui n'est pas aimable pour Mendès France : « Si l'actuel président du Conseil, quoique ayant consenti à abandonner beaucoup, a rejeté pour son compte l'intégral abandon, on peut voir le " gouvernement ", sur une question dont dépend l'existence même de la France, refuser d'engager la sienne. » Le 13 octobre 1954, après le rejet de la Commission européenne de Défense, le général de Gaulle accorde à Mendès France une audience qui est divulguée par la presse. Au cours de cet entretien, de Gaulle déclare à Mendès France que le régime ne lui permet pas d'avoir un gouvernement et qu'il ne manquera pas de se débarrasser de lui à la première occasion (L. Terrenoire, *op. cit.*, p. 42). Le 4 décembre 1954 il parle de « l'ardeur, la valeur, la vigueur de l'actuel président du Conseil », tout en répétant que rien n'est possible dans le cadre du régime. Quelques semaines plus tard, Mendès France est renversé.

On a parfois souligné la parenté entre le gaullisme et le mendésisme, on a même écrit que « le gaullisme de gauche était un mendésisme de droite ». Sans doute s'agit-il de deux mouvements républicains, réformateurs, soucieux d'efficacité et de stabilité. Sans doute, dans un cas comme dans l'autre, peut-on retrouver une défiance manifeste à l'égard des appareils politiques : la volonté, pour reprendre la formule gaulliste de 1945, de faire « du neuf et du raisonnable ». Les antigaullistes de 1959-1962, violemment opposés à l'autodétermination en Algérie, répandront le slogan « de Gaulle = Mendès ». Mais il ne faut pas confondre les niveaux d'analyse. Au niveau de l'électorat, il est probable qu'une partie de l'électorat RPF de 1951 a voté mendésiste en 1956 (à un moment où les républicains sociaux de Chaban-Delmas étaient alliés au Front républicain) et qu'une bonne partie de l'électorat mendésiste de 1956 a voté UNR en 1958. Mais l'électorat mendésiste de 1956 était lui-même très composite, et, en l'absence d'études détaillées sur les transferts de voix, on doit se garder d'affirmations péremptoires. C'est sans doute au niveau des personnalités, à celui des itinéraires intellectuels, que les rencontres et les convergences sont les plus manifestes : François Mauriac, Jacques Soustelle, Christian Fouchet, Jacques Chaban-Delmas et ses actuels collaborateurs (Simon Nora, etc.), gaullistes de tradition, sont passés par le mendésisme. Mais il ne faut pas généraliser : la plupart des mendésistes de 1956-1957 — Hernu, Gourdon-Cheverny, Nicolet, Hovnanian, etc. n'ont pas rejoint le camp du gaullisme sous la Ve République. Pierre Mendès France lui-même a durablement déçu les espoirs de ceux qui, comme François Goguel, rêvaient de le voir devenir Premier ministre du général de Gaulle. Il s'est immédiatement opposé au gaullisme de mai 1958 et son opposition n'a pas fléchi. Il n'a jamais accepté l'élection du président de la République au suffrage universel, même s'il a joué le jeu auprès de Gaston Defferre en 1969 avec peu d'aisance et peu de succès. Entre le général de Gaulle et Pierre Mendès France, il y a toute la différence qui sépare un député radical de 1932 et un saint-cyrien de 1910. Il ne faut donc pas pousser trop loin la comparaison gaullisme-mendésisme. En tout cas, dans les deux dernières années de la IVe République, de Gaulle n'a semble-t-il aucun rapport avec Mendès France et il ne parle à peu près jamais de lui.

Il ressasse son aigreur contre le système. Il s'enferme dans son orgueil et dit à un député MRP : « De Gaulle n'a pas besoin de programme, il a un nom » (J.-R. Tournoux, p. 203). Il s'attribue dans sa carrière une seule faute politique : ne pas avoir quitté le pouvoir en 1944 après la Libération, ou en 1945, après le référendum. Il se déclare trahi par les siens et dit : « Le Christ aussi a été trahi » (J.-R. Tournoux, p. 124). Il confesse : « Je n'ai d'estime que pour ceux qui me résistent, mais je ne peux pas les supporter » (p. 194). Il déclare à J.-R. Tournoux : « En France, l'histoire montre qu'une crise est toujours nécessaire pour que se produise une novation » (p. 200). Et il ajoute en novembre 1956 : « Le redressement français viendra d'une révolte contre la sujétion extraordinaire à laquelle nous sommes soumis » (p. 216). Mais ce redressement lui paraît improbable. A ses visiteurs, il répète : « Dans cinquante ans, peut-être. » Il manifeste un sombre pessimisme, déclare qu'il ne reviendra jamais au pouvoir, que les Français ne veulent pas de De Gaulle, et il dit un jour (en novembre 1956) à J.-R. Tournoux : « A mon pire ennemi je ne souhaite pas de souffrir ce que j'ai souffert » (p. 218).

Tandis que le général de Gaulle s'enfonce dans la solitude et la « mélancolie », le régime de la IVe République va d'échec en échec. Le ministère Guy Mollet déçoit la plupart de ses partisans. L'expédition de Suez en novembre 1956 se termine par un échec retentissant. Le ministère Bourgès-Maunoury, qui succède à Guy Mollet, est renversé en octobre 1957 lorsqu'il essaie de faire voter une loi-cadre sur l'Algérie. Le ministère Gaillard, qui succède à Bourgès-Maunoury après un mois de crise, paraît ressusciter la troisième force puisqu'il va des modérés aux socialistes. Il tombe le 15 avril 1958 et une nouvelle crise ministérielle s'ouvre, qui dure près d'un mois jusqu'à la constitution du gouvernement Pflimlin le 13 mai. L'Algérie est le problème nº 1 et le problème algérien semble totalement insoluble, tandis que se développe entre partisans et adversaires d'une négociation en Algérie une « atmosphère d'affaire Dreyfus » (L. Terrenoire, p. 29).

Pendant ce temps, c'est la grande « diaspora » des gaullistes, divisés en plusieurs groupes qui misent tous sur le retour au pouvoir du général de Gaulle et proclament tous leur attachement à l'Algérie française. Les républicains sociaux ont connu une véritable déroute aux élections du 2 janvier 1956 et ne sont qu'une vingtaine au Palais-Bourbon. Ministre de la Défense nationale dans le gouvernement Gaillard, Chaban-Delmas a dans son cabinet Léon Delbecque qui fonde à Alger une « antenne » destinée à préparer l'insurrection contre les gouvernants d'abandon et l'appel au général de Gaulle. Le 14 février 1958, le Comité directeur des républicains sociaux, réuni sous la présidence de Michelet, vote à l'unanimité une motion déclarant que « la sauvegarde de l'Algérie française » exige « un gouvernement de salut public présidé par le général de Gaulle » (J. Soustelle, *l'Espérance trahie*, p. 30). Jacques Soustelle, après son retour d'Alger, fonde en 1956 l'Union pour le salut et le renouveau de l'Algérie française qui s'attache, non sans succès, à rassembler tous les partisans de l'Algérie française, à quelque formation politique qu'ils appartiennent, notamment Georges Bidault, André Morice et Roger Duchet. Périodiquement sont lancés des appels, notamment après la chute de Gaillard, pour la formation d'un gouvernement de salut public Bidault, Soustelle, Morice, Duchet — formule qui semble insuffisamment gaulliste aux gaullistes de la plus stricte obédience et sans doute au général de Gaulle. Michel Debré, dans *le Courrier de la colère*, qui commence à paraître en novembre 1957, sonne la charge contre la IVe République. Il publie *les Princes qui nous gouvernent* [1] qui se termine par un appel à de Gaulle. Edmond Michelet n'est pas moins partisan de l'Algérie française que Debré ou Soustelle. Il publie en novembre 1957 *Contre la guerre civile* [2] qui conclut aussi par un appel à de Gaulle, le seul homme qui puisse « maintenir l'Algérie dans un ensemble français ». Alexandre Sanguinetti s'efforce de regrouper les Anciens Combattants à l'intérieur du CAANAC afin de préparer la chute du régime et le recours au général de Gaulle. Un jeune gaulliste, qui professe non sans quelque confusion des convictions de gauche, Jacques Dauer, multiplie les appels à de Gaulle dans son journal *le Télégramme de Paris*. Maxime Blocq-Mascart, conseiller d'État, ex-animateur de l'OCM pendant la Résistance, grand amateur de complots et fabricant infatigable de constitutions, publie *la Prochaine République sera-t-elle républicaine ?* [3] et participe à de nombreux conciliabules. J.-B. Biaggi satisfait avec ses amis ses passions de baroudeur. Marie-Madeleine Fourcade, ex-héroïne de la Résistance, et André Astoux, ont au début de 1958 l'idée de faire écrire par les Français des lettres identiques au président Coty pour exiger le recours au général de Gaulle (texte dans J. Charlot, p. 74-76). Cette entreprise ne semble avoir eu qu'un médiocre succès : Marie-Madeleine Fourcade parle de 100 000 lettres, Astoux plus modestement de 15 000 (J. Ferniot, *op. cit.*, p. 206). En Algérie, les complots s'enchevêtrent inextricablement, mais les gaullistes sont rares : parmi les chefs militaires, le général Massu; parmi les civils, Léon Delbecque — que rejoint peu avant le 13 mai Lucien Neuwirth — est à l'origine

1. Plon, 1957.
2. Plon, 1958.
3. Plon, 1958.

fort isolé. Mais, après de patients travaux d'approche, le gaullisme gagne du terrain parmi les militaires et parmi les civils.

Ainsi le gaullisme de 1957-1958 semble morcelé en un grand nombre de groupes et d'initiatives plus ou moins coordonnés. Mais, en réalité, il existe des liens assez étroits entre ces divers groupements, et le gaullisme de cette période — que dominent les noms de Sanguinetti, de Biaggi (qui viennent tous deux de l'Action française), de Michel Debré et surtout de Jacques Soustelle — présente un certain nombre de traits communs : un gaullisme qui se sait minoritaire et dont la violence s'explique par la conscience d'être minoritaire, l'exaspération de rester minoritaire : gaullisme de bandes et de petits groupes. Un gaullisme violemment antiparlementaire, et qui englobe dans le même discrédit à peu près tous les parlementaires englués dans le « système », y compris Chaban-Delmas qui n'est pas à l'époque tenu en haute estime, car il apparaît comme l'incarnation même du rallié. Un gaullisme qui, à défaut de pouvoir raisonnablement miser sur une accession légale au pouvoir, mise sur l'action subversive ou sur la grande crise nationale. Un gaullisme, enfin, passionnément et unanimement attaché à la sauvegarde de l'Algérie française : nul ne met à l'époque en doute, dans les milieux gaullistes, l'attachement du général à l'Algérie française. Mais les gaullistes les plus marquants de cette époque ne sont pas des conservateurs. Ils rêvent de transformer profondément la société, de briser le « capitalisme de papa », d'engager la France, par la construction de l'Algérie française, dans une grande aventure nationale qui pourrait exalter la jeunesse et arracher la société française au poids de tous les conservatismes. Jamais sans doute le gaullisme des gaullistes n'a été plus proche du fascisme que durant l'année 1957-1958.

Pourtant, les appels au général ne proviennent pas tous du même côté de l'horizon politique. Ceux que révoltent les tortures, ceux qui croient à une paix négociée en Algérie, qui ont acquis la conviction que le général était seul capable de faire la paix en Algérie, se tournent maintenant vers lui.

Roger Stéphane, Maurice Clavel, Jean-Marie Domenach s'adressent eux aussi solennellement à lui ou colportent les confidences dont ils ont été les bénéficiaires. En 1957-1958, le gaullisme trouve un écho dans certains articles de *l'Express*, de *l'Observateur*, *d'Esprit*, du *Monde*. Le 21 juin 1957, le président Bourguiba, dans *l'Express*, lance un appel au général de Gaulle. En février 1958, après le bombardement de Sakhiet par l'aviation française, l'ambassadeur de Tunisie, Masmoudi, rend visite à Colombey au général de Gaulle qui publie à cette occasion un communiqué d'un ton très libéral sur l'avenir des relations franco-tunisiennes. La presse de gauche commente favorablement la démarche et le communiqué. Le 7 mars 1958, Maurice Duverger, qui ne passait pas jusqu'alors pour gaulliste, publie dans *le Monde* un article intitulé « Quand ? » : « [...] De Gaulle mis à part, personne n'a plus dans ce pays une confiance et un prestige suffisants. Beaucoup pensent que la question n'est pas de savoir si de Gaulle reviendra ou non au pouvoir : car cette question-là est probablement réglée. La vraie question est de savoir quand commencera le deuxième gouvernement de Gaulle. Car le retour du général peut revêtir deux significations. Ou bien l'expérience commencera avant que tout soit définitivement perdu : elle réglera la question algérienne, elle ouvrira les voies de la communauté franco-africaine. Elle pourra peut-être amorcer aussi une nouvelle politique extérieure, et rendre possible une réforme en profondeur des institutions. Ou bien les hommes politiques appelleront de Gaulle quand il sera trop tard, quand la faillite sera imminente, afin qu'il masque en partie leur échec et qu'il en endosse la responsabilité. » Beaucoup de lecteurs firent des gorges chaudes mais 3 mois plus tard le général de Gaulle était installé à l'Hôtel Matignon.

Pendant la période qui précède le 13 mai, la popularité du général de Gaulle remonte lentement. L'IFOP pose périodiquement la question : « Si l'on devait former un nouveau gouvernement, quel est, parmi les hommes politiques suivants, celui que vous aimeriez le mieux comme président du Conseil ? »

En décembre 1955 1 % des Français citent de Gaulle
en avril 1956 5 %
en juillet 1956 9 %
en septembre 1957 11 %. A cette date de Gaulle est précédé par Guy Mollet 14 % et suivi par Mendès France 9 %, puis Pinay 8 %. En janvier 1958, de Gaulle passe au premier rang avec 13 % (J. Ferniot, p. 123). Cette croissance est sensible, mais elle ne ressemble en aucune façon à un raz de marée.

Tandis que sa courbe de popularité remonte ainsi à un rythme lent, le général de Gaulle reçoit des visiteurs et leur parle de l'Algérie. Sur le moment même, ses propos ne filtrent que sous la forme d'indiscrétions plus ou moins contrôlées. Aujourd'hui, plus de 10 ans après les événements, nous pouvons réunir — sans prétendre être exhaustifs — une ample brassée de témoignages. Dans une large mesure, ces témoignages semblent contradictoires. Les partisans de l'Algérie française quittent le général de Gaulle, convaincus qu'il est inébranlablement attaché à l'Algérie française. Les partisans d'une paix négociée quittent le général de Gaulle, convaincus qu'il est partisan d'une paix négociée.

En février 1955, le général de Gaulle déclare à Edmond Michelet : « L'Algérie est perdue, l'Algérie sera indépendante » (J.-R. Tournoux, p. 188). A peu près à la même date il dit au député gaulliste Henri Ulver : « Si j'étais resté aux affaires, j'aurais pu sauver nos possessions, non indéfiniment [...] peut-être pour dix ou quinze ans » (J.-R. Tournoux, p. 188). André Philip répète les propos que lui aurait tenus le général de Gaulle en 1945 à propos de l'autonomie interne en Algérie : « L'autonomie interne ? Tout cela, Philip, finira par l'indépendance... » (J.-R. Tournoux, p. 189). Il déclare à Christian Pineau : « La seule solution s'appelle l'indépendance » (J.-R. Tournoux, p. 220). Il dit à peu près la même chose à d'autres visiteurs, notamment à Maurice Clavel. En avril 1955, de Gaulle dit à l'écrivain algérien Jean Amrouche : « L'affaire algérienne est trop grande pour ce régime. L'Algérie sera émancipée. Ce sera long. Il y aura de la casse. Beaucoup de casse. Vous aurez beaucoup à souffrir. Quant à moi, je ne parlerai que le jour où je serai en situation de faire ce que j'aurai dit » (J.-R. Tournoux, p. 189). Le 18 mai 1955, il déclare à Louis Terrenoire : « Nous sommes en présence d'un mouvement général dans le monde, d'une vague qui emporte tous les peuples vers l'émancipation. Il y a des imbéciles qui ne veulent pas le comprendre; ce n'est pas la peine de leur en parler. Mais il est certain que si nous voulons nous maintenir en Afrique du Nord, il nous faut accomplir des choses énormes, spectaculaires, et créer les conditions d'une nouvelle association. Or ce n'est pas ce régime qui peut le faire. Moi-même, je ne serais pas sûr de réussir... mais, bien sûr, je tenterais la chose » (L. Terrenoire, p. 41). Le général de Gaulle part à la fin d'août 1956 pour le Pacifique (avec Guichard, Foccart, Frey, Bonneval et Arlette de la Loyère). De Tahiti, il déclare : « Il n'est pas sûr que nous ayons fini notre tâche » (J. Ferniot, p. 77). En novembre 1956, de Gaulle reçoit J.-R. Tournoux (p. 209-219) et lui dit notamment : « Les Arabes, ce n'est rien [...]. Ce sont d'habiles politiques. Ils sont habiles comme des mendiants [...]. La force d'expansion du communisme est atteinte [...]. » Le 4 décembre 1956, de Gaulle écrit à Soustelle qui lui avait adressé son livre *Aimée et souffrante Algérie* (J. Soustelle, p. 31-32). Il félicite d'abord Soustelle pour son livre et son action en Algérie. Il expose ensuite qu'une « réussite française » en Afrique exigerait une « très grande politique » et que le régime est hors d'état de la mener. « Je crains donc que, pour le monde, la cause ne soit entendue et qu'alors, en raison de l'inconsistance du régime, elle soit plus tôt ou plus tard tranchée dans les faits. A moins, ajoute-t-il, que le régime ne cède la place in extremis. » Le 2 mars 1957, Soustelle lance un appel public au général de Gaulle (*Vingt-huit ans de gaullisme*, p. 140). Le 29 mai 1957, le général de Gaulle reçoit Roger Stéphane, cofondateur de *l'Observateur* en 1950. Il lui dit notamment : « La décadence. Nous ne marchons pas vers elle, nous y sommes, nous nous roulons dedans. Voyez-vous, Roger Stéphane, la France n'a plus d'ambitions nationales. Or, jusqu'à une date récente, elle était constamment tendue vers la réalisation d'ambitions nationales. Elle a eu la volonté de son unité, la volonté de parvenir à ses frontières naturelles, puis l'ambition de conquérir l'Europe, la volonté de se libérer des traités de 1815, et après 1870, il y a eu l'idée, la grande idée de la revanche. Depuis, plus rien. Aujourd'hui, la France n'a plus qu'une seule ambition, celle de son niveau de vie. Il y a aujourd'hui des hommes qui ne comprennent pas que les peuples ont droit maintenant à l'indépendance et il y a des hurluberlus qui croient que l'indépendance donnée à n'importe qui à tort et à travers règle tous les problèmes. Voyez-vous, Roger Stéphane, l'ambition nationale de la France au sortir du désastre aurait dû être de construire une grande Union française. Vous voyez ce qu'ils en ont fait ! Ils peuvent tout perdre, rien n'ébranlera le régime » (texte dans *le Nouvel Observateur*, 16 novembre 1970). En août 1957, le général de Gaulle écrit à Soustelle pour le féliciter de sa brochure écrite en réponse à Raymond Aron sous le titre *le Drame algérien et la Décadence française*. Dans sa lettre il prend nettement position contre la thèse de Raymond Aron, le dégagement pour cause de non-rentabilité — thèse qu'il reprendra à son compte à partir de 1960 — et qui tient une large place dans les *Mémoires d'espoir*. Le 3 octobre 1957, le général de Gaulle dit au prince héritier du Maroc, Moulay Hassan : « L'Algérie, mais elle sera indépendante, qu'on le veuille ou non. C'est inscrit dans l'histoire » (Paillat, *Dossier secret de l'Algérie*, II, p. 279 [1]). Le 10 novembre 1957, le général de Gaulle parle à Louis Terrenoire de la loi-cadre pour l'Algérie. Le général en approuve les intentions, mais « il pense que tout cela vient 10 ans trop tard et que cette loi-cadre [...] n'arrêtera en rien le mouvement revendicatif des Arabes. Il croit d'ailleurs que rien ni personne ne peut l'arrêter. Cependant un tout autre régime, qui rajeunirait la France et la rendrait attractive pourrait tenter une expérience entièrement nouvelle d'association » (L. Terrenoire, p. 48). Le 5 mars 1958, de Gaulle n'exclut pas, devant Terrenoire, l'éventualité de son retour au pouvoir. Il termine en disant : « Si je ne reviens pas, je crois bien que finalement ce sont les

1. Presses de la Cité, 1961-1963.

communistes qui l'emporteront » (L. Terrenoire, p. 59). Dans l'hiver 1957-1958, le général déclare à J.-R. Tournoux : « Vous verrez que le régime perdra aussi le Sahara. Il a perdu l'Indochine, la Tunisie, le Maroc. Il perdra l'Algérie [...]. Le système perdra aussi l'Alsace, la Lorraine, la Corse, la Bretagne. Il nous restera l'Auvergne parce que personne n'en voudra » (J. Ferniot, p. 117-118). Vers la même date, de Gaulle déclare à Tournoux : « Si j'étais resté aux Affaires, j'aurais arrangé, j'aurais réglé la question nord-africaine [...]. Ce qui est capital, voyez-vous, c'est de ne pas se laisser arracher les concessions, de ne pas brader, mais d'octroyer » (cité par J. Ferniot, p. 119). Le 8 janvier 1958, le général de Gaulle reçoit J.-R. Tournoux qui relate longuement cet entretien dans *la Tragédie du général* (p. 266-280). « La France ne peut pas se passer d'une grande ambition nationale [...]. Les Français pensent à leur niveau de vie, ce qui n'est quand même pas une ambition nationale [...]. Il n'y a plus de gouvernement légitime. » Le communisme se transforme en un « totalitarisme nationaliste ». Les Algériens voteront pour l'indépendance. Mais la situation n'est pas mûre et le général répète sans cesse : « Il faudra attendre cinquante ans. » Le 8 février 1958, de Gaulle commence par déclarer à Maurice Schumann : « Je ne reviendrai plus jamais au pouvoir. C'est fini maintenant. » Maurice Schumann pose cette question au général : « Si vous aviez été là, n'auriez-vous pas joué en Algérie la carte de la fédération ? » Et de Gaulle répond : « D'une fédération d'États » (J. Ferniot, p. 148). Le 21 février, Robert Buron est reçu par le général et l'adjure de rompre le silence. « Le général, pour sa part, m'a tenu surtout des propos découragés, énoncés d'une voix lasse : " Il est trop tard [...] la situation ne peut pas être rétablie avant plusieurs années et je serai alors trop vieux. Il faut d'abord que les Français aillent au fond du fossé avant de pouvoir remonter la pente... Parler! Je ne dis pas non, mais à quoi bon dans la période actuelle ? — Non pas pour nous, général! mais pour les jeunes, et aussi pour que votre pensée soit connue clairement, à laquelle tant de Français, peut-être, se référeront demain. — Hum! je réfléchirai mais voyez-vous, monsieur Buron, il n'y a rien de bon à faire dans ce pays divisé entre les partis, les factions... Votre gauche, elle rêve de grandes réformes mais en refuse énergiquement les moyens à soi-même et surtout aux autres ; la droite consent les moyens, veut l'efficacité mais au service du refus, non des réformes ! " » (R. Buron, *Carnets politiques de la guerre d'Algérie*, p. 71 [1]).

En mars 1958, Chaban-Delmas convoque le colonel Bigeard, lui conseille de se présenter aux élections à Paris et lui prédit un large succès : « Vous serez élu, vous vous présenterez à l'Assemblée, portant toutes vos décorations. Vous ferez à la tribune une déclaration fracassante pour appeler le général de Gaulle au pouvoir pour résoudre le problème algérien. Ensuite vous démissionnerez et je vous prendrai à mon cabinet... »

Le 15 mars 1958, à Nice, Michel Debré déclare avec passion à Alain de Sérigny, le directeur de *l'Écho d'Alger*, en présence de Soustelle, Michelet, Frey et Triboulet : « Comment pouvez-vous douter une seconde de la volonté du général de Gaulle de maintenir l'Algérie française ? » (J. Soustelle, *l'Espérance trahie*, p. 18). Le 25 mars 1958, de Gaulle reçoit Soustelle qui résume ainsi ses impressions : « De Gaulle désire le maintien de l'Algérie française et reproche au régime de glisser vers l'abandon. De Gaulle fait des réserves sur l'intégration mais dit qu'il l'accueillerait volontiers si les musulmans s'y ralliaient. Il s'oppose formellement à la sécession. Il est plus urgent que jamais de changer le régime » (J. Soustelle, *l'Espérance trahie*, p. 3). Le 27 mars 1958, le général de Gaulle reçoit une délégation d'Anciens Combattants conduite par Sanguinetti. De nouveau il exprime son pessimisme, il refuse de s'engager, dans un sens ou dans l'autre au sujet de l'Algérie. Il laisse entendre que si la situation devenait dramatique, « sans le désirer vraiment il ferait face à ses responsabilités » (J.-R. Tournoux cité par J. Ferniot, p. 175). En mars 1958, le général de Gaulle reçoit longuement Delbecque, il l'écoute, ne l'encourage pas explicitement, mais dit à la fin de la conversation : « Si l'on fait appel à moi dans ces conditions, je serai tou-

1. Plon, 1965.

jours disponible pour mon pays » (J. Ferniot, p. 167). Le 17 avril il dit à Philippe Marçais, professeur à Alger, « les Français sont des veaux » et il parle au général Cogny de « la France vacharde ». Fin avril 1958, Delbecque est reçu pendant une heure et quart par le général de Gaulle (int. de Delbecque à *l'Express*, 3 mai 1962 et J. Ferniot, p. 201). Le 28 avril le général de Gaulle reçoit Lucien Neuwirth qui part pour Alger. Comme d'habitude, le général tient des propos pessimistes. Plein d'enthousiasme Neuwirth lui déclare : « On fera appel à vous. » Et de Gaulle répond : « Eh bien, je vous répondrai » (J. Ferniot, p. 202). Au début de 1958, le général avait reçu Georges Pompidou qui lui avait dit : « Il y a en ce moment un mouvement d'opinion en votre faveur, mon général. » Pompidou avait ajouté après un silence : « Mais je crois hélas qu'il n'aboutira pas. » De Gaulle avait répondu : « C'est mon avis », et avait ajouté : « Si je revenais, je compte sur vous » (J. Ferniot, p. 169).

De ce gros dossier se dégagent, semble-t-il, plusieurs conclusions : Il semble difficile de ne pas conclure, comme le fait Jacques Soustelle (*l'Espérance trahie*, p. 7) que le général de Gaulle tient des propos différents selon les interlocuteurs, ou du moins que ses propos sont suffisamment ambigus pour que ses interlocuteurs d'opinions opposées en tirent des conclusions opposées. Le général de Gaulle semble d'autre part convaincu ou du moins se dit convaincu qu'il n'a pas de chances sérieuses de revenir au pouvoir. Enfin, alors qu'il avait dirigé de très près le RPF, le général de Gaulle abandonne à eux-mêmes les individus et les groupements qui militent pour le ramener au pouvoir. Mais s'il ne dirige pas *les Treize Complots du treize mai* — qui d'ailleurs pour la plupart sont des complots à ciel ouvert —, il n'en ignore pas l'existence, et son entourage — notamment Guichard et Foccard — maintient avec tous d'étroits contacts. Le général, selon une technique éprouvée, tient à ne pas s'engager trop tôt et à pouvoir, soit ignorer ou désavouer des initiatives inconsidérées, soit profiter au grand jour de la situation créée par ces initiatives.

Le 8 juin 1962, 3 semaines avant le référendum du 1er juillet qui décidera de l'indépendance de l'Algérie, le général de Gaulle présente les complots qui ont précédé le 13 mai 1958 comme une « entreprise d'usurpation ». « Quand en 1958 nous prîmes l'affaire d'Algérie corps à corps, nous trouvions — qui a pu l'oublier ? — les pouvoirs de la République anéantis dans l'impuissance, une entreprise d'usurpation se constituant à Alger et sollicitée vers la métropole par l'effondrement de l'État, la nation placée tout à coup devant le gouffre de la guerre civile. » Dans ses *Mémoires d'espoir*, le général de Gaulle affirme qu'il n'a été « mêlé d'aucune façon ni à l'agitation locale, ni au mouvement militaire, ni aux projets politiques » qui se sont manifestés à Alger en mai 1958. Il ajoute : « Il est vrai que deux ou trois personnages entreprenants, qui avaient participé à mon action au temps où j'en exerçais une, séjournaient en Algérie pour répandre l'idée qu'il faudrait bien un jour me charger du salut public. Mais ils le faisaient en dehors de mon aval et sans m'avoir même consulté » (*ME*, p. 21). Ainsi la thèse que présente le général de Gaulle dans ses *Mémoires d'espoir* est claire : il n'était au courant de rien. Il n'est intervenu que pour empêcher la « subversion », l'établissement d'une « dictature militaire », « l'aventure », « la guerre civile » (p. 22). (Cf. p. 27, « Les comités de Salut public continuent d'installer leur dictature ».)

Pour apprécier le bien-fondé de cette thèse, il importe de rappeler le déroulement des événements. La crise s'ouvre le 15 avril avec la chute du gouvernement Gaillard. Le président Coty fait vainement appel à Bidault, puis à Pleven. Il fait enfin appel le 8 mai à Pflimlin dont le nom est très mal accueilli en Algérie, parce qu'il avait parlé dans un article du *Nouvel Alsacien* le 23 avril « d'engager des pourparlers avec les représentants de ceux qui se battent, pour déterminer les modalités du cessez-le-feu et les garanties qui entoureront les élections ». Le 8 mai, Robert Lacoste, ministre résidant en Algérie, évoque l'éventualité d'un « Dien Bien Phu diplomatique ». Après quoi il quitte Alger au moment même où la crise devient la plus aiguë et aurait, semble-t-il, le plus impérieusement exigé sa présence. Le 9 mai, le général Salan envoie au général Ély, en accord avec les généraux Allard, Massu, Jouhaud et l'amiral Auboyneau, un télégramme pour le président Coty dans lequel il fait solennellement état du trouble de l'armée et de sa volonté unanime de maintenir l'Algérie française : « [...] L'armée française, d'une façon unanime, sentirait comme un outrage l'abandon de ce patrimoine national. On ne saurait préjuger sa réaction de désespoir. Je vous demande de vouloir bien appeler l'attention du président de la République sur notre angoisse que seul un gouvernement fermement décidé à maintenir notre drapeau en Algérie peut effacer. » Ce télégramme est évidemment dirigé contre Pflimlin. Est-ce, comme l'affirme Ferniot (p. 219), « le résultat d'une opération montée de toutes pièces par les gaullistes ? » On peut en discuter. Le général Salan n'avait pas précisément la réputation d'être gaulliste, le télégramme du 9 mai ne mentionne pas le nom du général de Gaulle et n'indique pas si la préférence de ses signataires irait à un gouvernement présidé par le général de Gaulle ou à un gouvernement de salut public constitué autour de Bidault, Soustelle, Duchet et Morice. A l'époque cette seconde éventualité semblait à beaucoup d'observateurs plus probable que la première. Le 11 mai, Alain de Sérigny, le directeur de *l'Écho d'Alger*, lance un appel au général de Gaulle : « Parlez, parlez vite, mon général. » Le 13 mai est organisée à Alger une grande manifestation pour s'opposer à l'investiture de Pflimlin considéré comme un « bradeur ». Les gaullistes sont pris de vitesse et, sur l'initiative de Lagaillarde, président des étudiants d'Alger, le gouvernement général est pris d'assaut. A Paris, Pflimlin est investi, à 3 h 25 du matin, dans la nuit du 13 au 14 mai à une forte majorité : 274 voix contre 129; les communistes se sont abstenus. A Alger, la confusion est extrême. Le général Massu accepte le 13 mai au soir la présidence du Comité de salut public en déclarant dans une formule bien gaulliste qui rappelle juin 1940 : « Moi, général Massu... » Dès le 13 mai au soir, vers minuit, le général Massu lance un premier appel au général de Gaulle : « Nous faisons appel au général de Gaulle, seul capable de prendre la tête d'un gouvernement de salut public. » Cet appel est renouvelé le 14 mai à 4 heures du matin dans le communiqué n° 1 du CSP d'Alger : « Le Comité supplie le général de Gaulle de bien vouloir rompre le silence en vue de la constitution d'un gouvernement de salut public » (J. Ferniot, p. 30-31). Plus prudent, le général Salan, que Félix Gaillard, le 13 mai au soir, peu de temps avant l'investiture de Pflimlin, a « habilité à prendre toutes mesures pour le maintien de l'ordre », et que Pflimlin confirmera dans cette mission, télégraphie à Coty en remplaçant par une périphrase le nom du général de Gaulle, malgré l'insistance du général Petit qui le pousse à faire appel à de Gaulle : « [...] Les autorités militaires responsables estiment impérieuse nécessité de faire appel à un arbitre national afin de constituer un gouvernement de salut public en mesure de rassurer l'opinion algérienne. Un appel au calme de cette haute autorité affirmant volonté formelle conserver Algérie française est seul capable rétablir situation » (J. Ferniot, p. 285). Après l'investiture de Pflimlin, Soustelle veut partir immédiatement pour Alger. Jacques Chaban-Delmas lui dit : « Mon petit Jacques, tout est foutu. De Gaulle ne reviendra jamais. Rentrons chez nous et ne faisons plus parler de nous » (J. Ferniot, p. 279). Le 14 mai, 4 socialistes, dont Guy Mollet et Jules Moch, entrent dans le gouvernement Pflimlin qui semble assuré d'un solide appui. Le même jour, Georges Bidault écrit au général de Gaulle pour « l'adjurer de lancer dans la balance, à l'heure et sous la forme qu'[il jugera] les meilleures, le poids de [son] nom et de [sa] parole pour le salut de la patrie ».

Le 14 mai, le général de Gaulle reçoit, comme à l'accoutumée, des visiteurs à Paris. Il se montre évasif, sceptique sur ses chances de revenir au pouvoir. A Chaban-Delmas qui lui téléphone : « Votre heure approche, mon général », il répond : « Mais non, mais non, personne ne veut de moi. » Le même jour, un des plus proches collaborateurs du général de Gaulle, Olivier Guichard, qui jouera pendant tout le mois de mai un rôle discret et capital d'intermédiaire auprès des hommes politiques de la IVe République, demande au général de Gaulle si Soustelle doit partir pour Alger. Le général, selon Guichard, n'aurait dit ni oui ni non. En fait, Soustelle affirme que le général aurait dit non, mais que Guichard, pensant que Soustelle pourrait être utile à Alger, avait gardé pour lui cette réponse : « Aussi de Gaulle me tint-il rigueur d'être parti » (J. Soustelle, p. 36). Le 15 mai, en fin de matinée, le général Salan prononce en public pour la première fois, et non, semble-t-il, sans avoir hésité, le nom du général de Gaulle. Au forum d'Alger, il termine une allocution en criant : « Vive la France, vive l'Algérie française » et enfin « Vive de Gaulle » (J. Ferniot, p. 311). Le même jour, à 18 heures, une brève déclaration du général de Gaulle est rendue publique : « La dégradation de l'État entraîne infailliblement l'éloignement des peuples associés, le trouble de l'armée au combat, la dislocation nationale, la perte de l'indépendance. Depuis douze ans, la France, aux prises avec des problèmes trop rudes pour le régime des partis, est engagée dans ce processus désastreux. Naguère, le pays, dans ses profondeurs, m'a fait confiance pour le conduire tout entier jusqu'à son salut. Aujourd'hui, devant les épreuves qui montent de nouveau vers lui, qu'il sache que je me tiens prêt à assumer les pouvoirs de la République. » Le général commente cette déclaration dans ses *Mémoires d'espoir :* « Personne ne doute, en réalité, qu'à moins d'aller à la dérive jusqu'au déchirement national, la situation ne peut avoir d'autre issue que de Gaulle » (p. 25-26).

Le 16 mai, à l'Assemblée nationale, les communistes votent la loi sur l'état d'urgence qui est adoptée par 462 voix contre 112. Le gouvernement Pflimlin dispose d'une large majorité parlementaire. Guy Mollet pose trois questions : « J'aimerais avoir du général de Gaulle une réponse à trois questions : 1. Reconnaissez-vous comme seul légitime le gouvernement actuel ? 2. Désavouez-vous les promoteurs des comités de Salut public en Algérie ? 3. Êtes-vous prêt, si l'on vous convoquait éventuellement pour former le gouvernement, à venir vous présenter devant l'Assemblée nationale avec un programme et, si vous êtes battu, à vous retirer ? » (J. Ferniot, p. 328). Le secrétaire général de la SFIO envisage ainsi publiquement le retour du général au pouvoir. Le même jour, le 16 mai, le général Ély, à la suite des sanctions prises contre le général Challe, donne sa démission de son poste de chef d'état-major général. A Alger ont lieu les grandes manifestations de fraternisation. Le général de Gaulle fait savoir qu'il tiendra une conférence de presse le 19 mai. Le 17 mai, Jacques Soustelle arrive à Alger où le rejoignent d'autres gaullistes, notamment Roger Frey, qui devient un spécialiste de « l'intox » et Christian de la Malène. Michel Debré, immobilisé à Paris, par un lumbago, manifeste une grande activité; Jacques Chaban-Delmas se montre, lui, fort prudent. Le bruit commence à courir que l'arrivée des parachutistes à Paris est imminente. C'est le « plan Résurrection ».

Le 19 mai, conférence de presse du général de Gaulle au palais d'Orsay. Le quartier est en état de siège. Le ministre de l'Intérieur, Jules Moch, a fait déployer autour du palais d'Orsay d'impressionnantes forces de police. Devant la presse, le général de Gaulle adopte « le ton du maître de l'heure » (*ME*, p. 26). Il rappelle en quelles circonstances il a rétabli la République à la Libération. A propos des manifestations d'Alger, il déclare : « On ne crie pas vive de Gaulle quand on n'est pas avec la Nation. » Il affirme — et sur ce point sa position est forte — qu'il n'a pas à désavouer le général Salan, puisque celui-ci n'a jamais été désavoué ni par Gaillard ni par Pflimlin. Il fait allusion à Guy Mollet sur le balcon de l'Hôtel de Ville d'Arras à la Libération. Il termine en disant : « Croit-on qu'à 67 ans je vais commencer une carrière de dictateur ? »

Le lendemain de cette conférence de presse, le général Salan déclare que les propos du général de Gaulle ont soulevé « une immense espérance de grandeur et d'unité nationale ». Le 21 mai arrive à Alger une très proche collaboratrice d'Olivier Guichard, Arlette de la Loyère, qui prend aussitôt — peut-être pour gagner du temps et éviter un lancer prématuré de parachutistes sur la région parisienne — des contacts en vue d'une opération sur la Corse. Le même jour Georges Bidault déclare : « Je suis aux côtés du général de Gaulle » (*ME*, p. 27). Le 22 mai, le président Pinay, qui a refusé d'entrer dans le gouvernement Pflimlin, se rend à Colombey. Le général de Gaulle lui offre une tasse de thé. Pinay revient à

Paris conquis par l'accueil qui lui a été réservé. Le général de Gaulle lui est apparu comme « un grand monsieur, un grand Français ». Pinay conseille à Pflimlin de rencontrer le général. (J. Ferniot, p. 386-388). Le 23 mai, le général de Gaulle reçoit à Colombey Georges Boris, l'ami de Mendès France, et s'efforce par son intermédiaire d'obtenir le ralliement de l'ancien président du Conseil. Boris trouve de Gaulle violemment hostile au régime, mais soucieux de ne revenir au pouvoir que dans « l'unanimité nationale » (J. Ferniot, p. 404). Le 24 mai, à la suite d'une équipée héroï-comique dans laquelle s'illustre Pascal Arrighi, la Corse bascule du côté de l'insurrection et échappe totalement à l'autorité du gouvernement Pflimlin. On parle de plus en plus de « l'opération Résurrection ». Le général Miquel, le colonel Gribius, le commandant Vitasse [1] déploient beaucoup d'activité. Le général Salan adjure le général de Gaulle de prendre en charge les destinées de la patrie. Le 25 mai, Guy Mollet écrit au général de Gaulle pour lui dire son « angoisse » et sa crainte que la situation ne profite en définitive aux communistes : « J'ai cru comprendre le jeu terrible des bolcheviks... » (J. Ferniot, p. 422-423). Le 26 mai, Robert Lacoste télégraphie au général de Gaulle (J. Ferniot, p. 424) et Vincent Auriol lui écrit pour l'adjurer d'intervenir : « Il est urgent de rétablir l'unité compromise et cela dépend maintenant de vous [...]. La confiance ainsi rétablie entre le peuple républicain et vous, il vous sera possible d'obtenir des hommes responsables de la République un accord rapide et un concours loyal pour réaliser avec pleins pouvoirs un programme limité dans un temps limité. La Nation pourrait alors être appelée à se prononcer librement et souverainement sur la réforme constitutionnelle qu'exige l'intérêt supérieur de la démocratie » (J. Ferniot, p. 425). L'ancien président de la

1. Le général Miquel commande les troupes aéroportées basées à Toulouse et dans le Sud-Ouest; il doit diriger l'opération « Résurrection » en métropole; le colonel Gribius met à la disposition des conspirateurs le groupement blindé n° 2, stationné à Rambouillet, Pontoise, Vernon; le commandant Vitasse, officier parachutiste d'Algérie, a préparé le ralliement des parachutistes de Pau. *(N. d. É.)*

République avalise ainsi ce que fera plus tard le général de Gaulle. « J'accélère le progrès du bon sens » (*ME*, p. 28).

Le général de Gaulle convoque le 26 mai à Colombey le préfet de la Haute-Marne et lui fait part de son désir de rencontrer le président du Conseil. L'entretien a lieu le soir même à Saint-Cloud dans une résidence discrète. C'est un dialogue de sourds : le général de Gaulle refuse de désavouer les factieux d'Alger et Pflimlin d'engager le gouvernement. L'entretien, qui devait rester secret, n'a donc abouti à rien, mais le lendemain 27 mai, le général de Gaulle, à la grande indignation de Pflimlin, publie un bref communiqué destiné à créer l'événement : « J'ai entamé hier le processus régulier nécessaire à l'établissement d'un gouvernement républicain capable d'assurer l'unité et l'indépendance du pays. » Dans la suite du communiqué, le général appelle fermement les militaires à l'obéissance et les dissuade d'entreprendre des opérations inconsidérées. Le même jour, le général de Gaulle demande au général Salan de lui adresser d'urgence un émissaire à Colombey. Dans la nuit du 27 au 28 mai, Pflimlin, que le communiqué du général avait placé dans une situation impossible, démissionne, et le 28 mai vers 10 heures du matin, le général Dulac, envoyé par Salan avec 3 autres officiers, arrive à Colombey. Le général de Gaulle dans ses *Mémoires d'espoir* ne mentionne pas cet entretien dont parle longuement Jean Ferniot dans son *De Gaulle et le 13 mai* (p. 451-457) en se fondant principalement sur le témoignage — très hostile au général de Gaulle — du colonel Trinquier et sur le témoignage du général Dulac au procès Salan. Selon Claude Paillat (*op. cit.*, p. 25-26) le général de Gaulle, dans ce même entretien, se serait prononcé en faveur de l'intégration. « L'intégration est une chose dont les Européens parlent. Eh bien! moi, je la ferai [...]. J'accepte l'intégration avec toutes ses conséquences. » Merry et Serge Bromberger affirment au contraire que de Gaulle aurait demandé aux émissaires d'Alger qu'un putsch ne lui barre pas les voies de la légalité (*op. cit.*, p. 405). Selon le colonel Trinquier, le général de Gaulle aurait dit au général Dulac : « Vous direz au général Salan que ce qu'il a fait et ce qu'il fera, c'est pour le bien de la France » (J. Ferniot, p. 452). Il aurait déclaré :

« Je ne veux pas prendre le pouvoir à la suite d'un coup de force », mais il aurait ajouté : « S'ils ne veulent pas de De Gaulle, alors faites le nécessaire » *(ibid.)*. Le même jour, Olivier Guichard aurait répondu au général Miquel, qui à Toulouse se montrait impatient d'agir : « Le général ne souhaite pas un débarquement à Paris, mais il prendra la situation telle qu'elle se présentera » (J. Ferniot, p. 453). Le même jour encore, à l'appel des partis de gauche, des dizaines de milliers de Parisiens défilent de la Nation à la République, dans une atmosphère rituelle de cérémonie mortuaire [1].

Le 28 mai au soir à Saint-Cloud, le général de Gaulle reçoit le président de l'Assemblée nationale, Le Troquer, et le président du Conseil de la République, Monnerville. Celui-ci se montre moins intransigeant que Le Troquer, mais c'est une nouvelle impasse. Le général de Gaulle présente quatre conditions pour son retour au pouvoir : 1. procédure d'investiture sans débat et hors de sa présence, 2. pleins pouvoirs pour gouverner sans contrôle parlementaire pendant un an, 3. mise en congé du Parlement pour la même durée, 4. préparation par le gouvernement d'une constitution qui sera soumise à la nation par référendum. Devant l'opposition de Le Troquer le général déclare : « Nous ne sommes pas d'accord. Tant pis, je le regrette. Je vais repartir pour mon village. » Mais le 29 mai, le président Coty, informé dans la nuit par Le Troquer et Monnerville, adresse un message aux Chambres et dit son intention de faire appel « au plus illustre des Français ». D'après divers témoignages il semble bien que Coty ait songé depuis près d'un an à faire appel au général de Gaulle. Le même jour, Vincent Auriol reçoit la réponse à sa lettre du 26 mai : « [...] Comme je ne saurais consentir à recevoir le pouvoir d'une autre source que le peuple, ou tout au moins ses représentants (ainsi l'ai-je fait en 1944 et 1945), je crains que nous n'allions à l'anarchie et à la guerre civile. Dans ce cas, ceux qui, par un sectarisme qui

1. Selon M. et S. Bromberger (*op. cit.*, p. 401-402), Lagaillarde, qui a pris le pseudonyme d'un de ses arrière-grands-pères le fameux député Baudin qui se fit tuer, le 3 décembre 1851, « pour vingt-cinq francs par jour », aurait ainsi commenté le défilé : « Ils ne sont pas nombreux là-dedans, ceux qui veulent se faire tuer. » *(N. d. É.)*

m'est incompréhensible, m'auront empêché de tirer encore une fois la République d'affaire quand il était encore temps porteront une lourde responsabilité. Quant à moi, je n'aurai plus, jusqu'à ma mort, qu'à rester dans mon chagrin » (J. Ferniot, p. 465).

La publication de cette lettre fait tomber la fièvre antigaulliste des députés SFIO. Beaucoup paraissent oublier la résolution de la veille qui affirmait à peu près unanimement que les socialistes « ne se rallieraient en aucun cas à la candidature du général de Gaulle ». Vincent Auriol et Guy Mollet s'emploient activement à faciliter le maximum de ralliements. Le 29 mai à 19 h 30, le général de Gaulle est reçu à l'Élysée par le président Coty. A l'issue de cet entretien, il publie un communiqué annonçant qu'une fois investi il demandera pour une durée déterminée les pleins pouvoirs à l'Assemblée nationale. Pendant ce temps le gouvernement préparera une Constitution nouvelle qui sera soumise au pays par voie de référendum. Le 30 mai, le général de Gaulle, qui est retourné à Colombey, y reçoit notamment Vincent Auriol et Guy Mollet. Devant Vincent Auriol, le général s'écrie « avec l'accent de la plus vive émotion » : « Pourquoi n'a-t-on pas confiance en moi ? En quoi ai-je perdu cette confiance ? Ne pouvais-je en 1946, si je l'avais voulu, faire un coup d'État ? Ne me suis-je pas, après les difficultés qui m'ont opposé aux partis politiques, retiré simplement et dignement en 1946 ? N'aurais-je pu, aujourd'hui même prendre la tête de la révolte ? » Auriol se déclare « bouleversé » (J. Ferniot, p. 471). A Guy Mollet, le général de Gaulle déclare qu'il offrira le choix entre l'indépendance et la communauté. Après cet entretien le secrétaire général de la SFIO s'écrie : « J'ai vécu aujourd'hui l'un des grands moments de ma vie » (J. Ferniot, p. 472). « Restent les formalités, écrit le général dans ses *Mémoires d'espoir* (p. 32). Je vais les accomplir sans excès de désinvolture. » Il reçoit le 31 mai à l'hôtel Lapérouse les représentants des partis politiques, à l'exception des communistes; le soir à 18 h 30, il annonce au président Coty qu'il se rendra personnellement à l'Assemblée nationale mais qu'il se retirera après avoir fait sa déclaration.

C'est ainsi qu'il procède le 1er juin. Le général de Gaulle lit une courte déclaration d'investiture. Il évoque le risque de « guerre civile », demande les pleins pouvoirs pour une durée de 6 mois (et non plus d'un an) et indique les principes dont devra s'inspirer la nouvelle Constitution. Mendès France, Mitterrand, Isorni, de Menthon, Pierre Cot, font des interventions hostiles. Finalement l'investiture est votée par 329 voix contre 224. Les communistes, la moitié environ des socialistes, les mendésistes et quelques isolés ont voté contre. Le nouveau gouvernement semblait destiné à désarmer l'hostilité des partis politiques bien plus qu'à satisfaire les vœux des plus ardents partisans de l'Algérie française. Il comprenait 4 ministres d'État : Guy Mollet, Pflimlin, Houphouët-Boigny et Jacquinot. Pinay était ministre des Finances. L'Éducation nationale était confiée au sénateur radical Berthoin. Michel Debré devenait garde des Sceaux, mais Soustelle ne devait être appelé à faire partie du ministère — en qualité de ministre de l'Information — que 5 semaines plus tard. Le général de Gaulle passe pour l'avoir ainsi accueilli : « Il ne manque plus que M. Pierre Poujade, M. Maurice Thorez et M. Ferhat Abbas et nous serions au complet » (J. Ferniot, p. 482 et R. Buron, *op. cit.*).

Le général se montre soucieux d'« entourer de bonne grâce les derniers instants de la dernière assemblée du régime » (*ME*, p. 34). Le 2 juin il participe personnellement aux débats parlementaires suscités par la discussion des projets de loi relatifs aux pouvoirs spéciaux en Algérie, aux pleins pouvoirs au gouvernement pour 6 mois et à la loi constitutionnelle (réforme de l'article 90). Il se montre particulièrement détendu. Il fait une allusion aimable à ceux qui l'avaient critiqué la veille — et on peut penser qu'il songe à Mendès France : « [...] Parmi les voix qui se sont élevées pour critiquer ce que le gouvernement proposait [...], certaines étaient celles d'hommes auxquels, je l'avoue, j'étais, je demeure à tous égards profondément attaché pour toutes sortes de raisons qui tiennent au passé et dont j'espère qu'elles tiennent aussi à l'avenir, car je suis convaincu que si nous aboutissons, à partir de l'Assemblée nationale, à modifier, grâce au peuple, les institutions de la République, nous serons bien nombreux, sinon peut-être unanimes, à nous retrouver de nouveau. »

Le général de Gaulle, à la surprise générale, évoque en se tournant vers les députés « l'honneur et le plaisir que j'éprouve à être ce soir parmi vous ». Et il termine en leur disant : « Si vous marquez votre confiance au gouvernement, l'homme qui vous parle considère qu'il en portera tout le reste de sa vie l'honneur. » Le texte est finalement voté par 350 voix contre 151 et Le Troquer dit au général de Gaulle : « L'Assemblée nationale compte un grand parlementaire de plus » (J. Ferniot, p. 479). Regagnant le 3 juin l'hôtel Lapérouse, le général de Gaulle tape sur l'épaule du portier et lui dit : « Albert, j'ai gagné » (J. Ferniot, p. 480). Un peu plus tard, recevant Delbecque, il lui dit : « Bravo, Delbecque, vous avez bien joué. » Et après un court silence : « Mais avouez que j'ai bien joué aussi » (J. Ferniot, p. 484).

En ce qui concerne le 13 mai lui-même il appartient à chacun de conclure. En ce qui concerne le général de Gaulle, on peut, semble-t-il, avancer deux conclusions. Il n'a pas été l'organisateur du 13 mai. Pendant toute la crise, il a manifesté sa préférence pour un retour au pouvoir par la voie légale, mais il était, semble-t-il, très bien informé des agissements des uns et des autres et il n'a clairement découragé personne. Que se serait-il passé s'il avait gardé le silence ou s'il avait désavoué les auteurs du « coup d'Alger » ? On peut penser que le complot, mal organisé, se serait effondré, mais il est bien probable qu'une crise similaire et plus grave se serait manifestée quelques semaines ou quelques mois plus tard. Même si j'ai pensé en 1958 le contraire, il m'apparaît aujourd'hui que la IVe République avait démontré son égale incapacité à résoudre le problème algérien par la guerre et par la paix, et tout simplement à vivre. Il est d'autre part incontestable, quels que soient les sentiments personnels du général de Gaulle, qu'il a été ramené au pouvoir, alors qu'il en semblait définitivement écarté, par les partisans les plus ardents de l'Algérie française et qu'il n'a en mai 1958 rien dit ou rien fait qui puisse le moins du monde les désavouer. Reste à savoir quels étaient ses véritables sentiments à l'égard du problème algérien.

6

Le général de Gaulle et l'Algérie

(1958-1962)

Dans ses *Mémoires d'espoir* (p. 42), le général de Gaulle indique qu'il s'est engagé dans la voie de la décolonisation en raison de deux motifs principaux : d'une part, la poursuite de l'œuvre coloniale excède les moyens de la France. A plusieurs reprises, dans le chapitre II de ses *Mémoires d'espoir*, le général de Gaulle répète que la colonisation était devenue « ruineuse ». C'est la justification « cartiériste » de la décolonisation. Mais le général de Gaulle mentionne une autre raison : la « volonté d'émancipation » outre-mer (p. 42). Il ajoute — dès le 5 septembre 1960 — qu'en ce qui concerne la décolonisation il a toujours suivi la même politique, celle qu'il avait définie à Brazzaville en janvier 1944.

Cette grandiose recomposition a posteriori se heurte — nous l'avons vu — à de sérieuses objections historiques : la déclaration de Brazzaville n'a pas la portée qui lui a été prêtée plus tard. Lorsqu'il a été au pouvoir, jusqu'en janvier 1946, le général de Gaulle a pris un certain nombre de mesures en faveur des musulmans d'Algérie, mais c'est sous son gouvernement qu'ont été écrasées les émeutes de Sétif (en 1945) et il est difficile de soutenir qu'il s'est à cette époque hardiment lancé dans la voie de la décolonisation. Lorsqu'il a été dans l'opposition, après janvier 1946, il a accueilli avec réserve en 1947 le statut de l'Algérie et il n'a pas cessé de répéter qu'il fallait en Indochine faire la guerre et la gagner. Enfin, dans les dernières années de la IVe République, les confidences que fait le général de Gaulle à ses visiteurs laissent planer une certaine indétermination concernant la politique qu'il suivrait en Algérie s'il revenait au pouvoir.

De Gaulle affirme que, dès son retour au pouvoir en 1958, il avait arrêté sa politique.

Pourtant il écrit dans les *Mémoires d'espoir :* « En reprenant la direction de la France, j'étais résolu à la dégager des astreintes, désormais sans contrepartie, que lui imposait son Empire. On peut penser que je ne le ferais pas, comme on dit, de gaîté de cœur. Pour un homme de mon âge et de ma formation il était proprement cruel de devenir, de son propre chef, le maître d'œuvre d'un pareil changement » (p. 41). En ce qui concerne l'Algérie, il affirme qu'il n'a jamais cru à l'Algérie française : les pieds-noirs se sont toujours tenus « au-dessus et en dehors de la masse plus ou moins soumise dont ils étaient entourés » (p. 46). L'intégration est un calcul destiné à garantir des privilèges, « une formule astucieuse et vide ». L'assimilation des musulmans au peuple français est « exclue du domaine des possibilités » (p. 49). L'Algérie française est une « ruineuse utopie ». Il n'y a pas d'autre solution en Afrique du Nord que de « substituer l'association à la domination » (déclaration du 30 juin 1955), de reconnaître « le droit de l'Algérie à disposer d'elle-même ».

Ainsi le général de Gaulle affirme que dès 1958 il avait arrêté sa politique : sans doute n'a-t-il pas, pour régler le problème algérien, de « plan rigoureusement pré-établi » (p. 48). « Mais les grandes lignes, dit-il, étaient arrêtées dans mon esprit. » Cependant le général était revenu au pouvoir grâce à l'action des plus ardents partisans de l'Algérie française. S'il était pleinement convaincu en 1958 que l'Algérie française était une « ruineuse utopie », il lui était assurément malaisé de le dire publiquement. La situation lui impose donc une tactique sinueuse qu'il expose dans ses *Mémoires d'espoir* en utilisant une série de métaphores maritimes. « [...] Si de but en blanc j'affichais mes intentions, nul doute que sur l'océan des ignorances alarmées, des étonnements scandalisés, des malveillances coalisées se fût levée dans tous les milieux une vague de stupeurs et de fureurs qui eût fait chavirer le navire. Sans jamais changer de cap, il me faudrait donc manœuvrer jusqu'au moment où décidément le bon sens aurait percé les brumes » (p. 51).

Ainsi se précise le problème que nous avons à étudier aujourd'hui : le général de Gaulle a-t-il suivi, de 1958 à 1962, à propos de l'Algérie, une politique nettement déterminée dès 1958 ? C'est ce qu'affirme Louis Terrenoire dans *De Gaulle et l'Algérie*. A-t-il au contraire hésité, s'est-il contredit ? C'est ce qu'affirme Jacques Soustelle dans *l'Espérance trahie*. Robert Buron, ancien ministre du général de Gaulle en 1962, n'adopte pas cette thèse mais il souligne, dans son livre *Carnets politiques de la guerre d'Algérie*, les ambiguïtés de la politique gaulliste dont il appelle l'inspirateur « le prince de l'équivoque ». Bref, quelle a été la part de la ruse — cette ruse dont le général de Gaulle faisait l'éloge dans *le Fil de l'épée ?*

Du 4 au 7 juin 1958, le général de Gaulle se rend en Algérie. Le 4 juin, vers 19 heures, il prend la parole sur le forum d'Alger et prononce le discours qui commence par : « Je vous ai compris. » « Ayant crié : " Je vous ai compris " pour saisir le contact des âmes », commente le général de Gaulle dans ses *Mémoires d'espoir* (p. 51)... Et il ajoute que son discours d'Alger, apparemment improvisé, était en fait parfaitement médité : « les mots apparemment spontanés dans la forme mais au fond bien calculés... » (p. 51). Dans son discours du 4 juin, le général de Gaulle commence par affirmer qu'il n'y a, dans toute l'Algérie, qu'une seule catégorie d'habitants : « Il n'y a que des Français à part entière — des Français à part entière avec les mêmes droits et les mêmes devoirs. » Les 10 millions de Français d'Algérie vont être appelés à voter au collège unique pour élire leurs représentants. « Avec ces représentants élus, nous verrons comment faire le reste. » Le général de Gaulle évoque le courage des combattants et déclare : « Oui, moi, de Gaulle, à ceux-là j'ouvre les portes de la réconciliation. » Et il termine en disant : « Jamais plus qu'ici et jamais plus que ce soir je n'ai compris combien c'est beau, combien c'est grand, combien c'est généreux, la France. »

Discours ambigu. Selon le général de Gaulle, le discours

du 4 juin annonce la déclaration du 16 septembre 1959 sur l'autodétermination... Mais en fait, sur le moment même, l'opinion publique retira de ce discours le sentiment que le général de Gaulle était partisan de l'Algérie française, tout en s'abstenant de prononcer fréquemment le mot. D'autre part, il semble qu'en juin 1958 le général de Gaulle ait la conviction profonde qu'il peut seul régler le problème algérien, que les combattants algériens vont répondre à son appel et que la paix se réalisera grâce à une formule juridique aux contours imprécis réservant à l'Algérie une place de choix dans l'Union française.

Le 4 juin à Alger, à bord du *de Grasse*, le général prononce une allocution qui ne figure pas dans le recueil de ses discours : « Il s'est développé, dans cette grande ville française, un grand événement : celui d'une rénovation et d'une fraternité. Puisse ce mouvement, à partir d'ici, embraser la France entière. J'aurai l'honneur d'en être le symbole et peut-être l'artisan » (cité par J. Soustelle, p. 50). Il répète la même chose à Constantine le 5 juin, à Bône le même jour, à Oran et à Mostaganem le 6 juin. A Oran, il impose sèchement le silence à une partie de la foule qui crie « Soustelle, Soustelle ». Il reprend la formule « dix millions de Français d'Algérie » et déclare : « Il faut qu'il n'y ait en Algérie rien autre chose — mais c'est beaucoup — rien autre chose que dix millions de Français et Françaises, avec les mêmes droits et les mêmes devoirs. Il s'agit notamment que, dans l'occasion immense qui va être offerte dans 3 mois à la totalité de citoyens français [le référendum], l'Algérie tout entière, avec ses dix millions d'habitants, participe de tout son cœur, comme les autres, au même titre, avec la volonté de démontrer par là qu'elle est organiquement une terre française, aujourd'hui et pour toujours » (A. Passeron, *De Gaulle parle*, I, p. 154 [1]). A Mostaganem, le 6 juin, où la foule est particulièrement enthousiaste, il termine son discours en criant : « vive l'Algérie française ». Ce discours de Mostaganem ne figure pas dans le recueil des *Discours et Messages* (t. III) mais le général de Gaulle, dans ses *Mémoires d'espoir*, justifie

1. Plon, 1962.

ainsi le « vive l'Algérie française » de Mostaganem : « A Constantine, où l'assistance est formée principalement de musulmans, à Oran où au contraire les Français dominent de beaucoup, à Mostaganem où les deux communautés sont en nombre égal, je tiens le même langage : plus de discrimination entre les Algériens quels qu'ils soient ! Ce qui veut dire que le jour viendra où la majorité d'entre eux pourra choisir le destin de tous. C'est par cette voie que l'Algérie restera, à sa façon, française, et non pas en vertu d'une loi que lui impose la contrainte » (p. 52-53). Il y a donc plusieurs formes d'Algérie française et pas seulement l'Algérie française des partisans de l'intégration.

Cependant, dès son premier séjour en Algérie, le général de Gaulle prend ses distances à l'égard des activistes (qu'il qualifie de « trublions » dans ses *Mémoires d'espoir*). Il invite les comités de Salut public à limiter leur activité à « l'intégration des âmes » (L. Terrenoire, p. 83). Le 10 juin, le comité de Salut public d'Alger envoie au général de Gaulle une motion comminatoire lui enjoignant notamment de dissoudre les partis politiques. Le général télégraphie aussitôt à Salan pour dénoncer « l'incident fâcheux et intempestif » causé par la « motion péremptoire » du Comité (L. Terrenoire, p. 86).

Jusqu'au référendum du 28 septembre 1958, la politique du général de Gaulle peut être résumée de la façon suivante : éliminer les comités de Salut public (comme avaient été éliminés en 1944 les comités de libération); ramener l'armée à sa mission traditionnelle; hâter la « pacification »; accélérer la promotion économique et sociale des populations. Mais il reste extrêmement discret sur l'avenir politique de l'Algérie, et ne décourage à aucun moment la campagne de propagande entreprise en faveur de l'Algérie française. Soustelle, qui est nommé ministre de l'Information au début de juillet, fait campagne jusqu'au référendum en faveur de l'Algérie française sans recevoir la moindre observation et sans éprouver, dit-il, la moindre inquiétude sur les intentions du général. L'article 1 de la charte de l'UNR est, selon l'expression de Michel Debré, « le maintien de l'Algérie dans la souveraineté française ». Le 13 juin 1958, le général de Gaulle parle de l'Algérie dans une allocution radiodiffusée : « Pacifier l'Algérie. Faire en sorte qu'elle soit pour toujours de corps et d'âme avec la France. »

Le 27 juin 1958, il reparle de l'Algérie : « L'Algérie ! Les conditions de son avenir, la France veut les fixer avec les Algériens eux-mêmes. Qu'ils fassent donc entendre leurs voix ! Celle des fusils est stérile. » Du 1er au 5 juillet, le général de Gaulle fait un second voyage en Algérie. Il reçoit le général Massu, refuse l'audience sollicitée par une délégation du comité de Salut public et prononce le 3 juillet une allocution à la radio d'Alger. Il annonce un plan de rénovation, d'industrialisation, de modernisation, de scolarisation ; il termine en annonçant solennellement : « Très prochainement il n'y aura plus qu'une seule catégorie de timbres en métropole et en Algérie. »

Mais en 1958, l'attitude du général de Gaulle à l'égard de l'Algérie est étroitement tributaire de son attitude à l'égard des pays d'Afrique noire. Le 13 juillet, il adresse un message aux peuples d'outre-mer. « Nous allons, dit-il, vers une vaste et libre communauté » — une communauté établie « sur le mode fédéral » — et il ajoute que « la place de l'Algérie, si chère et si déchirée ! est marquée dans cet ensemble et que c'est une place de choix ». Du 20 au 29 août le général de Gaulle se rend à Madagascar puis dans les différents territoires français d'Afrique noire. Partout il annonce que ces territoires seront appelés à choisir entre l'indépendance, qu'il qualifie de sécession, et l'association avec la France à l'intérieur de la communauté. A Tananarive, devant l'ancien palais royal, il s'écrie le 22 août : « Demain vous serez de nouveau un État, comme vous l'étiez quand le palais de vos rois était habité, mais vous serez des hommes qui, en toute indépendance, se seront unis à d'autres hommes pour le meilleur et pour le pire. » Partout le général de Gaulle reçoit un accueil enthousiaste sauf à Conakry — où son séjour se termine par un « Adieu la Guinée » adressé à Sékou Touré — et à Dakar ou il se heurte aux « porteurs de pancarte » qu'il rabroue vigoureusement.

Ce voyage en Afrique — qui est fondamental pour l'histoire de la décolonisation en Afrique noire — est aussi trés important en ce qui concerne l'Algérie. Le fait que le général de Gaulle tienne à s'arrêter à Alger après avoir annoncé dans toutes les capitales d'Afrique que les États africains avaient le choix entre l'indépendance et l'association avec la France dans le cadre de la communauté, peut apparaître comme significatif, comme si le cas de l'Algérie pour le général de Gaulle n'était pas fondamentalement différent de celui des États d'Afrique noire. A Alger, le 29 août, le général de Gaulle déclare que « l'évolution nécessaire de l'Algérie doit s'accomplir dans le cadre français »; dans le même discours, il emploie la formule chère à Soustelle et aux partisans de l'intégration : « de Dunkerque à Tamanrasset ».

Lors du référendum du 28 septembre [1], la plus grande indétermination plane sur les intentions du général de Gaulle. Les partisans de l'Algérie française votent oui parce qu'ils sont convaincus que le général de Gaulle partage leur opinion. Gaston Defferre vote et conseille de voter oui à cause de la politique de décolonisation entreprise par le général de Gaulle en Afrique.

Après le référendum du 28 septembre, qui est encore plus largement positif en Algérie que dans la France métropolitaine (3 589 876 oui, 121 920 non), le général de Gaulle retourne en Algérie et c'est le 3 octobre à Constantine qu'il présente les mesures concrètes de développement économique et social qui seront baptisées « plan de Constantine » — y compris la décision prévoyant qu'un dixième des jeunes gens entrant en France dans la fonction publique sera pris obligatoirement dans les communautés « arabe, kabyle ou mozabite ». Il déclare : « Parce que c'est la nature des choses, le destin de l'Algérie aura pour bases tout à la fois sa personnalité et une solidarité étroite avec la métropole française. » Et il termine en déclarant — pour la première fois : « vivent l'Algérie et la France ».

Durant ce même mois d'octobre 1958, le 14 octobre, le général de Gaulle prescrit aux fonctionnaires et aux officiers

1. Soumettant au suffrage populaire le projet de nouvelle constitution. *(N. d. É.)*

résidant en Algérie de se retirer immédiatement des comités de Salut public. Le 23 octobre, avant l'ouverture de la campagne électorale, le général de Gaulle lance un appel aux « hommes de l'insurrection » en vue de « la paix des braves ». Dans cette même conférence de presse, le général de Gaulle rend hommage à l'armée française et déclare : « A quelles hécatombes condamnerions-nous ce pays [l'Algérie] si nous étions assez stupides et assez lâches pour l'abandonner. » Répondant à une question sur l'avenir de l'Algérie, il affirme : « Je crois [...] que les solutions futures auront pour base — c'est la nature des choses — la personnalité courageuse de l'Algérie et son association étroite avec la métropole française. » Le général avait sans doute pensé que l'appel à la « paix des braves » — un appel à la paix des braves lancé par le général de Gaulle... — serait entendu. En réalité, cet appel est interprété, du côté du FLN, comme une invitation à la capitulation, et il n'est suivi d'aucun effet. Sans doute est-ce le premier échec de la politique algérienne du général de Gaulle, et sans doute, bien qu'il n'ait fait aucune confidence à cet égard, l'a-t-il assez vivement ressenti.

Les élections en Algérie ont lieu le 30 novembre au scrutin de liste majoritaire à un tour. 46 musulmans et 21 Européens sont élus dans les départements algériens, 2 musulmans et 2 Européens au Sahara. Ce sont, dans leur totalité, les listes favorables à l'intégration qui l'emportent. Les élections ne permettent pas de dégager en Algérie une « troisième force », indépendante des tenants du FLN et de ceux de l'Algérie française. Jusqu'à la fin de 1960, le général de Gaulle s'attachera vainement à faire naître cette introuvable troisième force.

En décembre, le général Salan est rappelé en France. Le général de Gaulle lui avait écrit en novembre : « Je ne vous tiens pas seulement pour un féal de très grande qualité, mais pour mon compagnon et mon ami. » Salan est remplacé par Paul Delouvrier, nommé délégué général, par le général Challe, chargé du commandement militaire en Algérie. En nommant Delouvrier, le général de Gaulle lui écrit : « Vous êtes la France en Algérie. » Le 12 décembre 1958, à son arrivée à Alger, Paul Delouvrier rend un vibrant hommage au général Salan, « dont le nom restera indissolublement lié aux événements du 13 mai, événements qui ont permis l'arrivée au pouvoir du général de Gaulle ». Et après avoir évoqué « le sursaut du 13 mai », Delouvrier proclame « cette certitude absolue : la France restera » (J. Soustelle, p. 79).

Le 8 janvier 1959, en prenant ses fonctions de président de la République, le général de Gaulle parle de l'Algérie à propos de l'avenir de la Communauté : « Dans l'ensemble ainsi formé, une place de choix est destinée à l'Algérie de demain, pacifiée et transformée, développant elle-même sa personnalité et étroitement associée à la France. » En même temps il fait transférer Ben Bella à l'île d'Aix [1] et libérer Messali Hadj [2]. Le 30 janvier, dans une allocution radiodiffusée, le général déclare : « [...] Une lutte stérile se traîne encore en Algérie », et il ajoute : « Devant les épreuves traversées, rien n'est plus vain que de donner dans les slogans ou les rodomontades. » Le 25 mars 1959, dans une conférence de presse, le général de Gaulle parle de la « nouvelle personnalité » de l'Algérie : « Le destin de l'Algérie dépend d'une œuvre de longue haleine. » « [...] Je crois et je dis qu'une telle œuvre est inimaginable sans la présence et l'action de la France. Je crois et je dis que la France a pris ses résolutions, qu'elle suit maintenant un plan net et ferme et que, tout en s'efforçant d'aboutir au plus tôt à la pacification, elle travaille à la transformation où l'Algérie trouvera sa nouvelle personnalité. » Et il termine par une phrase qui, a posteriori, semble annoncer la déclaration du 16 septembre : « [...] L'Algérie et la France marchent ensemble vers l'avenir, un avenir qui, je l'affirme, appartiendra à tout le monde et où nulle porte ne sera fermée. »

Quelques jours plus tard, le général de Gaulle reçoit le député Pierre Laffont, directeur de *l'Écho d'Oran*, et lui

1. L'avion du leader algérien avait été détourné par l'armée française en 1956, sous le gouvernement de Guy Mollet. *(N. d. É.)*

2. Leader du Mouvement nationaliste algérien (MNA), d'ailleurs accusé par le FLN de pactiser avec le pouvoir colonial. *(N. d. É.)*

parle des nostalgiques de « l'Algérie de papa » : « Ceux qui crient aujourd'hui le plus fort " intégration " sont ceux-là qui alors [en 1943] étaient contre cette mesure. Ce qu'ils veulent, c'est qu'on leur rende l'Algérie de papa, mais l'Algérie de papa est morte, et si on ne le comprend pas, on mourra avec elle. » A la suite de la publication du compte rendu de cet entretien dans *l'Écho d'Oran* par les soins de Pierre Laffont, le général de Gaulle publie une mise au point, mais il ne dément pas la substance des propos qui lui ont été prêtés. Au cours de cet entretien, le général de Gaulle précise qu'il n'emploie pas le mot d'intégration parce qu'on a voulu le lui « imposer ». Il rappelle les décisions prises depuis son retour au pouvoir et conclut : « N'est-ce pas là la véritable intégration ? Quant à la signification politique du mot, que veut-il dire ? Que l'Algérie est française ? Mais est-ce utile de le dire puisque cela est ! » Dans l'ensemble cette interview fut bien accueillie en Algérie (J. Soustelle, p. 103-104).

Entre le 7 et le 9 mai, lors d'une tournée en province qui le conduit dans le Berry et dans le Val de Loire, le général de Gaulle parle à plusieurs reprises de l'Algérie. Il annonce à Bourges le 7 mai que « le jour est en vue où l'Algérie sera pacifiée ». A Issoudun, il parle d' « une Algérie nouvelle, liée pour toujours à la France, et de son propre mouvement ». A Orléans il évoque « l'avenir où chaque homme de ce pays-là pourra, grâce à son suffrage, disposer de lui-même, comme il le faut dans les démocraties ».

Mais avant de s'engager dans cette voie, le général de Gaulle veut que la situation militaire soit pleinement rétablie en Algérie. En mars-avril, les troupes françaises prennent l'offensive en Oranie, en mai-juin dans l'Algérois. La situation militaire étant bonne, le général se rend en Algérie à la fin d'août 1959, du 27 au 31 août. Il parle longuement de ce séjour dans ses *Mémoires d'espoir*, et en souligne l'importance. Il se dit frappé par la réserve des musulmans; il cite le mot du secrétaire de mairie de Tizi-Ouzou : « Mon général, ne vous y laissez pas prendre. Tout le monde ici veut l'indépendance » (*ME*, p. 78). D'autre part, il s'adresse aux militaires français, leur dit qu'il n'y a pas de solution purement militaire au problème algérien et leur annonce l'étape ultérieure de son plan. « C'est jouable », aurait dit le général Challe (*ME*, p. 80).

Avant de partir pour l'Algérie, le général de Gaulle avait le 26 août 1959, à l'occasion d'un Conseil des ministres, consulté tous les ministres sur l'ensemble du problème algérien. Selon Soustelle, les ministres se partagent à peu près à égalité entre partisans et adversaires d'une « initiative » avant la prochaine session de l'ONU, où la position française risquait d'être condamnée à la majorité des deux tiers. Les plus hostiles à une initiative sont Soustelle, Cornut-Gentille, Guillaumat, ministre des Armées. Pinay semble très réticent. Les plus favorables à une initiative sont Boulloche, Sudreau, Bacon. Michelet déclare : « Jamais nous ne devrons amener le drapeau français à Alger, mais je ne verrais pas d'inconvénient à ce qu'un autre flotte à côté de lui, comme, à Lille, l'étendard des Flandres auprès du drapeau tricolore. » Le tour de table achevé chaque ministre n'ayant parlé qu'une fois, le général de Gaulle conclut : « Messieurs, je vous remercie [...]. Dans cet ordre d'affaires, il faut marcher ou mourir. Je choisis de marcher, mais cela n'empêche pas qu'on peut aussi mourir » (J. Soustelle, p. 114).

Soustelle envoie une lettre le 1er septembre à Michel Debré pour lui faire part de ses inquiétudes. Debré répond le lendemain pour rassurer Soustelle sur deux points : « [...] Est exclue la négociation. La pacification confirmée. Est exclue la reconnaissance, même indirecte, de ce qui pourrait être considéré comme un État algérien » (J. Soustelle, p. 118). La veille, le général de Gaulle avait reçu Robert Buron, ministre des Travaux publics, qui était très opposé à la politique des ultras en Algérie. Le général lui semble découragé. Il lui dit : « Il est trop tard pour conduire l'évolution comme j'y avais songé; il est impossible à la fois de gagner la guerre et de l'arrêter » (R. Buron, p. 106). Pourtant quelques jours plus tard, le 10 septembre, le général, qui a arrêté les grandes lignes de sa nouvelle politique algérienne, semble très confiant. Ce jour-là, selon Tournoux, il déclare : « La guerre est terminée [...]. Ils demanderont la paix à genoux » (J.-R. Tournoux, p. 345).

Et c'est la déclaration du 16 septembre 1959, proclamant solennellement le recours à l'autodétermination avec ses trois options : « la sécession où certains croient trouver l'indépendance »; « la francisation complète »; « le gouvernement des Algériens par les Algériens appuyé sur l'aide de la France et en union étroite avec elle ». Au début de sa déclaration le général de Gaulle avait évoqué « les slogans stériles et simplistes de ceux-ci ou bien de ceux-là qu'obnubilent en sens opposé leurs intérêts, leurs passions, leurs chimères ». Il était donc — ou aurait dû être — très clair que le général de Gaulle écartait la seconde solution comme la première, et que sa préférence allait à la troisième, conformément aux lois de la rhétorique. De toute façon, la déclaration du 16 septembre prévoyait un délai avant le recours à l'autodétermination : « au plus tard quatre années après le retour effectif de la paix », « une fois acquise une situation telle qu'embuscades et attentats n'auront pas coûté la vie à 200 personnes en un an ». Le général de Gaulle précise que les chefs de la rébellion pourront participer — au même titre que d'autres, « ni plus, ni moins » — à d'éventuelles négociations, mais « il n'y a aucune chance » — affirme-t-il — que la France leur « confère le privilège » de traiter avec elle — c'est-à-dire seuls avec elle — du destin de l'Algérie. Ainsi, le principe de l'autodétermination, tel qu'il avait été formulé le 16 septembre, comportait deux butoirs : un assez long délai entre le retour à la paix et l'autodétermination, une sorte de triptyque cessez-le-feu — apaisement — autodétermination, qui rappelait le triptyque de Guy Mollet : cessez-le-feu — élection — négociation; d'autre part, la non-reconnaissance du FLN comme interlocuteur privilégié, l'appel à toutes les tendances de l'opinion algérienne. Ces deux butoirs devaient être l'un et l'autre balayés avant la conclusion des accords d'Évian.

Avec la déclaration du 16 septembre 1959, une phase s'achève : l'indépendance de l'Algérie devient possible, la solution la plus probable apparaît comme une formule d'association, conformément au modèle africain. Mais les partisans de l'Algérie française n'aperçurent pas immédiatement la portée de la déclaration du 16 septembre. Ils s'accrochèrent à deux idées : la déclaration du 16 septembre est une déclaration tactique, à usage externe, à l'occasion de la session de l'ONU; le général de Gaulle ne peut être partisan que de la francisation; il faut faire campagne pour la francisation. C'est ainsi en tout cas que semble avoir réagi Jacques Soustelle : « Si le discours du 16 septembre avait défini une politique *ne varietur*, destinée à ne plus subir aucune fluctuation, à n'être entourée par aucune concession, la partie pouvait être jouée » (J. Soustelle, p. 131). Le 16 septembre au soir, Soustelle ne donne pas sa démission, comme certains de ses amis l'y invitaient, et part pour Nouméa. Le 28 octobre, le général Massu déclare à Alger que « l'autodétermination n'est qu'un mot chargé ici d'orage mais nécessaire pour l'étranger ». Le maréchal Juin lui n'hésite pas à affirmer : « L'autodétermination a ranimé l'espérance dans le clan de la rébellion » (A. Passeron, I, p. 211). Plus diplomatiquement, Delouvrier déclare le 30 octobre : « Je le redis avec force, nous nous battons pour une Algérie française. » Ainsi l'annonce de l'autodétermination qui nous semble aujourd'hui une étape décisive et qui fut interprétée comme telle par les partisans d'une paix négociée en Algérie, ne clôt pas une période pour les partisans de l'Algérie française. Ceux-ci, à l'image de Soustelle, ne rompent avec le général de Gaulle que plusieurs mois plus tard, dans les premières semaines de l'année 1960. C'est donc uniquement pour les partisans d'une paix négociée que la déclaration du 16 septembre termine une période. Une autre s'ouvre, qui s'achèvera, en novembre 1960, lorsque de Gaulle parlera ouvertement pour la première fois d'une « République algérienne ».

Dans les derniers mois de l'année 1959, une nervosité croissante se manifeste en Algérie où le FLN multiplie les attentats dans les grandes villes et où des attaques de plus en plus vives sont lancées contre l'autodétermination, synonyme d'indétermination. A l'Assemblée nationale, la politique d'autodétermination est approuvée le 31 octobre par 441 voix contre 23 et 28 abstentions. Une dizaine de députés dont Delbecque sont exclus de l'UNR. Mais l'affaire algérienne semble dans l'impasse. Le 10 novembre, le général de Gaulle répète que « les dirigeants de l'insurrection peuvent à tout moment demander à venir en France pour débattre des conditions d'un cessez-le-feu ». Mais le FLN fait savoir que si des contacts doivent avoir lieu, c'est avec Ben Bella et ses camarades qui sont en prison depuis 1956. Le général de Gaulle refuse d'accepter cette position et l'affaire semble bloquée lorsque éclate à la fin de janvier 1960 la crise provoquée par l'affaire des barricades. Le 16 et le 19 janvier, le général de Gaulle reçoit séparément 3 députés d'Algérie. Devant Portolano, député de Bône, il déclare, selon Soustelle : « L'intégration ? Une connerie. L'armée a fait l'affaire Dreyfus, elle a soutenu Pétain, maintenant elle est pour l'intégration [...]. Les musulmans ne seront jamais des Français. Ce qu'ils attendent de moi, c'est que je leur ramène Ferhat Abbas » (J. Soustelle, p. 153). Quant au dialogue du général de Gaulle avec le député musulman Laradji dont une dizaine de parents avaient été assassinés par le FLN, il est ainsi rapporté par Soustelle : « Mais, mon général, nous souffrirons ! — Eh bien ! vous souffrirez » *(ibid)*.

Le 22 janvier, le général Massu, qui avait donné une interview un peu imprudente à la *Suddeutsche Zeitung*, est relevé de son commandement (le corps d'armée d'Alger). Le dimanche 24 janvier, une manifestation a lieu à Alger; les gendarmes ouvrent le feu; les insurgés se retirent dans le « réduit des Facultés » et annoncent qu'ils tiendront jusqu'au bout, avec Ortiz [1] et Lagaillarde. Dans la nuit du 24 au 25 janvier, à 2 h 30 du matin, le général de Gaulle enregistre une allocution radiodiffusée. Il répète 3 fois que l'émeute d'Alger est « un mauvais coup porté à la France », mais à Alger l'incertitude règne, la situation n'évolue pas, 4 jours plus tard, l'ordre n'est pas rétabli. Le 29 janvier, à 20 heures, le général de Gaulle prononce une allocution télévisée qui

1. Joseph Ortiz, cafetier à Alger, est un ancien responsable poujadiste, fondateur du Front national français. *(N. d. É.)*

était annoncée avant le début de la crise et qu'il n'avait pas voulu déplacer. Il apparaît en uniforme, lance un rappel à l'ordre mais manifeste en même temps la volonté de rassurer les Français d'Algérie : « [...] L'autodétermination est la seule politique qui soit digne de la France. C'est la seule issue possible. C'est celle qui est définie par le président de la République, décidée par le gouvernement, approuvée par le Parlement, adoptée par la Nation française. Traiter " par privilège " avec " l'organisation rebelle " [...] cela je ne le ferai pas. Renoncer à l'autodétermination ? Cela non plus, je ne le ferai pas. » S'adressant aux Français d'Algérie, il leur dit : « Comment pouvez-vous douter que si, un jour, les musulmans décidaient, librement et formellement, que l'Algérie de demain doit être unie étroitement à la France, rien ne causerait plus de joie à la patrie et à de Gaulle que de les voir choisir, entre telle ou telle solution, celle qui serait la plus française [1]. » S'adressant à l'armée il dit : « L'armée française, que deviendrait-elle sinon un amas anarchique et dérisoire de féodalités militaires s'il arrivait que des éléments mettent des conditions à leur loyalisme. » Le général termine son allocution par un appel à la France : « Enfin, je m'adresse à la France. Eh bien, mon cher et vieux pays, nous voici donc ensemble, encore une fois, face à une lourde épreuve. En vertu du mandat que le peuple m'a donné et de la légitimité nationale que j'incarne depuis vingt ans, je demande à tous et à toutes de me soutenir quoi qu'il arrive. » Le 1er février, c'est la reddition des insurgés.

L'allocution du 29 janvier est d'une extrême fermeté, mais elle n'est pas exempte d'ambiguïté. Faisant l'exégèse de la phrase sur « la solution la plus française », Louis Terrenoire (p. 155) affirme qu'il est clair que le général de Gaulle ne croit pas la francisation possible et qu'il exprime un regret. Le sens du discours ne semble pas si clair et les partisans de la francisation pouvaient conclure que le général de Gaulle en était lui aussi partisan et qu'en tout cas il n'était pas question pour la France de « se retirer de l'Algérie ». D'autre

1. Un peu plus haut, le général de Gaulle mentionnait « les modalités de telle ou telle solution française ».

part le général affirmait que toutes les tendances seraient consultées sur l'avenir de l'Algérie.

Du 3 au 7 mars, le général fait en Algérie la tournée dite « tournée des popotes ». Un seul journaliste, appartenant à l'AFP, le fils de François Mauriac, Jean Mauriac, communique des informations sur les propos du général. « Il n'y aura pas de Dien Bien Phu en Algérie. L'insurrection ne nous mettra pas à la porte de l'Algérie »; « [...] la France restera en Algérie, j'en réponds »; « [...] après la fin des opérations militaires, il s'écoulera un long espace de temps avant que l'on procède à la consultation. Cela durera des années ». Mais aussi, au poste des Azziz, près de Boghari : « Ce sont les Algériens qui décideront. Je crois qu'ils diront : une Algérie liée à la France » (A. Passeron, I, p. 234). Ces propos suscitent beaucoup d'émotion dans les milieux libéraux, qui voient dans les propos du général un recul par rapport à ses déclarations antérieures, et aussi parmi les tenants de l'Algérie française que choque profondément l'expression d'Algérie algérienne. Le général de Gaulle explique que ses propos ont été mal compris; il critique la « relation tendancieuse » qui en a été faite. Le 7 mars il dicte donc à Terrenoire, le nouveau ministre de l'Information, la version officielle des événements. L'Algérie, dit-il, a le choix entre trois solutions : le retour à « la domination directe pratiquée par la métropole après la conquête ». Le général de Gaulle a déclaré qu'à son sens ce serait impossible; « passer à la sécession, qualifiée par certains d'indépendance ». Cette hypothèse est qualifiée de « détestable »; dès lors, ce qui est probable, c'est une Algérie algérienne, liée à la France et unissant des communautés dont on sait combien elles sont diverses. Ainsi se trouve définitivement condamnée la formule de la « francisation » qui devient la « domination directe pratiquée avant la conquête ». En revanche la solution tautologique de l'Algérie algérienne apparaît au premier plan. Jacques Soustelle, qui avait été écarté du ministère, ainsi que Cornut-Gentille, après l'affaire des barricades, n'accepte pas cette formule de l'Algérie algérienne et rompt officiellement avec le gaullisme; il sera exclu de l'UNR un peu plus tard.

Le 14 juin 1960, dans une allocution radiotélévisée, le général de Gaulle renouvelle son invitation aux « dirigeants de l'insurrection » pour « trouver une fin honorable aux combats qui se traînent encore ». Il reparle de l'autodétermination, et il évoque l'avenir de l'Algérie : « la transformation de l'Algérie algérienne en un pays moderne et fraternel ». C'est dans cette allocution que le général de Gaulle, parlant de la décolonisation, évoque « la douceur des lampes à huile, la splendeur de la marine à voile, le charme du temps des équipages. Mais quoi ? Il n'y a pas de politique qui vaille en dehors des réalités ».

Le 20 juin, la Fédération du Mali — Sénégal et Soudan — accède à l'indépendance, bientôt suivie par toutes les anciennes colonies françaises d'Afrique noire et par Madagascar. La décolonisation de toute l'Afrique noire rend vraisemblablement inéluctable pour le général de Gaulle celle de l'Algérie, mais les modalités n'en sont pas arrêtées dans son esprit, et le FLN apparaît comme un interlocuteur difficile, beaucoup plus difficile que ne l'avait prévu le général en mai 1958. Du 25 au 29 juin, ont lieu les entretiens de Melun entre Roger Moris et le général de Gastine du côté français, Boumendjel et Ben Yahia du côté algérien. Le général de Gaulle avait lui-même réglé, semble-t-il, les moindres détails des entretiens, y compris l'interdiction aux membres de la délégation française de serrer la main des Algériens. Les entretiens se terminent par une rupture et Ferhat Abbas déclare à Tunis : « L'indépendance ne s'offre pas, elle s'arrache. » Réponse indirecte au mot du général de Gaulle pendant l'hiver 1957-1958 : « Il faut octroyer. » Quelques jours plus tard à Alençon, dans une tournée en province, le général évoque l'échec des entretiens de Melun et l'explique ainsi : il n'était possible ni de laisser les membres de la délégation algérienne aller et venir dans Paris, ni de reconnaître « l'organisation extérieure de la rébellion » comme « représentant l'Algérie tout entière ». L'entrevue de Melun avait suscité dans l'opinion publique une très vive espérance; son échec, pour des raisons apparemment protocolaires, sans qu'une véritable discussion ait été engagée, provoque une profonde déception.

La situation semble stagner. La conférence de presse du 5 septembre 1960 n'apporte rien de nouveau. Le général de Gaulle répète que la solution du bon sens est « une Algérie algérienne étroitement unie à la France », il rend hommage au courage des combattants algériens, mais il formule de nouveau les deux mêmes conditions : la France ne traitera pas avec « la seule organisation extérieure de la rébellion » de tout l'avenir politique de l'Algérie; la discussion doit regrouper toutes les tendances algériennes; d'autre part, « tant qu'on donne la parole au couteau, on ne peut pas parler politique ». Nécessité d'un cessez-le-feu avant toute négociation politique; le général de Gaulle reprend ce thème du « couteau au vestiaire » lors d'une tournée en Bretagne qu'il effectue du 6 au 10 septembre. Comme le FLN a sur ce point une position diamétralement opposée — pas de cessez-le-feu sans négociation préalable sur l'avenir de l'Algérie — la situation semble une fois encore sans issue. Ferhat Abbas, le 1er novembre 1960, rejette l'expression « Algérie algérienne » et affirme : « L'Algérie pour laquelle le peuple combat, c'est l'Algérie indépendante et pleinement souveraine. »

Le 4 novembre 1960, dans une allocution radiotélévisée le général de Gaulle franchit une étape décisive. Il précise le sens de l'expression « Algérie algérienne » : « Cela veut dire une Algérie émancipée, une Algérie dans laquelle les Algériens eux-mêmes décideront de leur destin, une Algérie où les responsabilités seront aux mains des Algériens, une Algérie qui, si les Algériens le veulent — et j'estime que c'est le cas — aura son gouvernement, ses institutions et ses lois. » Un peu plus loin, le général de Gaulle parle pour la première fois de la « République algérienne » (« le gouvernement de la République algérienne, laquelle existera un jour mais n'a encore jamais existé »). Il est désormais évident que l'Algérie deviendra indépendante, comme le sont devenus en 1960 tous les États d'Afrique noire provenant de l'Union française. Dans cette même allocution, le général de Gaulle renvoie dos à dos les « deux meutes » : celle de « l'immobilisme stérile » et celle de « l'abandon vulgaire ». Ces déclarations inattendues provoquent à Alger la plus vive émotion. Les responsables de la politique algérienne sont changés. Jacomet [1] est révoqué. Delouvrier est remplacé à Alger par Jean Morin, Louis Joxe est nommé ministre de l'Algérie, une nouvelle phase commence, qui, après diverses péripéties, s'achèvera en juillet 1962 avec l'indépendance de l'Algérie.

Du 9 au 13 décembre, le général se rend en Algérie. Il reprend ce qu'il avait dit le 4 novembre sur l'évolution de l'Algérie et affirme avec force que « l'armée n'a pas de politique ». Pendant le séjour du général, de graves incidents opposent les partisans de l'Algérie française aux partisans de l'indépendance. Il y a plus de 100 morts. Il rentre en France convaincu que les deux communautés sont « plus éloignées l'une de l'autre qu'elles ne l'ont jamais été » et qu'il est vain sans doute de continuer à rechercher une « troisième force ».

Mais au moment même où le général de Gaulle paraît être convaincu que la recherche d'une « troisième force » en Algérie est sans issue, les Français sont invités à ratifier par référendum non seulement la politique d'autodétermination mais l'organisation provisoire des pouvoirs publics en Algérie, organisation complexe et qui restera dans une large mesure lettre morte, mais qui prévoit des attributions assez étendues pour des conseils regroupant les élus algériens, cette introuvable troisième force. Les Français sont donc invités à répondre à trois questions : la première concernant la politique d'autodétermination; la seconde instituant une sorte de prédétermination; la troisième question est un vote de confiance, le général de Gaulle précisant clairement le 31 décembre 1960 qu'il se retirerait en cas de vote négatif, de majorité trop faible ou d'abstentions trop nombreuses : « Et à moi-même, vous le savez bien, quel coup serait ainsi porté, m'empêchant de poursuivre ma tâche! » Le

1. Secrétaire général de la délégation générale à Alger, il avait pris la tête d'un mouvement de protestation parmi les fonctionnaires, après l'allocution du 4 novembre. *(N. d. É.)*

20 décembre 1960, ouvrant la campagne pour le référendum, le général déclare que l'assimilation est impossible. La seule solution est l'Algérie algérienne et il ne tiendra qu'aux Algériens de « fonder un État ayant son gouvernement, ses institutions et ses lois ».

Le 8 janvier 1961, le référendum sur l'autodétermination et l'organisation provisoire des pouvoirs publics en Algérie est un succès pour la politique du général de Gaulle : en métropole, sur 27 148 408 inscrits, il y a 6 393 162 abstentions; les « oui » sont au nombre de 15 200 073, soit 55,91 % des inscrits; les « non » s'élèvent à 4 996 474, soit 18,37 %. En Algérie, il y a 41 % d'abstentions. Les Européens d'Alger votent non en majorité. Le oui fait au total 69 % des votants et 40 % des inscrits [1].

Le 16 janvier 1961, le GPRA, dans un communiqué très sec, commente le référendum du 8 janvier. Il déclare que « cette tentative de prédétermination, qui est un reniement du principe de l'autodétermination, serait vouée à l'échec ». Aussitôt un commentaire officieux du gouvernement français précise que « la mise en place d'un exécutif à Alger n'est pas envisagée pour le moment ». Les « institutions provisoires » prévues par le référendum du 8 janvier, qui devaient mettre en place une « troisième force » en Algérie, ne devaient en fait jamais voir le jour. En février et mars 1961, Georges Pompidou et Bruno de Leusse ont en Suisse des conversations secrètes avec deux émissaires du FLN. Mais de nouveau l'affaire algérienne semble s'enliser tandis que l'OAS commence à se manifester.

Le 11 avril 1961, dans une conférence de presse, le général de Gaulle s'exprime à propos de l'Algérie sur un ton entièrement nouveau. Pour la première fois il développe longue-

1. Chiffres exacts pour l'Algérie :

4 414 636 *électeurs* inscrits		
2 639 494 *votants* soit		59,37 %
1 747 529 oui	-	69 %
782 056 non	-	31 %

Le non l'avait emporté dans toutes les grandes villes, notamment à Alger et à Oran.

ment l'idée que l'Algérie coûte plus cher qu'elle ne rapporte. « C'est pourquoi aujourd'hui la France considérerait avec le plus grand sang-froid une solution telle que l'Algérie cessât d'appartenir à son domaine, solution qui en d'autres temps aurait pu paraître désastreuse pour nous et qu'encore une fois nous considérons actuellement d'un cœur parfaitement tranquille. » C'est la thèse du dégagement pour raisons économiques. Le général de Gaulle ajoute : « Voici que notre grande ambition nationale est devenue notre propre progrès, source réelle de la puissance et de l'influence [...] c'est un fait, la décolonisation est notre intérêt et, par conséquent, notre politique. » Il évoque la rupture avec la France, et le regroupement des Français d'Algérie dans certaines zones. Il déclare qu'il est prêt à renvoyer Ben Bella au Maroc si la guerre prend fin en Algérie. L' « Algérie nouvelle » a remplacé « l'Algérie algérienne ». Il est d'autant plus surprenant d'entendre le général de Gaulle développer ces thèses « cartiéristes » qu'il les avait dénoncées avec une extrême vigueur dans sa conférence de presse du 10 novembre 1959 : « [...] A l'opposé, il y a d'autres gens qui pensent que, non seulement nous ne devons pas empêcher la séparation quand elle se présente, mais que, au contraire, nous devons nous en féliciter. Ces territoires nous coûtent beaucoup plus cher qu'ils ne nous rapportent ! S'ils veulent nous quitter qu'ils le fassent! Nos ressources, nos capacités, trouveront à s'employer chez nous d'une manière beaucoup plus utile que chez eux! Ceux-là, je ne crois pas qu'ils soient d'accord avec l'idée que la France se fait d'elle-même ni avec l'idée que le monde se fait de la France. »

Le samedi 22 avril au matin, éclate le putsch des généraux. Le dimanche 23 à 20 heures, le général, en uniforme, comme en janvier 1960, lance un message à la nation. « Un pouvoir insurrectionnel s'est établi en Algérie par un pronunciamento militaire [...]. Un quarteron de généraux en retraite [Challe, Salan, Jouhaud, Zeller] [...]. Au nom de la France, j'ordonne que tous les moyens, je dis tous les moyens, soient employés pour barrer partout la route à ces hommes-là en attendant de les réduire. » Il annonce le recours à l'article 16 : « Par là même je m'affirme, pour aujourd'hui et pour demain, en la légitimité française et républicaine que la Nation m'a conférée, que je maintiendrai, quoi qu'il arrive, jusqu'au terme de mon mandat ou jusqu'à ce que me manquent, soit les forces soit la vie, et dont je prendrai les moyens d'assurer qu'elle demeure après moi. » Un peu avant minuit, le Premier ministre, Michel Debré, invite les Parisiens à barrer la route « à pied ou en voiture » aux parachutistes. Le 25 avril, le putsch s'effondre. Le général, selon Tournoux, aurait peu admiré l'appel de Michel Debré au moment du putsch : « Ce tumulte grotesque que vous organisâtes sous mes fenêtres... » Dans les *Mémoires d'espoir*, il parle de « l'absurde et odieuse tentative » (p. 116) mais il déclare qu'il en fut « attristé jusqu'au fond de l'âme » et il parle des mobiles auxquels ont obéi les chefs de la rébellion, « des mobiles [...] qui, je le sais, je le sens, n'étaient pas tous de bas étage » (p. 118). Deux jours après l'échec du putsch, le général reçoit Robert Buron et lui parle avec confiance : « Que voulez-vous, Buron ? Il est un fait dont ils ne se décident pas à tenir compte, un fait essentiel pourtant et qui fait échec à tous leurs calculs; ce fait c'est de Gaulle. Je ne le comprends pas toujours bien moi-même [...] mais j'en suis prisonnier » (R. Buron, p. 159).

Après comme avant le putsch le général de Gaulle pratique, non sans quelque pesanteur, un double chantage à l'égard des Algériens : le chantage au regroupement [1], le chantage à l'aide économique. Il ajoute même parfois la menace de renvoyer de France les Algériens qui ne voudraient pas rester français. Dans ses *Mémoires d'espoir*, le général ne dissimule pas que la menace du regroupement était purement tactique et ne visait qu'à garantir les droits des Français d'Algérie (p. 121). Le 20 mai commencent les pourparlers d'Évian. Ils sont rompus le 13 juin au sujet du Sahara. Les Algériens veulent que le Sahara soit reconnu algérien, les négociateurs français s'y opposent.

L'été 1961 marque l'apogée des thèses qu'on qualifiait autrefois de cartiéristes dans les déclarations du général de

1. C'est-à-dire à la partition de l'Algérie, la France regroupant les Européens et les Musulmans qui voudraient rester français dans un territoire dont elle assurerait la protection. *(N. d. É.)*

Gaulle. Le 12 juillet 1961, le général de Gaulle déclare que « la France a épousé son siècle ». Après avoir rappelé l'œuvre de la France en Afrique du Nord, il déclare : « Mais de toutes les manières, le bon sens, le but, le succès s'appellent la décolonisation. » « La France accepte sans aucune réserve que les populations algériennes constituent un État entièrement indépendant. » Mais elle « est bien décidée à ne plus engouffrer à fonds perdus en Algérie non plus qu'ailleurs ses efforts, ses hommes, son argent ».

En juillet 1961, se produit la crise de Bizerte entre la France et la Tunisie. Le gouvernement français rejette une note du gouvernement tunisien exigeant l'évacuation de Bizerte; après 2 jours de combat, le 18 et le 19 juillet, il y a plus de 700 morts du côté tunisien. « Je n'admets pas, écrit le général de Gaulle, qu'on manque à la France » (*ME*, p. 124).

Le 20 juillet les pourparlers franco-algériens reprennent à Lugrin près d'Évian. Ils sont interrompus le 28; le point d'accrochage est une fois encore le Sahara. Mais le 5 septembre 1961, dans une conférence de presse le général de Gaulle, à la surprise générale, au détour d'une phrase, reconnaît solennellement pour la première fois le caractère algérien du Sahara : « Notre ligne de conduite est celle qui sauvegarde nos intérêts et qui tient compte des réalités [...]. Il n'y aurait pas un seul gouvernement algérien, quelle que soit son orientation par rapport à la France, qui ne doive revendiquer sans relâche la souveraineté algérienne sur le Sahara. »

Durant les mois d'automne et d'hiver 1961-1962, l'atmosphère est très tendue. Le 9 septembre, à Pont-sur-Seine, le général de Gaulle échappe à un attentat. Les plasticages et les attentats se multiplient. La gauche organise des manifestations anti-OAS, la première le 17 décembre 1961, la seconde le 8 février 1962, qui se termine tragiquement avec les 8 morts du métro Charonne. Le 13 février, c'est l'enterrement des morts de Charonne. Dans les milieux de gauche, le gouvernement est souvent accusé de complaisance à l'égard de l'OAS. Le général, pour sa part, condamne vigoureusement l'OAS qu'il qualifie de « groupe criminel » et dont il parle en termes particulièrement sévères dans ses *Mémoires d'espoir* (p. 127-128). Il invite fermement l'armée à la discipline.

Le 23 novembre 1961 à Strasbourg, devant 2 000 officiers venus des garnisons de France, d'Allemagne, d'Algérie, il rappelle que le devoir militaire exige l'obéissance : « Hors de ces règles il ne peut y avoir, il n'y a que des enfants perdus. »

Après avoir cédé sur le Sahara, le général de Gaulle renonce peu à peu à récuser la représentativité du FLN. Sans doute parle-t-il d'un accord avec « tous les éléments politiques algériens », mais il ajoute que les dirigeants de la rébellion « ont pour eux les sentiments de la majorité de la population algérienne » (par exemple à Toulon en novembre 1961). A Marseille il parle des « nationalistes algériens », c'est-à-dire « à peu près tous les musulmans algériens, nous le savons bien ».

Le 29 décembre, il déclare que l'Algérie est une « entreprise à hommes et à fonds perdus ». La « grande ambition nationale » semble être désormais le développement, la planification. Il annonce le rapatriement progressif des troupes françaises en Algérie. Le 5 février 1962, le général de Gaulle fait une nouvelle déclaration dans laquelle il vise l'OAS et annonce pour la France une immense rénovation.

Après une négociation secrète aux Rousses du 10 au 19 février, les discussions reprennent à Évian le 7 mars et aboutissent le 18 mars aux accords d'Évian qui sont accompagnés d'un cessez-le-feu prenant effet le 19 mars.

Après la négociation des Rousses, qui fut difficile, a lieu un Conseil des ministres, dont Robert Buron fait dans ses *Carnets* une relation détaillée : « [...] Michel Debré, très ému, a fait impression sur nous tous. Profondément malheureux au fond de lui-même, il a présenté une exégèse, juridiquement remarquable et très honnête en fait, des textes auxquels nous avons abouti. Il a ensuite exprimé ses inquiétudes, crainte de la réaction des Français d'Algérie dans l'immédiat, appréhension pour le sort demain des musulmans compromis avec nous, réserves sur le fonctionnement pratique des accords après-demain. Il conclut d'une voix émue : " L'Algérie a existé par la France. Pourra-t-elle exister vraiment sans la France ? " C'est la fin d'une épreuve douloureuse. La victoire hélas, c'est sur nous-mêmes que nous devons la remporter » (R. Buron, p. 245). Le général de Gaulle annonce au pays le 18 mars la conclusion des accords d'Évian. Évoquant l'avenir des relations franco-algériennes, il déclare : « Qui sait même si la lutte qui se termine et le sacrifice des morts tombés des deux côtés n'auront pas, en définitive, aidé les deux peuples à mieux comprendre qu'ils sont faits, non pour se combattre, mais pour marcher fraternellement ensemble sur la route de la civilisation ? »

Durant la campagne qui précède le référendum du 8 avril 1962, le général de Gaulle parle de la décolonisation et déclare : « Cette entreprise de la France [...] c'est sans nul doute une des plus grandes et peut-être une des plus fécondes de toutes celles qu'elle a tentées depuis qu'elle parut dans le monde » (26 mars 1962). Le 8 avril, les électeurs de la métropole approuvent à une très large majorité les accords d'Évian : sur 26 991 743 inscrits, il y a 6 589 837 abstentions, soit 24,41 % ; les votes blancs ou nuls représentent 4,06 % des votes exprimés; les « oui » recueillent 17 508 607 suffrages, soit 64,86 % des inscrits, 90,70 % des votes exprimés; les « non », 1 795 061, soit respectivement 6,65 % des inscrits et 9,29 % des votes exprimés. Seuls les partisans de l'Algérie française ont recommandé le vote non : ils peuvent mesurer leur isolement. Le 1er juillet 1962, c'est le référendum en Algérie et l'approbation de l'indépendance à une écrasante majorité.

Contrairement à ce que le général de Gaulle avait longtemps affirmé, la négociation politique avait précédé le cessez-le-feu. Contrairement à ce qu'il laissait entendre en septembre 1959, le référendum d'autodétermination n'avait suivi que de quelques semaines la conclusion du cessez-le-feu. Quant aux conséquences des accords d'Évian — exode massif des Français d'Algérie, massacre d'Algériens fidèles à la France — ce n'est pas dans ce cours qu'il convient d'en parler longuement. Mais on ne peut les passer sous silence.

Il semble difficile de nier que les *Mémoires d'espoir* présentent de ces 4 ans une vue très idéalisée, très recomposée. Le cheminement du général de Gaulle pendant ces

4 ans a été beaucoup plus incertain que les *Mémoires d'espoir* ne le laissent supposer. Le général a envisagé des solutions auxquelles il a dû renoncer. Il a formulé à plusieurs reprises des préalables qu'il a ensuite abandonnés. Il a connu la déception, l'échec, peut-être le doute. Dans plusieurs circonstances décisives, il a apparemment octroyé sans négocier.

Cela dit un autre Français que le général de Gaulle aurait-il pu conduire l'Algérie à l'indépendance sans que la France soit déchirée par la guerre civile ? Il serait aventureux de répondre affirmativement. Il semble bien que le général de Gaulle, de 1958 à 1962 et tout particulièrement lors de l'affaire des barricades et lors du putsch des généraux, ait eu la conscience aiguë du fait qu'il était le seul à pouvoir faire face à des situations exceptionnelles, le seul à pouvoir régler le problème algérien : « un seul homme, un homme seul », comme écrivait Raymond Aron dans *Preuves* en mars 1960. Ainsi s'explique le mot du général, pendant la guerre d'Algérie, que rapporte Tournoux dans *la Tragédie du général :* « Les Français, je les tiens à bout de bras » (p. 392).

L'évocation de ces événements fait surgir d'autres questions encore, condamnées à rester sans réponse. Était-il possible en 1958 d'éviter l'indépendance de l'Algérie en pratiquant une tout autre politique ? Oui sans doute, à court terme, mais qui peut affirmer que cette solution aurait été durable ? Significatif à cet égard est le mot du général que rapporte Tournoux : « Si je choisissais l'Algérie française, cela recommencerait après ma mort » (J.-R. Tournoux, p. 367). Si le général de Gaulle était convaincu en 1958 que l'indépendance de l'Algérie était inéluctable, 4 ans étaient-ils vraiment indispensables pour aboutir au référendum du 1er juillet 1962 ? N'aurait-il pas été possible d'aller un peu plus vite et tant de ruse était-elle nécessaire ? Était-il indispensable d'adopter, à partir de 1961, le langage du commerce et de se mettre à parler de prix de revient ? Dans la dernière phase de la crise, et peut-être même plus tôt, un autre ton n'aurait-il pas été possible à l'égard des Français d'Algérie, un ton comparable à celui que semble avoir tenu Christian Fouchet d'après les textes cités dans ses Mémoires ? Était-il, enfin, possible de sauver les Algériens qui ont été massacrés à cause de leur fidélité à la France ? J'ai personnellement approuvé — avec tout ce que cela comportait de soulagement et de bonne conscience de gauche — la politique algérienne du général de Gaulle, mais au terme de ce cours je ne puis me défendre de me poser toutes ces questions.

7

La politique étrangère du général de Gaulle

(1958-1969)

En ce qui concerne la politique étrangère, les idées du général de Gaulle manifestent dans l'ensemble une grande continuité entre 1958 et 1969. Les principes en sont bien connus, car ils n'ont pas cessé d'inspirer depuis 1940 l'action du général de Gaulle : le rang, l'indépendance, la paix, le primat de la défense nationale.

La France a une « responsabilité mondiale », « un rôle international de premier plan » (*ME*, p. 176). « Je veux faire que la France entre en ligne » (*ME*, p. 177). La IVe République était un régime d'abandon et d'affaissement mais le retour au pouvoir du général de Gaulle permet à la France de retrouver le rang qui n'aurait jamais dû cesser d'être le sien. La fin de la guerre froide donne à la France de nouvelles chances et lui impose de nouveaux devoirs : « S'il est une voix qui puisse être entendue, une action qui puisse être efficace quant à l'ordre à établir en remplacement de la guerre froide, ce sont par excellence la voix et l'action de la France » (*ME*, p. 175). A de nombreuses reprises, le général de Gaulle répète sous la Ve République que la France a retrouvé la grandeur sans laquelle elle cesse d'être la France ; c'est ainsi qu'il déclare à la Guadeloupe le 20 mars 1964 : « La situation internationale de notre pays est plus brillante, plus assurée qu'elle ne fut jamais. Nous sommes une grande Nation. » Le 10 août 1967, répondant à toutes les critiques qui sont adressées à sa politique étrangère — notamment à propos du Québec, de l'Europe, d'Israël, des relations franco-américaines —, il dénonce « l'école du renoncement national, le conformisme absurde et périmé de l'effacement » et il évoque Méphisto, « ce démon de toutes les décadences, qui dit : “ Je suis l’esprit qui nie tout ” ».

L’indépendance nationale de la France est la clef de la politique étrangère gaulliste. Le général de Gaulle l’exalte dans son allocution du 27 avril 1965 : « Le fait capital de ces sept dernières années, c’est que nous avons résisté aux sirènes de l’abandon et choisi l’indépendance [...]. Si grand que soit le verre que l’on nous tend du dehors, nous préférons boire dans le nôtre, tout en trinquant aux alentours. » La sauvegarde de l’indépendance implique l’hostilité de principe à toute forme de supranationalité, la seule défense solide étant une défense nationale, la seule Europe concevable étant l’Europe des États. A plus forte raison implique-t-elle le rejet de toute hégémonie, qu’il s’agisse de l’hégémonie américaine ou de l’hégémonie soviétique : « les deux hégémonies » (16 avril 1964); « la double hégémonie convenue entre les deux grands rivaux » (28 octobre 1966); « soit l’obédience soviétique, soit l’hégémonie américaine » (9 février 1967). La sauvegarde de l’indépendance justifie l’appel aux réalités profondes du sentiment national : en Amérique latine en 1964, au Québec en 1967, en Pologne en 1967 encore, en Roumanie enfin en 1968. Elle explique aussi la défiance à l’égard de l’ONU, le « machin qu’on appelle l’ONU ». Le général de Gaulle critique tout particulièrement l’intervention de l’ONU au Congo, « l’action inadéquate et très coûteuse des Nations dites unies » (5 septembre 1960). Il reprend cette expression à plusieurs reprises, notamment le 11 avril 1961 et le 5 septembre 1961. Le 4 février 1965, le général de Gaulle déclare qu’il approuve la charte de l’ONU, mais il en critique vigoureusement le fonctionnement, surtout à propos de la Corée et du Congo, ainsi que le rôle personnel d’Hammarskjoëld, notamment à propos de la crise de Bizerte en juillet 1961 [1]. Enfin, elle entraîne la reconnaissance de nouveaux États-nations par la

1. Invité par le président Bourguiba, Dag Hammarskjoeld se rend à Tunis, puis à Bizerte. Sur instructions de Paris, l’amiral Amman refuse de le recevoir. *(N. d. É.)*

politique de décolonisation en Afrique noire puis en Algérie, et la politique de coopération avec ces nouveaux États. Le général de Gaulle affirme à plusieurs reprises que la France consacre plus qu'aucune autre nation à l'aide aux pays sous-developpés.

Dès son retour au pouvoir, le général de Gaulle prend acte de la détente mondiale. Il explique dès 1958 que l'OTAN n'est plus adaptée à l'évolution des relations internationales. Il prend position contre l'intervention américaine au Vietnam dans son discours de Pnom Penh en 1966. Il cherche vainement à dissuader le gouvernement israélien d'entreprendre en 1967 la guerre des Six jours. Ainsi la politique de grandeur et d'indépendance nationale doivent pour le général de Gaulle être au service de la paix.

Il n'empêche que, comme pendant la guerre, comme au temps du RPF et des campagnes contre la Communauté européenne de Défense, le général de Gaulle attache une extrême importance aux problèmes de défense nationale. Dès le 14 septembre 1958, il adresse un mémorandum à Eisenhower et à MacMillan au sujet de l'organisation de la défense atlantique. Il revendique pour l'alliance une direction à trois, dont la France ferait partie. Sinon, la France se réserve soit d'exiger la réforme de l'OTAN, soit d'en sortir. Ce mémorandum avait peu de chance d'être favorablement accueilli. Il ne reçoit que des réponses dilatoires. Le 7 mars 1959, la France décide donc de soustraire au commandement de l'OTAN ses forces navales en Méditerranée. Le 3 novembre 1959, à l'Institut des hautes études de la Défense nationale, le général de Gaulle affirme clairement : « Il faut que la défense de la France soit française. » Il parle de la force de frappe française et il termine en citant *le Fil de l'épée* : « Il n'y a pas de talent ni de génie militaire qui n'aient servi une vaste politique. Il n'y a pas de grande gloire d'homme d'État que n'ait dorée l'éclat de la défense nationale. » Le 13 février 1960, la première bombe atomique française explose à Reggane, au Sahara. Le général de Gaulle télégraphie à Guillaumat, ministre des Armées : « Hourra pour la France ! Depuis ce matin, elle est plus forte et plus fière. Du fond du cœur, merci à vous et à ceux qui ont pour elle remporté ce magnifique succès. » La seconde bombe atomique française explose le 1er avril 1960 alors que Khrouchtchev est en France. Le général de Gaulle tient à annoncer le premier cette nouvelle à Khrouchtchev et à lui faire partager son enthousiasme. Khrouchtchev déclare qu'il comprend les sentiments qu'éprouve le général après l'explosion de la bombe et ajoute en homme d'expérience : « Mais, vous savez, c'est très cher » (*ME*, p. 245). Le 5 septembre 1960 le général de Gaulle expose dans une conférence de presse la nécessité d'une révision du traité de l'Atlantique nord : l'alliance ne doit pas être limitée à la seule zone de l'Europe ; la défense d'un pays tel que la France doit avoir un caractère national. Conformément à cette conception, la France se retire progressivement de l'OTAN. Le 21 juin 1963, le gouvernement français annonce qu'il soustrait au commandement de l'OTAN ses forces navales de l'Atlantique et de la Manche. Le 7 mars 1966, le président des États-Unis est informé que la France n'accepte plus de bases dépendant de l'OTAN sur son territoire. C'est donc en 1966 que la France se retire de l'OTAN et que se réalise le transfert des bases relevant de l'OTAN, transfert qui se déroule sans incidents majeurs, la France restant d'ailleurs membre de l'Alliance atlantique.

En ce qui concerne les autres problèmes relatifs à la défense nationale, la position du général de Gaulle est périodiquement réaffirmée : la France doit avoir elle-même sa propre force atomique et cette force atomique ne doit pas être intégrée dans une organisation multilatérale (conférence de presse du 14 janvier 1963). Il n'y a pas d'indépendance imaginable sans armement nucléaire (allocution à l'École militaire le 15 février 1963). Ceux qui s'opposent à l'arme nucléaire sont comparés à ceux qui s'opposaient à l'arme blindée avant 1940. Le général de Gaulle est, d'autre part, fondamentalement hostile à tout système qui garantirait le monopole de l'arme atomique à ceux qui la possèdent déjà : le désarmement n'est concevable que si les grandes puissances qui possèdent déjà l'arme atomique acceptent de détruire intégralement sinon leurs stocks nucléaires du moins les véhicules permettant de porter et de lancer des bombes. C'est ainsi que le général de Gaulle justifie en 1963 l'absence de la France à la conférence de Genève sur le désarmement, et que la France refuse de signer le 4 août 1963 le traité de Moscou sur la non-prolifération des armes nucléaires.

Cette politique étrangère dominée par le primat du fait national a suscité beaucoup d'hostilité et de sarcasmes en France et à l'étranger. Le général de Gaulle, dans ses *Mémoires d'espoir*, déclare à ce propos qu'en poursuivant cette politique d'indépendance nationale il avait contre lui « les milieux qui prétendent conduire l'opinion » (p. 179) — c'est-à-dire la presse et la plupart des leaders politiques — et pour lui la nation dans ses profondeurs. « Chaque fois que je m'expliquerai en public à ce propos, je sentirai palpiter les âmes » (*ME*, p. 180). Effectivement, la plupart des études consacrées à la politique étrangère du général de Gaulle lui sont très ou passablement hostiles (Raymond Aron, Paul Reynaud, Guy de Carmoy, Alfred Grosser [1]). En revanche, dans l'ensemble, l'opinion publique approuve davantage la politique étrangère du général de Gaulle que les autres aspects de cette politique. Par exemple, en mai 1964, une majorité de Français sont mécontents de la politique économique (47 %) et de la politique sociale; en ce qui concerne la politique étrangère, par contre, les pourcentages sont : satisfaits : 47 %, mécontents : 24 %, sans opinion : 29 %.

Après avoir ainsi rappelé les principes du général de Gaulle et avant d'étudier chacun des grands pans de sa politique étrangère — relations Est-Ouest, Europe, affaires extra-européennes, et notamment rapports avec le tiers-monde — peut-être n'est-il pas inutile d'évoquer le style de cette poli-

1. Raymond Aron, *Le Grand Débat*, Calmann-Lévy, 1963 ; Paul Reynaud, *La Politique étrangère du gaullisme*, Julliard, 1964; Alfred Grosser, *La Politique extérieure de la Ve République*, Le Seuil, 1965; Raymond Aron, *De Gaulle, Israël et les Juifs*, Plon, 1968; Guy de Carmoy, *Les Politiques étrangères de la France, 1944-1966*, Table ronde 1967.

tique : l'importance que le général de Gaulle attache aux voyages à l'étranger (Allemagne, Angleterre, Russie, États-Unis, Mexique, Amérique latine, Pologne, Roumanie, Turquie), ces voyages où le général de Gaulle parle toutes les langues (y compris le russe, l'espagnol, le polonais, le roumain et le turc) — sauf l'anglais —, ces voyages où le général de Gaulle — comme en France — s'attache à prendre contact avec les foules et à sentir « le reflet des âmes ». Il convient de rappeler l'accueil en France de tous les chefs d'État étrangers, du président Kennedy au prince Rainier de Monaco et de Khrouchtchev au président de la République du Dahomey, avec le même rituel immuable, l'allocution de bienvenue à Orly et le toast au dîner officiel de l'Élysée : tous ces textes qui constituent un admirable complément du traité de savoir-vivre de la baronne Staff ont été recueillis minutieusement dans les *œuvres complètes* du général de Gaulle. Il faut noter l'importance symbolique attachée par le général de Gaulle à ce qui se passe à Paris. Une conférence à Paris est un succès diplomatique pour la France, même si elle échoue comme la conférence au sommet de 1960, même si elle n'aboutit à rien comme ce fut longtemps le cas de la conférence réunie depuis 1968 sur le Vietnam. Il faut, enfin, évoquer le rite des conférences de presse qui, avec le temps, deviennent de moins en moins inattendues et prêtent à de larges évocations historiques, sur la Chine millénaire ou le caractère insulaire de la Grande-Bretagne; saluer, sans doute, le rôle de Couve de Murville, certainement plus important qu'on ne l'a cru longtemps et auquel le général rend un hommage marqué dans ses *Mémoires d'espoir* : il « a le don [...], il a l'expérience [...], il a l'assurance [...], il a la manière [...], il a la foi » (p. 181).

La politique d'indépendance nationale implique évidemment que la France prenne ses distances à l'égard des États-Unis, mais, à cet égard, l'attitude du général de Gaulle a quelque peu évolué entre 1958 et 1969. Le général de Gaulle entretient avec le général Eisenhower des relations cordiales. Eisenhower rend visite au général de Gaulle les 2 et 3 septembre 1959 avant d'accueillir Khrouchtchev aux États-Unis. En avril 1960, du 22 au 29 avril, le général de Gaulle séjourne aux États-Unis où il est accueilli par Eisenhower. Il décrit longuement dans ses *Mémoires d'espoir* la chaleur de l'accueil qui lui fut réservé : « extraordinaire sympathie populaire » (p. 255); « ovation du Congrès » (p. 258); « déferlement inouï » de la foule à New York *(ibid)*. Le général de Gaulle écrit ces pages au moment où la presse décrit en termes moins enthousiastes l'accueil réservé par les foules américaines au président Pompidou... Le 31 mai 1961, peu de temps après avoir succédé à Eisenhower, Kennedy rend visite au général de Gaulle avant d'aller rencontrer Khrouchtchev à Vienne. Le général décrit avec un peu de condescendance le jeune président « encore quelque peu tâtonnant et foisonnant ». Il désapprouve la politique des États-Unis à l'égard du Congo, et déconseille fermement à Kennedy d'intervenir militairement au Vietnam. Mais, après cet entretien, Kennedy se montre particulièrement aimable envers le général de Gaulle. Il déclare le 6 juin à son retour aux États-Unis : « [...] Je ne pourrais avoir une confiance plus grande en qui que ce soit. » Quant au général, il écrit dans ses *Mémoires d'espoir* à propos de Kennedy : « Il m'a semblé sur le point de prendre son essor pour monter haut » (p. 271). En octobre 1962, lors de la crise entre les États-Unis et l'URSS à propos de Cuba, la France se montre totalement solidaire des États-Unis, comme elle l'avait été l'année précédente lors de la crise de Berlin avant la construction du « mur » (13 août 1961). Le 29 juillet 1963, le général de Gaulle, dans une conférence de presse, parle longuement des relations franco-américaines qui s'étaient fortement détériorées à la suite de l'opposition française à la force atomique multilatérale. Il déclare que ni l'amitié ni l'alliance ne sont en cause. Il parle du « monde libre ». Il expose cependant pour quelles raisons les relations franco-américaines ne peuvent plus être des relations de dépendance. Le 22 novembre 1963, le président Kennedy est assassiné à Dallas. Le général de Gaulle se rend à ses obsèques, comme il se rendra en 1969 à celles de son ancien compagnon d'armes Eisenhower.

En 1964, les relations franco-américaines se dégradent à une cadence accélérée, et il ne semble pas que le général de Gaulle conçoive une vive admiration pour le président Johnson. La France reconnaît en janvier 1964 le gouvernement de la Chine populaire et cette initiative est fort mal accueillie aux États-Unis. D'autre part l'intervention américaine au Vietnam suscite des critiques de plus en plus vives de la part du général de Gaulle, qui reçoit avec chaleur le roi du Cambodge et parle des interventions étrangères en Indochine (24 juin 1964). Il se montre fort critique dans sa conférence de presse du 23 juillet 1964. Il parle des « partisans du protectorat américain » *(ibid)*. Lors de sa conférence de presse du 27 avril 1965, il exprime « notre réprobation devant la guerre qui s'étend en Asie de jour en jour ».

Pendant l'été 1966, il se rend en Asie du Sud-Est et prononce un grand discours à Pnom Penh le 1er septembre 1966. Dans ce discours, il approuve la neutralité du Cambodge et condamne sans réserve l'intervention des États-Unis qui apparaissent comme seuls responsables de la guerre du Vietnam : « Tandis que votre pays parvenait à sauvegarder son corps et son âme parce qu'il restait maître chez lui, on vit l'autorité politique et militaire des États-Unis s'installer à son tour au Vietnam du Sud, et du même coup, la guerre s'y ranimer sous la forme d'une résistance nationale! Après quoi, des illusions relatives à l'emploi de la force conduisirent au renforcement continuel du Corps expéditionnaire et à une escalade de plus en plus étendue en Asie, de plus en plus proche de la Chine, de plus en plus provocante à l'égard de l'Union soviétique, de plus en plus réprouvée par nombre de peuples d'Europe, d'Afrique, d'Amérique latine, et en fin de compte, de plus en plus menaçante pour la paix du monde. » Le général de Gaulle affirme que le conflit « n'aura pas de solution militaire ». Il cite en exemple aux États-Unis la France qui a su mettre fin à la guerre d'Algérie. Il déclare que la paix ne peut résulter que d'un accord entre les cinq puissances mondiales (y compris la Chine). Il termine en évoquant « l'amitié exceptionnelle et deux fois séculaire » que la France porte aux États-Unis et en adjurant le gouvernement américain de mettre fin à la guerre. « En prenant une voix aussi conforme au génie de l'Occident, quelle audience les États-Unis retrouveraient-ils d'un bout à l'autre du monde et quelle chance recouvrerait la paix sur place et partout ailleurs. » Ce discours eut un large retentissement. Il n'eut — et ne pouvait avoir — aucune conséquence précise.

Le général de Gaulle se préoccupe peu de l'exaspération que le discours de Pnom Penh suscite aux États-Unis. Il en reprend les thèmes à la fin de 1966 et en 1967 : les pertes au Vietnam sont « absurdes et détestables » (conférence de presse 28 octobre 1966); « le détestable conflit qui fait rage » aux portes mêmes du Cambodge (21 février 1967); « la guerre odieuse » que l'un des plus grands des quatre mène au Vietnam (27 novembre 1967). Ces déclarations suscitent une exaspération croissante aux États-Unis. A cela s'ajoute l'irritation provoquée par l'absence du général de Gaulle aux manifestations commémoratives du débarquement en Normandie le 6 juin 1944, par ses déclarations sur les « deux hégémonies » pendant sa tournée en Amérique latine du 20 septembre au 16 octobre 1964, par la politique monétaire du gouvernement français, qui critique le gold exchange standard et les privilèges du dollar (4 février 1965), et fait l'éloge de l'or : « l'immuabilité, l'impartialité, l'universalité qui sont les privilèges de l'or » (27 novembre 1967). La France transfère en or toutes ses réserves en dollars, et l'opinion américaine interprète ce transfert comme une agression contre le dollar et donc contre les États-Unis. Les déclarations sur le Québec libre en juillet 1967, l'article du général Ailleret dans la *Revue de défense nationale* en décembre 1967 sur le thème de la défense « tous azimuts », ne contribuent pas, non plus, à détendre l'atmosphère. Bref, en 1968 le contentieux américain à l'égard du général de Gaulle était lourd. La visite à Paris de Nixon — dont le général de Gaulle fait un vif éloge dans ses *Mémoires d'espoir* —, le 28 février 1969, avait été interprétée comme l'amorce d'une détente, mais le départ du général de Gaulle est intervenu quelques semaines plus tard, trop tôt pour qu'on puisse savoir si cette détente se serait confirmée.

Entre 1958 et 1969, l'attitude du général de Gaulle à l'égard de l'Union soviétique est guidée par les mêmes principes. En premier lieu, il est persuadé que l'Union soviétique est fondamentalement russe. Il le disait dans le troisième tome de ses *Mémoires de guerre* à propos de son voyage en Russie en 1944. Il le répète dans ses *Mémoires d'espoir* (p. 221) : « A mon sens, ce qui au fond domine dans le comportement de Moscou, c'est le fait russe au moins autant que le fait communiste. » Le 30 juin 1966, à la fin de son séjour en Russie, il commence son allocution à la radio-télévision soviétique en déclarant : « La visite que j'achève de faire à votre pays, c'est une visite que la France de toujours rend à la Russie de toujours. » Le général aime les formules simples : la France sera la France, les Allemands sont des Allemands, l'Angleterre est une île et les Russes sont des Russes.

Le général de Gaulle s'attache à entretenir de bonnes relations avec l'Union soviétique, mais il ne manifeste aucune complaisance envers le régime de l'Union soviétique. Il ne qualifie plus les communistes français de « séparatistes », mais il parle souvent du « régime totalitaire » ou du totalitarisme.

En parlant enfin des « deux hégémonies » qui se partagent le monde, en exaltant l'indépendance nationale, le général de Gaulle s'attache, notamment en 1967 et 1968, à desserrer l'emprise que l'URSS exerce sur les pays d'Europe de l'Est, comme il s'était attaché à desserrer l'emprise que les États-Unis exercent sur le continent américain; sa politique à l'égard des pays de l'Europe de l'Est, notamment la Pologne où il se rend en 1967 et la Roumanie où il se rend en 1968, prolonge et complète sa politique envers l'Amérique latine où il se rend en 1964. Le général de Gaulle s'attache, à l'Est comme à l'Ouest, à briser la bipolarité, à contrebattre la politique des deux blocs en encourageant les aspirations à l'indépendance nationale.

En 1959, le général de Gaulle prend acte de la détente mondiale et, le 23 octobre 1959, il invite à séjourner en France Nikita Khrouchtchev qui venait de passer 2 semaines aux États-Unis où il avait été reçu par Eisenhower. Du 23 mars au 3 avril 1960, Khrouchtchev séjourne en France. Il est accueilli le 23 mars à Orly par le général de Gaulle qui commence par lui dire : « Vous voici donc! Je puis vous assurer que nous en sommes très contents. » Le soir au palais de l'Élysée, il parle des liens nécessaires entre la Russie et la France : « [...] La Russie et la France ont eu besoin de se voir. Je dis la Russie et la France. C'est bien d'elles deux en effet qu'il s'agit. » Le général de Gaulle trouve Khrouchtchev « chaleureux, alerte », « dispos, pittoresque » et il écrit dans ses *Mémoires d'espoir* (p. 238) : « Pour grandes que soient les différences d'origine, de formation, de conviction, il s'établira entre nous un réel contact d'homme à homme. » Khrouchtchev parcourt la France, manifestant partout une remarquable vitalité. Il monte à Rambouillet dans la même barque que le général de Gaulle et se moque allègrement de Kossyguine qui tient les avirons. « Il repart le 3 avril, cordial, guilleret, me laissant, je dois le dire, impressionné par la force et le ressort de sa personnalité » (*ME*, p. 246). Aux États-Unis où il se rend du 22 au 29 avril 1960, le général de Gaulle parle aimablement de Khrouchtchev. Répondant le 23 avril à une question d'un journaliste, il reconnaît à Khrouchtchev « une forte personnalité » et il termine en disant : « Bref dans la conférence au sommet [qui devait s'ouvrir à Paris en mai], je ne crois pas que l'Union soviétique pourrait être représentée par un homme qui exprime mieux ce qu'est la Russie d'aujourd'hui qui, c'est mon avis, n'est déjà plus la Russie d'hier, même la Russie d'il y a dix ans. »

Partout aux États-Unis, le général de Gaulle prêche la détente et répète qu'il n'y a pas en France de péril communiste. Mais la conférence au sommet réunissant Khrouchtchev, Eisenhower, MacMillan et de Gaulle qui se réunit à Paris le 17 mai 1960, se sépare au bout de 2 jours sans avoir commencé, à cause de l'incident provoqué par l'avion-espion américain U2 abattu au-dessus du territoire soviétique. C'est un échec, mais ce n'est pas un échec du général de Gaulle.

En 1961, le général de Gaulle se montre d'une particulière

fermeté lors de la crise provoquée par l'Union soviétique à propos de Berlin [1]. Alors que Kennedy inclinait à un arrangement, le général de Gaulle se montre intransigeant à l'égard des Soviétiques et cette attitude est très appréciée en Allemagne fédérale. Il parle du « système totalitaire », « du monde libre », de l'« empire soviétique », du « joug totalitaire », du « dictateur que l'on connaît bien » et il invite l'Occident à la fermeté (5 septembre 1961 [2]). A Villefranche-de-Rouergue, à la fin de septembre, il déclare — et ceci rappelle singulièrement ce qu'écrivait le jeune Charles de Gaulle à 16 ans dans *Une mauvaise rencontre* : « Devant les sommations, on donne son chapeau, ensuite sa veste, puis sa chemise, puis sa peau. Finalement on perd son âme. » Le 29 décembre 1961, le général de Gaulle qualifie ainsi la déstalinisation : « cette sorte de Thermidor ».

La rupture des relations sino-soviétiques se manifeste au grand jour après la crise de Cuba en octobre 1962, que les Chinois interprètent comme une reculade des « révisionnistes » russes. Le général de Gaulle interprète très traditionnellement le conflit sino-soviétique comme un conflit de puissances et non comme un conflit idéologique : « L'étendard de l'idéologie ne couvre en réalité que des ambitions » (29 juillet 1963). En janvier 1964 la France décide de reconnaître la Chine populaire — non point avant mais après la rupture ouverte entre l'URSS et la Chine. Le 31 janvier 1964, dans une conférence de presse, le général de Gaulle parle longuement de la Chine et du peuple chinois « fier, résolu, dans ses profondeurs ». Deux raisons, semble-t-il, motivent cette reconnaissance : une raison qui est explicitement formulée : le régime communiste est installé en Chine depuis 15 ans. Le « poids de l'évidence et de la raison » impose de le reconnaître. Une raison informulée : tout ce qui favorise la

1. Le 13 août 1961, les autorités de RDA, soutenues par l'URSS, font édifier le « mur », en violation des accords interalliés. Il s'agissait, entre autres raisons, de mettre un terme à l'émigration sans cesse croissante de citoyens est-allemands vers l'Ouest. *(N. d. É.)*

2. Le même jour, le général décrit ainsi le régime soviétique : « Un régime qui ne tient qu'en vertu d'un appareil d'autorité, un régime rigidement planifié et implacable. »

dissociation des deux blocs antagonistes doit être favorisé. C'est ainsi que le général de Gaulle constate avec satisfaction : « Le monolithisme du monde totalitaire est en train de se disloquer » (conférence de presse 23 juillet 1964).

Cependant le général de Gaulle tient à entretenir de bonnes relations avec l'Union soviétique. En juin 1966 il se rend en Russie où il est accueilli par les successeurs de Khrouchtchev [1], Brejnev, Kossyguine et Podgorny. En septembre de la même année, Kossyguine est reçu officiellement en France. Dans le camp « atlantique » et « européen », on déclare que le renversement des alliances est imminent.

En 1967-1968 le général de Gaulle s'efforce d'encourager la désatellisation de l'Europe orientale. Il se rend en Pologne en septembre 1967 et évoque avec émotion son premier séjour en Pologne comme capitaine en 1919-1920. Il évoque les relations privilégiées entre la France et la Pologne en utilisant une métaphore maritime : « Comme deux rochers éloignés mais que le même océan a, tour à tour ou à la fois, battus de ses tempêtes, voici que la Pologne et la France se voient l'une et l'autre debout, toujours pareilles à elles-mêmes et décidées à le rester » (6 septembre 1967). Le général de Gaulle confirme solennellement que la France reconnaît les frontières occidentales de la Pologne, sur la ligne Oder-Neisse [2]. Il fait deux allusions aux relations entre l'URSS et la Pologne. Le 8 septembre, à l'université de Cracovie il parle de « l'active coopération extérieure » que doit entretenir la Pologne et il ajoute : « Mais, pour vous, comme pour nous, il est essentiel que cette coopération en soit une et non pas l'absorption par quelque énorme appareil étranger. » Le 11 septembre, devant la Diète polonaise, il déclare que la Pologne a « repris, vis-à-vis du dehors, la totale disposition d'elle-même, ce qui lui permet de traiter chaque problème sans entraves et sans préjugés ». Relevant ces propos et tenant à marquer son orthodoxie, Gomulka répond que « l'alliance avec l'Union soviétique, jointe aux traités conclus

1. Khrouchtchev avait été écarté du pouvoir en 1964.
2. Le général de Gaulle avait reconnu la frontière occidentale de la Pologne dans la conférence de presse du 25 mars 1959.

avec les États socialistes de l'Europe orientale — y compris la République démocratique allemande —, est la pierre angulaire de la politique de la Républiquc populaire de Pologne ».

Aimable avec les communistes polonais, le général de Gaulle ne l'est pas du tout avec les communistes français. Le 27 novembre 1967 il parle des « conjurés de l'entreprise totalitaire qui visent à établir sur la France leur écrasante et morne dictature ». Pendant la crise de mai 1968, il refuse de reconnaître le rôle modérateur joué par le parti communiste français. Dans son allocution du 30 mai, il parle d' « un parti qui est une entreprise totalitaire »; le 7 juin, de « l'entreprise communiste totalitaire »; le 11 mars 1969, du « risque de l'écrasement totalitaire » dans la France de mai 1968.

Entre le 14 et le 18 mai 1968, le général de Gaulle avait tenu, en dépit de la situation intérieure, à se rendre en Roumanie et il déclare à Michel Droit que ce voyage était « très important », « essentiel », qu'il n'était pas question de le remettre. A Bucarest, le général de Gaulle reprend et développe les thèmes sur lesquels il avait mis l'accent l'année précédente à Varsovie et à Cracovie : il plaide pour « l'union de l'Europe » et pour la rupture des blocs; il parle de la « grande Révolution » française de 1789. Il déclare : « Ce sont les nations, chacune avec son âme et son corps bien à elles, qui constituent en fin de compte les éléments irréductibles et les ressorts indispensables de la vie universelle » (15 mai 1968). Il conclut : « Nos deux peuples donnent l'exemple. » A relire ces textes on comprend que le général de Gaulle ait jugé plus important d'aller tenir en Roumanie le langage de l'indépendance nationale que de suivre de près les faits et gestes de Dany Cohn-Bendit, d'Alain Geismar ou de Jacques Sauvageot.

En août 1968, l'intervention des troupes soviétiques en Tchécoslovaquie paraît sonner le glas de cette politique de désatellisation et d'encouragement à l'indépendance nationale des pays de l'Europe de l'Est. Répondant à une question sur la Tchécoslovaquie, dans la conférence de presse du 9 septembre 1968, le général de Gaulle déclare que les événements de Prague sont « l'expression de l'hégémonie soviétique », mais que « l'évolution se poursuivra inéluctablement » et que la France n'a aucune raison de modifier sa politique à l'égard de l'Est européen. C'est la dernière déclaration officielle du général de Gaulle sur les relations Est-Ouest et sur les rapports de la France avec l'Union soviétique. Peut-on dire qu'il ait incliné, en 1966, vers un renversement des alliances ? Peut-on même dire qu'il tienne la balance égale entre l'URSS et les États-Unis ? En fait, le général a sans doute été plus désagréable envers les États-Unis qu'envers la Russie soviétique. Mais c'est sans doute parce que pour lui la France fait partie du « monde libre », indissolublement.

En ce qui concerne l'Europe, l'attitude du général de Gaulle manifeste pendant la Ve République une grande continuité. Cette attitude semble inspirée par plusieurs principes.

Le général de Gaulle est très attaché à l'Europe et il en parle souvent, après comme avant 1958 [1]. Il souhaite une « Europe rassemblée », une « Europe unie ». Il considère que l'Amérique est fille de l'Europe et il parle le 31 décembre 1960 de « cette Europe rassemblée et l'Amérique sa fille ». Il estime que la Russie fait partie de l'Europe et il parle à diverses reprises de l'Europe depuis l'Atlantique jusqu'à l'Oural. Cette formule ne date pas de la Ve République. Le général de Gaulle l'utilise, semble-t-il, pour la première fois en public le 16 mars 1950 dans une conférence de presse et il l'emploie à plusieurs reprises au temps du RPF comme après 1958. Cette expression est d'ailleurs singulière et significative : pour le général de Gaulle, les frontières de l'Europe ne sont pas les frontières artificielles et conjoncturelles de Yalta, mais les frontières définies par la géographie que rappellent les manuels et les atlas. L'avè-

1. Cf. l'ouvrage particulièrement volumineux d'Edmond Jouve, *Le Général de Gaulle et la Construction de l'Europe*, L G D J, 1967, 2 volumes.

nement de l'Union soviétique et la guerre froide n'ont rien changé aux frontières de l'Europe telles que les avait apprises le jeune Charles de Gaulle lorsqu'il était écolier. Mais cette formule qui irrite si vivement les plus ardents tenants de l'intégration européenne dans le cadre de l'Europe occidentale n'était assurément pas faite pour plaire aux Soviétiques car — s'il fallait la prendre à la lettre — elle signifierait que la Sibérie, les républiques socialistes d'Asie n'appartiennent pas en fait à l'URSS mais au monde mystérieux et un peu inquiétant que peuplent les Jaunes, comme si l'Oural constituait à cet égard une frontière et un rempart.

Au temps du RPF, le général de Gaulle avait beaucoup parlé de l'organisation de l'Europe. Il s'était dès 1947 déclaré partisan d'une fédération européenne et avait préconisé un vaste référendum des Européens libres (25 septembre 1949). Dans les premiers temps du RPF, la terminologie du général de Gaulle n'est pas extrêmement précise et, lorsqu'il parle de fédération, il est clair qu'il songe à une organisation confédérale, respectant strictement l'indépendance des États qui en feraient partie. C'est ainsi qu'il déclare en juillet 1952, à Saint-Maur, que la « confédération européenne est peut-être la dernière chance de l'Occident ». Différents projets tendant à créer une confédération européenne avaient été élaborés sous la IVe République par des personnalités gaullistes. En 1950 puis en 1953, Michel Debré avait présenté deux versions successives d'un « projet de pacte pour une union d'États européens ». En décembre 1951 Gaston Palewski et le général Billotte avaient présenté au nom du groupe parlementaire RPF une proposition de loi tendant à la création d'une confédération européenne. A cet égard, le général de Gaulle développe exactement les mêmes idées sous la Ve République que sous la IVe, et le « plan Fouchet » des années 1961-1962 prolonge exactement les textes gaullistes datant des années 1950.

Avant 1958, le général de Gaulle s'était vigoureusement opposé à toute organisation européenne fondée sur l'intégration et la supranationalité, et il est inutile de rappeler la vigueur de ses attaques contre la CECA et surtout contre la

CED. Quant au Marché commun, le général de Gaulle — qui gardait alors le silence — n'avait pas en 1957 dénoncé les méfaits du traité de Rome, mais Michel Debré avait fait le 19 juillet 1957 un discours long et passionné contre le Marché commun qu'il avait terminé en s'écriant : « Ce que l'on vous propose, c'est la disparition de la Nation. » L'inquiétude était donc vive dans le « camp européen » lorsque le général de Gaulle revint au pouvoir en 1958 et lorsqu'il prit en 1959 Michel Debré comme Premier ministre. On trouve l'écho de cette inquiétude dans le livre de Paul Reynaud, *la Politique étrangère du gaullisme* [1]. Mais, contrairement à ce que redoutaient les adversaires de la politique étrangère gaulliste, la France ne se retire pas du Marché commun. Au contraire, sous l'influence personnelle du général de Gaulle, la France s'engage irréversiblement, dès le 1er janvier 1959, dans la voie du Marché commun et c'est à la suite de ses interventions pressantes et de « débats dramatiques », selon l'expression dont il se sert lui-même dans ses *Mémoires d'espoir* (p. 198), que le Marché commun a été étendu à l'agriculture à partir de 1962 [2]. Il n'est donc pas faux de dire que le général de Gaulle a été, dans le domaine économique, un ferme partisan de la construction européenne et que, sans son action personnelle, l'extension du Marché commun à l'agriculture serait longtemps restée problématique.

Pourquoi cet apparent revirement ? Sans doute faut-il mentionner une fois de plus le pragmatisme du général de Gaulle et son sens aigu des évolutions irréversibles [3]. Mais il faut ajouter, d'une façon plus précise, que les mesures financières de décembre 1958 et la politique d'austérité découlant du plan Pinay-Rueff permettaient à la France de renoncer au protectionnisme et de s'engager dans le Marché commun. Or il est certainement beaucoup plus conforme à la philosophie politique du général de Gaulle d'engager,

1. Julliard, 1964.

2. Cf. les « marathons agricoles » de janvier 1962, décembre 1963 et décembre 1964, ainsi que la crise de 1965.

3. C'est ainsi qu'il déclare le 12 juin 1963 à Angoulême : « Le Marché commun se fera progressivement, c'est maintenant une chose irréversible. »

avec de solides chances de succès, la France dans le jeu de la concurrence internationale, que de pratiquer une politique de protection douanière, de contingentements et de prix artificiels. On aurait donc tort de considérer comme une sorte de palinodie ou comme une brusque conversion l'attitude du général de Gaulle à l'égard du Marché commun à partir de 1958. Tout se passe plutôt comme s'il avait estimé que, le général de Gaulle étant revenu au pouvoir, l'économie française rénovée serait assez solide pour supporter l'épreuve du Marché commun et que la France serait assez forte pour refuser catégoriquement toute forme d'intégration nationale.

Le général de Gaulle en effet n'est pas moins hostile à la supranationalité qu'il l'était avant 1958. Il n'a jamais employé publiquement l'expression « Europe des patries » mais son Premier ministre, Michel Debré, se déclare le 15 janvier 1959 devant l'Assemblée nationale partisan de « l'Europe des patries et de la liberté ». L'expression « Europe des patries » est utilisée par de nombreuses personnalités gaullistes, notamment Alain Peyrefitte qui écrit le 17 septembre 1960 : « Aujourd'hui Europe des patries, un jour patrie européenne » *(le Monde)*. Le général de Gaulle, pour sa part, parle « d'Europe des réalités », d' « Europe des États », d' « Europe des peuples et des États ». Il parle aussi d' « Europe européenne » (23 juillet 1964), comme il avait parlé d' « Algérie algérienne », dans une de ces formules tautologiques qui lui sont familières.

Quoi qu'il en soit, cette Europe des États, pour le général de Gaulle, doit être soustraite à l'influence prépondérante des États-Unis. Sans doute, compte-t-il — et n'a-t-il apparemment jamais cessé de compter — sur les États-Unis pour assurer la défense de l'Europe, mais il est fondamentalement hostile à toute formule de force multilatérale et d'intégration militaire. Il affirme sans ambiguïté le 25 avril 1960 devant le Congrès des États-Unis que la France a choisi d'être « du côté des peuples libres [1] » et rien ne permet de penser qu'il

1. Le 25 avril 1960, le général de Gaulle déclare devant le congrès des États-Unis : « Si, matériellement parlant, la balance peut sembler

ait à cet égard le moins du monde changé d'avis. Le général de Gaulle n'est donc partisan ni d'une Europe atlantique, soumise aux États-Unis, ni d'une sorte d'Europe-troisième force qui constituerait un troisième bloc entre les États-Unis et la Russie. Il est, en définitive, partisan d'une Europe indépendante, à l'abri du parapluie atomique américain, une Europe constituée d'États indépendants, et, grâce à la politique que seule peut mener la France, s'étendant progressivement vers les pays de l'Est. L'Europe ne peut être l'Europe sans la France : « Bref, il nous paraît essentiel que l'Europe soit l'Europe et que la France soit la France » (19 avril 1963). Ou encore : « La France, parce qu'elle est la France, doit mener au milieu du monde une politique qui soit mondiale. » Bref, la politique européenne, pour le général de Gaulle, n'est pas une fin en soi, elle n'est qu'un aspect d'une politique mondiale, un moyen pour la France d'acquérir le rang qui doit être le sien et d'affirmer son indépendance.

Pour réaliser cette politique européenne et mondiale, le général de Gaulle compte davantage sur l'Allemagne que sur l'Angleterre. Il entretient des relations étroites avec Adenauer et conclut en janvier 1963 un traité avec l'Allemagne, qui ne donnera pas les résultats escomptés. En revanche, il oppose à deux reprises un veto à la candidature britannique au Marché commun : le 14 janvier 1963 il répond non à la candidature présentée par MacMillan; le 16 mai 1967, il répond non à la candidature présentée par Wilson. Selon Alfred Grosser, dont le livre *la Politique extérieure de la Ve République* est dans l'ensemble sévère, ce choix de l'Allemagne aux dépens de l'Angleterre pour tenter de pratiquer une politique d'indépendance constituerait une des erreurs majeures qu'aurait commises le général de Gaulle. Mais, avant de porter des jugements de valeur, sans doute est-il nécessaire de fournir quelques précisions complémentaires sur l'attitude du général de Gaulle envers la construction de

---

égale entre les deux camps qui divisent l'univers, moralement elle ne l'est pas. La France, pour sa part, a choisi; elle a choisi d'être du côté des peuples libres, elle a choisi d'y être avec vous. »

l'Europe et les institutions européennes, envers l'Allemagne et l'Angleterre.

Dans les deux premières années de la Ve République, l'Algérie est le problème majeur et le général de Gaulle n'a guère le loisir d'élaborer un plan d'ensemble concernant l'organisation de l'Europe. Il le fait en 1960, l'année où accèdent à l'indépendance les anciennes colonies françaises d'Afrique noire. « Suivant ma méthode, écrit le général de Gaulle dans ses *Mémoires d'espoir*, je crois bon de saisir l'opinion » (p. 206). Après s'être entretenu pendant les mois d'été avec le chancelier Adenauer, avec le président du Conseil italien Fanfani et avec le Premier ministre des Pays-Bas, il expose le 5 septembre 1960 dans une conférence de presse son plan pour « construire l'Europe » : il faut « procéder, non pas suivant des rêves mais d'après des réalités ». Or les réalités de l'Europe, ce sont des États. Pour le général de Gaulle les organismes « plus ou moins extranationaux » n'ont pas et ne peuvent pas avoir « d'autorité et par conséquent d'efficacité politique ». Il propose donc : une concertation régulière et organisée des gouvernements européens ; la délibération périodique d'une assemblée formée par les délégués des parlements nationaux; enfin « un solennel référendum européen de manière à donner à ce démarrage de l'Europe le caractère d'adhésion et de conviction populaires qui lui est indispensable » (5 septembre 1960).

Ce projet n'est pas immédiatement rejeté par les partenaires de la France. Il est précisé par la Commission présidée par Christian Fouchet et donne naissance au « plan Fouchet » qui est conforme aux principes mentionnés le 5 septembre 1960 par le général de Gaulle. Le « plan Fouchet » prévoyait un « traité établissant une union d'États », avec un Conseil réunissant les chefs de gouvernement, une Assemblée parlementaire européenne et une Commission politique européenne. Ce plan est mal accueilli par les partisans de l'Europe supranationale, notamment par les gouvernements de Belgique et des Pays-Bas qui avancent deux critiques, à dire vrai peu conciliables : le plan français ne porte aucune atteinte aux prérogatives nationales. Or, comme le dit le ministre belge Spaak le 10 janvier 1962 : « L'Europe sera supranationale ou ne sera pas »; d'autre part, le plan français écarte la Grande-Bretagne et on ne peut construire l'Europe sans les Anglais. Ce « préalable anglais » n'était peut-être pas parfaitement cohérent avec le premier argument car les Anglais n'ont jamais passé pour être de chauds partisans de la supranationalité et on peut penser qu'ils auraient manifesté très peu d'enthousiasme pour une Europe intégrée selon les principes supranationaux. Quoi qu'il en soit, le plan français se heurte à de très vives objections.

Le 5 février 1962, le général de Gaulle lance un nouvel appel pour « faire sortir l'union de l'Europe du domaine de l'idéologie et de la technocratie pour la faire entrer dans celui de la réalité, c'est-à-dire de la politique ». Mais, le 17 avril 1962, les gouvernements belge et hollandais opposent un veto au plan français, après avoir une nouvelle fois soulevé le préalable anglais. Un mois plus tard, le 15 mai 1962, dans la première conférence de presse consécutive à la constitution du gouvernement Pompidou, le général de Gaulle, devant tous les ministres, y compris les ministres MRP, notamment Maurice Schumann et Pflimlin, expose une nouvelle fois ses idées sur l'Europe. Il affirme : « Il ne peut pas à l'heure actuelle y avoir d'autre Europe que celle des États. » Il s'oppose catégoriquement à la supranationalité : « Dante, Goethe, Chateaubriand [...] n'auraient pas beaucoup servi l'Europe s'ils avaient été des apatrides et s'ils avaient pensé, écrit en quelque " esperanto " ou " volapük " intégrés. » Il termine par une allusion antiaméricaine (« Il y aurait peut-être un fédérateur, mais il ne serait pas européen ») et affirme qu'il est nécessaire de procéder à une révision de l'OTAN. Douloureusement affectés par ces propos et notamment par l'allusion au « volapük » qu'ils semblent avoir considéré comme injurieuse, les ministres MRP décident de quitter le gouvernement. Le 12 novembre 1952, le général de Gaulle avait parlé à peu près dans les mêmes termes du volapük et de l'esperanto : « On n'est pas un Européen si l'on est un apatride. Chateaubriand, Goethe, Byron, Tolstoï n'auraient rien valu du tout en volapük ou en esperanto. »

En 1963, le général de Gaulle parle beaucoup de l'Europe [1] et dénonce en toute circonstance le danger d'une Europe dominée par les États-Unis — ce qui ne manquerait pas de se produire si la Grande-Bretagne entrait dans le Marché commun. Le 23 juillet 1964 le général de Gaulle parle d'une « Europe européenne » et il précise le 22 novembre 1964, après son retour d'Amérique latine, ce qu'il entend par là : « La construction d'une Europe européenne, autrement dit indépendante, puissante et influente au sein du monde de la liberté. » Au début de 1965, il précise que la constitution de cette Europe indépendante, de l'Atlantique à l'Oural, permettrait de résoudre le problème allemand et d'envisager la réunification des deux Allemagnes.

Le 30 juin 1965 : crise à Bruxelles [2]; les règlements agricoles qui auraient dû être adoptés à cette date n'étant pas établis, la France suspend les négociations de Bruxelles et interrompt sa participation aux institutions du Marché commun. Cette crise suscite de violentes attaques de la part des partisans de l'intégration européenne qui taxent le général de Gaulle de nationalisme borné. On retrouve l'écho de ces critiques dans la campagne électorale de Jean Lecanuet avant les élections présidentielles où le général de Gaulle est mis en ballottage le 5 décembre 1965. Durant toute cette période, le général de Gaulle s'exprime sans le moindre souci d'amabilité à l'égard des « Européens ». Le 10 juin 1965, il déclare lors d'une réception à l'Élysée : « On peut faire des discours sur l'Europe supranationale. Ce n'est pas difficile : il est facile d'être un Jean-foutre » (A. Passeron, II, p. 305). Cette appellation vigoureuse n'est pas plus appréciée que la phrase de 1962 sur le volapük. Le 9 septembre 1965 le général de Gaulle critique la commission de Bruxelles qu'il qualifie de « technocratie en majeure partie étrangère » et il parle de « quelque aréopage

1. Selon Edmond Jouve (*op. cit.*, p. 30), c'est l'année où les thèmes européens tiennent, de 1958 à 1966, le plus de place dans les déclarations du général de Gaulle.

2. Selon le titre du livre de John Newhouse publié par la Fondation dans la collection « Nations et alliances ».

technocratique apatride et irresponsable ». Il critique la CECA, l'Euratom, le traité de Rome et assure une nouvelle fois que seule une Europe de l'Atlantique à l'Oural respectant la souveraineté peut régler le problème allemand et assurer une aide efficace aux pays sous-développés.

Le 14 décembre 1965, entre le premier et le second tour de l'élection présidentielle, le général de Gaulle répond aux questions de Michel Droit sur l'Europe. Le général de Gaulle est en verve et il répond : « Bien entendu, on peut sauter sur sa chaise comme un cabri en disant : “ L'Europe, l'Europe, l'Europe ”, mais cela n'aboutit à rien et cela ne signifie rien... » Un peu plus tard il parle de l'Europe supranationale : « Alors vous en avez qui crient : “ Mais l'Europe, l'Europe supranationale ! il n'y a qu'à mettre tout cela ensemble, il n'y a qu'à fondre tout cela ensemble, les Français avec les Allemands, les Italiens avec les Anglais, etc. ” Oui, vous savez, c'est commode et quelquefois c'est assez séduisant, on va sur des chimères, on va sur des mythes mais ce ne sont que des chimères et des mythes. Mais il y a les réalités, et les réalités ne se traitent pas comme cela. » Le général de Gaulle répète que l'Europe ne peut être fondée que sur la coopération entre États.

En janvier 1966, la crise du Marché commun s'achève par un compromis. Les 5 partenaires de la France restant fidèles au principe de la majorité pour certaines décisions et la France y restant hostile, le ministre néerlandais des Affaires étrangères, Luns, trouve une formule subtile : « Lorsque dans le cas d'une décision susceptible d'être prise à la majorité sur proposition de la commission, des intérêts très importants d'un ou plusieurs partenaires seront en jeu, les membres du Conseil s'efforceront dans un délai raisonnable de parvenir à des solutions qui pourront être adoptées par tous les membres du Conseil dans le respect de leurs intérêts et de ceux de la Communauté. » Bref on ne prendrait pas de décisions à la majorité sans avoir de bonnes raisons de penser qu'elles pourront être adoptées unanimement. Après cette crise, la France réintègre le Marché commun et on assiste depuis cette date à une certaine « relance européenne » sur le plan économique sinon sur le plan politique. Entre

1965 et 1969, le général de Gaulle n'ajoute rien de bien nouveau en ce qui concerne l'Europe. Dans sa conférence de presse du 28 octobre 1966 — peu de temps après le discours de Pnom Penh —, il affirme qu'il n'a jamais cessé de travailler pour l'Europe, mais une Europe libérée de « l'hégémonie américaine ». Le 1er décembre 1966, recevant Kossyguine à Paris, il déclare : « Y aurait-il eu une guerre du Vietnam si l'Europe était unie ? »

Il semble bien en fin de compte que le général de Gaulle, en ce qui concerne l'Europe, ait évolué depuis la fin de la guerre : il rêve alors — c'est du moins ce qui apparaît dans le tome III des *Mémoires de guerre* — d'une Europe-troisième force, qui puisse un jour « être l'arbitre entre les deux camps ». Sous la Ve République, il prend acte de la détente et mise sur la dissolution des blocs : « Il n'est point, à la longue, de régime qui puisse tenir contre les volontés nationales », écrivait-il déjà dans le tome III des *Mémoires de guerre*.

Dans la construction européenne, en tout cas, l'alliance franco-allemande est la pièce essentielle. L'attitude du général de Gaulle envers l'Allemagne reste inspirée par les mêmes principes de 1958 à 1969. Il faut cependant distinguer deux phases : avant et après le départ d'Adenauer et son remplacement par Erhard comme chancelier de la République fédérale en octobre 1963. Entre Charles de Gaulle et Conrad Adenauer, « ce vieux Français et ce très vieil Allemand » (*ME*, p. 184) se nouent des relations personnelles de confiance, d'estime, d'amitié et — en ce qui concerne Adenauer — d'admiration. Le général de Gaulle apprécie le réalisme et le courage d'Adenauer, « ce Rhénan » (*ME*, p. 184); il a le sentiment qu'il peut avec lui construire une véritable alliance qui effacerait les guerres du passé et tout le sang versé. En revanche, il n'éprouve aucune sympathie pour le gros chancelier Erhard qui lui semble fâcheusement inféodé aux États-Unis et qui lui-même se méfie du général de Gaulle.

Le 14 et le 15 septembre 1958, le général de Gaulle, au lieu de recevoir Adenauer à Paris, l'accueille pendant deux jours à Colombey, et le chancelier semble avoir été conquis par la simplicité et la hauteur de vues du général. Le général de Gaulle fait part à Adenauer de son désir de conclure une solide entente avec l'Allemagne et de fonder sur des bases durables la réconciliation franco-allemande. Il y met trois conditions : que l'Allemagne fédérale accepte la frontière entre la RDA et la Pologne sur la ligne Oder-Neisse; qu'elle ne manifeste pas une opposition systématique à l'égard de l'Est; qu'elle renonce complètement aux armements atomiques. En échange de ces trois conditions, le général de Gaulle assure Adenauer du soutien de la France en cas de tension provoquée par le statut de Berlin. Conformément à cette promesse, le général de Gaulle manifeste la plus grande fermeté en 1959 puis en 1961 lors des crises provoquées par l'Union soviétique et qui se terminent en août 1961 par le début de la construction du mur de Berlin.

C'est en 1962 que se situe l'apothéose spectaculaire de la réconciliation franco-allemande. Les 5 et 6 juillet, Adenauer fait en France sa première visite officielle qui n'est marquée par aucun incident. Du 4 au 9 septembre, après l'attentat du Petit-Clamart, le général de Gaulle se rend en Allemagne fédérale et son séjour se solde par un incontestable succès populaire. Il déclare le 4 septembre au président Lübke : « Le rapprochement amical de nos deux pays est sans conteste l'un des événements les plus importants et éclatants de tous ceux que l'Europe et le monde ont vécus au long des siècles. » Il ajoute que l'alliance franco-allemande est « un môle de puissance et de prospérité du même ordre que celui que les États-Unis constituent dans le Nouveau Monde ». Il parle allemand à Bonn sur la place de l'Hôtel de Ville, à Duisbourg devant les ouvriers de l'usine Thyssen et il s'adresse le 7 septembre 1962 à Hambourg aux officiers de l'école de guerre allemande en des termes qui furent souvent interprétés à l'époque — d'une façon qui me semble abusive — comme une exaltation de la force et un encouragement au militarisme allemand. Évoquant quelques semaines plus tard ce voyage en Allemagne, le général de Gaulle déclare qu'il a été « touché jusqu'au tréfonds de [son] âme par les ovations allemandes et il ajoute : « Les Germains et les Gaulois constatent qu'ils sont solidaires » (conférence de presse du 14 janvier 1963).

Cette solidarité est matérialisée par le traité franco-allemand qui est signé à Paris le 22 janvier 1963. Mais, en ratifiant ce traité, le Bundestag lui ajoute un préambule manifestant la plus étroite solidarité avec la politique atlantique des États-Unis [1]. Le gouvernement et le Parlement allemands n'ont manifestement pas la même conception de l'Europe et des relations avec les États-Unis que le général de Gaulle, et les divergences franco-allemandes ne vont pas tarder à s'établir au grand jour après le départ d'Adenauer et son remplacement par Erhard en octobre 1963. Le bilan du traité franco-allemand est finalement mince, sauf en ce qui concerne la création de l'Office franco-allemand pour la jeunesse, et le général de Gaulle ne dissimule pas à cet égard une certaine déception le 23 juillet 1964. Le 4 février 1965, il suggère que le problème de la réunification allemande soit réglé par une conférence regroupant les États européens de l'Ouest et de l'Est de l'Europe — suggestion qui excluait apparemment les États-Unis et avait peu de chance de séduire les Allemands. De 1965 à 1969, les relations franco-allemandes n'évoluent pas sensiblement. Il n'est donc pas erroné de dire que l'alliance franco-allemande n'a pas répondu aux espoirs que le général de Gaulle semblait placer en elle. Cette déconvenue est d'autant plus forte qu'il n'attend rien de l'Angleterre.

Le général de Gaulle a toujours proclamé son admiration pour l'Angleterre : « Et puis j'admire l'Angleterre » (*ME*, p. 229). C'est ainsi qu'il parle de la Garde britannique dans une phrase doublement ternaire : « Ce corps dont la tenue, l'allure et l'ordonnance proclament le loyalisme, la discipline et la tradition » (*ME*, p. 247). Du 5 au 8 avril 1960, il se rend en Angleterre en visite officielle. A Westminster, le 7 avril, il fait l'éloge des institutions britanniques. Dans ses *Mémoires d'espoir*, il rend hommage à la reine et parle avec émotion de l'accueil qui lui a été réservé à Londres.

1. Préambule adopté sous la pression, notamment, du SPD, alors dans l'opposition. *(N. d. É.)*

Cependant à deux reprises, il s'oppose personnellement à l'entrée de la Grande-Bretagne dans le Marché commun. Le gouvernement anglais n'avait pas toujours été favorable au Marché commun. Le général de Gaulle, dans ses *Mémoires d'espoir* (p. 199), ne manque pas de rappeler les propos de MacMillan le 29 juin 1958 à Paris, l'adjurant de renoncer au Marché commun : « Le Marché commun c'est le Blocus continental. L'Angleterre ne l'accepte pas. Je vous en prie, renoncez-y. » 3 ans plus tard, cependant, après avoir constitué une Association européenne de libre-échange avec les pays scandinaves, le Portugal, la Suisse et l'Autriche, la Grande-Bretagne présente sa candidature pour entrer dans le Marché commun. Le général de Gaulle reçoit à Rambouillet le 15 décembre 1962 le Premier ministre MacMillan et lui expose les raisons de ses réticences. Au Conseil des ministres qui suit, il rend compte de son entretien avec MacMillan : « Ce pauvre homme à qui je ne pouvais rien accorder avait l'air si triste, si abattu, que j'avais envie de lui mettre la main sur l'épaule et, comme Édith Piaf dans sa chanson de lui dire : " Ne pleurez pas, milord " » (A. Passeron, II, p. 263).

A la fin de décembre, MacMillan s'entretient à Nassau, dans les îles Bahamas, avec le président Kennedy et accepte un projet de création, dans le cadre de l'OTAN, d'une force nucléaire « multilatérale ». Le projet semble avoir exaspéré le général de Gaulle, et le conduit à durcir sa position, comme si l'Angleterre devait être en Europe le cheval de Troie des États-Unis. Le 14 janvier 1963, à l'occasion d'une conférence de presse, il s'oppose à l'entrée de la Grande-Bretagne dans le Marché commun : *the General says no*, selon le titre de Nora Beloff [1]. Trois raisons, selon le général, s'y opposent : la situation de l'agriculture britannique; les relations privilégiées de la Grande-Bretagne avec d'autres pays, ceux du Commonwealth et ceux de l'Association européenne de libre-échange; enfin et surtout la dépendance de l'Angleterre à l'égard des États-Unis. « En définitive » (si la Grande-Bretagne entrait dans le Marché commun), « il apparaîtrait une communauté atlantique colossale — sous dépendance et

1. Nora Beloff, *Le Général dit non*, Plon, 1963.

direction américaines — et qui aurait tôt fait d'absorber la Communauté européenne » (14 janvier 1963). Quelques jours plus tard, le 24 janvier 1963, le général de Gaulle s'entretenant familièrement avec un groupe de parlementaires français leur dit : « Je suis mélancolique de voir l'Angleterre se diriger vers les États-Unis, car elle risque de se comporter comme leur commis-voyageur. » Un autre mot — qui va dans le même sens — a été prêté au général de Gaulle : « L'Angleterre, je la veux nue » (André Fontaine, *le Monde*, 18 décembre 1963).

La conférence de presse du 14 janvier 1963 n'est pas seulement un refus opposé à la Grande-Bretagne. C'est aussi un refus du « grand dessein » exposé le 4 juillet 1962 par le président Kennedy et qui semble avoir été largement inspiré par Jean Monnet, président du Comité d'action pour les États-Unis d'Europe : il s'agissait de construire sur la rive est de l'Atlantique des États-Unis d'Europe solidairement unis aux États-Unis par les liens du partnership atlantique. Les deux partenaires seraient égaux, mais les États-Unis auraient le monopole de la force nucléaire [1]. Le général de Gaulle dit non à ce projet au moins autant qu'à l'entrée de la Grande-Bretagne dans le Marché commun. Cette conférence de presse de janvier 1963 provoque en tout cas une vive irritation en Angleterre. Tandis que le général de Gaulle semble avoir accusé MacMillan de lui avoir dissimulé son intention de passer un accord avec les États-Unis au sujet de la force multilatérale, il est accusé par les Anglais de duplicité et d'ingratitude; duplicité, car la réponse du général de Gaulle à la candidature anglaise aurait été beaucoup plus nette dans sa conférence de presse du 14 janvier que dans ses propos du 15 décembre à MacMillan; ingratitude, car le général de Gaulle est accusé d'avoir oublié les sacrifices des soldats anglais pendant les deux guerres et l'aide apportée dès juin 1940 à la France libre par le gouvernement britannique. L'absence du général de Gaulle aux cérémonies commémoratives du débarquement en Normandie le 6 juin

1. Cf. J. Duroselle, *Histoire diplomatique de 1919 à nos jours*, librairie Dalloz, 1953, p. 646.

1964 avive ces reproches en Angleterre comme aux États-Unis.

En 1964, les conservateurs cèdent la place aux travaillistes et en 1967 le gouvernement Wilson présente la seconde candidature britannique au Marché commun. Le général répond longuement, dans la conférence de presse du 16 mai 1967, qu'il est impossible, pour les mêmes raisons qu'en 1963, d'accueillir la demande présentée par « ce grand peuple insulaire » (28 octobre 1966). L'Angleterre est une île et son entrée dans le Marché commun dénaturerait profondément celui-ci. Mais le général de Gaulle estime qu'une évolution est possible et il déclare : « Si un jour elle [la Grande-Bretagne] en venait là, de quel cœur la France accueillerait cette historique conversion ! » Il reparle du même problème le 27 novembre 1967 sans modifier sa position. Il retrace longuement les cinq phases de la candidature britannique au Marché commun et il conclut : « Pour que les îles britanniques puissent réellement s'amarrer au continent, c'est encore d'une très vaste et très profonde mutation qu'il s'agit. » L'Angleterre est une île et le général de Gaulle aime à rappeler le mot de Churchill : « Sachez, général de Gaulle, que chaque fois qu'il nous faudra choisir entre l'Europe et le grand large, nous serons toujours pour le grand large. »

Ainsi la politique européenne de la Ve République se trouve bloquée tant à l'égard de l'Allemagne qu'à l'égard de la Grande-Bretagne, et ce blocage est sensible dès 1963. Sans doute ce blocage européen n'est-il pas sans rapport avec les initiatives extraeuropéennes que prend le général de Gaulle à partir de 1964.

Le premier fondement de la politique extraeuropéenne pratiquée par le général de Gaulle est la politique de coopération avec les anciennes colonies françaises d'Afrique noire et avec les nouveaux États indépendants d'Afrique du Nord, notamment avec l'Algérie. Le général de Gaulle passe entièrement sous silence les considérations « cartiéristes » auxquelles il s'adonnait en 1961 à propos de l'Algérie. Il se préoccupe peu du coût de la coopération et il déclare :

« Notre vocation historique s'exerce désormais par la coopération » (11 décembre 1962). Il accueille à Paris les chefs d'État d'Afrique noire et s'attache tout particulièrement à préserver la coopération franco-algérienne qui lui apparaît comme exemplaire. Il rappelle avec fierté que la France est « le champion de la coopération » et effectivement sous la Ve République et par la volonté du général de Gaulle la France est le pays au monde qui consacre à l'aide aux pays sous-développés — essentiellement à l'Afrique du Nord et à l'Afrique noire — le plus fort pourcentage de son produit national brut : aux environs de 1960 2 % du produit national brut français était consacré à l'aide, c'est-à-dire plus du double de ce que donnaient les États-Unis par rapport à leur propre produit national brut.

Cette politique est dispendieuse. Une partie de l'opinion critique les dépenses fastueuses dont bénéficient les « rois nègres ». M. Édouard Bonnefous écrit *Des milliards qui s'envolent*. M. Tixier-Vignancour, pendant la campagne présidentielle de 1969, déplore que la France préfère le Zambèze à la Corrèze. Michel Droit juge la question assez importante pour interroger à ce sujet le général de Gaulle le 14 décembre 1965; celui-ci répond très calmement : « La France donne en effet, au total, quelque chose comme 2 milliards de nouveaux francs pour la coopération avec les pays sous-développés [...]. Un pays comme la France ne peut renoncer à un rôle d'aide internationale. Elle n'en a pas le droit ou alors elle ne serait pas la France et elle l'est. » Jusqu'au départ du général de Gaulle, la France reste fidèle à la même politique et le récent voyage du président Pompidou en Afrique semble prouver qu'elle n'entend pas y renoncer.

Mais la politique de coopération n'est pas limitée aux anciens territoires et départements français. Le 25 mars 1959 le général de Gaulle avait déclaré que l'aide aux pays sous-développés était « la grande querelle de l'homme » et à diverses reprises il propose une coopération internationale pour l'aide aux pays du tiers monde. Ces projets n'aboutissent pas et le général de Gaulle s'attache à faire aboutir sur le plan français ce qui n'a pu aboutir sur le plan international. La France s'efforce d'étendre à l'ensemble des pays sous-développés sa politique de coopération et c'est ainsi qu'il convient d'interpréter les voyages du général de Gaulle au Mexique en mars 1964 et son long voyage en Amérique du Sud du 20 septembre au 16 octobre 1964, pendant lequel il manifeste une exceptionnelle résistance physique et une assez médiocre aptitude à maîtriser la langue espagnole. Peu de temps après son retour en France, il déclare : « La coopération est désormais une grande ambition de la France » (31 janvier 1965). Cette déclaration est significative, ainsi que le mot désormais, mais il faut reconnaître que la tournée sud-américaine du général de Gaulle ne semble pas avoir été suivie de résultats très précis, pas plus que le voyage en Asie du Sud-Est et le discours de Pnom Penh en 1966, pas plus que la sympathie témoignée au Biafra en 1968 (« le drame atroce, énorme » du Biafra, 9 septembre 1968), pas plus que ses déclarations concernant le Canada.

Le général de Gaulle s'était rendu au Canada en avril 1960 avant d'aller rencontrer Eisenhower aux États-Unis. Il avait pris la parole à Ottawa le 19 avril et ses propos étaient passés inaperçus. Il n'en est pas de même du séjour que le général de Gaulle fait au Canada du 23 au 26 juillet 1967. Dès le jour de son arrivée il donne à son séjour une tonalité antiaméricaine en s'adressant aux habitants de Québec et en dénonçant « la prépondérance d'influences qui [leur] sont étrangères ». Le lendemain 24 juillet, après s'être rendu par la route de Québec à Montréal au milieu d'un extraordinaire enthousiasme populaire, il prononce une allocution improvisée au balcon de l'Hôtel de Ville de Montréal et déclare : « Je vais vous confier un secret que vous ne répéterez pas. Ce soir ici et tout au long de ma route, je me trouvais dans une atmosphère du même genre que celle de la Libération. » Et il termine son allocution en s'écriant : « Vive le Québec libre », c'est-à-dire en reprenant à son compte la formule des indépendantistes québécois. Le gouvernement d'Ottawa juge « inacceptables » les déclarations du général de Gaulle et celui-ci décide de rentrer en France sans se rendre à Ottawa. Dans son dernier discours le 26 juillet à Montréal, il déclare qu'il a ressenti au Canada « un choc » élémentaire, et il parle avec mépris de « tout ce qui grouille, grenouille, scribouille ».

Les déclarations du général suscitent une vive émotion au Canada, aux États-Unis et en France, où une large fraction de l'opinion déplore cet éclat inutile et où on commence à se demander si le général de Gaulle, l'âge venant, n'est pas devenu incapable de maîtriser ses propos. Toujours soucieux de se conformer à l'opinion qui lui semble dominante, M. Valéry Giscard d'Estaing se montre particulièrement critique. L'entourage du général de Gaulle répand le bruit que le « vive le Québec libre » était parfaitement médité. Le général de Gaulle lui-même n'incline à aucune autocritique, à aucune atténuation de ses propos. Le 27 novembre 1967, dans une conférence de presse, il affirme que le Québec « deviendra un État souverain » et, parlant des Canadiens français, il ajoute : « Pour eux aussi, pour eux surtout, il faut que la France soit la France. » Après les événements de mai il reparle du Canada le 9 septembre 1968 et il en parle encore dans son allocution de fin d'année le 31 décembre 1968 : « la libre conduite de sa propre vie nationale pour le peuple français du Canada ». Rien ne permet donc de penser que les déclarations du général de Gaulle au sujet du Québec libre lui ont échappé et qu'il en a mal mesuré la portée. Il n'en est peut-être pas exactement de même en ce qui concerne Israël.

Dans ses *Mémoires d'espoir* (p. 278), le général de Gaulle parle avec sympathie de l'État d'Israël, en évoquant la « grandeur d'une entreprise qui consiste à replacer un peuple juif disposant de lui-même sur une terre marquée par sa fabuleuse histoire ». Dans ces mêmes Mémoires il marque son estime pour la personne de Ben Gourion, « lutteur et champion courageux », mais il ajoute qu'il lui a toujours conseillé la modération et la prudence. Mais les *Mémoires d'espoir* ont été écrits après la retraite du général, 2 ans après les violents incidents consécutifs à la guerre des Six jours (1967), et on y découvre une volonté manifeste d'apaisement à l'égard de l'opinion israélienne et israélite.

L'attitude du général de Gaulle à l'égard d'Israël en 1967 a suscité une telle émotion et des critiques si passionnées qu'il est difficile d'en parler sereinement. Les faits sont connus : le 18 mai 1967, Nasser demande au secrétaire général des Nations unies, U Thant, le retrait des casques bleus et U Thant acquiesce à cette demande. Le 22 mai, Nasser annonce le blocus du golfe d'Akaba. L'URSS prend le parti de Nasser et les États-Unis celui d'Israël. Le général de Gaulle déconseille formellement au gouvernement israélien toute intervention militaire. Déclenchée le 5 juin par Israël, la guerre des Six jours s'achève par la déroute des troupes arabes. La France s'associe à la demande — présentée par l'URSS — d'une convocation d'une Assemblée générale extraordinaire des Nations unies et vote en juillet 1967 la résolution soviétique condamnant Israël. La France semble donc approuver la position des États arabes et de l'URSS qui accusent Israël d'agression et le général de Gaulle donne l'ordre de mettre l'embargo sur 50 avions Mirage qui avaient été commandés et payés par Israël. Ces mesures, qui constituaient une rupture totale avec la politique pro-israélienne traditionnellement suivie par la France, suscitent la plus vive émotion aux États-Unis, en Israël et en France dans les milieux israélites.

L'attitude du général de Gaulle, dans cette affaire, paraît avoir été inspirée par deux considérations : le souci sans doute de ne pas compromettre les bonnes relations de la France avec les pays arabes; mais aussi et surtout l'irritation, le ressentiment de constater que le gouvernement israélien n'avait tenu aucun compte des avertissements donnés par la France et tout particulièrement par le général de Gaulle précisant le 24 mai au ministre des Affaires étrangères d'Israël que la France ne pourrait que donner tort à l'État qui prendrait l'initiative des hostilités. Le général de Gaulle expose sa position dans sa conférence de presse du 27 novembre 1967 qui devait lui être si vigoureusement reprochée. Dans cette conférence de presse, il adopte pourtant une position d'équilibre. Il condamne les prétentions égyptiennes au sujet d'Akaba et déclare que l'État d'Israël est un « fait accompli ». Mais il ajoute que le peuple israélien est un « peuple d'élite, sûr de lui-même et dominateur », il parle du « sort scandaleux » des réfugiés palestiniens et il désapprouve explicitement l'action du gouvernement israélien. A propos de cette conférence de presse, le général de Gaulle a été accusé d'antisémitisme [1]. A dire vrai, rien dans le comportement passé du général de Gaulle, rien dans ses déclarations antérieures, ne justifie cette accusation, que tout, au contraire, incite à écarter : l'attitude du père du général de Gaulle lors de l'affaire Dreyfus et ce qu'en dit le colonel de Gaulle dans *la France et son armée*, les amitiés juives du futur général de Gaulle, notamment avec le colonel Mayer et Grunebaum-Ballin, le rôle des juifs comme Cassin ou comme Mendès France dans la France libre puis dans la France libérée. Le général de Gaulle a toujours traité de la même façon les Français juifs et les non-juifs. Il a longtemps manifesté de la sympathie pour l'État d'Israël. Son attitude en 1967 est à la fois un geste d'irritation et un choix de politique étrangère que l'on peut contester mais qu'il ne semble pas fondé d'attribuer à l'antisémitisme.

Avait-il prévu les très vives réactions suscitées par sa conférence de presse du 27 novembre 1967 ? Il ne le semble pas. Il s'est attaché, en tout cas, à rassurer l'opinion juive, par une conversation avec le grand rabbin de France et par une lettre à Ben Gourion : « Il ne saurait rien y avoir de désobligeant à souligner le caractère grâce auquel ce peuple fort a pu survivre et rester lui-même après 19 siècles passés dans des conditions inouïes. » Ce souci manifesté par le général de Gaulle de rectifier la première interprétation donnée de ses propos est assez rare et même assez exceptionnel pour être souligné. Mais si le général s'efforce ainsi de dissiper l'émotion provoquée par ses propos, il ne modifie en rien sa position sur le fond du problème. Il condamne le 1er janvier 1969 le raid israélien sur l'aérodrome de Beyrouth, et donne l'ordre de renforcer l'embargo en l'étendant aux pièces de rechange destinées aux avions israéliens antérieurement fournis par la France. Cette politique à l'égard

1. Cf. le livre de Raymond Aron, *De Gaulle, Israël et les Juifs*, Plon, 1968 et notamment le texte intitulé « Le temps du soupçon ».

d'Israël s'est heurtée en France à une vive hostilité et on a pu dire que la défection à peu près totale de l'électorat juif était une des causes qui expliquaient l'échec du général de Gaulle au référendum d'avril 1969. Pourtant, contrairement à ce que prévoyaient de nombreux observateurs, la politique de la Ve République à l'égard d'Israël ne s'est pas beaucoup modifiée depuis le départ du général de Gaulle.

En ce qui concerne les problèmes coloniaux, la pensée du général de Gaulle a profondément évolué depuis la fin de la guerre et les premières années de la IVe République : les déclarations de 1947 sur l'Indochine ou sur l'Algérie ne permettent pas de prévoir avec certitude — c'est le moins qu'on puisse dire — l'attitude du général de Gaulle entre 1958 et 1962.

En revanche, pour ce qui concerne les autres problèmes de politique étrangère (relations Est-Ouest, avenir de l'Europe, rapports avec les États-Unis, l'Union soviétique, la Grande-Bretagne, l'Allemagne, etc.), le fait le plus frappant c'est que les idées du général de Gaulle manifestent dans l'ensemble une remarquable continuité pendant 25 ans : elles sont marquées par l'importance de la géographie : l'Angleterre est une île et l'Europe, de l'Atlantique à l'Oural, est un continent dont le rideau de fer n'a pas rompu l'unité; recevant le 13 octobre 1966 le président du Conseil des ministres de la République populaire de Bulgarie, le général de Gaulle parle de « la Bulgarie qui fut la Thrace de l'Antiquité... la Bulgarie qui appartient à la famille des slaves ». Elles sont imprégnées de considérations historiques : les Français sont des Gaulois, les Allemands sont des Germains, la paix en Europe ne peut être assurée que par la bonne entente des Français et des Allemands, complétée par une « belle et bonne alliance » de la France avec la Russie. Elles sont fortement déterminées par les souvenirs, qu'il s'agisse du souvenir des mauvaises relations franco-américaines pendant la guerre ou de l'ineffaçable souvenir de Yalta : avant tout, effacer Yalta. Les conceptions du général de

Gaulle en politique étrangère tiennent compte aussi de l'importance des hommes et des relations d'homme à homme : ce qui était possible avec Adenauer ne l'est pas avec Erhard, ce qui était possible avec Eisenhower ne l'est pas avec Johnson, ce qui était possible avec Churchill ne l'est pas avec Wilson. Elles sont pénétrées de l'importance de la puissance et des relations de puissance à puissance, comme au temps où la France était une grande puissance; de l'importance fondamentale du fait national dans les relations internationales, qu'il s'agisse des vieilles ou des jeunes nations, qu'il s'agisse du nationalisme français, polonais ou roumain, ou des nationalismes latino-américains, arabes, ou africains : comme si les nationalismes des jeunes nations étaient fondamentalement semblables aux nationalismes des vieux pays chargés d'histoire, comme si une très vieille nation comme la nation française était prédestinée à comprendre mieux que quiconque les nationalismes contemporains. A cela s'ajoute l'importance du principe d'identité, une certaine idée de l'unité du monde, de la similitude fondamentale de tous les hommes et de toutes les nations. Ainsi s'expliquerait le mot extraordinaire du général de Gaulle recevant à l'Élysée les vœux du corps diplomatique le 1er janvier 1962 et répondant à l'allocution du nonce apostolique : « Regardons-nous, messieurs les ambassadeurs et ministres. Constatons combien nous sommes semblables. » A Fort-de-France, le 22 mars 1964, devant la foule martiniquaise, le général de Gaulle s'écrie : « Mon Dieu, mon Dieu, comme vous êtes français! »

8

Le général de Gaulle et les problèmes de politique intérieure

(1958-1969)

Pour le général de Gaulle, le temps de l'héroïsme est révolu. Au début de ses *Mémoires d'espoir*, il écrit : « Ma tâche sera dépouillée des impératifs exaltants d'une période héroïque [...]. Bref c'est en un temps de toutes parts sollicité par la médiocrité que je devrai agir pour la grandeur » (p. 39-40). A la fin des *Mémoires d'espoir*, il reparle de la médiocrité générale : « [...] l'esprit d'une fin de siècle où les vents dominants sont ceux du relâchement et de la médiocrité » (p. 297). Dans cette période de médiocrité, la mission que s'assigne le général de Gaulle est toujours la même, c'est celle que définit le dernier paragraphe des *Mémoires d'espoir* : « Sur la pente que gravit la France, ma mission est toujours de la guider vers le haut » (p. 314).

Les idées du général de Gaulle sur la définition et l'organisation de l'État paraissent avoir trois sources — dont la troisième est sans doute plus importante que les deux premières. Il y a d'abord les idées qui étaient en l'air dans les années 1930 sur la réforme de l'État, « la crise du parlementarisme » et le renforcement de l'exécutif, au temps de Jacques Bardoux et de son « Comité technique pour la réforme de l'État [1] » d'André Tardieu et du *Souverain cap-*

1. Jacques Bardoux (1874-1959), professeur à l'École libre de sciences politiques, homme d'affaires très lié aux milieux dirigeants du patronat français. Il milita en faveur d'un État autoritaire et chercha à gagner à sa cause Gaston Doumergue puis, avec plus de succès, le maréchal Pétain. Jacques Bardoux se trouve être le grand-père du président Giscard d'Estaing. *(N. d. É.)*

tif[1], des premiers écrits de René Capitant sous l'influence de Carré de Malberg.

Seconde série de sources doctrinales : les conceptions qui prévalent parmi les juristes de la Résistance, notamment chez Michel Debré qui présente sa conception du « monarque républicain » dans *Refaire la France* qu'il écrit en 1943 en collaboration avec Emmanuel Monick et qu'il publiera sous le pseudonyme de Jacques Bruère, et dans les articles publiés par les *Cahiers politiques*, organe du Comité général d'études, sous le pseudonyme de Fontevrault (cf. l'article de Nicholas Wahl, « Aux origines de la nouvelle Constitution » dans le numéro spécial de la RFSP sur la Constitution de la Ve République, mars 1959).

Mais il ne suffit pas de constater des convergences pour pouvoir présumer une influence, et il serait tout à fait aventureux d'aller chercher dans telle ou telle brochure ou tel ou tel livre l'origine des idées du général de Gaulle sur l'organisation des pouvoirs publics. Ces idées ne sont pas sans rapport avec quelques idées largement répandues dans la France des années trente puis de la Libération, mais elles procèdent avant tout des expériences historiques vécues par le général de Gaulle : la crise des institutions parlementaires dans les dernières années de la République; la liquéfaction des pouvoirs publics en juin 1940; l'abdication, le 10 juillet 1940, de la Chambre élue en 1936; les heurts entre le général de Gaulle et les partis politiques en 1945, les très médiocres souvenirs que garde le général de sa collaboration avec une assemblée parlementaire. C'est là qu'il faut chercher l'origine la plus profonde des idées exprimées par le général de Gaulle dans le discours de Bayeux.

Entre le discours de Bayeux et la Constitution de 1958, les ressemblances sont manifestes, et elles ont été souvent soulignées : les deux textes prévoient la séparation des pouvoirs, le pouvoir exécutif procédant du chef de l'État et non du

1. André Tardieu (1876-1945) fut député, ministre, président du Conseil sous la IIIe République; collaborateur du journal de droite *Gringoire*, la maladie l'empêcha, en 1939, d'achever son *Souverain captif*. *(N. d. É.)*

Parlement; le bicaméralisme, le rôle attribué au Sénat; un président de la République chargé d'assurer un « arbitrage national » : « un arbitrage national qui fasse valoir la continuité au milieu des combinaisons » (discours de Bayeux). Arbitrage, continuité, intérêt général. On trouve enfin, dans le discours de Bayeux une allusion dénuée d'ambiguïté au futur article 16 de la Constitution de 1958 : « A lui [au président de la République], s'il devait arriver que la patrie fût en péril, le devoir d'être le garant de l'indépendance nationale et des traités conclus par la France. »

Les différences entre le discours de Bayeux et la Constitution de 1958 sont, elles aussi, bien connues : tout d'abord, le discours de Bayeux ne mentionne pas la responsabilité du gouvernement devant le Parlement. Il ne l'exclut pas, mais il ne l'affirme pas non plus. En revanche, la Constitution de 1958, conformément à la loi constitutionnelle du 3 juin 1958 et aux assurances données ce jour-là par le général de Gaulle à l'Assemblée nationale, prévoit que le gouvernement est responsable devant le Parlement (art. 20). Le discours de Bayeux ne contenait pas, d'autre part, le mot de référendum et se contentait d'une allusion au droit de dissolution, sans d'ailleurs prononcer le mot. Chacun sait qu'il est à plusieurs reprises question du référendum dans la Constitution de 1958, notamment dans l'article 3 et dans l'article 11. Enfin, le discours de Bayeux prévoit que le Sénat comprendra « des représentants des organisations économiques, familiales, intellectuelles ». Cette disposition n'est pas reprise dans la Constitution de 1958. Il faudra attendre 1969 pour qu'elle figure dans le texte du référendum qui sera repoussé le 27 avril.

De ces trois différences, la première est évidemment la plus importante et on ne saura jamais si c'est pour d'évidentes raisons conjoncturelles que le général de Gaulle a accepté, à cause de la « force des choses », la responsabilité du gouvernement devant le Parlement en 1958 alors qu'il aurait préféré un système de non-responsabilité, ou bien si le général a toujours pensé, comme il le dira le 11 avril 1961, que la France n'est pas faite pour le régime présidentiel. En d'autres termes, le général de Gaulle a-t-il voulu instaurer en France la responsabilité du gouvernement devant le Parlement ou s'en est-il accommodé faute de mieux ? A cette question, nul ne peut répondre avec certitude, mais ce qu'on peut affirmer c'est que Michel Debré, pour sa part, semble avoir eu la volonté, en préparant la Constitution de 1958, de doter la France d'un véritable régime parlementaire, ou comme il le dit lui-même, de « refaire le régime parlementaire de la République ». A cet égard, il faut lire ou relire le discours prononcé par Michel Debré devant l'Assemblée générale du Conseil d'État du 27 août 1958 (cf. RFSP, mars 1959). Ce discours comprend trois parties : la première, qui est de loin la plus longue, est intitulée « Donner à la France un régime parlementaire » et mentionne d'une façon précise ce qui concerne : le régime des sessions, le domaine de la loi, la procédure législative et budgétaire, les mécanismes du fonctionnement parlementaire. La seconde partie, beaucoup plus brève, est intitulée « Créer une communauté ». La troisième partie, qui n'occupe pas plus de 3 pages sur 22, est consacrée au président de la République. M. Debré déclare que le président de la République est la « clef de voûte » du nouveau régime. « Il est, dans notre France où les divisions intestines ont un tel pouvoir sur la scène politique, le juge supérieur de l'intérêt national. » Sans doute affirme-t-il qu'il faut « à la République et à la Communauté » « une personnalité qui soit bien plus qu'un arbitre entre les partis », mais il mesure assez chichement les pouvoirs du nouveau président : « [...] Le président de la République, comme il se doit, n'a pas d'autre pouvoir que celui de solliciter un autre pouvoir : il sollicite le Parlement, il sollicite le Comité constitutionnel, il sollicite le suffrage universel. Mais cette possibilité de solliciter est fondamentale. »

Il est douteux que le général de Gaulle ait été enthousiasmé par ce rôle de solliciteur universel que lui attribuait le principal artisan de la Constitution de 1958. Il est certain qu'il s'est fortement écarté du schéma constitutionnel dessiné par Michel Debré en août 1958. C'est cette évolution des idées du général de Gaulle après 1958 qu'il convient maintenant d'analyser en examinant cinq problèmes : les idées du général de Gaulle sur le mode d'élection du président de la République; sur les attributions et le rôle du président de la République; sur le rôle du Premier ministre; sur le rôle des partis politiques : opposition et majorité; sur la définition de la démocratie, enfin. Ces problèmes sont naturellement étroitement liés, mais il semble préférable de les distinguer pour la clarté de l'analyse.

A l'origine, le président de la République est élu au suffrage restreint. Depuis le 28 octobre 1962, le président de la République est élu au suffrage universel. Comment et pourquoi ce changement fondamental ?

Le général de Gaulle, dans le discours de Bayeux, écarte l'élection du président de la République au suffrage universel. Il déclare que le chef de l'État doit être « élu par un collège qui englobe le Parlement, mais beaucoup plus large et composé de manière à faire de lui le président de l'Union française en même temps que celui de la République ». A deux reprises au moins Michel Debré avait manifesté son hostilité à l'élection du président de la République au suffrage universel. Dans *Refaire la France* (publié en 1945), on peut lire que l'élection du président au suffrage universel signifierait que « nos enfants seraient gouvernés par un général à la manière des pronunciamentos ». C'est la réaction classique du légiste républicain qui a été élevé dans l'idée que l'élection de Louis Napoléon Bonaparte au suffrage universel en décembre 1848 avait été une catastrophe pour la République. Dans son discours devant le Conseil d'État le 27 août 1958, Michel Debré soutient la même thèse, mais en présentant d'autres arguments : pour lui l'élection du président de la République au suffrage universel est incompatible avec la mission « d'arbitre national » qui doit être celle du président. « Le président qui est l'élu du suffrage universel est un chef politique attaché à l'œuvre quotidienne du gouvernement et du commandement; recourir au suffrage universel, c'est recourir à la constitution présidentielle », que Michel Debré écarte car il se prononce en faveur d'un régime parlementaire. A cela s'ajoute, pour Michel Debré, un autre argument : il y a près de 19 millions d'électeurs en Algérie et dans les territoires d'outre-mer, soit plus de 40 % du total; d'où le risque qu'un président de la République élu au suffrage universel soit désigné contre le gré de la majorité de la France métropolitaine grâce aux voix d'outre-mer. Michel Debré évoque explicitement ce risque dans son discours du 27 août 1958 devant le Conseil d'État.

La Constitution de 1958, dans ces conditions, prévoit le même système que le discours de Bayeux : l'élection du président de la République par un collège de 80 000 électeurs environ. C'est ce collège qui élit le général de Gaulle le 21 décembre 1958 par 78,5 % des suffrages exprimés : 13,1 % des voix s'étaient portées sur le candidat communiste Marrane et 8,4 % sur le candidat de la gauche non communiste le doyen Châtelet. Pendant 3 ans, il n'est pas question de revenir sur les dispositions de la Constitution de 1958. C'est dans les premiers mois de 1961 que le problème de l'élection du président de la République au suffrage universel se trouve posé.

Le 17 mars 1961 à Strasbourg le secrétaire général de l'UNR, Jacques Richard, propose que le président de la République soit élu au suffrage universel. Le 20 mars le général de Gaulle fait démentir sèchement par le ministère de l'Information : « Toutes les informations se rapportant à des hypothèses de réforme constitutionnelle sont dénuées de fondement. » 3 semaines plus tard, dans la conférence de presse du 11 avril qui précède de quelques jours le putsch des généraux, le général de Gaulle évoque lui-même le problème et déclare que l'élection du président de la République « peut être envisagée » : « Je sais que beaucoup considèrent que le mode d'élection du président de la République par un collège électoral limité aux seuls élus — tel qu'il serait composé d'après le texte actuel — répondrait mal pour celui qui aura à me succéder au caractère de mandat populaire et national qui convient à la fonction et que m'ont conféré, en dehors d'ailleurs de toute élection, des événements exceptionnels [...]. Je reconnais, pour ma part, qu'il y aurait en effet dans ce mode de désignation du chef de l'État qui viendra après moi quelque chose d'inadéquat. Pour y remédier, en renforçant, si je puis m'exprimer ainsi, l'équation personnelle du futur président, on peut penser qu'il faudrait qu'il soit choisi par la Nation au suffrage universel. Cela peut être envisagé. » A défaut d'une légitimité historique, une légitimité apportée par le suffrage universel, qui confère en quelque sorte une légitimité de substitution.

Ainsi la question est officiellement posée et la décision du général semble prise. Le 30 décembre 1961, le général de Gaulle, répondant en privé à une question d'André Passeron, déclare qu'il pense toujours à l'élection du président de la République au suffrage universel. Il ajoute : « Je pense surtout à mon successeur » et il indique que la réforme pourrait intervenir dans le courant de l'année 1962. Le 21 janvier 1962, le général s'entretient avec Robert Buron. Celui-ci lui expose ses « inquiétudes en présence de la tendance actuelle de tous les Français, en particulier des jeunes, à " démissionner de leur qualité de citoyens ", à se " dégager " le plus possible vis-à-vis des contingences politiques afin de conserver intacte leur force de contestation en face du Pouvoir [...]. Le général de Gaulle approuve et répond : " Le seul remède, c'est l'élection du président de la République au suffrage universel. Comprenez-vous, Buron, votre jeu parlementaire, avec sa complexité, donne au peuple l'impression d'être hors du coup. Il faut instituer un mécanisme simple et direct qui engage tout le monde " » (R. Buron, p. 176). Cependant, jusqu'à la fin de la guerre d'Algérie, le général ne prend dans ce domaine aucune nouvelle initiative. Le 15 mai 1962, il déclare que la mise à l'ordre du jour de l'élection du président de la République au suffrage universel « n'est pas pour le moment ». Le 8 juin 1962, 3 semaines avant le référendum sur l'indépendance de l'Algérie, le général se montre beaucoup plus précis. Il déclare que « l'accord direct entre le peuple et celui qui a la charge de le conduire est devenu dans les temps modernes essentiel à la République ». « Depuis quatre ans », ajoute-t-il, « en dépit des orages », nous sommes « un grand peuple rassemblé », « comme nous l'avons décidé alors, massivement et solennellement par le suffrage universel ». Et il conclut : « Françaises, Français, par la même voie, nous aurons, au moment voulu, à assurer que dans l'avenir, et par-delà les hommes qui passent, la République puisse demeurer forte, ordonnée et continue. » Le principe est donc publiquement affirmé. Reste à fixer la date de la réforme.

Rien ne se passe avant les vacances, mais le 22 août, le général échappe de justesse à l'attentat du Petit-Clamart. Une semaine après l'attentat, le 29 août, à l'issue d'un Conseil des ministres, le ministre de l'Information annonce que le général de Gaulle a fait part de son intention de modifier la Constitution « en vue d'assurer la continuité de l'État ». Le 20 septembre 1962, le général de Gaulle annonce dans une allocution télévisée son intention de soumettre à un référendum le principe de l'élection du président de la République au suffrage universel. Il parle du « système tâtonnant et trébuchant des partis ». Il dénonce « les jeux stériles et dérisoires d'autrefois ». Il déclare : « Pour que le président de la République puisse porter et exercer effectivement une charge pareille, il lui faut la confiance explicite de la Nation. » Il ajoute qu'en 1958, cette disposition ne lui avait pas paru nécessaire. Pour tenir compte « de susceptibilités politiques dont certaines étaient respectables », le général de Gaulle avait évité de donner à son élection de 1958 le caractère d'un « plébiscite formel ». Mais la situation n'est plus la même en 1962 : « [...] La question serait très différente pour ceux qui, n'ayant pas nécessairement reçu des événements la même marque nationale, viendront, après moi, tour à tour, prendre le poste que j'occupe à présent. Ceux-là, pour qu'ils soient entièrement en mesure et complètement obligés de porter la charge suprême, quel que puisse être son poids, et qu'ainsi notre République continue d'avoir une bonne chance de demeurer solide, efficace et populaire en dépit des démons de nos divisions, il faudra qu'ils en reçoivent directement mission de l'ensemble de nos citoyens. » Bref ce qui semble nécessaire pour les successeurs du général de Gaulle semble exclu pour lui-même. Il semble sinon formellement exclu, du moins tout à fait improbable que le général de Gaulle en 1965 sollicite un second mandat par une élection au suffrage universel.

Une motion de censure est déposée le 2 octobre. Le

4 octobre, le général de Gaulle prend la parole avant le vote de l'Assemblée nationale. Il dénonce une fois de plus « le régime exclusif des partis », en reprenant l'expression même dont il s'était servi pour annoncer son départ en janvier 1946. Il déclare que l'élection du président de la République était dans son esprit depuis longtemps décidée : « Dès l'origine, je savais que je devrais, avant la fin de mon septennat, proposer au pays de décider qu'il en soit ainsi. » Il termine en disant : « Ce sont vos réponses qui, le 28 octobre, me diront si je peux et si je dois poursuivre ma tâche au service de la France. »

Le 28 octobre 1962, le général de Gaulle emporte un succès inférieur à ses espoirs et à ses prévisions : sur 27 582 113 inscrits, il y a 6 280 297 abstentions, soit 22,76 %, et 559 758 bulletins blancs ou nuls, soit 2,02 %. Le « oui » totalise 12 809 363 bulletins, soit 46,44 % des inscrits, 61,75 % des votes exprimés; le « non », 7 932 695, soit 28,76 % des inscrits, 38,24 % des suffrages exprimés. L'élection du président de la République au suffrage universel est donc approuvée par moins de la moitié des électeurs inscrits : le général de Gaulle espérait mieux et d'éminents spécialistes de sociologie électorale eurent à expliquer au général, le lendemain du scrutin, qu'il ne devait pas en interpréter le résultat comme une défaite.

On ne peut ici éluder la question : le référendum du 28 octobre 1962 était-il constitutionnel et quel a été à cet égard la position du général de Gaulle ? Sur le premier point tous les arguments ont été échangés, et la compétence juridique me manque pour en apporter de nouveaux. On peut dire toutefois que le recours à l'article 11 pour procéder à une révision constitutionnelle procède d'une conception très extensive de la Constitution de 1958. Il convient à cet égard de noter que Michel Debré, le principal rédacteur de la Constitution de 1958, s'est abstenu de toute prise de position sur le terrain proprement juridique, qu'il s'agisse de son allocution du 30 septembre au congrès de l'UNR de l'Indre-et-Loire ou de son discours du 15 octobre à La Haye-Descartes où il déclarait : « En politique comme en bien d'autres domaines, les problèmes sont souvent posés d'une manière différente de celle qu'on pourrait souhaiter. » En lisant cette phrase, on est amené à se demander si le problème de la révision constitutionnelle n'aurait pas fait l'objet avant le mois d'avril 1962 d'entretiens entre le président de la République et son Premier ministre, et si une certaine divergence de vues sur l'interprétation de la Constitution ne serait pas une des raisons — parmi beaucoup d'autres — qui ont motivé le remplacement de Michel Debré par Georges Pompidou en avril 1962 [1]. Ce qui semble certain en tout cas, c'est que le général de Gaulle n'a pas été le moins du monde sensible à des scrupules d'ordre juridique. A partir du moment où l'article 11 de la Constitution stipule que le président de la République « [...] peut soumettre au référendum tout projet de loi portant sur l'organisation des pouvoirs publics », le problème est à ses yeux tranché et les récriminations des juristes sourcilleux sont sans objet : il ne peut être antidémocratique, donc il ne peut être anticonstitutionnel de soumettre un texte au peuple souverain et de le laisser juge.

Restent trois questions. Et d'abord, le général de Gaulle était-il, comme il l'affirme le 4 octobre 1962, décidé dès 1958 à remplacer l'élection du président de la République au suffrage restreint par l'élection au suffrage universel ? A cette question rien n'autorise à répondre par la négative : le général de Gaulle a toujours préféré le suffrage universel au vote des notables et des intermédiaires. S'il a fait taire ses préférences en 1958, c'est parce qu'il a eu, semble-t-il, le sentiment que dans le contexte de 1958 une telle élection du président de la République aurait suscité de la part des partis et des groupements politiques de véhémentes protestations qu'il tenait alors à éviter afin que l'approbation de la Constitution intervienne à une majorité aussi large que possible, dans une atmosphère de quasi-unanimité nationale. La « force des choses » qui excluait temporairement en 1958 l'élection du président de la République au suffrage univer-

1. Cf. Jean Touchard et Jean-Luc Parodi, « L'enjeu du référendum » dans le Cahier de la Fondation consacré aux consultations électorales d'octobre et novembre 1962.

sel rendait 4 ans plus tard cette même mesure indispensable et urgente aux yeux du général de Gaulle.

Pourquoi, ensuite, le général de Gaulle engage-t-il toute son autorité en 1962 pour recommander une mesure qu'il avait écartée 4 ans plus tôt ? L'examen des faits prouve qu'il ne faut pas attacher à cet égard trop d'importance à l'attentat du Petit-Clamart. La décision du général est prise avant l'été et l'attentat organisé par Bastien-Thiry ne fait que hâter « le processus ». Les causes de la décision prise par le général sont apparemment les suivantes : la fin de la guerre d'Algérie; la reprise par les partis politiques d'une sorte de guerre de harcèlement contre le gouvernement; la pensée qu'une éventuelle candidature Pinay à la présidence de la République aurait les plus grandes chances de succès devant un collège de notables et qu'elle en aurait beaucoup moins devant le suffrage universel; enfin la conviction qu'un affrontement avec les partis était inévitable et que l'élection du président de la République au suffrage universel constituait pour cet affrontement le meilleur des terrains de bataille; il était difficile aux partis de crier à la dictature au moment même où le général de Gaulle donnait la parole au peuple souverain pour proposer que le peuple souverain élise désormais le président de la République.

Tout semble indiquer qu'en 1962 le général de Gaulle n'est nullement décidé à solliciter lui-même, au suffrage universel, un second mandat. Dès lors se pose une troisième question : quand et pourquoi le général de Gaulle a-t-il pris la décision d'être candidat à un second mandat en 1965 ? C'est le 4 novembre que le général annonce officiellement qu'il sera candidat le 5 décembre : « Que l'adhésion franche et massive des citoyens m'engage à rester en fonctions, l'avenir de la République nouvelle sera décidément assuré. Sinon personne ne peut douter qu'elle s'écroulera aussitôt [...]. Le scrutin historique du 5 décembre 1965 marquera le succès ou le renoncement de la France vis-à-vis d'elle-même. » La formule « Moi ou le chaos » n'est pas prononcée, mais c'est bien la tonalité générale, et cette tonalité dramatique conduit beaucoup d'électeurs à se demander pourquoi, après 7 ans, la République nouvelle n'est pas encore fondée.

On saura peut-être un jour quand le général a personnellement pris la décision d'être candidat en décembre 1965. André Passeron dit : 1er juillet, Philippe Alexandre : fin septembre. Tout ce qu'on peut dire aujourd'hui c'est que le général paraît avoir très longtemps laissé dans l'incertitude non seulement ses adversaires, ce qui était de bonne guerre, mais ses plus proches collaborateurs : si cette incertitude n'avait pas existé, on comprend mal que Georges Pompidou ait laissé paraître en 1965 le livre hagiographique de Merry Bromberger qui pouvait être interprété comme le coup d'envoi de la campagne présidentielle de Georges Pompidou et dont la lecture inspira vraisemblablement au général de Gaulle des sentiments tout à fait mêlés. En 1965, le général de Gaulle se comporte comme s'il considérait que Georges Pompidou n'est pas apte à subir l'épreuve d'une candidature à la présidence de la République au suffrage universel, qu'aucun gaulliste n'est d'ailleurs apte à subir cette épreuve, que Charles de Gaulle est le seul homme qui puisse occuper la charge de président de la République, avec toutes les responsabilités de cette charge.

Le président de la République s'appelle Charles de Gaulle et Charles de Gaulle a une certaine idée du rôle historique de Charles de Gaulle. A cet égard, il faut citer quatre textes ; le 29 janvier 1960 lors de l'affaire des barricades : « La légitimité nationale que j'incarne depuis vingt ans »; le 23 avril 1961 lors du putsch des généraux : « Je m'affirme, pour aujourd'hui et pour demain en la légitimité française que la Nation m'a conférée, que je maintiendrai quoi qu'il arrive jusqu'au terme de mon mandat ou jusqu'à ce que me manquent soit les forces soit la vie et dont je prendrai les moyens d'assurer qu'elle demeure après moi »; le 27 novembre 1962, après la mort du président Coty, le général de Gaulle le félicite d'avoir su faire appel en mai 1958 à la « légitimité profonde »; enfin il écrit dans les *Mémoires d'espoir :* « Je ressens comme inhérents à ma propre existence le droit et le devoir d'assurer l'intérêt national [...]. Il est nécessaire qu'existe et se maintienne entre le peuple et moi un accord fondamental » (p. 284). L'idée que le général de Gaulle a de son rôle historique ne peut pas manquer d'influencer l'idée qu'il se fait du président de la République, du moins tant que ce président s'appelle Charles de Gaulle [1].

En 1958, le terme qui revient le plus souvent dans les déclarations du général de Gaulle pour définir le rôle du président de la République est celui d'arbitre. Le 8 août il déclare devant le Comité consultatif constitutionnel : « Le chef de l'État a pour rôle essentiel d'assurer le fonctionnement régulier des pouvoirs publics [...]. Le président de la République, j'y insiste, est essentiellement un arbitre. » Le 4 septembre, place de la République, le général de Gaulle confirme et développe sa déclaration du 8 août : « Qu'il existe, au-dessus des luttes politiques, un arbitre national, élu par les citoyens qui détiennent un mandat public, chargé d'assurer le fonctionnement régulier des institutions, ayant le droit de recourir au jugement du peuple souverain [2], répondant en cas d'extrême péril de l'indépendance, de l'honneur, de l'intégrité de la France et du salut de la République [3]. » Le rôle du président de la République est ainsi défini par l'article 5 de la Constitution de 1958 : « Le président de la République veille au respect de la Constitution. Il assure, par son arbitrage, le fonctionnement régulier des pouvoirs publics ainsi que la continuité de l'État. Il est le garant de l'intégrité du territoire, du respect des accords dans la communauté et des traités. » Cette définition est strictement conforme au discours de Bayeux et aux déclarations de Michel Debré sur le « monarque républicain ».

Dès la fin de l'année 1958, le général de Gaulle s'écarte de cette conception et substitue au terme « d'arbitre » celui de « guide ». C'est ainsi qu'il déclare le 28 décembre 1958 :

1. Cf. l'étude de François Goguel, « Les circonstances du référendum » dans l'ouvrage collectif, *Le Référendum d'octobre et les Élections de novembre 1962*, Cahier de la Fondation, n° 142.

2. Allusion à la dissolution — et peut-être au référendum.

3. Allusion au futur article 16.

« Guide de la France et chef de l'État républicain, j'exercerai le pouvoir suprême dans toute l'étendue qu'il comporte désormais et suivant l'esprit nouveau qui me l'a fait attribuer. » Tant que dure la guerre d'Algérie, l'initiative de la politique française revient incontestablement au général de Gaulle et l'opposition de gauche, qui n'a pas oublié les déclarations de Michel Debré en faveur de l'Algérie française, ne songe nullement à l'époque à réclamer pour le Premier ministre un rôle plus actif. En janvier 1960, pendant la crise provoquée par l'affaire des barricades, le gouvernement se montre très incertain et très divisé. L'opinion publique dans son ensemble a le sentiment que le général de Gaulle seul a été capable de faire face à la crise, et le général semble à cet égard se ranger à l'opinion générale. Sans doute l'affaire des barricades a-t-elle eu une influence non négligeable sur l'évolution constitutionnelle de la Ve République.

En mars 1960 se produit le premier conflit aigu entre le général de Gaulle et le Parlement à propos des problèmes agricoles. 287 parlementaires, soit 10 de plus que le chiffre requis, demandent la convocation du Parlement en session extraordinaire. Le général de Gaulle, dans une lettre du 18 mars adressée au président de l'Assemblée nationale, Jacques Chaban-Delmas, s'oppose à cette convocation en dénonçant la pratique du « mandat impératif » « et les pressions exercées par les syndicats agricoles » (texte dans A. Passeron, I, p. 75). Une motion de censure, déposée notamment par Guy Mollet au nom de la SFIO, ne recueille que 122 voix. Au cours du débat sur cette motion de censure, une controverse sur les deux conceptions du président-arbitre oppose Guy Mollet à Michel Debré. Michel Debré déclare : « L'arbitrage [...] peut être envisagé de deux manières différentes. Ou bien le chef de l'État arbitre entre les formations politiques du Parlement, pour assurer le fonctionnement des mécanismes constitutionnels, ou bien il arbitre entre tous les intérêts d'importance nationale pour dégager l'intérêt national lui-même. » Guy Mollet rétorque : « Ce n'est pas une monarchie que nous avons voulu faire. Ce que doit être le président de la République, ce qu'il voulait être, c'est un arbitre. Mais, entendons-nous : non pas un arbitre de la politique, un arbitre entre les formations politiques. Jamais on n'a choisi le capitaine d'une équipe sportive comme arbitre » (A. Passeron, I, p. 81-82).

A Menton, en octobre 1960, le général de Gaulle affirme sans ambages : « La conduite de la France appartient à ceux qu'elle en a chargés. Elle appartient donc, par excellence, à moi-même. » A la fin d'octobre 1960, une motion de censure atteint pour la première fois 214 voix. Le général riposte à cette fronde parlementaire par le référendum du 8 janvier 1961 qui lui apporte un large succès. Le 11 avril 1961 il développe, dans une conférence de presse, ses idées sur la Constitution de la France. Il rejette les deux « moules rigides » que sont le régime parlementaire et le régime présidentiel et il conclut : « Notre Constitution est à la fois parlementaire et présidentielle. » Quelques jours plus tard, le putsch des généraux fait apparaître, comme l'affaire des barricades en 1960, que le général de Gaulle jouit d'une autorité incomparablement supérieure à celle de son Premier ministre, dont l'appel haletant aux piétons et aux automobilistes pour barrer la route aux parachutistes ne suscite pas l'admiration unanime.

Pendant l'été 1961 se produisent d'ardentes discussions pour ou contre le prolongement de l'article 16 que le général semble décidé à utiliser jusqu'au terme de l'affaire algérienne. Le 31 août 1961, le général de Gaulle écrit à Michel Debré pour lui faire connaître son interprétation de la Constitution et pour lui dire que, sous le régime de l'article 16, il est exclu que le Parlement puisse faire œuvre législative en dehors des sessions ordinaires. Finalement le général de Gaulle renonce à l'article 16 à la fin de septembre 1961, mais le sentiment prévaut que le chef de l'État tient, en toute circonstance, à interpréter de la façon la plus restrictive les dispositions relatives aux pouvoirs du Parlement. Dans cette perspective, le référendum d'octobre 1962, après le vote de la censure le 5 octobre et la dissolution de l'Assemblée nationale le 10, apparaît comme un appel au peuple contre les intermédiaires qui ne peuvent représenter et ne représentent effectivement que des intérêts fractionnels.

Dans les discours du général de Gaulle qui précèdent le référendum du 28 octobre la notion du président-guide se substitue à celle du président-arbitre, et le général de Gaulle justifie la Constitution de 1958 et précise la conception qu'il se fait du pouvoir. Il commence par affirmer : « Une Constitution, c'est un esprit, des institutions, une pratique. » Il se prononce contre le gouvernement de législature avec dissolution automatique en cas de chute du gouvernement (solution préconisée par Paul Reynaud), contre le régime présidentiel qui a fonctionné « cahin-caha » aux États-Unis, mais qui, selon le général de Gaulle, ne pourrait pas fonctionner en France, contre enfin l'élection simultanée du président de la République et de l'Assemblée nationale. Il qualifie le président de « garant du destin de la France et de la République », et déclare que le président « est évidemment seul à détenir et à déléguer l'autorité de l'État ». Et il ajoute : « Il doit être évidemment entendu que l'autorité indivisible de l'État est confiée tout entière au président par le peuple qui l'a élu, qu'il n'en existe aucune autre, ni ministérielle, ni civile, ni militaire, ni judiciaire qui ne soit conférée et maintenue par lui. »

Le terme de l'évolution semble achevé, mais y a-t-il véritablement eu évolution ? Il est permis d'en douter. Le général de Gaulle n'est pas passé d'une conception du pouvoir présidentiel à une autre conception du pouvoir présidentiel. Il a accepté en 1958 un certain nombre de concessions verbales parce que les circonstances l'exigeaient, mais il n'a jamais cessé de considérer que le pouvoir présidentiel était un pouvoir de décision, au niveau le plus élevé, et non un pouvoir d'arbitrage. C'est ce qu'il déclare le 9 septembre 1965 avant l'élection présidentielle, dans une phrase où les chrysanthèmes apparaissent étrangement au milieu d'une métaphore maritime : « On a parlé de " pouvoir personnel ". Si l'on entend par là que le président de la République a pris personnellement les décisions qu'il lui incombait de prendre, cela est tout à fait exact [...]. D'ailleurs, qui a jamais cru que le général de Gaulle étant appelé à la barre devrait se contenter d'inaugurer les chrysanthèmes. »

Ainsi apparaissent d'une singulière myopie, avec le recul du temps, certains commentaires sur le caractère fondamentalement orléaniste de la Constitution de 1958 ou sur les risques de dyarchie entre le président de la République et le

Premier ministre. La meilleure analyse de la Constitution de 1958 est sans doute celle de Georges Burdeau dans le numéro spécial déjà cité de la RFSP en mars 1959. Dans cette analyse, Georges Burdeau distingue deux conceptions du pouvoir, deux conceptions différentes du suffrage selon le général de Gaulle : le suffrage qui a pour objet d'exprimer la diversité des opinions et des groupes qui constituent la collectivité nationale : ce sont les élections législatives; et le suffrage qui permet, à propos de grandes options, de dégager l'opinion de la nation dans ses profondeurs : le référendum qui est en même temps un vote de confiance, une sorte de réélection solennelle du président de la République. Dans cette conception du double pouvoir, l'élection du président de la République entre mal : elle est logique et nécessaire, mais elle a l'inconvénient majeur de faire apparaître le président de la République, qui doit être l'homme de la nation tout entière, comme un concurrent, parmi d'autres, des représentants des partis. D'où la gêne manifeste éprouvée par le général de Gaulle avant le premier tour de l'élection de 1965, où il est candidat sans vraiment faire campagne avant le premier tour. A ces ambiguïtés échappe la définition du rôle du Premier ministre.

A l'origine, deux articles de la Constitution de 1958 définissent le rôle du Premier ministre; l'article 20 : « Le gouvernement détermine et conduit la politique de la Nation »; et l'article 21 : « Le Premier ministre dirige l'action du gouvernement. » Il est difficile ici de parler d'une évolution, car ces deux articles, dès les premiers temps de la Ve République, n'ont jamais beaucoup préoccupé le général de Gaulle.

Le 17 novembre 1959, Jacques Chaban-Delmas, aux Assises nationales, présente la théorie du « domaine réservé », ou plus exactement du « secteur présidentiel » : « Le secteur présidentiel comprend l'Algérie, sans oublier le Sahara, la communauté franco-africaine, les Affaires étrangères, la Défense; le secteur ouvert se rapporte au reste [...]. Dans le premier secteur le gouvernement exécute, dans le second il conçoit. » Cette théorie est propre à Jacques

Chaban-Delmas, et le général de Gaulle n'a jamais parlé de « domaine réservé ». Il tient au contraire à affirmer que son pouvoir s'exerce dans tous les domaines, y compris les problèmes économiques et sociaux. Ce souci est très apparent dans les *Mémoires d'espoir* où il utilise longuement une métaphore maritime pour décrire le rôle du Premier ministre : « [...] Tout de même qu'à bord du navire l'antique expérience des marins veut qu'un second ait son rôle à lui à côté du commandant, ainsi dans notre nouvelle République l'exécutif comporte-t-il, après le président voué à ce qui est essentiel et permanent, un Premier ministre aux prises avec les contingences » (*ME*, p. 288). Dans son dernier écrit, « L'effort » (tome II des *Mémoires d'espoir*), le général présente de nouveau la charge du Premier ministre comme celle d'un second : « [...] Le rôle suprême du chef de l'État, à qui incombe le destin, c'est-à-dire le lointain et le continu, et la charge seconde de Premier ministre qui, au milieu des saccades de toutes les sortes et de tous les jours, mène l'action du moment et dirige les exécutants » (p. 68). On ne peut dire plus clairement que le Premier ministre ne dispose que d'un pouvoir subalterne, délégué par le président de la République.

Il ne reste donc plus que deux questions à poser : pourquoi le général de Gaulle a-t-il remplacé Michel Debré par Georges Pompidou en avril 1962 ? Pourquoi a-t-il remplacé Georges Pompidou par Maurice Couve de Murville après les élections triomphales de juin 1968 ? Il est difficile de répondre avec certitude à ces deux questions qui ont donné lieu, au moins la seconde, à une abondante littérature, intéressante et invérifiable.

Le départ de Michel Debré a une cause apparente, qui semble bien établie : le Premier ministre était partisan, en avril 1962, de dissoudre l'Assemblée et de procéder à de nouvelles élections dans la foulée du référendum; le général de Gaulle était opposé à cette tactique. Mais à cette raison s'en sont vraisemblablement ajoutées d'autres, et s'il faut croire Philippe Alexandre [1] le général aurait décidé dès avril 1967 de remplacer Michel Debré par Georges Pompi-

1. *Le Duel de Gaulle-Pompidou*, Grasset, 1970, p. 95.

dou. La « phase algérienne » de la Ve République étant achevée, il devenait souhaitable de faire appel à un nouveau Premier ministre pour entreprendre une nouvelle politique, un Premier ministre qui eût un caractère moins abrupt que Michel Debré pour pratiquer cette ouverture du côté du MRP qui devait tourner court après la conférence de presse sur le volapük. Sans doute entraient également en ligne de compte la lassitude inspirée au général de Gaulle par le caractère hypertendu de Michel Debré, et peut-être aussi des divergences de vues concernant les modalités d'une révision constitutionnelle. A ces diverses raisons s'en ajoute peut-être une autre, s'il faut croire le récit que fait André Malraux de son entretien avec le général de Gaulle à Colombey le jeudi 11 décembre 1969. Le général parle à Malraux du contrat exceptionnel qui l'unit aux Français et Malraux questionne le général : « Avez-vous jugé le contrat rompu en mai, ou plus tôt, lors de votre réélection ? — Bien avant. C'est pour ça que j'ai pris Pompidou. » Et Malraux s'interroge : « Que veut-il dire ? Au temps du conflit parlementaire ? Au retour d'Afghanistan ? (Alors il devrait dire : conservé). Il ne fait pas allusion au temps où il a appelé Pompidou car ce serait évidemment faux. » Est-ce « évidemment faux » ? Convient-il d'admettre, comme le fait André Malraux, que le général de Gaulle ne savait plus très bien ce qu'il disait le 11 décembre 1969 ? Faut-il écarter l'interprétation que suggère la lettre même de la « petite phrase » ? : le général de Gaulle profondément déçu en 1962 par le comportement des Français, déçu par un référendum qui lui a paru « mou », affecté par les attaques qui sont lancées contre lui de tous côtés, prendra pour Premier ministre son ancien directeur de Cabinet, pour faire docilement, dans son ombre, sa politique, et accepter le grand défi aux partis politiques que constitue pour le général le référendum d'octobre 1962.

Quant au remplacement de Georges Pompidou par Maurice Couve de Murville en juillet 1968, nous sommes aujourd'hui assez bien informés grâce notamment aux livres de Philippe Alexandre *(l'Élysée en péril*[1] et *le Duel)* et de

1. Fayard, 1968.

J.-R. Tournoux *(le Mois de mai du général*[1]*)*. Il faut écarter, semble-t-il, deux explications qui ont été souvent avancées pendant l'été 1968 : Georges Pompidou aurait conseillé au général le 28 mai de se retirer et le général ne lui aurait pas pardonné; le général n'aurait pas pardonné à Georges Pompidou d'apparaître comme le grand vainqueur après les élections de juin 1968. Cf. la phrase que, selon la légende, le général de Gaulle aurait dite alors à Claude Pompidou : « Il paraît, madame, que nous avons, votre mari et moi, gagné les élections. » En fait, il semble bien que le général de Gaulle ait songé à remplacer, dès la fin de 1966 ou le début de 1967, Georges Pompidou par Maurice Couve de Murville. L'échec électoral de Couve de Murville, battu à Paris par Frédéric Dupont, et l'étroitesse de la majorité à l'Assemblée nationale auraient conduit le général à garder temporairement Pompidou. S'il faut croire J.-R. Tournoux, le général aurait fait venir en grand secret à l'Élysée Maurice Couve de Murville, le dimanche 26 mai, pendant que Pompidou négociait les accords de Grenelle, et lui aurait dit : « Je vais vous confier le soin de former le gouvernement » (J.-R. Tournoux, *le Mois de mai du général*, p. 223). Décidé à changer de politique, à s'engager dans la troisième voie de la participation, le général de Gaulle aurait décidé au moment le plus aigu de la crise de faire appel à un nouveau Premier ministre. Georges Pompidou devait faciliter la décision du général en lui parlant à plusieurs reprises, avant puis après le second tour des élections de juin 1968, de sa lassitude et de son désir de prendre du recul. Lorsqu'il se ravise, la décision de le remplacer était officiellement prise (cf. le récit de Philippe Alexandre dans *le Duel*).

A l'origine, le général de Gaulle veut être l'homme de l'unité nationale : les élections législatives ont pour fonction d'exprimer des opinions catégorielles; le président de la République doit se maintenir au-dessus de ces oppositions néces-

1. Plon, 1969.

saires, médiocres, et superficielles ; il a pour mission d'exprimer les aspirations de la nation dans ses profondeurs. Le général de Gaulle ne renoncera jamais à cette conception du pouvoir. Mais, à mesure que les années passent, il doit reconnaître l'ampleur et la force de l'opposition et il découvre peu à peu l'utilité d'un parti majoritaire.

Au temps du RPF, le général de Gaulle se déchaînait contre toutes les féodalités, en donnant au mot une conception très extensive. Le général reparle des « féodalités » dans ses *Mémoires d'espoir* où il dénonce les « prétentions centrifuges des féodalités d'à présent » (p. 39-40). Il critique plus loin « toutes les féodalités » qui se sont opposées à la participation » (p. 145). Cependant le général de Gaulle parle moins souvent des « féodalités » sous la Ve que sous la IVe République. L'idée subsiste, mais elle s'exprime autrement (encore que le mot de « féodalité » figure dans le second tome des *Mémoires d'espoir*). De 1958 à 1969 le général de Gaulle ne cesse pourtant de déployer une verve généralement ternaire pour dénoncer l'action néfaste des fractions et des groupes constitués. Il parle dans les *Mémoires d'espoir* des « idoines », c'est-à-dire des pseudo-spécialistes d'un problème déterminé (p. 157). Il dénonce « les jongleurs de doutes et de contres, les illusionnistes pour colloques et journaux, les acrobates de la démagogie » (p. 140). Il fustige « les équipes diverses de la hargne, de la grogne et de la rogne » (12 juillet 1961) ; « le tracassin, le tumulte, l'incohérence » (2 octobre 1961) ; « tout ce qui grouille, grenouille, scribouille » (26 juillet 1967, Montréal). Il ne manifeste aucune espèce d'amabilité pour le Conseil d'État, ou du moins, dit-il, pour un certain nombre de conseillers d'État (*ME*, p. 298) : il est clair qu'il n'a oublié ni l'arrêt Canal [1], ni certains avis du Conseil sur la constitutionnalité de certains référendums. Dans « L'effort » (p. 76) il déclare que l'arrêt Canal procède d'une

1. André Canal, trésorier de l'OAS, avait été condamné par la Cour militaire de justice, instituée par ordonnance le 1er juin 1962. Le Conseil d'État, arguant en particulier du fait que la procédure devant la Cour militaire ne comportait pas de recours en cassation, prétendit dissoudre cette juridiction et en annuler les sentences. *(N. d. É.)*

« intolérable usurpation » et il qualifie le Conseil d'État de « corps abusif ». Il n'est pas plus aimable pour les universitaires. « Une partie du corps enseignant ne cesse de battre en brèche l'autorité » (*ME*, p. 300). Il est particulièrement désagréable pour la presse, « la coalition hostile des comités et des stylographes », « les professionnels du style » (p. 312), les journalistes qui ont pour habitude de « suer le fiel et cracher le vinaigre » (conférence de presse, 25 mars 1959); le fiel et le vinaigre reparaissent en janvier 1963, mais ils sont, cette fois, accompagnés de la bile dans une phrase doublement ternaire : « Il ne faut pas s'attendre, bien sûr, à ce que les professionnels de la nostalgie, du dénigrement, de l'aigreur, renoncent, tout au moins pour le moment, à suer le fiel, à cracher la bile et à lâcher le vinaigre [1] » (conférence de presse, 14 janvier 1963). Quant aux partis politiques, ce sont pour le général de Gaulle des « organisations constituées pour faire valoir des tendances particulières et soutenir les intérêts de telles ou telles catégories » (9 septembre 1965). Ils sont assimilés à des comités, « le comité Gustave, le comité Théodule, le comité Hippolyte » dont le général de Gaulle parle à Orange le 24 septembre 1963.

Après s'être accommodé de l'existence des partis en 1958, le général de Gaulle s'emploie systématiquement à lutter contre eux et à détruire leur influence. Le référendum d'octobre 1962 sur l'élection du président de la République au suffrage universel est pour lui l'occasion de lutter seul contre tous les partis, contre toutes les forces organisées, sauf l'UNR. Après les élections législatives de 1962, il déclare en novembre 1962 devant le Conseil des ministres : « Je voulais briser les partis. J'étais le seul à pouvoir le faire et le seul à croire la chose possible au moment que j'ai choisi. J'ai eu raison contre tous. » Et il ajoute : « J'ai déclaré la guerre aux partis. Je me garde bien de déclarer la guerre aux chefs des partis. Les partis sont irrécupérables. Mais les chefs de partis ne demandent qu'à être récupérés. Il leur suffit de récupérer un portefeuille » (A. Passeron, II, p. 64). Quelques jours plus

1. Le 4 novembre 1960, le général parlait des « clans à parti pris et des feuilles à sensation ».

tard, il commente ainsi devant un visiteur le résultat du référendum et des élections : « Oui, ce n'est pas mal. Voyez-vous, les soi-disant chefs des soi-disant partis auraient bien sûr préféré continuer à jouer à la belote. Mais moi, je les ai obligés à jouer au poker. Et là, je suis le plus fort » (A. Passeron, II, p. 66). Ainsi le général de Gaulle se montre aussi sévère pour « le régime exclusif » des partis que l'avait été le président du RPF. Le rôle des partis est pour lui intrinsèquement néfaste et pervers.

De même le général de Gaulle, et pour les mêmes raisons, supporte malaisément l'opposition. Jamais il ne souligne le rôle utile que peut avoir une opposition dans une démocratie. Sans cesse il dénonce « le caractère disparate, inconsistant, contradictoire des oppositions » (21 février 1966). Il affirme que « les oppositions sont incapables de gouverner ensemble » (9 février 1967). Après les élections de mars 1967, où l'opposition a été près de conquérir la majorité, le général de Gaulle déclare que son succès n'aurait conduit qu'à « une kaléidoscopique répartition de portefeuilles et une combinaison constamment changeante et impuissante de divergences et de rivalités » (16 mai 1967).

Cette intolérance totale à l'égard de l'opposition est un des traits les plus constants du général de Gaulle. Sans doute lui est-il parfois arrivé d'évoquer le rôle fructueux que pourrait jouer une « opposition véritable » dans un « vrai régime parlementaire ». C'est ainsi qu'il déclare à Robert Buron le 11 mai 1961 : « Comme je l'ai dit à Westminster, je souhaite à notre pays un vrai régime parlementaire avec une opposition qui ne soit pas vindicative, hargneuse mais exerce son rôle essentiel qui est de contrôle, en dénonçant devant l'opinion les erreurs du gouvernement. Il faudrait une opposition consciente de son rôle et acceptant la règle du jeu [...] et une majorité qui ne brûle pas de rivaliser avec elle sur le terrain qui n'est pas le sien [...]. Hélas! » (R. Buron, p. 125). Il est clair que le général ne croit guère à l'avènement de ce « vrai régime parlementaire » et de cette opposition « consciente de son rôle et acceptant la règle du jeu ». Il tolère aussi malaisément l'opposition que les partis politiques et il ne découvre que peu à peu l'utilité d'un parti majoritaire.

Le général de Gaulle ne renonce pas aisément à apparaître comme l'émanation d'une nation unanime. Il ne se résigne pas aisément — et on peut même dire qu'il ne se résignera jamais — à apparaître comme le chef d'une majorité. Dans les premiers temps de la Vᵉ République, le général de Gaulle manifeste la plus grande réserve à l'égard de l'UNR. L'UNR lui est utile mais il ne lui prodigue aucun encouragement. Il semble vouloir faire oublier qu'il a été président du RPF et il ne veut pas que l'UNR, apparaisse comme un nouveau RPF. Le 23 octobre 1958, avant les élections législatives, il déclare : « La mission que le pays m'a confiée exclut que je prenne parti » et il interdit d'utiliser son nom pendant la campagne électorale « même sous la forme d'un adjectif ». Après les élections municipales de 1959, le général affirme qu'il ne se « mêle en rien de ce qui est électoral... », et il parle sans amabilité de « la rubrique qu'ils [les électeurs] choisissaient auparavant » (conférence de presse, 25 mars 1959). Avant les élections législatives de 1962, le général de Gaulle, au lieu de miser directement sur l'UNR, favorise la création d'une association qui a l'ambition de réaliser un plus large rassemblement, l'Association pour la Vᵉ République dont la présidence est confiée à André Malraux. Le général de Gaulle ne prend la parole qu'une fois entre le référendum et les élections de 1962, le 7 novembre : il condamne vigoureusement « les partis de jadis » qui « ne représentent pas la Nation » : « Assurément, nul ne conteste que les partis de jadis épousent et servent encore divers courants d'opinion, intérêts particuliers, souhaits locaux, mérites personnels. » Leur succès serait une catastrophe pour la France : « Aujourd'hui confondre les partis de jadis avec la France et la République serait simplement dérisoire. » Aux électeurs, le général de Gaulle demande de confirmer leur oui. Il n'a pas un mot précis d'encouragement pour l'UNR.

Le 28 octobre 1966, pourtant, le général de Gaulle déclare que les prochaines élections législatives devront avoir pour objet de dégager une majorité. C'est la première fois qu'il fait à cet égard une déclaration aussi nette et aussi insistante. Dans la même conférence de presse, il se prononce contre toute division de la majorité à l'intérieur d'elle-même — et cette allusion vise expressément Giscard d'Estaing. De même l'allocution du général de Gaulle le 9 février 1967, avant l'ouverture de la campagne électorale, prouve qu'il a découvert l'importance du « fait majoritaire ». Le 16 mai 1967, le général lance une ferme mise en garde à l'adresse des républicains indépendants : « [...] Il est clair que toute entreprise qui, à l'intérieur de cette majorité, tendrait à l'affaiblir en la divisant, alors qu'elle vient d'être élue sous une seule et même étiquette par des citoyens convaincus qu'elle s'était rassemblée pour soutenir une seule et même action, serait contraire à la moralité politique et à l'intérêt public. » Le 27 novembre 1967, répondant à une question sur l'après-gaullisme, le général de Gaulle fait pour la première fois une allusion précise à l'UNR mais sans la nommer. Il parle des assises de l'UNR à Lille auxquelles les gaullistes de gauche par l'intermédiaire de Capitant avaient déclaré qu'ils ne se rendraient point. Après avoir dit que le président de la République est « seul le mandataire du peuple français tout entier », il ajoute : « C'est d'ailleurs, je le crois bien, ce qu'ont voulu manifester ardemment et solennellement ceux qui sont réunis à Lille tandis que leurs assises travaillaient à adapter aux conditions qui vont changeant nos conceptions et nos aspirations. » Sans doute ces trois lignes manifestent-elles une évolution très sensible par rapport aux déclarations de 1958, mais on ne saurait dire que le général de Gaulle ait multiplié les encouragements à l'UNR. La défiance du général de Gaulle pour les corps intermédiaires s'étend aux corps intermédiaires gaullistes. Il reste attaché à la même conception de la démocratie qu'au temps du RPF.

La démocratie, pour le général de Gaulle, reste, comme au temps du RPF, la démocratie directe, l'appel à la nation dans ses profondeurs, sans intermédiaires. Les trois moyens d'action démocratique, dans cette perspective, sont l'usage du référendum, la tournée en province et la télévision.

La démocratie pour le général de Gaulle se confond avec

le suffrage et le référendum est la pratique la plus démocratique qui soit. Le général de Gaulle le disait en 1945 lors du premier référendum : consulter la nation par référendum lui apparaissait à l'époque comme « la voie la plus démocratique », « la seule qui le soit » en la circonstance (à l'Assemblée consultative, 29 juillet 1945). Il s'exprime exactement dans les mêmes termes sous la Ve République. Le 6 janvier 1961, 2 jours avant le référendum sur l'autodétermination en Algérie, il s'écrie à la fin de sa dernière allocution précédant le scrutin : « Vous le savez, c'est à moi que vous allez répondre [...]. J'ai besoin, oui j'ai besoin de savoir ce qu'il en est dans les esprits et dans les cœurs. C'est pourquoi je me tourne vers vous par-dessus tous les intermédiaires. En vérité, qui ne le sait ? L'affaire est entre chacune de vous, chacun de vous et moi-même. » Avant les référendums de 1945, de janvier 1961, d'octobre 1962 et d'avril 1969, le général de Gaulle annonce qu'il s'en ira si la réponse est négative ou si la majorité est « faible, médiocre, aléatoire ». Il attache une extrême importance aux résultats électoraux — il travaille, a-t-on dit, au pourcentage — et il quittera le pouvoir lorsque pour la première fois les pourcentages ne lui seront pas favorables.

Il est clair que le général de Gaulle a été totalement inaccessible aux objections concernant l'usage de l'article 11 pour la révision constitutionnelle de 1962 (cf. p. 243). Sans doute ces objections sont-elles juridiquement solides, mais, compte tenu de la conception du pouvoir qui est celle du général de Gaulle et qui n'est pas celle des « juristes sourcilleux », elles sont pour lui dénuées de toute valeur et même de toute signification. Peu importe pour le général de Gaulle ce type de controverses : la parole est donnée au peuple et le peuple est souverain. Avant le référendum du 8 avril 1962 le général de Gaulle déclare qu'il s'agit de « consacrer décidément la pratique du référendum, la plus nette, la plus franche, la plus démocratique qui soit » (6 avril 1962). Il répète, le 24 mai 1968, en annonçant le référendum qui ne put avoir lieu : « C'est la voie la plus directe et la plus démocratique possible, celle du référendum. » Dans une conférence de presse, le 28 octobre 1966, il déclarait fièrement qu'on n'a jamais tant voté que depuis 1958, et il ajoutait : « Autrement dit aucun régime, à beaucoup près, n'a été aussi démocratique que celui qui fut fondé en 1958. » La démocratie est donc définie par le nombre des scrutins. Plus il y a de scrutins, plus le régime est démocratique.

Le contact direct avec les foules, à l'occasion des tournées en province, est un substitut du référendum. Dans le troisième tome de ses *Mémoires de guerre*, le général de Gaulle soulignait l'éminente et émouvante valeur de ces contacts avec la foule qui permettent de saisir « le reflet des âmes ». Il dit à peu près exactement la même chose sous la Vᵉ République. Le 9 septembre 1965, dressant le bilan de son septennat, il se livre à une étrange comptabilité. Il déclare que les voyages en province ont pour but de « connaître, en allant sur place, où en sont les âmes et les choses [1] ». S'étant rendu dans les 94 départements de la métropole et d'outremer, il a visité environ 2 500 communes, parlé dans plus de 600 localités, il a « vu de ses yeux au moins 15 millions de Français », « dialogué avec tant de personnes qu'on ne pourrait les compter et serré d'innombrables mains ».

Mais il existe un autre moyen de communiquer directement avec « la Nation dans ses profondeurs », c'est la télévision. Le général avait largement utilisé la radio de Londres pendant la guerre. Après son retour au pouvoir en 1958, il fait l'apprentissage difficile de la télévision. Habitué à lire ses textes à la radio, il est obligé de les apprendre par cœur. Il parle de cet apprentissage dans ses *Mémoires d'espoir* : « Pour ce septuagénaire, assis seul derrière une table sous d'implacables lumières, il s'agit qu'il paraisse assez animé et spontané pour saisir et retenir l'attention, sans se commettre en gestes excessifs et en mimiques déplacées » (p. 301-302). En janvier 1960 lors de l'affaire des barricades d'Alger, en avril 1961 lors du putsch des généraux,

1. Plus prosaïquement, il écrit dans les *Mémoires d'espoir* (p. 306) que « des moissons d'impressions et de précisions pratiques sont récoltées au cours de ces tournées ».

l'apparition du général de Gaulle en uniforme sur les écrans de télévision fait la plus profonde impression. Le 30 mai 1968, un discours radiodiffusé de quatre minutes — car le général n'avait pas eu le temps d'apprendre son texte par cœur — contribue à renverser la situation.

La démocratie par le suffrage, la démocratie par le contact avec la foule, la démocratie par la parole : cette conception de la démocratie n'est assurément pas celle de tous les démocrates, mais si on a le souci d'utiliser un vocabulaire qui ait un minimum de rigueur, il ne semble pas sérieux de qualifier de « dictature » le régime de la Ve République [1]. On peut à cet égard rappeler le mot, très souvent cité, du général de Gaulle le 8 décembre 1965 entre le premier et le second tour de l'élection présidentielle : « On dit que je suis un dictateur. Mais a-t-on jamais vu un dictateur en ballottage ? » (cité par A. Passeron, II, p. 131). Le comportement du général de Gaulle à la fin d'avril 1969 devait prouver qu'il ne s'agissait pas d'une simple boutade.

1. Cf. le fameux passage sur la dictature dans le discours de Bayeux : « Et pourtant, qu'est la dictature, sinon une grande aventure ? » (*MG*, III, doc. p. 650).

9

Le général de Gaulle et les problèmes de politique économique et sociale

(1958-1969)

Avant 1958, le général de Gaulle n'avait pas souvent eu l'occasion d'exposer dans leur ensemble ses conceptions en matière économique. Dans ses écrits d'avant 1940, il n'est que rarement question des problèmes économiques. Tant que dure la guerre il en parle naturellement très peu. A la Libération les tâches de la reconstruction sont d'une telle gravité et d'une telle urgence qu'il n'a pas la possibilité d'entreprendre une très ample politique économique. Sous la IVe République, enfin, le général de Gaulle ne parle que rarement et d'une façon assez vague des questions économiques : dans les premiers temps du RPF il se montre très critique à l'égard du dirigisme et des ingérences abusives de l'État (nationalisations, Sécurité sociale, etc.); ses attaques à cet égard s'atténuent avec le temps et en 1952 il ne manifeste aucune complaisance pour le libéralisme du président Pinay.

Dans le domaine social, en revanche, le général de Gaulle a une doctrine, celle de l'association capital-travail, qu'il avait souvent exposée au temps du RPF, et à laquelle il attache sans nul doute une extrême importance, même si les moyens de réaliser cette association apparaissent quelque peu irréalistes. Cette idée de la troisième voie entre le capitalisme et le collectivisme est très ancienne chez le général de Gaulle. On en trouve l'origine dans son milieu social et dans un certain catholicisme social. On en trouve la trace dans un discours prononcé à l'université d'Oxford pendant la guerre le 25 novembre 1941 et que les gaullistes présentent en quelque sorte comme le discours de Brazzaville de la participation. Dans ce discours du 25 novembre 1941, on trouve un long développement sur la « mécanisation générale », « l'uniformisation » des sociétés modernes, « l'agrégation croissante des masses et le gigantesque conformisme collectif qui en sont les conséquences ». Ainsi apparaît au premier plan le thème de la « civilisation mécanique » qui sera repris à propos de la crise de mai 1968, mais le général de Gaulle n'en tire pas en 1941 de conclusions très précises. Il se contente de déclarer : « [...] Rien ne garantira la paix, rien ne sauvera l'ordre du monde si le parti de la libération, au milieu de l'évolution imposée aux sociétés par le progrès mécanique moderne, ne parvient pas à construire un ordre tel que la liberté, la sécurité, la dignité de chacun y soient exaltés et garantis [...]. On ne voit pas d'autre moyen d'assurer en définitive le triomphe de l'esprit sur la matière. Car, en dernier ressort, c'est bien de cela qu'il s'agit. » Ainsi coexistent une politique sociale très ambitieuse et très imprécise avec une politique économique dont, jusqu'en 1958, le général de Gaulle ne semble se préoccuper que d'une façon très secondaire.

Après 1958, les problèmes économiques tiennent une large place — beaucoup plus large qu'auparavant — dans les déclarations et les écrits du général de Gaulle. Il les aborde fréquemment dans ses discours; il leur consacre un long chapitre du premier volume de ses *Mémoires d'espoir* et le second chapitre du second volume — le dernier texte que le général ait écrit avant sa mort — porte entièrement sur les problèmes économiques et sociaux. Le 13 décembre 1965, dans son premier entretien avec Michel Droit, le général parle uniquement des problèmes économiques. Il déclare n'avoir jamais dit et jamais pensé que l'économie est un problème d'intendance — « L'intendance suit » — et il répond sans ennui apparent à des questions sur les autoroutes, sur le téléphone et sur le logement. Le général de Gaulle ne considère donc pas comme secondaires les problèmes économiques et financiers. Il ne les abandonne pas à ses premiers ministres ou à ses ministres des Finances : Antoine Pinay jusqu'en janvier 1960, Wilfrid Baumgartner jusqu'en janvier 1962, Valéry Giscard d'Estaing jusqu'en janvier 1966, Michel Debré de 1966 à 1968, François-Xavier

Ortoli enfin dans le ministère de Couve de Murville, de juillet 1968 à avril 1969.

Cependant le général de Gaulle considère que le progrès économique n'est pas une fin en soi, qu'il est subordonné à des finalités plus importantes : l'indépendance et la grandeur, d'une part, le progrès social d'autre part. Le 31 décembre 1964, dans son allocution de fin d'année, le général déclare : « Le progrès est la condition de notre indépendance. » En d'autres termes, la politique économique est la condition d'une politique étrangère indépendante. Le 13 décembre 1965, le général déclare à Michel Droit que la prospérité est la condition de la grandeur : « Il faut que le peuple Français soit prospère. Il le faut parce que, s'il n'est pas prospère, la France [...] ne pourrait pas jouer son rôle dans le monde d'aujourd'hui. » Dans ce même entretien, le général ajoute que l'économie est la « condition du progrès social » : « Aujourd'hui ou plus exactement depuis que je suis revenu, depuis sept ans, c'est l'économie qui me paraît l'emporter sur tout le reste, parce qu'elle est la condition de tout, et en particulier la condition du progrès social. »

Cependant, malgré cette dernière affirmation, il semble difficile de considérer comme un bloc indissociable les idées du général de Gaulle en matière économique et sociale. Il y a, d'une part, ses idées en matière économique, qui se ramènent essentiellement à quelques principes d'ordre financier; d'autre part, ses idées en matière sociale qui dérivent d'autres principes que ses conceptions financières et le tout forme un amalgame composite et disparate. Le général de Gaulle a eu 30 ans en 1920, 40 ans en 1930. Ses idées en matière économique sont celles qui étaient les plus répandues dans la société de l'époque (cf. le livre de Marguerite Perrot, *la Monnaie et l'Opinion...* [1]). L'économie est avant tout une affaire de finances, et en matière financière trois principes sont fondamentaux ; il faut, en premier lieu, une monnaie solide, un franc dont la valeur par rapport à l'or soit solidement garantie : le général a une profonde aversion pour les

1. *La Monnaie et l'Opinion publique en France et en Angleterre 1924-1936*, Armand Colin, 1955.

dévaluations (qui se manifestera en novembre 1968). Il est, en second lieu, nécessaire d'avoir un budget en équilibre, où les recettes balancent les dépenses; le général déteste « la pagaille, l'inflation, la mendicité » (*ME*, p. 157). Il convient, enfin, de veiller au solde positif de la balance commerciale, à l'excédent des exportations sur les importations. La balance commerciale, l'équilibre budgétaire, la situation de la monnaie sont pour le général de Gaulle les trois indices qui permettent d'apprécier la santé d'un pays. Ces idées n'ont rien d'original, mais elles sont très fortement enracinées dans l'esprit du général de Gaulle. Elles lui viennent de son éducation, de ses souvenirs de l'entre-deux-guerres et ce serait sans doute une erreur que d'en attribuer la paternité à Jacques Rueff, quelle que soit l'admiration que le général de Gaulle ait toujours témoignée pour « l'envergure de son esprit » (*ME*, p. 150); ce sont les conceptions d'un admirateur de Raymond Poincaré, le « sauveur du franc », celles d'un lecteur du *Temps*, des *Débats* ou de *l'Écho de Paris* dans les années trente. Elles sont dans la plus large mesure conformes à l'éducation que recevaient alors le plus grand nombre des petits Français, et pas seulement des petits bourgeois.

Mais le général de Gaulle n'est pas, et n'a jamais été, semble-t-il, un adepte du néo-libéralisme, un nostalgique de la libre entreprise et du laissez-faire, laissez passer. Il a du rôle de l'État une conception trop exigeante pour s'abandonner à la nostalgie de l'économie libérale. Il croit à l'intervention nécessaire de l'État : « L'évolution actuelle rend toujours et de plus en plus essentiel le rôle de l'État. » Il croit à la planification, et il rappelle fréquemment qu'il a lui-même créé le commissariat au Plan et que toutes les réformes économiques et sociales de quelque ampleur accomplies en France depuis la fin de la guerre (nationalisations, Sécurité sociale, comités d'entreprise, statut du fermage, planification, etc.) l'ont été en quelques mois, en 1945, lorsqu'il se trouvait à la tête du pays. Ainsi se combinent étroitement dans sa pensée une confiance très traditionnelle dans les vertus de l'étalon-or et de l'équilibre budgétaire et la conviction que l'État doit assurer, par la planification, la responsabilité de la politique économique.

A cela s'ajoute l'ambition — déjà annoncée dans le discours d'Oxford en novembre 1941 et bien souvent confirmée au temps du RPF — de remédier aux méfaits de la civilisation mécanique et de réaliser une profonde transformation de la société par la découverte d'une « troisième voie » entre le capitalisme et le socialisme. Dans le second tome de ses *Mémoires d'espoir*, le général — écrivant en 1970 — affirme qu'il n'a jamais cessé, depuis son retour au pouvoir en 1958, de songer à « accomplir la profonde réforme humaine et sociale de la participation » (p. 110). Il fait un tableau du monde moderne dans lequel les hommes mènent « une vie mécanisée et agglomérée », au milieu d'une « foule grise et anonyme », et dans laquelle, malgré le progrès matériel, « les rapports sociaux demeurent empreints de méfiance et d'aigreur » (p. 119). Un peu plus loin, le général parle du « malaise des âmes qui résulte d'une civilisation dominée par la matière » (p. 122). Le général affirme donc qu'il n'a jamais cessé de songer à la participation — le mot de « participation » remplaçant celui d'association qu'il utilisait au temps du RPF — mais il ajoute, comme pour se justifier rétrospectivement, qu'une réforme aussi ample que la participation ne pouvait être entreprise du jour au lendemain et qu'elle exigeait une longue préparation matérielle et psychologique : « Je dois, cependant, reconnaître qu'à froid dans l'atmosphère d'immobilisme qui suit la fin des drames et l'éloignement des périls et où se raidissent les routines, les égoïsmes et les sectarismes, la révolution pacifique de la participation ne saurait être déclenchée avec l'ampleur qu'elle exige » (p. 123). Ce texte est important, car il atteste la constance d'une préoccupation et il dépeint plus de 10 ans de politique économique et sociale tels que le général de Gaulle aurait voulu qu'ils fussent.

Il faut maintenant examiner ce qu'ils furent ou du moins passer en revue les principales déclarations du général pendant cette longue période qui peut être divisée en trois phases : de 1958 à 1963, la reconstruction de l'économie française; de 1963 à 1968, la stabilisation et ses difficultés; de 1968 à 1969, la vaine recherche de la participation.

En 1945, le général avait arbitré pour Pleven contre Mendès France, contre une politique de rigueur et d'austérité qui lui semblait exclue par les circonstances et par le climat politique de l'époque. En 1958, le général estime que les circonstances imposent une politique de rigueur et d'austérité. Deux faits lui semblent particulièrement critiquables dans la politique économique et financière de la IVe République : la dépréciation du franc et le déficit budgétaire. De 1944 à 1958, le franc a été dévalué 8 fois et a perdu 90 % de sa valeur or; le déficit budgétaire s'élève à 994 milliards d'anciens francs en 1957. La politique économique que pratique le général après son retour au pouvoir en 1958 est d'une rigoureuse orthodoxie : dévaluation de 17,50 % et établissement d'une nouvelle monnaie, le nouveau franc, dont la solidité est aussitôt affirmée; politique d'économies et d'équilibre budgétaire; suppression des indexations; réduction des subventions; compression des salaires; libération des échanges; retour à la convertibilité.

Ces mesures sont conformes aux recommandations du Comité présidé par Jacques Rueff. Leur mise en œuvre incombe à Antoine Pinay, auquel le général n'avait pas ménagé en privé les sarcasmes en 1952 mais dont il tient à utiliser le prestige rassurant et qu'il qualifie ainsi dans ses *Mémoires d'espoir :* « Ce personnage éminent, notoire pour son bon sens, considéré pour son caractère, populaire pour son dévouement à l'intérêt public » (p. 146). Mais, quelle que soit l'influence qu'aient pu exercer sur tel ou tel point Antoine Pinay, Jacques Rueff ou Michel Debré, on peut affirmer, semble-t-il, que les réformes de décembre 1958 ont été voulues par le général de Gaulle et qu'elles sont strictement conformes à ses conceptions économiques [1]. Le général annonce et justifie lui-même les mesures prises, y compris

1. Cf. la thèse de Mme Arnaud-Ameller, *Mesures économiques et financières de décembre 1958*, publiée dans la collection « Travaux et recherches sur l'économie française », Armand Colin, 1969.

celles qui touchent la retraite des Anciens Combattants [1], le 28 décembre 1958 ; il déclare que seules ces mesures permettront de résister à la « marée des menaces ».

Le plan de redressement suscite naturellement un « océan de critiques » (*ME*, p. 155). Le général de Gaulle se rend en province et en revient réconforté : « Mes visites à 16 départements [...] me prouvent qu'au fond la Nation est favorable à l'entreprise » (*ME*, p. 156). La situation économique et financière se rétablit effectivement au cours de l'année 1959. Le général de Gaulle considère que le plan de redressement constitue un ensemble et il refuse personnellement de faire la moindre concession. Parlant le 10 novembre 1959 des très vives réactions qu'avait suscitées la suppression de la retraite des Anciens Combattants, le général justifie les mesures prises, dont l'intérêt financier n'était pas capital et dont l'opportunité n'était pas évidente et il affirme : « Quand il s'agit d'un domaine d'intérêt national, le pouvoir ne recule pas. » En dépit de cette affirmation la retraite des Anciens Combattants sera ultérieurement rétablie d'une façon discrète.

A partir de la fin de 1959, le général juge de la façon la plus confiante la situation économique et financière de la France : « La fin de 1959 et les 3 années suivantes marquent pour notre pays une sorte de triomphe de l'expansion dans la stabilité » (*ME*, p. 157). Le 14 juin 1960 — c'est l'allocution sur les lampes à huile et la marine à voile — le général expose qu'il s'agit de « transformer notre vieille France en un pays neuf et de lui faire épouser son temps. Il s'agit qu'elle en tire la prospérité, la puissance, le rayonnement. Il s'agit que ce changement soit notre grande ambition nationale ». Les manifestations agricoles des années 1960-1961 s'apaisent. Edgar Pisani devient ministre de l'Agriculture en août 1961 et le général de Gaulle appuie personnellement la politique qu'entreprend son ministre en vue de moderniser l'agriculture française. La loi d'orientation de 1960 est suivie par la loi complémentaire de 1962. Le général de Gaulle, dans le

1. Ceux qui « sont pourvus du nécessaire et qui ne sont pas invalides » sont « invités à renoncer à leur retraite ». *(N. d. É.)*

premier tome de ses *Mémoires d'espoir*, parle longuement de la « mélancolie » que lui inspire le déclin de l'agriculture française [1], mais il considère cette évolution comme inéluctable et il s'attache à l'organiser. Dans le second tome de ses *Mémoires d'espoir*, il rend à Pisani un hommage très marqué et paraît avoir oublié que celui-ci a rompu avec le gaullisme. Les bilans que dresse le général de Gaulle sont pleinement favorables et à partir de la fin de 1960, il paraît s'attacher à répandre une mystique du développement — ce que les Latino-Américains appellent le « desarrollismo ». Le 8 mai 1961, peu de temps après le putsch des généraux, le général déclare que le Plan doit être pour chaque Français une « ardente obligation » et il affirme que la « grande tâche nationale » est le développement de la France. Le 5 septembre 1961, le général parle de renouvellement, de modernisation, de « rénovation nationale ». Le 29 décembre 1961, le Plan paraît être devenu pour lui « la grande ambition nationale ». Le 5 février 1962, il parle de nouveau du développement de la France et salue son « immense rénovation ». A la fin de l'année 1962, après l'indépendance de l'Algérie, le demi-succès du référendum et le plein succès des élections, le général de Gaulle dresse un tableau sans ombres de l'action accomplie et des perspectives qui s'ouvrent à la France. Il déclare : « Le progrès est aujourd'hui notre ambition nationale. » Il s'agit de « regarder loin et viser haut ». La Ve République est appelée un « régime de bon sens et d'efficacité ».

Nous n'avons pas ici à dresser le bilan économique et social des années 1958-1962. On peut cependant faire quelques remarques : après avoir engagé toute son influence et tout son prestige pour soutenir le plan d'austérité et de redressement, le général manifeste une grande euphorie devant le succès de ce plan. Il s'agit d'un plan économico-financier conforme à la plus rigoureuse orthodoxie, et non point d'un plan tendant à transformer les structures de la

1. « Comment, étant qui je suis, ne serais-je pas ému et soucieux en voyant s'estomper cette société campagnarde, installée depuis toujours dans ses constantes occupations et encadrée par ses traditions » (*ME*, p. 164). (*N. d. É.)*

société. Sans doute ne faut-il pas méconnaître l'ampleur de l'œuvre entreprise à partir de 1961 dans le domaine agricole, mais le général l'a soutenue plus qu'il ne l'a voulue et conçue. Pendant 4 ans, il n'est pour ainsi dire jamais question d'association ou de participation. Sans doute l'ordonnance du 7 janvier 1959 prévoit-elle l'intéressement des travailleurs à la marche des entreprises, et sans doute le général attribue-t-il à cette mesure la plus large portée dans ses *Mémoires d'espoir :* « Une brèche est ouverte dans le mur qui sépare les classes » (p. 162). Mais il s'agit d'une mesure facultative, qui n'eut qu'une portée très limitée et à laquelle l'opinion publique prêta peu d'importance. Le général de Gaulle lui-même se contente de mentionner incidemment cette mesure dans sa conférence de presse du 25 mars 1959, mais il n'en souligne pas du tout la portée. De même, très incidemment et très brièvement, préconise-t-il le 14 janvier 1963 une « association plus étendue du personnel à la marche des entreprises ». Ce sont en 4 ans les deux seules allusions, d'une ligne chacune, à ce que le général de Gaulle devait appeler plus tard la « participation ».

Après le référendum et les élections de 1962, le bruit court, dans les milieux gaullistes, que l'année 1963 sera « l'année sociale ». En fait l'année 1963 devait être celle du plan de stabilisation et marquer le début d'une politique déflationniste qui devait se poursuivre jusqu'en 1968.

L'année commence par une crise localisée de reconversion, la grève des mineurs qui commence le 1er mars. Le 3 mars, à Colombey, le général de Gaulle sur la proposition du Premier ministre signe un décret réquisitionnant les mineurs. Ce décret reste sans effet. La grève se poursuit jusqu'au 5 avril et dans l'ensemble l'opinion publique manifeste de la sympathie pour les grévistes. La popularité du général de Gaulle, d'après les sondages, s'affaisse sensiblement et atteint le point le plus bas depuis le début de la Ve République dans le courant de l'année 1963 : 49 %. Le 19 avril 1963, le général de Gaulle reconnaît qu'ont été commis « des tâtonnements et des erreurs. Cela vient d'être le cas avec la grève des charbonnages ». Mais il affirme sa confiance dans l'État rénové par la Ve République : « Que l'État tienne les rênes, qu'il soit la force qui soulève la vague, mais aussi la digue qui contient la marée. » Dans ses *Mémoires d'espoir* (II, p. 143), le général assume personnellement la responsabilité de la grève des mineurs. Il déclare que le déclin des charbonnages ne pouvait lui inspirer que de la « mélancolie » (comme le déclin de l'agriculture). Il ne rejette pas sur son Premier ministre la responsabilité de l'erreur commise.

Quelques mois plus tard, le 29 juillet 1963, le général de Gaulle semble annoncer une relance de la politique sociale au nom de ce qu'il appelle « la coopération ». Dans cette conférence de presse il dénonce « la tyrannie du totalitarisme » et « le fatalisme inhumain du laissez-faire laissez-passer ». Et il ajoute : « Tout nous porte à ériger la coopération en principe fondamental de notre activité économique et sociale. Oui, organiser mieux la coopération du travail, du capital et de la technique à l'intérieur des entreprises, la coopération de l'administration avec les services publics dont elle a directement la charge, la coopération du pouvoir avec l'ensemble des représentations professionnelles, voilà ce qui est à faire [1]. » Mais cette nouvelle politique sociale est immédiatement stoppée en raison de la conjoncture inflationniste : croissance de la demande intérieure, hausse des prix, augmentation sensible du coût de la vie. « Au cas où se poursuivrait cette dégradation de l'équilibre économique, le franc serait bientôt en cause » (*ME*, II, p. 209-210).

Devant un pareil risque le général de Gaulle estime qu'il faut faire front, et il s'attribue dans ses *Mémoires d'espoir* (II, p. 212) le mérite du plan de stabilisation qui est annoncé le 12 septembre 1963 et qui procède, une fois encore, de la plus rigoureuse orthodoxie libérale : blocage de fait des prix à la production; réduction du crédit; augmentation du taux de l'escompte; mesures destinées à réduire l'impasse budgétaire. Georges Pompidou, semble-t-il, aurait été partisan d'une politique moins rigoureuse et se serait sur ce point vainement opposé à son ministre des Finances, Giscard

1. Dans cette même conférence de presse le général mentionne « le début de l'intéressement et les premiers pas de l'association à l'intérieur des entreprises ».

d'Estaing (cf. Philippe Alexandre, *le Duel*, p. 149-152). Le général de Gaulle, dans les toutes dernières pages de son dernier écrit, déclare qu'il eut à surmonter non seulement les réticences de Georges Pompidou mais celles de Giscard d'Estaing, et il assume personnellement l'entière responsabilité de la politique adoptée en 1963 et qui sera sans doute poursuivie plus longtemps et plus systématiquement qu'il n'aurait été nécessaire. Obsédé par la défense du franc, le général s'attache à faire respecter un rigoureux équilibre budgétaire : le budget de 1965 est en équilibre ainsi que celui de 1966 et le général paraît en avoir conçu une grande fierté. D'autre part, c'est à partir de février 1965 que le général de Gaulle, conseillé par Jacques Rueff, entreprend sa campagne contre le privilège du dollar au nom de l'étalon-or, « l'étalon-or de papa » comme disent les adversaires de sa politique. Dans « L'effort » (p. 202), le général parle du « privilège monumentalement abusif du dollar ». A court terme, le plan de stabilisation apparaît comme un succès : la monnaie est affermie, le budget en équilibre, la balance des paiements excédentaire, les réserves d'or gonflent : tous les critères d'une bonne politique économique et financière aux yeux du général de Gaulle se trouvent réunis.

Pendant plusieurs années, les déclarations du général de Gaulle sur la situation économique de la France sont caractérisées par un inébranlable optimisme et une certaine monotonie. Tout au long de l'année 1964, le général reprend les mêmes thèmes : la lutte contre l'inflation, la nécessité du développement, « l'expansion sur la base de la stabilité » (23 juillet 1964). Le 31 décembre 1964, il déclare dans son allocution de fin d'année : « Un bébé qui vient au monde ce soir pourra, à partir de sa majorité, vivre deux fois mieux que ses parents ne vivent aujourd'hui. » Le 4 février 1965, le général parle de la politique des revenus, et condamne une fois de plus du même mouvement le capitalisme et le communisme. Il ajoute : « Chez nous la révolution s'accomplit régulièrement jour après jour, parce qu'elle est admise par les esprits et inscrite dans la loi. » Le 22 mai 1965, au Mans, le général de Gaulle fait allusion à la formule traditionnelle : « Charlot, des sous ! » et il s'écrie, de fort bonne humeur :

« Figurez-vous que je suis, moi, tenté souvent de me crier à moi-même : " Des sous, des sous ! Des crédits, des crédits ! " » Le 13 décembre 1965, devant Michel Droit, entre les deux tours de l'élection présidentielle, le général de Gaulle parle avec optimisme de la situation économique et ne manifeste pour l'avenir aucune inquiétude. Tout au long de l'année 1966, le général manifeste le même optimisme. La baisse des valeurs boursières le préoccupe apparemment très peu. Interrogé sur la situation de la Bourse lors de la conférence de presse du 28 octobre 1966, le général de Gaulle répond en trois lignes : « Je dirai un mot de la Bourse, puisque vous m'en parlez. En 1962, elle était exagérément bonne, en 1966, elle est exagérément mauvaise. Mais vous savez, la politique de la France ne se fait pas à la corbeille. » Le 31 décembre 1966, le général de Gaulle dresse un bilan très optimiste de la situation : malgré « les invectives de ceux qui en font profession », la collectivité française « est de moins en moins divisée dans ses profondeurs ». « Les choses s'annoncent bien pour la France. » Avant les élections législatives de mars 1967, le général de Gaulle fait de nouveau un tableau très favorable de la situation économique. L'ensemble de ce qui a été réalisé en 9 ans est « une grande réussite de la France ». « Notre peuple s'élève et resserre son unité. » Commentant la situation économique de la France en 1966, M. André de Lattre ne manifeste pas un moindre optimisme. Il souligne tout particulièrement le « remarquable désengagement » qui atténue progressivement les charges de l'État (cf. le livre publié chez Sirey, *la Politique économique de la France*). Mais le plan de stabilisation avait eu les mêmes conséquences que les mesures d'austérité de décembre 1958 : le « grand dessein » du général de Gaulle en ce qui concerne les rapports sociaux semble indéfiniment ajourné, il ne parle pas beaucoup plus de la troisième voie entre le capitalisme et le communisme qu'il n'en avait parlé avant 1962.

En 1965, cependant, se produit l'affaire de l'amendement Vallon, amendement accepté par le gouvernement et voté par le Parlement à la loi du 12 juillet 1965 sur l'imposition des entreprises et des revenus de valeurs mobilières : « Le gouvernement déposera avant le 1er mai 1966 un projet de loi définissant les modalités selon lesquelles seront reconnus et garantis les droits des salariés sur l'accroissement des valeurs d'actif des entreprises dû à l'autofinancement. » Il n'est pas nécessaire de retracer ici d'une façon détaillée l'histoire de l'amendement Vallon qui est relatée par J.-C. Casanova dans la RFSP (février 1967, p. 97-109). A l'origine on trouve 3 hommes : les deux principaux animateurs du gaullisme de gauche, René Capitant et Louis Vallon, et un polytechnicien réformateur, qui n'était pas précisément un gaulliste de gauche, Marcel Loichot, théoricien du pancapitalisme [1], qui avait proposé en 1961 de distribuer chaque année aux salariés, sous forme d'actions, la moitié de l'accroissement du capital; ainsi au bout de 25 ans les salariés détiendraient la majorité du capital et les 3/4 au bout de 47 ans. Ces conceptions, qui rappellent celles des polytechniciens saint-simoniens ou fouriéristes et celles des polytechniciens réformateurs des années trente, notamment celles du groupe de X-Crise [2], avaient séduit les gaullistes de gauche. En mai 1966 naît une Union pancapitaliste qui se propose de diffuser les idées de Marcel Loichot et qui annonce fièrement : « Le pancapitalisme est une doctrine révolutionnaire, visant à la transformation profonde des structures économico-sociales en France et hors de France, et par là à la réunification intra et internationale de tous les hommes de la terre. » Ces idées généreuses et vagues — plus de prolétaires, rien que des capitalistes — se heurtent à l'hostilité ou à l'ironie générale. Le Premier ministre, Georges Pompidou, et le ministre des Finances, Michel Debré, qui remplace Giscard d'Estaing en janvier 1966, se montrent très sceptiques. La commission Mattey (du nom de son président Raymond Mattey, conseiller maître à la Cour des comptes), chargée par le gouvernement d'étudier le projet de réforme, dépose en juillet 1966 un rapport très critique. Le général de Gaulle fait connaître son point de vue dans la conférence de presse du 28 octobre 1966 : « Le changement qu'il faut

1. Voir notamment *La Réforme pancapitaliste*, Laffont, 1966.
2. « X-Crise », créé par Jean Coutrot en 1931, devenu en 1933 Centre polytechnicien d'études économiques. *(N. d. É.)*

apporter à la condition ouvrière, c'est l'association active du travail à l'œuvre économique qu'il contribue à accomplir »; voilà pour le rappel du grand principe; l'amendement Vallon s'inscrit dans un large dessein qui remonte à 1945 avec la création des comités d'entreprise; pour l'avenir, « il reste à fixer les voies et les moyens par lesquels les travailleurs auront légalement leur part et du même coup leurs responsabilités dans les progrès des entreprises ». Voilà définie la tâche à accomplir. Elle connaît cependant deux limites : « Une réforme pareille [...] doit s'accomplir sans ébranler les autres piliers qui sont d'une part l'investissement des capitaux [...] d'autre part l'initiative et l'autorité de ceux qui ont à la diriger »; elle ne doit pas se faire dans la précipitation : « Cette réforme exige [...] des études, des choix et des délais. » Le général prend pourtant un engagement : « Voilà ce qui sera, au cours de la prochaine législature, entrepris par le président, le gouvernement et le Parlement de la République. » La réforme n'est donc pas enterrée, mais sa réalisation se trouve reportée après les élections législatives de mars 1967.

Avant le premier tour du scrutin, le général de Gaulle déclare : « Il nous reste beaucoup, beaucoup, beaucoup à faire », et cette affirmation 3 fois répétée rompt avec l'optimisme des déclarations antérieures. A l'Assemblée élue en mars 1967, les gaullistes ne disposent que de la plus étroite des majorités. Cette assemblée, dira plus tard le général de Gaulle, « avait vocation à être dissoute ». L'année 1967 est celle des ordonnances en matière économique et sociale : l'ordonnance du 17 août 1967 sur l'intéressement des travailleurs, dont la portée est limitée, ne contrebalance pas dans l'opinion l'impression produite par les ordonnances sur la Sécurité sociale [1]. L'opposition dénonce la politique antisociale du gouvernement et fait campagne pour l'abrogation des ordonnances. D'autre part, contrairement aux souhaits d'assouplissement que Philippe Alexandre prête à

1. Afin de combler le déficit de la Sécurité sociale, le gouvernement élève le montant des cotisations en réduisant celui des prestations. *(N. d. É.)*

Georges Pompidou, le général de Gaulle reste rigoureusement attaché aux principes qui avaient inspiré le plan de stabilisation. Il en résulte une augmentation du nombre des chômeurs et un climat économique maussade qui, sans pouvoir être considéré comme une cause de la crise de mai, a sans nul doute exercé un effet amplificateur [1]. L'année 1967 est pour l'économie française la plus mauvaise des années 1960. Dans ce climat maussade de l'année 1967 et des premiers mois de 1968, le général de Gaulle continue pourtant à faire régulièrement des déclarations rassurantes. Le 16 mai 1967, il parle de la « mutation, ce maître-mot » et il évoque « [...] cette voie qui conduit sans nul doute à un régime social nouveau fondé sur l'association comme sur l'esprit d'entreprise ». Le même jour, il salue « la position exemplaire du franc français ». Le 27 novembre 1967, il reprend le thème de « l'immense mutation » et parle de « l'intéressement désormais prescrit par la loi ». Il parle le même jour de « l'immuabilité, l'impartialité, l'universalité qui sont les privilèges de l'or ». Il ajoute que le plan est une « institution capitale ». L'allocution de fin d'année, le 31 décembre 1967, ne laisse apparaître aucune inquiétude pour 1968.

Cependant le général de Gaulle manifeste en privé une lassitude croissante. Le 25 avril 1968 il reçoit à l'Élysée David Rousset et lui parle de la révolution : « Il faut condamner le capitalisme, la société capitaliste. Il faut la condamner expressément. Il faut condamner le communisme totalitaire. Il faut trouver une voie nouvelle, la participation. » Mais le général ajoute à David Rousset qu'il ne peut compter sur personne pour entreprendre cette vaste réforme : « Je suis coupé des Français. Je cherche des hommes de bonne volonté qui comprennent le sens de cette bataille. Et je n'en trouve pas. Je suis seul, Rousset, seul. » Rousset questionne : « Et la gauche ? » La réponse est immédiate : « La gauche, Rousset, elle se réclamera de moi lorsque je serai mort. Pas avant [2]. » Ainsi, en avril 1968, 10 ans après son retour au

1. Cf. Jean Touchard et Philippe Bénéton, « Les interprétations de la crise de mai », *RFSP*, juin 1970.

2. Philippe Alexandre, *Le Duel*, p. 216.

pouvoir, le général de Gaulle parle de sa solitude et de la « troisième voie » où il est seul capable d'engager la France. Quelques jours plus tard éclate la crise de mai.

Nous n'avons pas ici à décrire d'une façon détaillée l'attitude du général de Gaulle pendant la crise de mai 1968. On se reportera à cet égard aux livres de J.-R. Tournoux, *le Mois de mai du général*, et de Philippe Alexandre, *l'Élysée en péril* et *le Duel*. N'ayant aucune révélation à faire, nous nous contenterons de rappeler ce qui figure dans les œuvres du général et dans les écrits qui ont été consacrés aux deux dernières années de sa vie.

Tout semble indiquer que le général de Gaulle n'avait pas mieux prévu que ses ministres ou que qui que ce soit la crise de mai 1968. Le général, qui avait fait face avec une incomparable vigueur en janvier 1960 et en avril 1961 à des crises apparemment beaucoup plus graves, a donné le sentiment d'être désemparé devant la crise de mai 1968. Il ne fut pas le seul, mais c'était la première fois. Le samedi 11 mai, le lendemain de la nuit des barricades, il ne prend aucune décision. C'est Georges Pompidou qui, à son retour d'Afghanistan, prend le 11 au soir la décision de rouvrir la Sorbonne et de retirer la police. Le général de Gaulle le laisse faire. Il paraît lui avoir ultérieurement reproché d'avoir tout lâché en cette circonstance. Jusqu'au dernier moment, il hésite à partir pour la Roumanie. Il décide finalement de partir le 14 mai et, dès son retour le 18 mai, il manifeste une extrême exaspération : « Alors, de Gaulle s'en va et quand il rentre tout est par terre » (P. Alexandre, *le Duel*, p. 225). Il faut rétablir l'ordre, balayer la « chienlit », faire vider la Sorbonne. Le ministre de l'Intérieur, Christian Fouchet, résiste à grand peine aux injonctions du général.

Le premier réflexe du général est donc le maintien de l'ordre. Mais en même temps il décide, par un réflexe également familier, de donner la parole au peuple souverain, de recourir au référendum. Il annonce dès le 18 mai : « Comme toujours, dans les moments difficiles, nous en appellerons au peuple » (P. Alexandre, *le Duel*, p. 228). Il avait annoncé qu'il parlerait le 24 mai. Il n'avance pas la date de son discours — pas plus qu'il ne l'avait avancée en janvier 1960 — et parle le 24 mai après avoir longtemps médité ses propos. Il annonce un prochain référendum et présente des idées qui depuis longtemps lui tiennent à cœur. Il découvre dans les événements universitaires puis sociaux « tous les signes qui démontrent la nécessité d'une mutation de notre société ». Cette mutation doit comporter « une participation plus étendue de chacun à la marche et aux résultats de l'activité qui le concerne directement ». Le général de Gaulle parle de la crise de l'Université et de « l'impuissance de ce grand corps à s'adapter aux nécessités modernes de la Nation en même temps qu'au rôle et à l'emploi des jeunes ». Il parle un peu plus tard des « débouchés effectifs ». Il s'agit de résoudre un « problème essentiel », « de faire changer, partout où il le faut, des structures étroites et périmées et ouvrir plus largement la route au sang nouveau de la France ».

Pour la première fois un discours du général n'exerce aucun effet. La situation, loin de se calmer, s'aggrave dans la nuit du 24 au 25 mai et échappe totalement au président de la République. Entre le 24 et le 28 mai, le général répète : « C'est insaisissable, insaisissable » et il emploiera encore le mot « insaisissable » devant Michel Droit le 7 juin. Il répète : « C'est un torrent. Je ne peux pas le saisir. On ne tient pas un torrent dans ses mains. Je n'ai plus de prise » (J.-R. Tournoux, *le Mois de mai du général*, p. 149). Il déclare : « C'est le barrage de Fréjus [...]. Le pape aussi aura le sien » (J.-R. Tournoux, p. 150). Plus tard, il dira à André Malraux : « En mai tout m'échappait » (*les Chênes qu'on abat*, p. 28 [1]).

Mais, après ces moments d'accablement, le général manifeste une vigueur inébranlable : « J'ai reçu un mandat du peuple. Je le remplirai. Je retarderai la date du référendum [...]. Je me battrai [...]. Je ne leur laisserai pas la France. Oui, c'est eux ou nous ! » (J.-R. Tournoux, p. 151). Le 27 mai, au Conseil des ministres, le général croit encore le référendum possible. Le Conseil des ministres approuve un projet de

1. Gallimard, 1971.

référendum concernant la réforme de l'Éducation nationale, la participation des travailleurs, l'action pour le plein emploi et la formation professionnelle, la réforme régionale (J.-R. Tournoux, p. 222-223).

Pourquoi le général est-il brusquement parti pour Baden-Baden puis pour Colombey le 29 mai ? Pour obtenir des assurances du général Massu sur l'attitude de l'armée ? Pour ne pas être à Paris à l'heure de la manifestation de la CGT qui aurait pu se tourner contre l'Élysée ? Ou, tout simplement, comme le général de Gaulle l'a dit lui-même, pour fuir Paris, pour dormir, pour passer quelques heures dans le cadre familial de Colombey ? La troisième explication semble au moins aussi plausible que les deux autres, encore que la seconde comporte vraisemblablement une assez large part de vérité. Le 30 mai, le général est de retour à Paris. Comme il le dira plus tard à Colombey à un de ses visiteurs : « Je me suis ressaisi, et j'ai ressaisi la France. » Le général revient de Colombey avec le texte d'un discours qui ne prévoit pas la dissolution de l'Assemblée nationale. Georges Pompidou emporte à la dernière minute cette décision capitale.

Le discours du 30 mai présente de la crise une explication différente de celui du 24. Le 24 le général parlait d'une crise de « mutation »; le 30 il n'est plus question que d'une « entreprise totalitaire ». Le général de Gaulle dénonce : « l'intimidation, l'intoxication et la tyrannie exercées par des groupes organisés de longue main en conséquence et par un parti qui est une entreprise totalitaire, même s'il a déjà des rivaux à cet égard ». Il ajoute : « La France [...] est menacée de dictature. » Il reparle à Michel Droit le 7 juin 1968 de « l'entreprise communiste totalitaire ». Ainsi apparaissent, avant même que la crise ne s'achève, deux explications très différentes : l'explication traditionnelle par le complot, l'entreprise de subversion; c'est l'explication que présentera M. Raymond Marcellin; l'explication, à la fois ample et vague, par la crise de civilisation; c'est l'explication que présente André Malraux au palais des Sports le 20 juin 1968, puis à Strasbourg devant les jeunes de l'UJP le 13 avril 1969. Considérer que cette seconde explication est pour le général de Gaulle superficielle et conjoncturelle serait sans doute une lourde erreur. C'est, en tout cas, cette seconde explication qu'il développe devant les téléspectateurs en répondant le 7 juin 1968 à Michel Droit. Selon ses propos d'alors, la crise s'est produite « en dépit et peut-être à cause des progrès immenses qui ont été accomplis depuis dix ans ». Répondant à une question de Michel Droit sur « les aspects positifs » de la crise, le général explique ce qu'il entend par « mutation ». Il parle de « la civilisation mécanique moderne » qui constitue un « engrenage écrasant ». « L'individu [...] n'a pas prise sur son propre destin. » « Comment trouver un équilibre humain pour la civilisation, pour la société mécanique moderne ? Voilà la grande question de ce siècle. » Le général rejette le communisme et le capitalisme, « qui conduit à une sorte d'état d'aliénation ». La troisième solution, la seule solution, c'est la participation : « Que tous forment ensemble une société. » Michel Droit demande au général pourquoi il n'a pas réalisé la participation plus tôt et le général répond : « Parce qu'une pareille réforme, personne et moi non plus ne peut la faire tout seul. Il faut qu'elle soit suffisamment consentie et il faut que les circonstances s'y prêtent. » Le général répète que cette réforme lui semble fondamentale : « C'est juste, c'est vital. » « Il faut le faire. » Et il déclare qu'il est à sa façon un révolutionnaire : « Je ne suis pas gêné, dans ce sens-là, d'être un révolutionnaire. » Il rappelle son action depuis la guerre et déclare : « Oui, tout cela c'était révolutionnaire; et chaque fois que j'agissais [...] je voyais se lever autour de moi une marée d'incompréhensions, de griefs et quelquefois de fureurs. C'est le destin. » Dans ce même entretien avec Michel Droit, le général analyse la crise de l'Université. Il souligne, comme il l'avait déjà fait le 24 mai, sa caducité, l'importance du problème des débouchés, la nécessité d'une réforme profonde des structures universitaires. Mais il avance une autre raison plus large : « l'angoisse des jeunes [...] dans la société mécanique, la société de consommation moderne » qui ne leur offre pas ce dont ils ont besoin, c'est-à-dire « un idéal, un élan, un espoir ».

Le 7 juin, le général manifeste donc très clairement la volonté d'entreprendre une nouvelle politique. Il le redit le

29 juin avant le second tour des élections : « Il s'agit que la participation devienne la règle et le ressort d'une France renouvelée. » C'est la participation — et non plus le développement — qui devient la grande « ambition nationale ». Le général de Gaulle en juin 1968 veut entreprendre une nouvelle politique et c'est parce qu'il veut entreprendre une nouvelle politique qu'il choisit un nouveau Premier ministre, qu'il place Georges Pompidou en « réserve de la République » et qu'il le remplace par Maurice Couve de Murville.

La brève histoire du gouvernement Couve de Murville, jusqu'à l'échec et au départ du général de Gaulle le 27 avril 1969, n'est pas aisée à interpréter. La première thèse veut que le général de Gaulle soit sorti profondément ébranlé de la crise de mai 1968, cruellement conscient qu'il a été pendant quelques jours dépassé par les événements. Depuis longtemps obsédé par la vieillesse — « la vieillesse est un naufrage » — le général s'est imposé l'épreuve du référendum sans choisir son terrain [1]. C'est la thèse du « référendum suicide » ou celle du « référendum absurde », qu'accrédite André Malraux dans *les Chênes qu'on abat*. Le 11 décembre 1969, à Colombey, André Malraux interroge le général de Gaulle : « Pourquoi êtes-vous parti sur une question aussi secondaire que celle des régions ? A cause de l'absurdité ? Il me regarde de nouveau fixement : A cause de l'absurdité » (A. Malraux, p. 31). La deuxième thèse est celle de la rationalité du référendum. La général, après mai 1968, est profondément convaincu que seule la participation peut remédier aux causes profondes de la crise; il engage la bataille du référendum avec la volonté de la gagner. La première thèse bénéficie de la caution d'André Malraux. Mais c'est la seconde qui semble s'imposer après une lecture attentive des déclarations du général de Gaulle entre juin 1968 et avril 1969 [2].

1. Avant mai 1968 le général disait : « En tout cas, pour l'histoire, je devrai me retirer intact » (cité par J.-R. Tournoux, *La Tragédie du général*, p. 502).

2. Il nous semble tout à fait excessif — et historiquement inexact —

Le 9 septembre 1968, le général de Gaulle analyse une nouvelle fois la crise de mai : cette crise a été « grave », la situation était « à beaucoup d'égards morbide ». C'est la menace totalitaire qui lui a permis de s'affermir. « C'est cette menace-là qui m'affermit moi-même et réveilla l'instinct national. » Le général de Gaulle reparle de la participation : « Il s'agit là d'une réforme organisant les rapports humains, notamment dans les domaines économique, social et universitaire, de telle sorte que tous les intéressés, sur les sujets qui les concernent directement, prennent part aux études, projets et débats à partir desquels les décisions sont prises par les responsables. » Quatre domaines sont mentionnés : la réforme du Sénat, conformément aux principes définis dans le discours de Bayeux, la fusion du Sénat et du Conseil économique; la réforme de la région, chaque région devant comporter une assemblée régionale analogue au Sénat; la réforme de l'entreprise : « L'esprit et le fait de l'association remplaceront peu à peu l'esprit et le fait de la lutte des classes »; la réforme de l'Université. La réforme de l'Université est réalisée par la loi d'orientation sur l'enseignement supérieur et le général de Gaulle apporte un soutien constant à Edgar Faure. La réforme de l'entreprise est laissée de côté, car elle se heurte au scepticisme quasi universel et le général de Gaulle lui-même discerne mal les moyens de la réaliser. La réforme du Sénat et la réforme de la région seront regroupées dans le référendum du 27 avril 1969. Lorsqu'on relit ces déclarations du 9 septembre, il semble parfaitement logique que le général de Gaulle, contrairement à beaucoup d'avis, ait tenu, en avril 1969, à demander une réponse unique à deux questions bien distinctes : c'est qu'il s'agit pour lui d'une seule et même réforme, et que cette réforme est à ses yeux non pas secondaire, comme J.-M. Jeanneney le laissera entendre en février 1969 ainsi que *la Nation*, mais tout à fait fondamentale.

Le général de Gaulle reparle de la crise dans son allocution de fin d'année le 31 décembre 1968 : « Or, à l'origine de ce

---

d'affirmer, comme le fait Jean Lacouture dans la dernière édition de son *De Gaulle*, qu'après mai 1968 le général de Gaulle n'est qu'« un survivant ».

trouble, il y a le sentiment attristant et irritant qu'éprouvent les hommes d'à présent d'être saisis et entraînés par un engrenage économique et social sur lequel ils n'ont point de prise et qui fait d'eux des instruments. » Et il parle de « ce mal du siècle qui est celui des âmes ». Le 17 janvier 1969 à Rome Georges Pompidou annonce qu'il sera candidat à la présidence de la République. Le communiqué, de la main du général, qui suit cette déclaration, n'est pas l'œuvre d'un homme que taraude l'angoisse de vieillir : « Dans l'accomplissement de la tâche nationale qui m'incombe, j'ai été, le 19 décembre 1965, réélu président de la République pour sept ans par le peuple français. J'ai le devoir et l'intention de remplir ce mandat jusqu'à son terme. » Ce texte ne semble pas être l'œuvre d'un homme qui se prépare à entreprendre une « opération-suicide [1] ».

Le 2 février 1969, à Quimper, le général annonce la réforme de la région et un prochain référendum. Le 11 mars 1969, dans l'allocution destinée à annoncer officiellement le référendum du mois suivant, le général de Gaulle analyse de nouveau la crise de mai. Première explication : il s'agit d'une « vaste entreprise de destruction et de subversion »; « à la faveur de cette affreuse confusion qui, pour beaucoup de gens, allait jusqu'au désespoir, on vit alors ses principaux auteurs se dresser contre la République en la compagnie provisoire d'une escorte de chimériques, d'ambitieux ou de rancuniers pour se saisir d'abord du pouvoir, puis pour soumettre de force la Nation à l'écrasement totalitaire ». Seconde explication : « le malaise des âmes qui, dans la société mécanique moderne, sert de ferment trop commode à ces troubles et de tremplin trop facile à ces agitateurs »; « [...] ce qui est en cause, c'est la condition de l'homme ». Il s'agit d'accomplir « la grande réforme française de notre siècle »; « ce qui s'impose, au total, c'est la participation ».

1. D'après divers témoignages, le général semble avoir été fort choqué que Georges Pompidou ait fait cette déclaration à Rome, en dehors du territoire français. Nouvelle manifestation de ce nationalisme territorial, dont avait fait preuve le général de Gaulle en 1945 lorsqu'il avait été particulièrement choqué que Roosevelt l'invite à lui rendre visite à Alger.

Et le général de Gaulle présente le projet de loi soumis au référendum comme une grande réalisation dans la voie de la participation : « Il est clair que cette création des régions et cette transformation du Sénat forment un tout. » Cette allocution n'apparaît absolument pas comme le fait d'un homme qui s'interroge sur les ravages de la vieillesse. C'est le fait d'un homme qui croit réussir. Le 10 avril 1969, le général de Gaulle déclare que le référendum a pour objet de « remédier aux causes profondes » de la crise de mai 1968 et qu'il ne faut pas « voir petit dans cette grande affaire ». Il souligne une fois de plus « le malaise des rapports humains dans la société mécanique moderne » et déclare : « Il s'agit de faire en sorte que les hommes qui ont à accomplir ensemble une œuvre commune soient assez près les uns des autres pour se comprendre, s'expliquer, s'associer. » La participation ? : « Nous y sommes entrés, on peut le dire, à pleines voiles. » Le 25 avril 1969, enfin, le général de Gaulle prononce sa dernière allocution avant le référendum : « Votre réponse va engager le destin de la France, parce que la réforme fait partie intégrante de la participation qu'exige désormais l'équilibre de la société moderne. » Ce jour-là, selon divers témoignages, le général a la certitude que l'issue du référendum lui sera défavorable.

Dans la nuit du 27 au 28 avril le général de Gaulle diffuse un communiqué de deux lignes : « Je cesse d'exercer mes fonctions de président de la République. Cette décision prend effet aujourd'hui à midi. » Ainsi le général de Gaulle quitte-t-il le pouvoir à la suite d'une opération particulièrement mal conduite, après avoir tenu à engager totalement sa responsabilité personnelle à propos d'un texte teinté de régionalisme (alors que le général avait jusqu'alors manifesté une conception rigoureusement unitaire de l'État) et de corporatisme (alors que le général n'avait jamais manifesté pour les organisations professionnelles beaucoup plus de sympathie que pour les autres « féodalités »). Un texte, en tout cas, dans lequel il est malaisé de discerner le « grand dessein » qui doit permettre de surmonter les affrontements entre capitalisme et communisme. André Malraux a raison de parler, à ce propos, d'absurdité. Mais, pour le général de Gaulle, il ne s'agit que secondairement d'un référendum sur la région, sur le Sénat ou même sur la participation. L'objet du référendum s'efface derrière le verdict porté par la nation sur le général de Gaulle. « La participation, dit à Malraux le général, le 11 décembre 1969, c'était un symbole [...]. En votant contre moi, la France n'a pas écarté les régions, le Sénat et ainsi de suite. Elle a écarté ce que symbolisait la participation » (A. Malraux, p. 30). Et, peu de temps avant le référendum du 27 avril 1969, le général de Gaulle aurait dit à Michel Debré : « Que voulez-vous, Debré, on ne gagne pas toutes les batailles [...]. Nous avons vaincu Vichy, nous avons vaincu l'OAS, mais nous n'aurons pas réussi à rendre les bourgeois nationaux » (P. Alexandre, *le Duel*, p. 380). Le référendum du 27 avril n'était probablement pas la meilleure occasion de se rendre compte si les bourgeois français étaient ou n'étaient pas devenus « nationaux ». Mais c'est bien la défection d'une partie de la bourgeoisie — notamment le vote des « beaux quartiers » —, et non pas un sursaut de la gauche, qui devait provoquer l'échec du 27 avril et le départ du général de Gaulle.

Ce qui est frappant et quelque peu dramatique, au terme de ce chapitre, c'est le décalage entre les intentions et les réalisations. Il faut bien reconnaître que les déclarations ne se sont guère traduites dans les faits. Sans doute le général de Gaulle, après 11 ans de pouvoir, avait-il moins modifié les structures sociales de la France que ne l'ont fait, en moins de 2 ans, ses successeurs, qui ne semblent assurément pas inspirés, du moins l'actuel président de la République [1], par des convictions aussi fortement enracinées sur la nécessité de découvrir une troisième voie entre le capitalisme et le communisme.

1. Georges Pompidou. *(N. d. É.)*

10

Le gaullisme du général de Gaulle

Essai de conclusion

En dépit de la surabondante littérature qu'a suscitée le général de Gaulle — et on peut penser que ce n'est point fini — il existe très peu d'interprétations générales de sa pensée.

Une persistante tradition, périodiquement reprise par les auteurs les plus sérieux (Jacques Ozouf dans *le Nouvel Observateur*, Pierre Hassner dans un article de *Preuves* exhumant une citation de *Kiel et Tanger*, John Newhouse dans son récent livre très hostile à la politique étrangère gaulliste, etc.), présente le général de Gaulle sous les traits d'un officier maurrassien.

Dans les nombreux livres qu'il lui a consacrés (notamment *Gaulle deux* [1], *le Plus Illustre des Français*, etc.), Alfred Fabre-Luce souligne le machiavélisme (au sens vulgaire du terme) du général de Gaulle, son hypocrisie, son goût de la ruse, ses contradictions, ses mensonges, sa passion du pouvoir, son inhumanité. C'est la thèse la plus répandue parmi les antigaullistes de droite.

Les antigaullistes de gauche se sont attachés, avec un inégal bonheur, à présenter des interprétations globales du gaullisme dans son ensemble, comparé, rapporté ou assimilé au grand capital, au corporatisme, à la technocratie, au néo-capitalisme, au bonapartisme, parfois au fascisme. Ils se sont

1. Julliard, 1958.

montrés beaucoup plus discrets pour apprécier la pensée du général de Gaulle. Il leur arrive naturellement de reprendre à leur compte l'image de l'officier maurrassien. Mais l'image la plus répandue est celle de la « politique réactionnaire du pouvoir gaulliste » auquel des concessions ont pu être arrachées en diverses circonstances, grâce à la situation objective, par la pression résolue des masses populaires : le général de Gaulle disparaît derrière le rideau de fumée du « pouvoir gaulliste ». Autant les antigaullistes de droite pratiquent le culte de la personnalité en faisant du général de Gaulle une sorte de despote omnipotent et quasi paranoïaque, autant les antigaullistes de gauche (notamment ceux qui sont sous l'influence plus ou moins directe du PCF) sont enclins à estomper la personnalité du général de Gaulle derrière l'expression de « pouvoir gaulliste ».

M. Marcel Prélot, ex-député RPF et sénateur UDR du Doubs, s'est attaché dans la dernière édition de son *Histoire des idées politiques* chez Dalloz à présenter en trois points la pensée du général de Gaulle ; le nationalisme combattu : le recteur Prélot montre tout ce qui sépare le général de Gaulle de la tradition maurrassienne ; le nationalisme continué : le recteur Prélot situe la pensée de Charles de Gaulle dans la tradition de Michelet, de Barrès et de Péguy ; le nationalisme dépassé : s'inspirant largement — et, à mon avis, trop largement — des travaux d'Edmond Jouve, le recteur Prélot s'attache à montrer que le général de Gaulle se préoccupe de dépasser le cadre national vers le fédéralisme et de construire de plus larges ensembles. Les deux premières parties de cette démonstration me semblent très solides. La troisième manifeste la préférence nostalgique du recteur Prélot pour un gaullisme parlementaire et européen, très attaché à la défense de l'école libre, qui n'est sans doute pas exactement le gaullisme du général de Gaulle.

Paul-Marie de la Gorce a intitulé la volumineuse biographie du général : *De Gaulle entre deux mondes;* de Gaulle homme du passé, profondément marqué par son passé, mais aussi auteur d'intuitions prophétiques sur l'avenir du monde (décolonisation, désatellisation, participation, etc.). Sans doute la formule est-elle joliment équilibrée, mais elle n'est pas très explicative et il reste à démontrer pourquoi Charles de Gaulle est un homme de l'avenir dans la mesure même où il est un homme du passé.

Dans son excellent petit livre sur le général de Gaulle, Jean Lacouture avance une brillante formule : « Un réaliste de l'imaginaire ». Il est parfaitement fondé de souligner la part de l'imaginaire dans la pensée de Charles de Gaulle, le mélange de réalisme et de rêve. Mais qu'est-ce qu'un « réaliste de l'imaginaire » ?

Enfin il y a Malraux, les *Antimémoires* et surtout *les Chênes qu'on abat*. L'auteur de *la Condition humaine* se préoccupe peu de la pensée du général de Gaulle, il parle peu de ses idées politiques. Il entend le ton de sa voix, il l'écoute parler de la mort et de la nuit, de l'avenir de la France, il souligne cette « distance intérieure » qui le caractérise à ses yeux (« Il ne semble jamais lié tout à fait à ce qu'il dit »). S'intéressant bien davantage à sa personnalité qu'à sa pensée il voit en lui un lecteur de Chateaubriand, un émule de Mao Tsé-toung, le seul véritable interlocuteur d'André Malraux. On peut juger ce portrait génial ou délirant, et il est bien évident qu'il s'agit d'une œuvre artistique et non d'une photographie ou d'un enregistrement au magnétophone. Mais Malraux n'est ni un photographe ni un utilisateur de magnétophone et son livre a l'immense mérite de faire sentir que les idées du général de Gaulle — au sens conceptuel et traditionnel du terme — ne peuvent être analysées indépendamment de son style, et que son style — au sens le plus large et non pas seulement stylistique du terme — est sans doute plus important que ses idées.

Le gaullisme du général de Gaulle procède d'« une certaine idée de la France », et il importe de relire une fois de plus la première page du premier tome des *Mémoires de guerre :* « L'appel » (1940-1942). L'appel, c'est-à-dire l'appel lancé par le général de Gaulle le 18 juin 1940, mais aussi l'appel qu'il a reçu des profondeurs de l'histoire de France. Rappelons que « L'appel » paraît en 1954, l'année de Dien Bien Phu, l'année des ultimes batailles autour de la CED. Il est rare de rencontrer, dans l'histoire de la littérature, une page dans laquelle l'auteur s'attache à retracer, d'une façon aussi minutieusement composée mais aussi manifestement sincère, la genèse de ses convictions fondamentales :

« Toute ma vie, je me suis fait une certaine idée de la France. Le sentiment me l'inspire aussi bien que la raison. Ce qu'il y a, en moi, d'affectif imagine naturellement la France, telle la princesse des contes ou la madone aux fresques des murs, comme vouée à une destinée éminente et exceptionnelle. J'ai, d'instinct, l'impression que la Providence l'a créée pour des succès achevés ou des malheurs exemplaires. S'il advient que la médiocrité marque, pourtant, ses faits et gestes, j'en éprouve la sensation d'une absurde anomalie, imputable aux fautes des Français, non au génie de la Patrie. Mais aussi le côté positif de mon esprit me convainc que la France n'est réellement elle-même qu'au premier rang ; que, seules, de vastes entreprises sont susceptibles de compenser les ferments de dispersion que son peuple porte en lui-même; que notre pays, tel qu'il est, parmi les autres, tels qu'ils sont, doit, sous peine de danger mortel, viser haut et se tenir droit. Bref, à mon sens, la France ne peut être la France sans la grandeur. Cette foi a grandi en même temps que moi dans le milieu où je suis né. Mon père, homme de pensée, de culture, de tradition, était imprégné de sentiment de la dignité de la France, Il m'en a découvert l'Histoire. Ma mère portait à la Patrie une passion intransigeante à l'égal de sa piété religieuse. Mes trois frères, ma sœur, moi-même, avions pour seconde nature une certaine fierté anxieuse au sujet de notre pays. Petit Lillois de Paris, rien ne me frappait davantage que les symboles de nos gloires, nuit descendant sur Notre-Dame, majesté du soir à Versailles, Arc de Triomphe dans le soleil, drapeaux conquis frissonnant à la voûte des Invalides. Rien ne me faisait plus d'effet que la manifestation de nos réussites nationales : enthousiasme du peuple au passage du tsar de Russie, revue militaire de Longchamp, merveilles de l'Exposition, premiers vols de nos aviateurs. Rien ne m'attristait plus profondément que nos faiblesses et nos erreurs révélées à mon enfance par les visages et les propos : abandon de Fachoda, affaire Dreyfus, conflits sociaux, discordes religieuses. Rien ne m'émouvait autant que le récit de nos malheurs passés : rappel par mon père de la vaine sortie du Bourget et de Stains, où il avait été blessé; évocation par sa mère de son désespoir de petite fille à la vue de ses parents en larmes : “ Bazaine a capitulé ! ” Adolescent, ce qu'il advenait de la France, que ce fût le sujet de l'Histoire ou l'enjeu de la vie publique, m'intéressait par-dessus tout. J'éprouvais donc de l'attrait, mais aussi de la sévérité, à l'égard de la pièce qui se jouait, sans relâche, sur le forum; entraîné que j'étais par l'intelligence, l'ardeur, l'éloquence qu'y prodiguaient maints acteurs et navré de voir tant de dons gaspillés dans la confusion politique et les divisions nationales. D'autant plus qu'au début du siècle apparaissaient les prodromes de la guerre. Je dois dire que ma prime jeunesse imaginait sans horreur et magnifiait à l'avance cette aventure inconnue. En somme, je ne doutais pas que la France dût traverser des épreuves gigantesques, que l'intérêt de la vie consistait à lui rendre, un jour, quelque service signalé et que j'en aurais l'occasion » (*MG*, p. 1-2).

Tout est dans ce texte capital : la France, sa « destinée éminente et exceptionnelle », « le génie de la Patrie », le « rang » qui est naturellement le premier, « la grandeur », « nos gloires », « nos drapeaux », « nos réussites nationales », « viser haut et se tenir droit », « cette aventure inconnue » qu'est la guerre; « une certaine fierté anxieuse au sujet de notre pays ». La contrepartie, c'est « la médiocrité », la médiocrité imputable « aux fautes des Français, non au génie de la Patrie ». C'est aussi la division des Français. Le mot unité ne figure pas dans le texte mais le « danger mortel » de la discorde est partout évoqué : « les ferments de dispersion que [notre] peuple porte en lui-même », « nos faiblesses et nos erreurs », « conflits sociaux, discordes religieuses », « l'abandon de Fachoda et la capitulation de Sedan », la « confusion politique » et les « divisions nationales ».

Ainsi, ce texte est rigoureusement antithétique. Il comporte cependant l'affirmation de deux identités éminemment singulières :

La France est la France : « Notre pays tel qu'il est, parmi les autres, tels qu'ils sont » — avec le glissement du verbe être au verbe « devoir » qui indique qu'il s'agit d'une situation précaire et toujours menacée — « doit, sous peine de danger mortel, viser haut et se tenir droit ».

Charles de Gaulle est Charles de Gaulle. Depuis la première enfance de Charles de Gaulle, l'histoire de la France ne fait qu'une avec ses souvenirs les plus profondément enracinés. L'histoire de la France se confond dès avant 1914 avec l'histoire de Charles de Gaulle. C'est parce que la France est, c'est-à-dire doit être, la France, que Charles de Gaulle est ce qu'il est : « En somme, je ne doutais pas que la France dût traverser des épreuves gigantesques, que l'intérêt de la vie consistait à lui rendre un jour quelque service signalé et que j'en aurais l'occasion. »

De ce texte se dégage une conclusion : le gaullisme du général de Gaulle est avant tout un nationalisme. Cette affirmation initiale choquera ceux qui, marqués par l'éducation républicaine que ma génération a reçue dans son enfance, ont coutume de donner au mot de nationalisme une connotation péjorative et d'opposer le bon patriotisme républicain (celui de Péguy) au mauvais nationalisme, antirépublicain et antidémocratique (celui de Maurras). En fait cette distinction, comme je m'efforce de le montrer dans mon *Histoire des idées politiques* [1], est historiquement indéfendable, et il importe de donner au mot de nationalisme un sens large et neutre, sans postuler a priori qu'il y a une différence de nature (et de valeur) entre le nationalisme de Michelet et celui de Maurras, entre le nationalisme français de 1792 et celui de 1970, entre le nationalisme français ou américain, vietnamien, algérien et cubain. Cette remarque terminologique étant faite, on peut dire, semble-t-il, que le nationalisme du général de Gaulle présente cinq caractères principaux : c'est un nationalisme historique, syncrétique, unitaire, pragmatique, romantique.

1. PUF, 1959-1973.

Le nationalisme du général de Gaulle est fondé à la fois sur une connaissance intime de l'histoire de France et sur ses souvenirs personnels. Sa pensée est ancrée dans l'histoire, amarrée dans cette histoire qui pour lui se divise, comme pour Péguy, en mornes périodes et en époques d'épopée, et qui est profondément différente de l'histoire selon Maurras [1]. Dans ses discours de guerre, de Gaulle invoque constamment les grandes figures de l'histoire de France, et les noms qu'il cite le plus souvent sont ceux de Jeanne d'Arc (avec laquelle il dialogue dans son discours du 10 mai 1942), de Danton et de Clemenceau [2]. « La France vient du fond des âges [3]. » Les soldats de Jeanne d'Arc ne font qu'une seule et même armée avec les volontaires de 1792 et avec les poilus de 1914. L'histoire de France englobe non seulement l'Ancien Régime (comme pour les disciples de Maurras), mais la Révolution française, l'Empire, le XIXe siècle et les vicissitudes de la IIIe République. « Il n'y a qu'une histoire de France », comme le dit le général de Gaulle le 6 septembre 1964 à la fin de son discours sur le cinquantième anniversaire de la bataille de la Marne.

A tous les souvenirs légués par l'histoire de France s'incorporent les souvenirs vécus par le général de Gaulle : souvenirs scolaires du temps des grandes puissances, des ententes et des alliances et du temps où la France était elle-même une grande puissance. Si le général de Gaulle n'avait pas connu une autre destinée, il serait normalement devenu un admirable professeur d'histoire diplomatique et militaire, à la façon d'Albert Sorel, et il aurait donné son nom à un amphithéâtre de l'École libre des sciences politiques ou de l'École spéciale militaire de Saint-Cyr. Souvenirs de la défaite de 1870 et du grand élan vers la revanche, « ambition nationale ». Souvenirs des années 1910-1914, au temps où la jeunesse française se prépare à affronter la guerre.

1. Voir plus haut le chapitre I.
2. Voir plus haut le chapitre II.
3. Première phrase des *Mémoires d'espoir*, p. 7.

Le général de Gaulle — je l'ai plusieurs fois répété — est un saint-cyrien d'une famille traditionaliste, catholique et relativement pauvre qui a eu 20 ans en 1910. La meilleure façon de comprendre sa pensée, c'est de lire les *Cahiers de Maurice Barrès* et *l'Enquête d'Agathon* qui dépeint en 1912 une jeunesse nationaliste, catholique, bergsonienne, ayant le goût de l'action et le mépris des vaines spéculations. Mais on peut légitimement s'interroger sur la représentativité de l'enquête d'Agathon, dans laquelle les enquêteurs, Henri Massis et Alfred de Tarde, prêtent à l'ensemble de la jeunesse française leurs propres convictions. Mieux vaut alors lire le capitaine Danrit [1], qui devait être tué héroïquement au bois des Caures et dont les livres *la Guerre de demain*, *l'Invasion jaune*, etc., ont contribué à faire vibrer les jeunes Français de l'époque. Mieux vaut lire aussi les textes rassemblés par Raoul Girardet dans son livre sur *le Nationalisme français (1871-1914)* [2] : les taches sombres sur la carte de France à la place de l'Alsace et de la Lorraine, *la Dernière Classe* d'Alphonse Daudet, *les Dernières Cartouches* de Bazeilles, *le Combat sur la voie ferrée* de Detaille, *les Chants du soldat* de Déroulède, *les Déracinés*, *Cyrano de Bergerac*, *l'Aiglon* et *Chantecler*, les dessins de Hansi, Lyautey et le rôle social de l'officier, Bergson et l'élan vital, « mystique et politique », *l'Appel des armes*, la grande « ambition nationale » de la revanche.

« Je suis un homme de la guerre de 14-18 », a dit un jour le général de Gaulle vers 1960 [3]. C'est vrai, mais sur ce fonds initial viennent se déposer d'autres couches de souvenirs : les amertumes de l'officier des années trente déçu par le conservatisme de l'état-major et par l'inefficacité de la IIIe République, mais qui ne milite ni dans les ligues ni dans l'Action française ; l'effondrement de juin 1940, la liquéfaction de tous les corps constitués, la longue solitude de Londres, le mot à André Malraux, parlant de juin 1940 : « Mais, Malraux, ce fut épouvantable » ; du naufrage de cette

1. Anagramme d'Auguste Driant, gendre du général Boulanger. *(N. d. É.)*

2. Armand Colin, 1966.

3. J.-R. Tournoux, *La Tragédie du général*, op. cit., p. 338.

époque datent les liens particuliers qui unissent le général aux premiers « compagnons »; les humiliations subies de la part des Alliés et, notamment, de la part des Américains, par le chef de la France libre, l'absence de la France à Yalta [1], mais la présence de la France à la capitulation du Reich; les déceptions de l'année 1945, les souvenirs laissés par l'échec du RPF, la haine et le mépris des partis politiques et de leurs chefs, les années de solitude amère enfin avant le retour au pouvoir en 1958. Le général de Gaulle avait une prodigieuse mémoire. Il n'oubliait rien, ni les marques de fidélité de ses compagnons, ni ce qu'il considérait comme des outrages à l'égard de sa personne, c'est-à-dire à l'égard de la France : il est permis de penser que le général de Gaulle n'a jamais pardonné à Roosevelt l'attitude des Américains à son égard pendant la guerre.

Ce nationalisme, nourri de références, de réminiscences, de rancunes et d'assimilations (par exemple « La troisième force, c'est Vichy »), est un nationalisme syncrétique, un nationalisme d'amalgame qui incorpore dans une même synthèse tous les âges et toutes les formes du nationalisme français : Jeanne d'Arc, qui s'élève au-dessus de la « broussaille féodale », la Jeanne d'Arc de Michelet et de Péguy plutôt que celle des Camelots du roi déchaînés contre Thalamas [2]; la gloire de la France au temps de Louis XIV : Louvois et Vauban plutôt que le « roi-soleil »; les soldats de la République, Carnot et non Robespierre, l'an II, plutôt que Napoléon dont il critique la démesure; la nation selon Michelet, la patrie, la « grande amitié », l'unité du peuple rassemblé; la nation selon Renan : « une Nation est une âme, un principe spirituel »; les images simples de Déroulède : le drapeau, le clairon, la revanche; les thèmes de Barrès :

1. « Je n'étais pas à Yalta » (1er octobre 1948).

2. François Thalamas, professeur d'histoire, avait soutenu sur Jeanne d'Arc des thèses qui indignaient les Camelots du roi — et qui lui avaient d'ailleurs valu d'être déplacé du lycée où il enseignait. Une série de conférences qu'il donna à la Sorbonne, en 1909, fut l'occasion de violents affrontements, les Camelots du roi prétendant lui interdire la parole. *(N. d. É.)*

« la terre et les morts », la présence de la mort, les déracinés, l'appel à « l'énergie nationale »; ceux de Maurras : le « pays légal » et le « pays réel », l' « empirisme organisateur », les méfaits de la démocratie parlementaire, la leçon de Kiel et Tanger : une république parlementaire ne peut pas avoir de politique étrangère; ceux de Bainville : la mission historique de la France, l'antagonisme séculaire entre les Gaulois et les Germains, l'éternel danger de l'unité allemande; les grandes invocations de Péguy : « notre patrie », « Notre Dame la France », « ne pas se rendre », « Mère voici vos fils qui se sont tant battus ».

A tous ces éléments il faut encore ajouter l'influence de Psichari : *l'Appel des armes* et *le Voyage du centurion;* les belles histoires du capitaine Danrit ou de Paul d'Ivoi *(le Sergent Simplet...);* l'admiration pour la figure de Clemenceau, le père la Victoire, et pour celle de Poincaré, défenseur de la France et du franc; et tous les souvenirs de la guerre de 1914, symbolisés par les voiles noirs des veuves et par de très longues listes sur les monuments aux morts dans tous les villages de France.

Le nationalisme du général de Gaulle assume ainsi toute l'histoire du nationalisme français. Ce n'est pas, comme le nationalisme maurrassien, un nationalisme qui choisit et qui exclut. Le général de Gaulle a certainement lu Maurras et il ne faut pas sous-estimer l'influence qu'a pu exercer sur lui l'auteur de l'*Enquête sur la monarchie* (cf. à cet égard le témoignage d'Edmond Michelet dans le livre publié après sa mort). Mais on ne trouve chez le général de Gaulle ni l'aversion pour la Révolution française, et pour la République, ni le mépris du suffrage universel, ni le culte de la décentralisation, non plus que l'agrarianisme et le corporatisme qui caractérisent la pensée maurrassienne; c'est, également, en vain qu'on chercherait chez de Gaulle le passéisme, l'antiromantisme, l'antisémitisme du fondateur de l'Action française. Par le style comme par les thèmes, le nationalisme du général de Gaulle est beaucoup plus barrésien que maurrassien. Sans doute le général ne cite-t-il que très exceptionnellement Barrès, mais tout permet de penser qu'il connaissait bien son œuvre. La première page du premier tome des

Mémoires de guerre ressemble à du Barrès. La dernière page du troisième tome aussi [1]. Bref, en face du maurrassisme le général de Gaulle est de l'avis de Barrès qui répond en 1900 à l'*Enquête sur la monarchie :* « Je ne date pas d'un siècle l'histoire de France, mais je ne puis non plus méconnaître ses périodes les plus récentes. Elles ont disposé nos concitoyens de telle sorte qu'ils réservent pour le principe républicain ces puissances de sentiment que d'autres nations accordent au principe d'hérédité et sans lesquelles un gouvernement ne peut subsister [2]. » Nous retrouvons le mot du général le 6 septembre 1964 : « Il n'y a qu'une histoire de France. » Un nationalisme unitaire parce que historique, historique parce que unitaire.

Le nationalisme du général de Gaulle est diachroniquement unitaire (c'est-à-dire qu'il incorpore toute l'histoire de France). Mais il est aussi synchroniquement unitaire, c'est-à-dire qu'il est passionnément attaché à la poursuite de l'unité nationale contre tous les germes de division, contre « les démons intérieurs qui s'acharnent à diviser les Français ». Le second tome des *Mémoires de guerre* est intitulé « L'unité » et les termes qui reviennent le plus souvent dans les Discours de guerre, ceux en tout cas qui sont chargés du plus grand pouvoir d'émotion, sont « un », « seul », « même », « indivisible » et « rassemblé ». Le terme de « rassemblement du peuple français », que choisira le général de Gaulle en 1947, apparaît à plusieurs reprises pendant la guerre, notamment le 27 mai 1942 : « Une seule question intéresse la France combattante. C'est le rassemblement du peuple français dans la guerre. » A Colombey, le 11 décembre 1969, le général de Gaulle dit à André Malraux : « Je ne veux pas opposer, même pas triompher. Je veux rassembler » (A. Malraux, p. 164). D'où la conception que le général de Gaulle a du

1. Cf. le discours de Malraux accueillant le général de Gaulle sur la colline de Sion-Vaudémont en 1951 lors des assises du RPF à Nancy.

2. Cette correspondance, fondamentale dans l'histoire du nationalisme français, est citée par Raoul Girardet dans son *Nationalisme français (1871-1914)*.

peuple : le peuple, pour lui, c'est d'abord la nation unanime, la nation rassemblée, comme en 1914, la nation qu'il appartient au général de Gaulle de rassembler. Le 11 décembre 1969, André Malraux demande : « Qu'est-ce que le peuple, mon général ? » Et le général répond : « La France » (A. Malraux, p. 115). Le peuple c'est la France, et cette conception unitaire récuse toutes les divisions artificielles; les divisions en classes : le mot de « classes » n'appartient pas au vocabulaire du général de Gaulle; les divisions en partis politiques : le mot de « partis » est toujours employé péjorativement comme dans l'expression « le régime exclusif des partis »; les « féodalités »; avant 1940, le futur général de Gaulle parlait négligemment de la « broussaille féodale ». Au temps du RPF il ne cessait de dénoncer toutes les féodalités qui s'opposaient au rassemblement [1]. Le 29 janvier 1960, lors de l'affaire des barricades à Alger, le général, en uniforme, déclare que l'armée, si elle cessait d'obéir, ne serait qu'un « amas anarchique et dérisoire de féodalités militaires ». Dans les *Mémoires d'espoir* il dénonce encore les féodalités : contre la participation se dressent « toutes les féodalités » (p. 145 et 156). Dans son livre interrompu, « L'effort », il reparle des « féodalités » (p. 16) et des « fiefs politiques, professionnels, journalistiques » (p. 82). Au rassemblement du peuple s'opposent encore les « fractions » : « aucune fraction, qu'elle soit de gauche, du centre ou de droite, ne fera défaut au camp des opposants » (« L'effort », p. 36); les « catégories » : « les catégories politiques » (*MG*, III, p. 197); « les anciennes catégories politiques » (« L'effort », p. 34); « toutes les catégories du marxisme et de l'anarchie » (*ibid.*, p. 168); « les partis sont des organisations constituées pour faire valoir des tendances particulières et soutenir les intérêts de telles ou telles catégories » (Conférence de presse, 9 septembre 1965). Cette citation atteste que le mot « organisation », l'adjectif « organisé » sont, pour le général de Gaulle, des mots péjoratifs [« l'organisation Giraud » (*MG*, II,p. 92); « la plupart des éléments organisés pour se faire entendre » (*MG*, III, p. 89)], au même titre que « les groupements »,

1. Cf. les textes cités dans le chapitre III.

« les écoles », « les aréopages » (*MG*, II, p. 322) ou que les « comités » (Gustave, Théodule ou Hippolyte). Classes, partis, féodalités, fiefs, fractions, coalitions, corps, catégories, organisations, groupements, écoles, aréopages, comités : tous ces termes sont pour le général à peu près synonymes et toujours péjorativement employés, car ce sont les mots de la discorde (cf. *la Discorde chez l'ennemi*) et de la division.

Il en est de même pour la droite et la gauche. Ces deux mots n'appartiennent pas à son vocabulaire et, conformément à une très ancienne tradition de la droite française, il dénie toute signification à l'opposition droite-gauche; quant aux mots de centre ou de centrisme il semble les ignorer totalement. Le général de Gaulle entend dépasser l'opposition droite-gauche. Au temps du RPF, il parle « des vocables aussi ridiculement périmés que la droite et la gauche ». On a déjà cité sa déclaration du 1er mai 1959 : « Nous voulions de la gauche ce qu'elle eut souvent de généreux, la volonté de progrès social, de la droite ce qu'elle avait à maintes reprises montré de noble, la tradition nationale. » L'usage de l'imparfait « nous voulions » atteste la conscience d'un échec. Le 15 décembre 1965, le général de Gaulle répond à une question de Michel Droit sur la droite et la gauche, et il commence par déclarer : « La France, c'est tout à la fois, c'est tous les Français. Ce n'est pas la gauche, la France! ce n'est pas la droite, la France! » Le général de Gaulle rappelle qu'il est accusé par la gauche d'être un homme de droite, par la droite de faire une politique étrangère de gauche et il déclare : « Je ne suis pas d'un côté, je ne suis pas de l'autre. Je suis pour la France. » Il n'est pas douteux que le général de Gaulle exprime sa pensée la plus profonde lorsqu'il refuse d'être emprisonné dans la distinction droite-gauche. Il n'est pas douteux non plus — sans qu'il soit nécessaire de recourir à l'inévitable aphorisme d'Alain — que le général, par son milieu familial et social, par le climat affectif et sentimental dans lequel s'est formée sa pensée, se situe très loin des traditions de la gauche française : gauche radicale, gauche socialiste, gauche communiste, gauche révolutionnaire ou même gauche catholique. Il est vrai que la famille du général de

Gaulle semble avoir été proche du catholicisme social, mais le catholicisme social des années 1900 n'est absolument pas un mouvement de gauche et ne doit pas être confondu avec la démocratie chrétienne. Il n'est guère défendable, malgré l'autorité du recteur Prélot, de rattacher le général de Gaulle à la tradition de la démocratie chrétienne. Démocrate ? Il ne l'est pas, du moins à la façon des démocrates chrétiens. Et chrétien ? C'est un mystère que François Mauriac lui-même n'est pas parvenu à percer... Le général de Gaulle ne peut être classé que du côté de la droite, et c'est évidemment du côté de la droite que lui est venu le plus grand nombre de ses partisans, du moins lorsqu'il y avait peu de risques à courir. Mais, par son milieu familial (officier, père d'officier, beau-père d'officier), par sa carrière, par la simplicité de ses goûts, par ses convictions les plus profondes, il est non seulement étranger mais profondément hostile à la droite de l'argent, de la bourgeoisie capitaliste des bien-pensants, des importants et des parvenus. J'ai déjà cité dans le chapitre I ses propos de 1962 : « Bourgeois ? Je ne l'ai jamais été. La bourgeoisie, c'est la richesse, la conscience de la détenir ou la volonté de l'acquérir. Ma famille et moi, nous avons toujours été pauvres [...]. Je ne me suis jamais senti lié aux intérêts de cette classe. » On pourrait citer bien d'autres propos de la même époque qui vont dans le même sens : « Les bien-pensants sont des lâches [...]. Ces bourgeois bornés qui n'ont jamais rien compris » (cité par J.-R. Tournoux, p. 239); « les partis, les notables, les élites, les cadres me haïssent ou me détestent » (p. 427); mais on ne peut manquer de citer le mot du général à Malraux en décembre 1969 : « Mon seul adversaire, celui de la France, n'a aucunement cessé d'être l'argent » (A. Malraux, p. 166).

Personnellement le général de Gaulle est aux antipodes de ce que René Rémond appelle la droite orléaniste. Les valeurs qui sont pour lui fondamentales — la tradition, la nation, la grandeur, l'indépendance, le peuple, la voie nouvelle que constitue la participation — n'appartiennent pas à l'arsenal idéologique du capitalisme. Mais le général de Gaulle a connu une destinée singulière. Cet homme obsédé par l'unité nationale s'est trouvé à trois reprises (au temps de la France libre, au temps du RPF, au temps de la guerre d'Algérie) l'homme d'un camp à l'intérieur d'une France profondément déchirée. D'autre part, cet homme qui n'a cessé de récuser l'opposition droite-gauche a été en définitive le fédérateur de la droite française, même si ses plus irréconciliables adversaires se sont toujours situés à droite, même si le gaullisme a attiré, à doses très inégales selon les périodes, un nombre non négligeable d'hommes venus de la gauche.

Ce nationalisme historique, synthétique et unitaire est en même temps foncièrement empirique. Le général de Gaulle, de même que le capitaine de Gaulle dans *la Discorde chez l'ennemi*, ne cesse d'affirmer la primauté de la doctrine des circonstances sur la doctrine a priori. Il est convaincu que les choses sont ce qu'elles sont et que les peuples comme les hommes ont une nature. Mais il est non moins convaincu qu'il faut tenir compte des situations et des circonstances et qu'on ne peut rien contre la « force des choses » (cette « force des choses » qui inclut à la fois la permanence des êtres et le perpétuel changement des situations historiques). Le général de Gaulle n'a pas cessé d'invoquer « la force des choses ». Il en parle dans ses premiers livres, notamment dans *le Fil de l'épée* (p. 44, 75, 109) et dans *Vers l'armée de métier* (« la force des choses accrue du poids de l'histoire »). Il parle de la « nature des choses » à propos de l'Algérie (notamment le 3 et le 23 octobre 1958). Il reparle de la « force des choses » (p. 32, 74) et de la « nature des choses » (p. 7) dans les *Mémoires d'espoir* et de la « force des choses » dans le dernier livre qu'il ait écrit, le second tome des *Mémoires d'espoir* (« L'effort », p. 117). Mais « les choses étant ce qu'elles sont », le nationalisme du général de Gaulle n'est pas tourné vers le passé. Il tient compte des contingences et des évolutions irréversibles. Il sait — et il dit dès 1934 — que le temps des diligences et des lampes à huile est passé, ainsi que celui de la marine à voile. C'est un militaire qui adapte sa tactique au terrain et aux circonstances. C'est ainsi que cet homme élevé dans le respect de la discipline militaire se dresse en 1940 — au nom d'une certaine idée de la légitimité — contre le gouvernement légal de la France. C'est ainsi que cet homme foncièrement hostile au communisme décide d'introduire, pendant la guerre, des communistes dans son gouvernement. C'est ainsi qu'après avoir, au lendemain de la dernière guerre, dénoncé les méfaits de l'unité allemande et tenté de rétablir la diversité des Allemagnes, il se rapproche du gouvernement fédéral à partir de 1949. C'est ainsi que cet homme élevé dans la religion de l'Empire français s'est décidé à accorder l'indépendance à la plupart des colonies et s'est résigné à voir l'Algérie arrachée à la souveraineté française. C'est ainsi que cet homme qui est avant tout un militaire a dû faire face en 1961 à un putsch militaire et qu'il a contribué à casser cette armée dans le culte de laquelle il avait grandi.

A propos de cette attitude, certains parlent des contradictions ou des caprices du prince, d'opportunisme ou de machiavélisme, d'autres de pragmatisme ou d'empirisme. Ce qu'il faut souligner, c'est qu'il s'agit d'une attitude très ancienne et très profonde, de même que l'habitude de retarder l'heure du choix et de garder le plus longtemps possible deux fers au feu. Le nationalisme du général de Gaulle n'est pas exempt de calcul. Il n'est ni impulsif, ni irréfléchi. Il se veut réaliste, et le bon sens (« l'honneur, le bon sens, l'intérêt supérieur de la Patrie... ») n'a jamais cessé d'être pour lui une vertu cardinale, et non point une plate et prosaïque qualité. Cependant le « bon sens », pour le général de Gaulle, ne saurait exclure le rêve. Son nationalisme fait appel non seulement à la force des choses mais à toutes les puissances de l'imaginaire. La « force des choses » inclut la force des rêves.

Charles de Gaulle, dans ses premiers livres, avait plusieurs fois parlé de la force des rêves; rêve des hommes : « un maître vers qui se tournent la foi et les rêves » (*le Fil de l'épée*, p. 101), « car la gloire se donne seulement à ceux qui l'ont toujours rêvée » (*Vers l'armée de métier*, p. 243); rêve des collectivités : dans *Vers l'armée de métier*, le futur général de Gaulle dit en substance que rien de grand n'est possible sans « un grand rêve national »; dans ses *Mémoires de guerre*, il cite le mot de Chateaubriand, « Mener les Français par les songes » (I, p. 120), à propos de la France libre, et il est manifeste que ce mot évoque en lui de profondes résonances. Le « bon sens » est donc insuffisant. Il importe de découvrir et de donner des raisons de songer et de croire. Quelques mois avant sa mort, le général dit à André Malraux : « Même si le communisme permet aux Russes de croire à la Russie pour des raisons à dormir debout, il est irremplaçable » (A. Malraux, p. 43).

Le général de Gaulle a pour souci de proposer à la France une « ambition nationale » à sa mesure [1]; « ambition nationale » ou « rêve national » : les deux termes sont apparemment synonymes; dans *Vers l'armée de métier*, le général employait le mot de rêve : « un grand rêve national ». Plus tard « l'ambition nationale » se substitue au « rêve national ». La France et le général de Gaulle ont connu avant 1918 une très grande « ambition nationale » : celle de la revanche. Entre 1940 et 1945 le général de Gaulle et ses compagnons ont connu une autre « ambition nationale » : celle de la victoire. Mais ensuite ? Le 8 janvier 1958 le général de Gaulle déclare à J.-R. Tournoux : « La France ne peut se passer d'une grande ambition nationale... » Le niveau de vie « n'est quand même pas une ambition nationale » (J.-R. Tournoux, p. 267-268). Dans les premières années de la Ve République, au temps tragique de la guerre d'Algérie, les Français se sont vu proposer de nouveau une « grande ambition nationale » (*ME*, p. 24) : la grandeur, la puissance, l'indépendance, la stabilité des institutions, la décolonisation. Mais ensuite, quel but fixer aux efforts. Le développement économique, la planification, « ardente obligation » ? Est-ce là une « ambition nationale » et le général de Gaulle peut-il être profondément convaincu que la jeunesse française est effectivement passionnée lorsqu'il parle le 26 octobre 1962 de « la rénovation que nous avons commencée, qui passionne notre jeunesse et qui stupéfie l'univers » ? Entre 1962 et 1968, le général de Gaulle ne parle plus guère de la « grande ambition nationale » qui devrait rassembler les Français. Puis

1. La France a « une responsabilité mondiale. Telle est ma philosophie » (*ME*, p. 176).

apparaît « la participation », mais il est tard, et une des plus profondes déceptions ressenties par le général de Gaulle aura peut-être été de découvrir qu'une idée à laquelle il croyait très profondément ne suscitait guère que le scepticisme, l'indifférence ou l'hostilité. A Colombey, le 11 décembre 1969, le général de Gaulle tient à André Malraux des propos extrêmement désabusés : « Les Français n'ont plus d'ambition nationale. » Il ajoute : « Quand les Français croient à la France, oh alors! Mais quand ils cessent d'y croire! » (A. Malraux, p. 22-23). Et il termine en disant à Malraux : « Ce que nous avons voulu — entre vous et moi, pourquoi ne pas lui donner son vrai nom, la grandeur ? — c'est fini » (A. Malraux, p. 40-41).

Ce propos est extrêmement mélancolique et le mot de mélancolie tient dans l'œuvre du général une place étrange : dans *le Fil de l'épée*, il parlait de la « mélancolie du corps militaire » (p. 11); dans le premier tome des *Mémoires de guerre*, il évoque sa « mélancolie » en juillet 1940 (p. 79); il parle de « mélancolie » au Conseil national de Saint-Mandé le 4 novembre 1951 et à Coëtquidan, le 2 août 1957, des « conditions moralement mélancoliques » que connaissent les jeunes saint-cyriens. Dans les *Mémoires de guerre*, le général de Gaulle parle de la « mélancolie » du totalitarisme (I, p. 197), de la « mélancolie britannique » (II, p. 3), d'un repas « mélancolique » à Anfa en 1943 (II, p. 83), de la « mélancolie de l'Assemblée consultative » (II, p. 159). Il déclare que « les privilégiés accueillent mélancoliquement » les réformes de 1945 (III, p. 98). Les derniers écrits du général sont pleins de mélancolie : « mélancolie » devant l'évolution des colonies vers l'indépendance (*ME*, p. 42); « mélancolie » devant le dépeuplement des campagnes (p. 165); « mélancolie » devant l'effacement de la rhétorique (p. 290); « mélancolie » devant le déclin des charbonnages (« L'effort », p. 141); et l'Angleterre elle-même est « mélancolique » (*ME*, p. 228).

Du nationalisme fondamental du général de Gaulle découlent ses autres idées politiques. Et d'abord sa conception de l'État : « Un État qui soit un État »; « l'État légitime, parce qu'il reposait sur l'intérêt et le sentiment de la Nation [...], l'État sauvegardé dans ses droits, sa dignité, son autorité [...], l'État préservé des ingérences de l'étranger [...], l'État capable de rétablir autour de lui l'unité nationale [...] » (discours de Bayeux) : un État au service de la nation. On ne trouve, chez le général de Gaulle, aucune trace d'un culte de l'État pour l'État, de ce qu'on a appelé la « statolâtrie » mussolinienne. L'État est un instrument, mais un instrument nécessaire au service de la nation. Ce n'est pas le nation qui est subordonnée à l'État comme dans l'Italie fasciste. C'est l'État qui est subordonné à la nation. « C'est à l'État qu'il incombe de bâtir la puissance nationale » (*MG*, III). « Il n'y a eu de France que grâce à l'État. La France ne peut se maintenir que par lui » (au Conseil d'État, 28 janvier 1960). De même, le 29 mai 1968, le général de Gaulle, selon le récit de Jean Mauriac, aurait dit à son gendre Alain de Boissieu : « Je resterai un certain temps à Colombey pour créer une atmosphère exceptionnelle. Je serai l'État, même à Colombey. L'État est toujours l'État. Tant que je serai vivant, l'État sera là où je serai » (*le Figaro*, 29 avril 1971). De cette conception très traditionnelle — à la fois instrumentale, personnelle et territoriale — de l'État dérivent les idées elles-mêmes très traditionnelles que le général de Gaulle expose à Bayeux en 1946 et qu'il met en pratique sous la Ve République. Sur ce point l'originalité des conceptions exposées par le général de Gaulle est à peu près nulle. Sa seule originalité — mais elle n'est pas négligeable — est d'avoir réalisé ce qui avait été très souvent exposé avant lui. De l'œuvre accomplie par le général de Gaulle, les institutions de la Ve République sont sans doute ce qui a le plus de chances de lui survivre. Il est douteux que ce fût, à ses yeux, le plus important.

Il semble difficile de soutenir que le général de Gaulle est un démocrate, au sens habituel du terme. Pour qualifier la démocratie, le général de Gaulle emploie, au temps du RPF, la vieille expression maurrassienne de « démocrassouille » (cf. le témoignage de J.-R. Tournoux). Il est manifeste que le général de Gaulle, même s'il rend hommage à Westminster en 1960 au parlementarisme britanique, porte le jugement le plus critique sur la démocratie parlementaire telle qu'il l'a vue fonctionner en France sous la IIIe et la IVe République. Il n'emploie que fort rarement le mot de démocratie, sauf lorsque les circonstances l'exigent. Il n'emploie pas plus souvent le mot d'égalité, et s'il faut croire à l'égalité parmi les hommes pour être qualifié de démocrate, nul n'est plus éloigné de la démocratie que le général de Gaulle.

La démocratie pour le général de Gaulle n'est ni la délibération ni la représentation, ni l'expression de l'opposition : pendant toute sa carrière le général de Gaulle a manifesté un écrasant mépris, une remarquable intolérance à l'égard de l'opposition, à laquelle sont constamment attribuées les plus basses motivations et qu'il accable régulièrement de sarcasmes ou d'outrages. La démocratie, pour le général de Gaulle, c'est la souveraineté populaire, c'est l'appel au suffrage, c'est un processus de ratification. Aux « élites » et aux « privilégiés », aux « intermédiaires », s'oppose l'adhésion de « la Nation dans ses profondeurs ».

« La Nation dans ses profondeurs » : aucune expression n'est plus caractéristique sans doute du vocabulaire du général, plus révélatrice de ses convictions intimes. Si les métaphores maritimes apparaissent dès les premiers écrits du futur général de Gaulle, l'expression « la Nation dans ses profondeurs » apparaît comme un produit de la guerre. C'est une expression qui s'est forgée tardivement dans l'esprit du général de Gaulle jusqu'à s'imposer à lui d'une façon obsédante et quasi mécanique. Profondément déçu dès 1940 par les réactions des « notables », des « élites » et des « corps constitués », bref de tout ce qui se situe à la surface de la nation, il fait appel à la foule anonyme de la « Nation dans ses profondeurs », et, en 1944, après la libération de Paris, au moment même où de nombreux Français redoutent de voir éclater une guerre civile, il s'écrie, en parlant de la France : « Une merveilleuse unité se révèle dans ses profondeurs » (29 août 1944). Les péripéties de l'année 1945 et les vicissitudes de la IVe République ne feront que renforcer cette conception de l'appel au peuple contre les intermédiaires qui sera institutionnalisée par la Constitution de 1958. Cette idée de la démocratie ne peut être assimilée à la conception bonapartiste de l'appel au peuple. Mais il semble difficile de la considérer comme profondément originale.

La même chose peut être dite des idées du général de Gaulle en matière de rapports sociaux : ce sont celles des officiers, des patrons, des utopistes, plus ou moins touchés par le catholicisme social, qui rêvent d'abolir le salariat et de supprimer la lutte des classes. Au reste, ces idées généreuses n'ont eu, sous la Ve République, que fort peu de conséquences pratiques. Sans doute le général de Gaulle est-il profondément sincère lorsqu'il dit qu'il hait le monde de l'argent mais 11 ans de Ve République sous sa présidence n'ont pas sensiblement altéré la situation du capitalisme français. Cependant, puisque ce cours porte sur les idées du général de Gaulle et non sur le bilan de son action, il importe de souligner deux points :

Les idées du général sur les rapports sociaux sont très anciennes, très fortement enracinées. Elles apparaissent dans ses premiers livres, notamment dans *le Fil de l'épée*, où il écrit : « Partout se fait jour le besoin de s'associer » (p. 109). Elles sont reprises dans son discours d'Oxford à la fin de 1941. Le double rejet du capitalisme et du communisme n'est donc pas une simple formule de circonstance, ou une sorte de vœu pieux. C'est une très ancienne conviction.

Cette réflexion sur les rapports sociaux procède d'une réflexion générale sur l'évolution des sociétés, et, plus précisément, sur la mécanisation croissante du monde moderne. Le général de Gaulle, avant la guerre de 1939, fait campagne pour la mécanisation de l'armée française. Le 18 juin 1940, il interprète la défaite de la France comme le triomphe de la « force mécanique » allemande. A mesure que les années passent, le général de Gaulle semble de plus en plus préoccupé par les méfaits de la mécanisation et de l'uniformisation qui en est la conséquence : c'est le thème de son discours d'Oxford, où il parle de la « civilisation mécanique ». En 1945 : « Sauver et faire vivre la liberté à l'intérieur de l'organisation rigide et belliqueuse que le machinisme impose à la société. » En 1947, à propos de la Russie : « L'idéologie matérialiste d'écrasement de l'individu et de mécanisation générale. » Dans les *Mémoires d'espoir* (p. 290), à propos des assemblées parlementaires : « Une sorte de mécanisation morose régit maintenant les assemblées. » Dans « L'Effort » (p. 115 s.) on trouve un long développement sur le thème : « Une vie mécanique et agglomérée... Une foule grise et anonyme... D'homothétiques appartements... La sourde angoisse des déracinés. » Et enfin, cette évocation du « malaise des âmes qui résulte d'une civilisation dominée par la matière » (« L'effort » p. 122).

Comme les idées sociales du général, ses conceptions en matière de politique étrangère sont profondément marquées par l'époque et le milieu de leur formation. La vision qu'il a des relations internationales est celle d'un nationaliste français dont le nationalisme s'est formé entre la guerre de 1870 et celle de 1914. Bien qu'il ait à diverses reprises affirmé le contraire, notamment dans ses *Mémoires d'espoir*, le général de Gaulle n'a accédé que peu à peu à une compréhension générale du fait national dans l'ensemble du monde, et notamment chez les jeunes nations. Mais il demeure vrai que ce nationalisme très français, profondément enraciné dans l'histoire de France, ce nationalisme très daté et très situé, s'élargit jusqu'à l'affirmation universelle du fait national et des valeurs nationales. Et c'est peut-être dans la mesure même où il est rigoureusement particulier que le nationalisme du général de Gaulle acquiert une dimension universelle. C'est ainsi que le général de Gaulle affirme à Bucarest le 15 mai 1968 : « Ce sont les nations, chacune avec son âme et son corps bien à elles, qui constituent en fin de compte les éléments irréductibles et les ressorts indispensables de la vie universelle. » Ce langage aurait sans doute paru très désuet en 1945, à l'époque où c'était un lieu commun de soutenir que le monde était entré dans l'âge des grands ensembles et que l'ère des nations était dépassée. L'histoire des 25 dernières années n'a pas précisément vérifié ces prophéties péremptoires. Et c'est sans doute parce que le général de Gaulle n'a jamais cessé d'affirmer que l'ère des nations n'était pas révolue, qu'il a représenté dans de très nombreux pays du monde entier — en Afrique, en Asie, en Europe orientale, en Amérique latine — le symbole de l'indépendance nationale. Lorsqu'on parle de gaullisme, il ne faut pas oublier le gaullisme extrahexagonal ou extraeuropéen. C'est peut-être en définitive celui qui, sous la forme la plus élémentaire, subsistera le plus durablement. Et il n'est pas impossible qu'un certain gaullisme vive plus longtemps hors de France qu'en France même.

La conclusion qui se dégage le plus clairement, c'est que les idées du général de Gaulle ne constituent absolument pas un corps de doctrine original. Ce sont celles d'un officier français qui a « une certaine idée de la France ». Cette idée était la plus largement répandue dans la génération qui a été massacrée entre 1914 et 1918. Elle était encore extrêmement vivante chez les petits Français qui sont nés entre 1910 et 1920 et qui ont été élevés, comme je l'ai été, au milieu des souvenirs de la guerre de 1914.

Mais il se trouve que ces idées dénuées d'originalité, que cette conception du monde que seul peut vraiment comprendre celui qui a une connaissance assez intime de l'histoire du nationalisme français, ont été exprimées par un personnage hors du commun, un personnage tout à fait étrange qui s'appelait Charles de Gaulle et dont le syle est certainement plus original que la doctrine. On rend un très mauvais service au général de Gaulle en le représentant comme un penseur génial, comme une sorte de prophète qui ne se serait jamais trompé. Quels que soient les sentiments qu'on éprouve pour sa mémoire, il semble incontestable qu'il s'est très souvent trompé dans ses prévisions : il croit en janvier 1946 qu'il sera prochainement rappelé au pouvoir; tout semble indiquer qu'il croit pouvoir empêcher le vote de la Constitution de 1946; il croit à la guerre entre les États-Unis et la Russie en 1947, au moment où il fonde le RPF, et il croit probable en ce cas une prise de pouvoir par les communistes; il croit à un large succès du RPF aux élections législatives; il croit en 1948 que la création de la République fédérale allemande conduira à bref délai aux pires catastrophes; il croit en 1958 que son retour au pouvoir, par le seul fait qu'il est au pouvoir, permettra de trouver rapidement une solution au problème algérien. Sur ces différents points — et on pourrait en ajouter d'autres — il est incontestable que le général s'est trompé.

D'autre part, il est frappant de constater l'importance de l'événement, presque du hasard, dans l'histoire du gaullisme. En juin 1940, le général de Gaulle avait commencé par lancer un appel à tous les chefs militaires français d'Afrique du Nord. Si cet appel avait été écouté, si le général Noguès par exemple avait rallié la France libre, y aurait-il eu un gaullisme ? En novembre 1942, le maréchal Pétain, pressé par certains de ses conseillers, eut, semble-t-il, la velléité de passer en Afrique du Nord et de prendre la tête de la France combattante. Ce ne fut qu'une velléité de vieillard, mais si elle s'était concrétisée que devenait le gaullisme ? Si des élections générales avaient eu lieu entre 1946 et 1951, en 1947 ou 1948 au sommet de la vague gaulliste, le RPF n'aurait-il pas été le premier parti de France et le général de Gaulle, à la faveur de certains ralliements, ne serait-il pas revenu au pouvoir 10 ans plus tôt ? En mai 1958, le retour du général de Gaulle au pouvoir, ou du moins les circonstances de ce retour, ont tenu à la volonté de quelques hommes et au ralliement de quelques autres lors du vote du 1er juin 1958. Le 29 mai 1968, d'après le récit récemment publié par l'AFP (cf. *Figaro* du 29 avril 1971), il semble bien qu'une des raisons principales du brusque départ du général ait été la crainte que la manifestation organisée par la CGT ne se portât sur l'Élysée et ne se terminât d'une façon sanglante. C'était sans doute une erreur de diagnostic sur les intentions des dirigeants communistes, mais si le général de Gaulle n'avait pas mystérieusement disparu pendant 24 heures, on pourra se demander très longtemps s'il aurait pu rétablir la situation le 30 mai comme il le fit, grâce à un bref discours dont le style importait assurément plus que le contenu idéologique.

Un style, c'est un style de vie, et non pas seulement le style d'un discours. Tentons d'échapper aux périls de l'impressionnisme psychologique et essayons de répondre à quelques questions que l'on doit ou du moins que l'on peut se poser à propos de tout homme dont on cherche à comprendre l'œuvre : qu'est-ce qui, pour lui, fut essentiel, ou plutôt — car le mot essentiel est ambigu, avec le couple « essentiel-existentiel » — fondamental ? « Une certaine idée de la France », sans nul doute, mais aussi une certaine idée du général de Gaulle; un orgueil naturellement granitique, celui qui s'exprime dès *le Fil de l'épée* dans la phrase souvent citée : « On ne fait rien de grand sans de grands hommes et ceux-ci le sont pour l'avoir voulu », ou dans ce passage un peu moins connu des *Mémoires de guerre :* « Prendre l'action à son compte, n'y vouloir de marque que la sienne, affronter seul le destin, passion âpre et exclusive qui caractérise le chef » (I, p. 40); une solidarité profonde avec les valeurs militaires : bien qu'il ait eu, en définitive, une carrière essentiellement politique, le général de Gaulle reste fondamentalement un militaire, fidèle aux raisons qui l'ont à 18 ans incité à choisir la carrière militaire. Le 15 janvier 1961, en inaugurant la place du Maréchal De-Lattre-de-Tassigny, le général de Gaulle parle de « l'ordre militaire » : « Ce que l'ordre militaire comporte à la fois d'éclat et de refoulement, de passion et d'obéissance, d'exaltation et de mélancolie, bref ce combat intérieur qui est la douleur et l'honneur de ceux qui servent sous les armes [1]... » Fondamentale est, enfin, la conscience aiguë qu'a le général de son rôle historique. Il faut à cet égard rappeler le texte des *Mémoires de guerre* (I, p. 111) dans lequel il dit que le fait d'être devenu, après l'appel du 18 juin, le symbole de la France lui impose de se confondre désormais avec un personnage. « Ce fut pour moi, sans relâche, une forte tutelle intérieure en même temps qu'un joug bien lourd. » Un rôle, un personnage, une sorte de cui-

1. Cette exaltation de l'ordre militaire n'empêche pas le général de se livrer de temps en temps à des boutades peu aimables pour les militaires : « Mettez-vous bien dans la tête qu'un militaire de carrière n'est jamais intelligent » (Rémy, *op. cit.*, p. 92).

rasse, une destinée étrangère au bonheur quotidien : d'où le mot à Emmanuel d'Astier vers la fin de la vie du général : « D'Astier, vous êtes complètement stupide. Le bonheur, le bonheur, ça n'existe pas » (J.-R. Tournoux, p. 286). Peut-être faut-il ici mentionner ce qui, selon André Malraux, et selon d'autres témoins, aurait été la blessure secrète de Charles de Gaulle : sa fille Anne, née en 1928, morte en 1948, incurablement infirme d'une maladie mentale. Gardons à cet égard la même discrétion que le général de Gaulle. Contentons-nous de rappeler que le nom d'Anne de Gaulle est cité dans les *Mémoires* et dans le Testament du général. Et contentons-nous d'ajouter le mot d'André Malraux : « Je crois qu'elle a joué un rôle profond dans sa vie » (A. Malraux, p. 67). Reste à poser quatre questions : que lisait le général de Gaulle ? Croyait-il en Dieu et quelle était la nature de sa foi ? Avec quel type de paysage s'accordait le mieux sa personnalité ? Quelle était son attitude devant la mort ?

Les lectures : que lit le général, quels sont les auteurs qui ont pu contribuer à former sa pensée et son style ? A cette question, nul ne peut répondre avec certitude, mais la réponse la plus vraisemblable est dénuée d'originalité : il faut mentionner les auteurs classiques, qui constituent la base de l'éducation reçue par un collégien des années 1900, les livres d'histoire, les mémoires, surtout Chateaubriand, les auteurs les plus lus par un jeune Français qui a 20 ans en 1910 : Barrès sans doute, mais aussi Bergson et Rostand, dont Edmond Michelet souligne l'influence qu'ils ont exercée sur la formation du futur général de Gaulle [1]. En janvier 1946, lorsque le général de Gaulle va se reposer quelques jours à Eden Roc avant d'annoncer qu'il quitte le pouvoir, il emporte les *Mémoires du cardinal de Retz*. Dans la bibliothèque de la Boisserie en décembre 1969, André Malraux remarque les œuvres complètes de Bergson et celles d'André Malraux (A. Malraux, p. 210). Le général lui dit qu'il relit Eschyle, Shakespeare, *les Mémoires d'outre-tombe* et un peu de Claudel (A. Malraux, p. 189).

1. *La Querelle de la fidélité*, Fayard, 1971, p. 12. Michelet cite aussi Paul Bourget, Albert de Mun, Marc Sangnier et Charles Maurras.

En relisant les *Mémoires d'outre-tombe*, sans doute est-il advenu au général de Gaulle de méditer ce que Chateaubriand écrit à propos de la Restauration : « Retomber de Bonaparte et de l'Empire à ce qui les a suivis, c'est tomber de la réalité dans le néant, du sommet d'une montagne dans un gouffre. Tout n'est-il pas terminé avec Napoléon ? Aurais-je dû parler d'autre chose ? Quel personnage peut intéresser en dehors de lui ? De qui et de quoi peut-il être question après un pareil homme ?... Comment nommer Louis XVIII en place de l'Empereur ? Je rougis en pensant qu'il me faut nasillonner à cette heure d'une foule d'infimes créatures (en m'y comprenant), êtres douteux et nocturnes que nous fûmes d'une scène dont le large soleil avait disparu » (*Mémoires d'outre-tombe*, troisième partie, seconde époque, livre premier, chapitre I « Changement d'un monde », édition du Centenaire, tome III, p. 10-11).

Sur la foi du général, François Mauriac, dans la biographie[1] hagiographique qu'il lui a consacrée, s'interroge avec inquiétude : que peut-il dire à Dieu lorsqu'il fait les gestes de la prière ? A cette question, Mauriac constate avec « mélancolie » qu'il ne peut répondre et je ne me flatte pas non plus de pouvoir le faire. On se trouve à cet égard devant des témoignages apparemment contradictoires ; à Soustelle, pendant la guerre, le général de Gaulle tient des propos qui auraient contristé Mauriac : « Moi, je ne crois en rien. La religion catholique fait partie des structures politiques de la France » (cité par J.-R. Tournoux, p. 236). Il s'exprime avec une verdeur toute militaire sur le compte des ecclésiastiques qui font de la politique en un sens qui lui déplaît. « De quoi se mêlent ces curés ? Qu'ils disent leurs messes » (J.-R. Tournoux, p. 488). Malraux, en revanche, croit pouvoir conclure : « Il a fort peu cité Dieu, jamais le Christ [...]. Je crois sa foi si profonde qu'elle néglige tout domaine qui la mettrait en question » (A. Malraux, p. 183). Ce qui semble le plus vraisemblable, c'est que le général de Gaulle, élevé dans un milieu catholique, appartenait sans doute à

1. François Mauriac, *De Gaulle*, Grasset, 1964.

cette race fort répandue de catholiques pratiquants que ne tourmente point l'inquiétude religieuse. Il serait cependant un peu hâtif de conclure que son catholicisme n'est pas autre chose qu'un catholicisme d'observance et de tradition. Il est vrai que le général de Gaulle parle bien moins de Dieu (« Me voici tel que Dieu m'a fait... ») qu'il ne parle des âmes. Sans doute le mot « âme » est-il un mot vague, mais il est frappant de constater le très large usage qu'en fait le général de Gaulle. En juin 1940, c'est *« l'âme de la France »* qui lui paraît en jeu : « L'âme de la France, elle est avec ceux qui continuent le combat... » (2 juillet 1940). Dans ses *Mémoires de guerre* il écrit : « Encore un peu mourait l'âme de la France » (III, p. 236). Pendant la guerre, il parle sans cesse de « l'âme de la France ». Le 18 juin 1943, il mentionne « le grand rassemblement de nos âmes ». Pour lui, non seulement les hommes ont une âme mais ils sont eux-mêmes des âmes : « Les hommes sont des âmes autant que du limon » (*MG*, III, p. 174). Dans les foules, le général recherche « le contact des âmes », « le reflet des âmes » : « ayant crié " Je vous ai compris " pour saisir le contact des âmes » (*ME*, p. 51) ; « chaque fois que je m'expliquerai en public à ce propos, je sentirai palpiter les âmes » (à propos de la politique étrangère, *ibid.*) ; « connaître en allant sur place où en sont les âmes et les choses » (9 septembre 1965). Les nations ont une âme : reportez-vous encore une fois au discours de Bucarest en mai 68. Le 11 novembre 1968, le général parle de l'« âme de la France éternelle ». Il parle du « malaise des âmes » le 31 décembre 1968 et le 11 mars 1969. Ces textes existent et on pourrait en citer bien d'autres. Ils prouvent évidemment que le général n'est pas matérialiste, mais ces considérations sur l'âme de la France ou sur l'âme des foules ne sont pas d'une extrême originalité, et on n'a pas le sentiment de découvrir là quelque chose de réellement fondamental. Les textes sur les paysages ont un accent plus personnel que les textes sur la religion.

Le paysage intérieur : tout homme a un paysage intérieur, réel ou imaginaire, qu'il se plaît à retrouver ou à évoquer : paysage de Chateaubriand (la mer à Saint-Malo et les arbres de Combourg), paysage de Barrès, « un paysage solide, orgueilleux, entier », paysage de Bernanos : « chemins du pays d'Artois à l'extrême automne ». Le paysage qu'a choisi le général de Gaulle lorsqu'il a acheté La Boisserie, parce que c'était bon marché et parce que c'était sur le chemin des garnisons de l'Est, est aussi un paysage « solide, orgueilleux, entier », un paysage sauvage et dépouillé. Il parle de Colombey à la fin de ses *Mémoires de guerre :* « La solitude était ma tentation, maintenant elle est mon amie... » (III, p. 288). Il en reparle dans ses *Mémoires d'espoir :* « Là regardant l'horizon de la terre ou l'immensité du ciel, je restaure ma sérénité » (p. 311). Cette sérénité que le général de Gaulle va chercher à Colombey le 29 mai au soir. Les photographies d'Irlande, pendant la campagne présidentielle de 1969, après le départ du général, présentaient elles aussi un paysage austère et dépouillé. Le colonel Rémy, dans son récent livre, apporte une révélation concernant le goût du général pour un des sites les plus sauvages de France, un paysage dont parle Paul Nizan dans *Antoine Bloyé*, Saint-Michel de Brasparts en Bretagne dans les montagnes d'Arrée. Étant allé à Saint-Michel de Brasparts en 1948 ou 1949 le général, devant ce paysage de landes désertiques battues par le vent, dit à Rémy : « Si j'avais connu ce lieu avant Colombey, c'est ici que je serais venu vivre. »

La vie et la mort : grâce à ce mot, apparemment banal, on aperçoit sans doute — et c'est là ce qui est fondamental — l'attitude du général de Gaulle devant la vie et devant la mort : une conception solitaire, exigeante et non confortable de la vie, une familiarité intime avec la mort, qui donne sa signification la plus profonde sans doute à l'œuvre de Chateaubriand, de Barrès, de Bernanos et de Malraux. C'est sans doute par son attitude devant la mort qu'un homme se définit le plus sûrement. Le 11 décembre 1969, à Colombey, Charles de Gaulle et André Malraux parlent longuement de la mort et le général dit soudain à Malraux : « Staline avait raison : à la fin il n'y a que la mort qui gagne » (A. Malraux, p. 200). Vingt-huit ans avant de mourir, à l'âge de 52 ans, il avait minutieusement prévu l'ordonnance de ses obsèques et fixé la liste de ceux qui seraient ce jour-là dans l'église à Colombey : sa famille, les compagnons de la Libération et les conseillers municipaux de Colombey-les-Deux-Églises.

Le style du « discours » gaulliste est, à l'origine, extrêmement littéraire, minutieusement poli, parfaitement conforme aux leçons de la rhétorique telle qu'on l'enseignait à la fin du siècle dernier et au début de ce siècle [1]. Les traces de cette rhétorique sont très apparentes dans les premiers livres, notamment dans *le Fil de l'épée*, qui est sans doute la plus « littéraire » de ses œuvres et la moins réussie.

Ce souci du « beau style » apparaît aussi, d'une façon assez étrange, dans les premiers discours de guerre où le général de Gaulle, quelle que soit l'urgence des circonstances, s'attache à découvrir deux images similaires mais différentes et également péjoratives pour qualifier l'Allemagne d'Hitler et l'Italie de Mussolini : « la botte allemande et l'escarpin italien » (26 juin 1940); « la botte d'Hitler et le sabot de Mussolini » (13 juillet 1940); « le sabre d'Hitler et le couteau de Mussolini » (23 juillet 1940); « les rugissements d'Hitler et les aboiements de Mussolini » (3 août 1940); « le cheval d'Hitler et l'âne de Mussolini » (12 août 1940); « l'aigle d'Hitler et le vautour de Mussolini » (22 août 1940); « la chambrière d'Hitler et le martinet de Mussolini » (9 septembre 1940); « le lion d'Hitler et le chacal de Mussolini » (16 décembre 1940).

Le général de Gaulle a, par la suite, épuré son style de ce genre d'élégances et il n'y a pas lieu, semble-t-il, de le regretter. D'autre part, il s'est affranchi des citations et des références empruntées aux auteurs les plus divers — de Hegel à Jean Richepin — qui ornent et « adornent » ses premiers écrits, notamment *le Fil de l'épée* et *Vers l'armée de métier*. Dès 1940,

1. On pourra se reporter au livre — que je trouve pour ma part péremptoire et décevant — de Jean-François Revel, *Le Style du général*, Julliard, 1959.

le général cite peu. Depuis la fin de la guerre les citations sont devenues chez lui tout à fait rares, qu'il s'agisse de ses discours ou de ses mémoires.

Cependant, même s'il s'est dépouillé de certaines élégances et allégé de la plupart des références qui l'enjolivaient, le style du général de Gaulle est remarquablement ternaire, conformément aux canons de la rhétorique classique. Devant André Malraux, en décembre 1969, il fait allusion au « rythme ternaire qui l'obsède et l'irrite » (A. Malraux, p. 35). Ce rythme ternaire apparaît avec évidence dans les premières œuvres; il se manifeste non moins évidemment dans ses derniers écrits. Il scande avec la même insistance les mémoires et les discours. Il se manifeste dans les grandes circonstances, comme dans le discours du 22 juin 1940 : « L'honneur, le bon sens, l'intérêt supérieur de la Patrie. Je dis l'honneur [...]. Je dis le bon sens [...]. Je dis l'intérêt supérieur de la Patrie. » Il se manifeste aussi, de façon identique, dans de moins tragiques circonstances. Recevant à Paris le roi du Népal le 25 octobre 1966, le général évoque l'attrait, la confiance, l'amitié que le Népal inspire à la France et il reprend les trois points : Je dis l'attrait, Je dis la confiance, Je dis l'amitié... De même recevoir M. Van den Boeynants, le Premier ministre de Belgique, est pour la France « un agrément, un honneur, un avantage » (25 novembre 1965).

Il serait fastidieux d'énumérer les expressions ternaires qui, de 1924 à 1970, parsèment les discours du général de Gaulle. Contentons-nous d'en citer quelques-unes : « L'honneur, le bon sens, l'intérêt supérieur de la Patrie » (22 juin 1940); « la France réelle, populaire et profonde » (1er avril 1942); « les comités, les vanités, les insanités » (22 mai 1949); « mélanges alchimiques, combinaisons algébriques, formules cabalistiques » (22 juin 1951, à propos de la CED); « les jeux, les poisons et les délices du système » (6 mai 1953); « j'étais l'effort, l'union, l'intérêt général » (12 novembre 1953); « moi j'étais la France, l'État, le gouvernement » (7 avril 1954); « l'ardeur, la valeur, la vigueur de l'actuel président du Conseil » (Mendès France 4 décembre 1954); « combien c'est beau, combien c'est grand, combien c'est généreux la France » (à Alger, 4 juin 1958); l'Algérie aura « son gouvernement, ses institutions et ses lois » (4 novembre 1960, répété le 20 décembre 1960); lors du putsch des généraux, le 23 avril 1961 : « Hélas, hélas, hélas [1] »; « les équipes diverses de la hargne, de la grogne et de la rogne » (12 juillet 1961); « le tracassin, le tumulte, l'incohérence » (2 octobre 1961); la pratique du référendum est « la plus nette, la plus fraîche, la plus démocratique qui soit... » (6 avril 1962); une majorité « faible, médiocre, aléatoire » (18 octobre 1962); « Suer le fiel, cracher la bile, lâcher le vinaigre » (24 janvier 1963); « une Constitution c'est un esprit, des institutions, une pratique » (31 janvier 1964); « Quelque aréopage apatride, technocratique et irresponsable « (9 septembre 1965); « il nous reste beaucoup, beaucoup, beaucoup à faire » (4 mars 1967); « tout ce qui grouille, grenouille, scribouille » (au Québec, en 1967); « l'immuabilité, l'impartialité, l'universalité qui sont les privilèges de l'or » (27 novembre 1967); « un peuple d'élite, sûr de lui-même et dominateur » (27 novembre 1967, à propos d'Israël); « la valeur, la solidité, la capacité du Premier ministre » (30 mai 1968, à propos de Georges Pompidou); « les fanatiques de la destruction, les doctrinaires de la négation, les spécialistes de la démagogie » (31 décembre 1968).

De ces remarques et de ce rapide florilège il ne convient pas, semble-t-il, de tirer de conclusions trop subtiles. Contentons-nous de dire que le style du général de Gaulle, dans ses aspects les plus apparents, a été très marqué par une époque où le beau style était ternaire et qu'il a manifesté à cet égard, pendant près de 50 ans, une remarquable continuité.

Cette même continuité se manifeste par la réapparition à plusieurs années de distance d'expressions frappantes qui étaient généralement passées à peu près complètement ina-

1. L'édition des *Discours et Messages*, préparée par F. Goguel, Plon, 1970 porte : « Voici l'État bafoué... et par qui ? Hélas! hélas! par des hommes dont c'était le devoir, l'honneur, la raison d'être, de servir et d'obéir. » *(N. d. É.)*

perçues lors de leur première occurrence. Avant le général Salan en 1958, le premier féal du général de Gaulle est en 1945 le sultan du Maroc (*MG*, III, p. 224). L'amiral Muselier est saisi du *tracassin* en 1941 (*MG*, I, p. 221) avant que le général de Gaulle ne retrouve le tracassin sous la Vᵉ République (par exemple le 2 octobre 1961 : « le tracassin, le tumulte, l'incohérence »). Le premier *quarteron* apparaît le 7 décembre 1942 après le débarquement des Alliés en Afriqu du Nord : « un quarteron d'hommes qui symbolisent la capitulation [1] »; le second est celui que forment les experts européens (12 novembre 1953); le troisième, et le plus célèbre, est celui que forment en avril 1961 les généraux insurgés : « Un quarteron de généraux en retraite » (23 avril 1961). Le futur général de Gaulle annonce en 1934 dans *Vers l'armée de métier* « la disparition des chandelles ou la fin du cadran solaire ». 27 ans plus tard, à propos de l'Algérie, il parle des « lampes à huile » et de la « marine à voile ». Le général parle de l'*Algérie de papa* en 1959, mais il avait parlé des « capitalistes du temps de papa » le 1ᵉʳ mai 1949 à Bagatelle. Les ministres MRP furent douloureusement affectés d'entendre le général de Gaulle parler du *volapük* le 14 avril 1962; il en avait pourtant parlé, en termes à peu près identiques, le 12 novembre 1953. Le 7 juin 1968, dans son entretien télévisé avec Michel Droit, il parle des réprouvés qui tendent le poing dans les tableaux primitifs et il ajoute que « c'est de la peinture figurative »; le 1ᵉʳ mai 1951 à Bagatelle, il parlait déjà des réprouvés des tableaux primitifs qui maudissent les anges gardiens. Le général de Gaulle expose sous la Vᵉ République que sa conception de la présidence de la République n'est pas compatible avec l'inauguration des chrysanthèmes; il déclarait en privé en 1953 : « Il ne nous faut pas un président de la République pour inaugurer des chrysanthèmes » (J.-R. Tournoux, p. 158). Avant de devenir, sous la Vᵉ République, la question algérienne, la *boîte à chagrin* est la question

1. Il s'agit de Darlan et de ceux qui, autour de lui, prétendent reconstituer, à partir de Vichy, et avec la bénédiction des Alliés, un État et un commandement français en Afrique du Nord : Giraud, Noguès, Boisson, etc. *(N. d. É.)*

du Levant (*MG*, III, p. 195). De même, le rôle de la presse est pour la première fois accolé à l'image du *fiel* dans la discorde chez l'ennemi en 1924 : « Dans la presse le fiel coulait à plein bord »; seconde apparition du fiel (accompagné du vinaigre) le 25 mars 1959 : « suer le fiel et cracher le vinaigre »; Troisième apparition du fiel (accompagné cette fois du vinaigre et de la bile) le 14 janvier 1963 : « Il ne faut pas s'attendre, bien sûr, à ce que les professionnels de la nostalgie, du dénigrement, de l'aigreur renoncent, tout au moins pour le moment, à suer le fiel, à cracher la bile, à lâcher le vinaigre. » Dernière image : celle de la meute, ou plutôt des deux meutes, qui apparaissent rarement, mais toujours dans des circonstances importantes : le futur général de Gaulle évoque avant 1940 les *deux meutes* qui s'affrontent au sujet de l'affaire Dreyfus. Le 4 novembre 1960 à propos de l'Algérie, dans une phrase qui lui fut violemment reprochée, il rejette les « deux meutes ennemies, celle de l'immobilisme stérile et celle de l'abandon vulgaire ». En décembre 1969 enfin, il dit à André Malraux : « Écrire permet d'oublier la meute. C'est important » (A. Malraux, p. 73).

Deux autres traits caractérisent avec une remarquable continuité le style du général de Gaulle : la tautologie (« Les choses sont ce qu'elles sont ») et l'identité (« elles sont ce qu'elles sont depuis le fond des âges »). Voici quelques tautologies (parmi beaucoup d'autres...) : « La France est la France » (27 août 1940); « l'Allemand est l'Allemand » (23 octobre 1941); « la France voudra que ses gouvernants gouvernent » (14 juillet 1943); « le retour d'une grande puissance à sa place de grande puissance » (25 novembre 1943); « l'Union française doit être une union » et « doit être française » (15 mai 1947); « la France telle qu'elle est », « les partis tels qu'ils sont » (20 septembre 1947); « que la France soit la France » (14 décembre 1948); « la France sera la France » (titre du recueil de textes publié sous la direction de Georges Pompidou avant les élections de 1951); « un État qui soit l'État » (21 octobre 1950); « au fond, comme chef de l'État, deux choses lui avaient manqué [au président Lebrun] : qu'il fût un chef; qu'il y eût un État » (*MG*, III,

p. 23). « C'est donc pour le peuple que nous sommes, au siècle et dans le monde où nous sommes, qu'a été établi le projet de Constitution » (4 septembre 1958); l'Algérie algérienne; l'Europe européenne; « Bref il nous paraît essentiel que l'Europe soit l'Europe et que la France soit la France » (19 avril 1961); et, pour finir, ce texte si prodigieusement tautologique qu'il semble presque parodique [1] : « Un homme est un homme et les traverses sont pour lui, où qu'il soit, à quelque place qu'il se trouve, des traverses; les chagrins sont les chagrins; les difficultés sont les difficultés. Mais la France est la France et il faut la servir » (Cahors, 18 mai 1962).

En ce qui concerne le principe d'identité, les textes sont presque aussi nombreux; ils montrent bien à quel point la pensée du général de Gaulle est enracinée dans l'histoire et dans la géographie : « il y a 1 500 ans que nous sommes la France » (14 juillet 1943); « la sainte terre de Russie » (21 décembre 1944); voyant défiler l'armée russe à Bakou en décembre 1944, on se souvient que le général déclare : « c'était bien là l'éternelle armée russe » (*MG*, III, p. 59); « il y a des Allemands; il y a même des Allemagnes » (12 octobre 1945); « la grande tâche européenne et mondiale qu'ont à accomplir en commun les Germains et les Gaulois » (8 juillet 1962); « les Germains et les Gaulois constatent qu'ils sont solidaires » (14 janvier 1963); à Moscou le 30 juin 1966 : « la visite que j'achève de faire à votre pays, c'est une visite que la France de toujours rend à la Russie de toujours »; « la Bulgarie qui fut la Thrace de l'Antiquité... La Bulgarie qui appartient à la famille des Slaves » (13 octobre 1966); l'Angleterre est un « grand peuple insulaire » (28 octobre 1966); « chaque Français fut, est ou sera gaulliste » (10 mars 1952); « je salue Fécamp, port de mer, qui entend le rester et qui le restera » (juillet 1960, cité par A. Passeron, *De Gaulle parle*, I, p. 554).

A ces différents procédés s'en ajoute un autre, la technique du « qui vous savez », le recours à l'innommé, l'univers de

1. Un autre texte aussi tautologique dans l'article de *l'Aube* découvert par Françoise Mayeur (cf. chapitre I).

l'anonyme. Ce procédé est beaucoup moins usuel, pourtant, que ne paraissent le penser certains pasticheurs du général de Gaulle. Ce qui semble exact, c'est que le général de Gaulle, le plus souvent, se refuse à nommer ses adversaires. Par exemple, le 31 décembre 1964, il parle de « l'hégémonie que l'on sait » et le contexte indique sans hésitation possible qu'il s'agit des États-Unis. De même, en décembre 1965, le général de Gaulle remplace par une périphrase méprisante le nom de François Mitterrand : « le personnage que vous citez ». A dire vrai, le général de Gaulle n'est pas plus prodigue d'allusions personnelles lorsqu'il s'agit, fort rarement, de tenir des propos aimables. Il ne nomme ni Antoine Pinay, ni Pierre Mendès France lorsqu'il parle d'eux en 1952 et 1954. Il ne nomme pas davantage Georges Pompidou le 30 mai 1968 et se contente de mentionner « la valeur, la solidité, la capacité du Premier ministre ». Il n'employait pas des termes très différents lorsqu'en décembre 1954 il louait « l'ardeur, la valeur, la vigueur de l'actuel président du Conseil » : l'inventivité du général est moindre pour l'éloge que pour l'accusation.

Le général de Gaulle cite plus aisément le général de Gaulle qu'il ne cite ses adversaires et ses partisans. Il utilise abondamment le « moi » et le « je » qu'il avait utilisés à Londres le 18 et le 19 juin 1940 dans des circonstances dramatiques : « Moi, général de Gaulle, actuellement à Londres... » (18 juin). « Moi, général de Gaulle, soldat et chef français, j'ai conscience de parler au nom de la France » (19 juin). Mais il lui arrive aussi de parler de lui-même à la troisième personne. Cotteret et Moreau, dans leurs patients travaux sur son vocabulaire [1], ont relevé 13 fois le mot « de Gaulle » dans les discours du général sous la Ve République. Ce n'est pas négligeable, ce n'est pas obsédant. Une des phrases les plus caractéristiques est celle de 1958 : « On ne crie pas vive de Gaulle quand on est contre la Nation. » André Malraux cite ce mot, à peu près identique, du général au colonel Lacheroy en 1958 : « On ne défend pas la France contre de Gaulle » (A. Malraux, p. 40).

1. *Le Vocabulaire du général de Gaulle*, « Travaux et Recherches de Science politique », n° 3, Armand Colin, 1969.

En ce qui concerne les métaphores, il faut d'abord noter celles que le général de Gaulle n'utilise qu'épisodiquement. Le verre dans lequel on trinque; c'est la phrase fameuse du 27 avril 1965 sur l'indépendance nationale : « Nous préférons boire dans notre verre tout en trinquant aux alentours »; le char de l'État, dont le général parle dans les *Mémoires* à propos du parti communiste en 1945 : « Ruant, mordant, se cabrant, mais attelé entre les brancards et subissant le mors et la bride, il va donc, lui aussi, tirer la lourde charrette. C'est mon affaire de tenir les rênes » (*MG*, III, p. 99). Mais ce rôle de cocher ne convient pas mieux au général de Gaulle que celui de joyeux gastronome, et ces métaphores restent tout à fait exceptionnelles. Le thème de l'arbre, fondamental chez Malraux, et chez toute une lignée d'écrivains qui procède de Chateaubriand n'est pas totalement absent chez le général de Gaulle; à André Malraux, en décembre 1969, à Colombey, le général déclare : « Je n'ai plus pour ministres que les nuages, les arbres, et d'une certaine façon des livres » (A. Malraux, p. 193); il ajoute : « J'aime les arbres. J'aime aussi les bûcherons »; il cite enfin la conversation entre Bismarck et Moltke, alors âgé de 80 ans : « Après de tels événements, dit Bismarck, est-il encore quelque chose digne d'être vécu ? — Oui Excellence, répond Moltke, voir grandir un arbre. » Ce texte n'est pas négligeable, mais c'est du de Gaulle revu par Malraux et il est frappant en définitive de constater la faible place que tient normalement le thème de l'arbre dans les écrits et les discours du général de Gaulle. En revanche, selon la très juste remarque faite par l'un d'entre vous, le général parle parfois de la forêt. La forêt plutôt que l'arbre isolé, la forêt comme la mer...

Très fréquentes sont par contre les métaphores du sommet, de la pente, de la marche vers les hauteurs : être debout : « Seul debout et par là nécessaire... » (2 août 1914); « le peuple français tout entier se mit debout dans son unité. Cela n'avait jamais eu lieu » (2 août 1964). Marcher vers les sommets : à la fin de son discours d'Oxford, le 25 novembre 1941, le général cite « le mot du poète » : « Le poète met en scène le compagnon montant la pente abrupte. Homme de la plaine, pourquoi gravis-tu la colline ? C'est pour mieux regarder la plaine. Je n'ai compris la plaine qu'en la voyant du haut des sommets. » A l'occasion du cinquantième anniversaire du 11 novembre 1918, le général de Gaulle parle de « remonter la pente ». Le 31 décembre 1968 il parle de « notre pays qui depuis dix ans gravit la pente du renouveau ». Enfin il termine le premier tome des *Mémoires d'espoir* en écrivant : « Sur la pente que gravit la France », ma mission est toujours de la guider vers le haut » (p. 314).

Mais ce sont les *métaphores maritimes* qui sont, de très loin, les plus fréquentes, et sans doute les plus significatives. Elles appartiennent à la rhétorique classique (« suave, mari magno... ») et il n'est pas très surprenant d'en découvrir quelques-unes dans les premiers écrits du futur général de Gaulle [1]. Mais ce qui est frappant, c'est de constater la place que tiennent peu à peu dans les écrits et les déclarations du général l'océan, la mer, la marée, le flot, la houle, la vague, l'écume, le môle, la barre, la barque ou le navire, les profondeurs de la mer, etc. J'ai fait de ces métaphores maritimes un recensement que je crois à peu près exhaustif. Craignant d'être fastidieux, je me contente de citer aujourd'hui les formules les plus caractéristiques.

Pendant la guerre, on trouve de nombreuses allusions à l'*écume*, notamment cette phrase concernant Vichy : « l'écume qui flotte sur la Nation » (15 février 1943). A l'écume s'opposent « les grandes vagues profondes » (30 avril 1942); « la France réelle populaire et profonde » (1er avril 1942); les vagues de la mer : « l'honneur aujourd'hui, c'est d'être une vague de la mer » (discours du 25 février 1943); la force irrésistible de la marée : « la volonté nationale, irrésistible comme la marée » (19 janvier 1944). Décrivant a posteriori sa situation après l'appel du 18 juin 1940, le général se compare à « un homme au bord d'un océan qu'il prétendrait franchir à la nage » (*MG*, I, p. 67), un homme « menant une bien petite barque sur l'océan de la guerre » (I, p. 137). Devant la foule qui envahit les Champs-Élysées en août 1944, le général s'écrie : « Ah! c'est la mer. »

1. Voir plus haut le chapitre I.

Et il commente : « Un seul élan, un seul cri » [...] « Français [...] comme vous êtes pareils » (*MG*, II, p. 311-312). Le 12 septembre 1944, au palais de Chaillot, c'est l'océan qui apparaît : « Au fond de l'océan des douleurs et des outrages où elle fut plongée depuis plus de quatre ans et dont elle émerge aujourd'hui... ». Le 12 mars 1945, dans l'avant-dernière phrase de son discours devant l'Assemblée consultative, le général reparle de la mer : « La voix profonde de notre peuple, comme on entend la rumeur de la mer. » Le 2 avril 1945 : « la trahison comme une écume ignoble... » Dans les tomes II et III des *Mémoires de guerre*, plusieurs allusions à la mer pour évoquer les années 1944-1946 : « sous les flots de la confiance du peuple, les récifs de la politique ne laissent pas d'affleurer » (II, p. 312); « Comme les vagues pressées déferlent sur le navire en train de sombrer, ainsi les forces alliées submergent l'Allemagne en perdition » (III, p. 171); « Cependant, si différentes que fussent les conditions dans lesquelles Churchill et de Gaulle avaient eu à accomplir leur œuvre, si vives qu'aient été leurs querelles, ils n'en avaient pas moins, pendant plus de cinq années, navigué côte à côte, en se guidant d'après les mêmes étoiles, sur la mer démontée de l'histoire. La nef que conduisait Churchill était maintenant amarrée. Celle dont je tenais la barre arrivait en vue du port. Apprenant que l'Angleterre invitait à quitter son bord le capitaine qu'elle avait appelé quand se déchaînait la tempête, je prévoyais le moment où je quitterais le gouvernail de la France, mais de moi-même, comme je l'avais pris » (III, p. 204-205); à Eden Roc en janvier 1946 : « en méditant devant la mer, j'arrêtai la façon dont j'allais m'en aller : quitter la barre en silence, etc. » (III, p. 284); à Colombey : « d'un point élevé du jardin, j'embrasse les fonds sauvages où la forêt enveloppe le site, comme la mer bat le promontoire » (III, p. 289).

Au temps du RPF, toujours la mer. A Bruneval le 30 mars 1947 : « La marée monte et descend [...]. Le jour va venir... » Après les élections municipales de 1947 : « La vague est levée. Je vous répète qu'elle va grossir et déferler... », « les crachats dans la mer » (12 novembre 1947).

Après les élections de 1948 au Conseil de la République — 58 élus RPF, 130 membres de l'intergroupe gaulliste sur 320 — le général parle d'un « énorme raz de marée » (17 novembre 1948). « La France est un navire qui n'a pas de gouvernail. Comme un navigateur... » (12 février 1949, assises de Lille). Exaltant l'exemple du général Leclerc, le général de Gaulle déclare : « Nous nous en sentons plus forts pour demeurer face à l'océan devant la houle de l'histoire » (18 juin 1949). Et encore : « un régime flottant à la dérive sur l'océan des périls [...]. Un môle qui ne cédera pas » (11 février 1950 au Vel d'Hiv'); « pour l'honneur du navire... » (25 juin 1950); un peu plus tôt le général parlait de l'honneur du navire au colonel Rémy qui venait de publier ses *Mémoires d'un agent secret de la France libre* [1] : « C'est bien, Rémy, de défendre ainsi l'honneur du navire » (Rémy, p. 230); « le régime qui flotte sur la Nation comme l'écume sur la mer » (21 octobre 1950); « le raz de marée de l'océan totalitaire..., le déferlement soviétique » *(ibid.)*; l'Espagne est « l'un des môles essentiels de l'Occident » (7 janvier 1951); « le courage monte des profondeurs » (25 février 1951); Reims est un « môle battu sans relâche » (15 avril 1951); « sitôt que souffle le vent [...] un équipage se querellant et titubant sur une nef à la dérive » *(ibid.)*; « nous n'avons pas, à travers l'ennemi et la tempête, conduit hier le navire au port pour le laisser maintenant s'échouer dans la vase en attendant que les pirates montent à bord » *(ibid.)*; « la vague molle et boueuse des impuissances » (15 juillet 1951, après le demi-échec des élections de juin); au conseil national de Saint-Mandé le 4 novembre 1951 : « les rafales successives », « la vague de la volonté ». Et toujours les profondeurs : « La rénovation française doit s'accomplir par les profondeurs » (25 novembre 1951), « dans ses grandes profondeurs » (10 mars 1952), « la Nation dans ses profondeurs » (6 juin 1952); « à mesure que s'enflent les vagues... » (23 février 1952); « la légitimité profonde », quels que puissent être les textes (1er mai 1952); « le peuple français se sent à la dérive, abandonné à tous les

1. Raoul Solar, 1946.

courants » (12 octobre 1952); « tout à coup ce fut la tempête » (11 novembre 1952); « au plus profond du peuple » *(ibid)* ; « les forces profondes qui sont à l'œuvre en Afrique » (8 mars 1953); « un sursaut venu des profondeurs » (à propos de la CED, 26 août 1954).

Dès la première déclaration du général en mai 1958 reparaissent « le pays dans ses profondeurs » et peu après la mer. « Le pays dans ses profondeurs m'a fait confiance » (déclaration du 15 mai 1958). Le 4 septembre 1958, place de la République, le général évoque la Révolution française et déclare : « Une immense vague de fond se formait dans les profondeurs. » Puis : « la marée des menaces... » (28 décembre 1958, à propos de la situation économique et financière); « les digues » (22 janvier 1959); « dans ses profondeurs l'Algérie a choisi la paix » (30 janvier 1959); à l'université de Toulouse : « J'ai le sentiment de me trouver sur une plage au bord d'un océan... » (14 février 1959); la France serait « [...] un pauvre jouet disloqué sur l'océan des aventures » (29 janvier 1960 au moment des barricades d'Alger); à l'occasion du lancement du *France* à Saint-Nazaire le 11 mai 1960 le général parle de « la mer sans laquelle il n'est point de grandeur »; « comme le phare avancé est battu par la marée... » (4 novembre 1960); « la France n'est pas à la dérive » (4 novembre 1960). En 1961, s'adressant au président Lübke : « cette digue une fois établie... » (20 juin 1961); « [...] d'où le contraste entre l'agitation qui trouble parfois la surface et le calme raisonné de la profondeur française » (12 juillet 1961); « l'écume flottant sur les profondeurs » (conférence de presse du 5 septembre 1961); « à travers les vents et les marées » (2 octobre 1961); « les sirènes de la décadence... » (23 novembre 1961); cette image revient à plusieurs reprises : « sirènes » et « démons » sont à peu près interchangeables. Le 5 février 1962, au moment où vont s'engager les pourparlers des Rousses, le général utilise une longue série de métaphores maritimes dans une allocution télévisée : « Je le dis, une fois de plus, cette transformation implique d'inévitables remous. En secouant le navire, ceux-ci peuvent donner le mal de mer à des cœurs mal accrochés. Mais, dès lors que la barre est fermement tenue, que l'équipage assure la manœuvre, que les passagers restent confiants et à leur place, il n'y a pas de risque de naufrage. En fait et en dépit de tout, nous voguons à pleines voiles vers les buts que nous nous sommes fixés [1]... »

Après comme avant l'indépendance de l'Algérie le général recourt aux métaphores maritimes : le rapprochement franco-allemand permettra de constituer « un môle de puissance et de prospérité du même ordre que celui que les États-Unis constituent dans le Nouveau Monde » (en Allemagne, 4 septembre 1962); « tout comme un navire sur la mer n'est le maître des vents ni des flots... » (31 décembre 1962); « que l'État tienne les rênes, qu'il soit la force qui soulève la vague, mais aussi la digue qui contient la marée » (allocution radiotélévisée, 19 avril 1963); un peu plus loin dans le même discours : « les sirènes qui nous chantent les douceurs du renoncement... »; mais « notre navire suit sa ligne... »; « le salut et l'honneur du navire » (29 juillet 1963); « nous avons résisté aux sirènes de l'abandon » (27 avril 1965); « l'honneur du navire » (entre guillemets, à propos de l'affaire Ben Barka, 21 février 1966); « l'union des six est un môle » *(ibid.)* ; la collectivité française est « de moins en moins divisée dans ses profondeurs » (31 décembre 1966); la France et la Pologne sont « deux rochers éloignés, mais que le même océan a tour à tour ou à la fois battu de ses tempêtes » (6 septembre 1967). Le 24 mai 1968 il évoque « une marée de désordres ou d'abandons ou d'arrêts du travail »; Mais le 30 mai 1968 il est réconforté par « l'immense marée humaine de la Concorde et des Champs-Élysées » (à Michel Droit, 7 juin 1968). En 1965, après le premier tour de l'élection présidentielle : « une vague de tristesse a failli m'emporter au loin » (7 juin 1968); « le 30 mai j'en ai appelé au peuple. Il m'a répondu dans ses profondeurs » (29 juin 1968); « comme jadis le chant des sirènes faisant tomber les marins

1. Un peu plus loin le général parle de « [...] ce pêcheur qu'évoque Shakespeare et qui, ayant trouvé une perle et effrayé de la voir si belle, la rejetait à la mer ».

dans la mer » (31 décembre 1968); la participation : « nous y sommes entrés, si on peut le dire, à pleines voiles » (à Michel Droit, 10 avril 1969).

C'est la dernière fois que le général emploie en public des métaphores maritimes. Mais, on en retrouve un nombre particulièrement élevé dans les derniers écrits du général. Voici quelques citations des *Mémoires d'espoir;* à propos de la situation en mai 1958 : « Personne ne doute en réalité qu'à moins d'aller à la dérive jusqu'au déchirement national la situation ne peut avoir d'autre issue que de Gaulle » (p. 25-26); « puisqu'à la barre du navire de l'État il y a maintenant le capitaine... » (p. 34); « la France dans ses profondeurs... » (p. 40); « à l'instant même où je prenais la barre... » (p. 48). Une très longue métaphore maritime à propos de la politique algérienne et de la nécessité du louvoiement : « Une vague de stupeurs et de fureurs qui eût fait chavirer le navire [...]. Sans jamais changer de cap », etc. (p. 51, texte intégralement cité dans le chapitre sur l'Algérie); « depuis mon retour au gouvernail... » (p. 109); « le vent mauvais... » (p. 110, expression employée en d'autres circonstances par le maréchal Pétain); « l'écume de la masse militaire » (au sujet de l'OAS, p. 128); « l'océan des critiques... » (contre les mesures financières de décembre 1958, p. 155); le plan Fouchet est « un bel espoir élevé sur les flots » (p. 210); le Premier ministre est un second (p. 288, texte cité dans le chapitre VII, p. 252); citons encore : « L'esprit d'une fin de siècle où les vents dominants sont ceux du relâchement et de la médiocrité... » (p. 297); et naturellement, une fois de plus, « dans les profondeurs nationales... » (p. 302).

Dans le bref texte publié sous le titre « L'effort », les métaphores maritimes ont un caractère aussi obsédant : « demain, faute que la digue ait été bien cimentée, la marée pourrait emporter ce qui semble acquis aujourd'hui. D'autant plus que, dans la suite des temps, séviront à coup sûr des tempêtes », etc. (p. 14); « à peine cette vague a-t-elle déferlé qu'il s'en élève une autre » (p. 28-29); « [...] l'océan de leurs accusations » (les partisans du non en 1962, p. 37); « la tempête politique que les partis ont déchaînée en vain » (p. 101); « je sais qu'il n'appartient qu'à moi de piloter le navire, je sais qu'il n'y a pas de relâche à la houle des difficultés. Cependant après avoir gouverné l'esquif à travers des flots agités, je pense pouvoir pour quelque temps le conduire sur une mer plus calme » (p. 108); « le salut ou le naufrage dépendraient encore une fois de moi » (p. 112); « la marée des disciples s'étale sur les écoles, les collèges, les lycées, les universités » (p. 166); « la marée qui pourrait submerger l'édifice » (p. 182).

Si on se livrait à une comptabilité (assurément inutile), on découvrirait sans doute une croissante fréquence des métaphores maritimes dans les discours du général. Ce qui, à l'origine, dans les écrits antérieurs à 1939, peut être considéré comme une élégance de style empruntée à la rhétorique la plus traditionnelle devient parfaitement naturel et s'incorpore au style du général dans les grandes circonstances comme dans les occasions moins solennelles. Il convient donc de s'interroger sur la signification de ces « métaphores obsédantes » (pour employer la terminologie de Charles Mauron, théoricien de la psychocritique); on découvrira qu'à travers la « mer », le général de Gaulle vise plusieurs aspects, plusieurs figures symboliques : les lents mouvements irrésistibles de la mer (comme diraient Charles Trenet et Paul Valéry...), les lents mouvements irrésistibles d'une histoire devant laquelle les individus, même d'exception, sont singulièrement désarmés. L'histoire comme la mer... L'uniformité de la mer et le cri devant la foule : « Ah! c'est la mer. » La foule comme la mer, une foule anonyme et si possible unanime, dans laquelle les individualités se fondent. L'agitation et le danger des flots, des vagues et des raz de marées. D'où la nécessité d'un point fixe : le môle, la barre, le gouvernail, le pilote, le commandant du bateau... D'autre part, et peut-être surtout, la distinction entre la surface et les profondeurs; « l'écume » qui résulte des « péripéties » de l'histoire ou des réactions des « notables » et à laquelle s'opposent les profondeurs de la mer et de la nation. C'est ainsi que l'expression « la Nation dans ses profondeurs », qui n'apparaît pas immédiatement dans les écrits du général de Gaulle, se dégage de ses origines maritimes et devient une des expressions les plus caractéristiques de son style. Enfin il y a la grandeur et la poésie de la mer, et c'est ainsi qu'à la mer le général de Gaulle oppose très naturellement le « terre à terre ». Le futur général de Gaulle parlait déjà du « terre à terre » dans *le Fil de l'épée* lorsqu'il écrivait à propos de l'homme de caractère : « Qu'il se borne au terre à terre, qu'il se contente de peu, c'en est fait! Il peut peut-être être un bon serviteur, non pas un maître vers qui se tournent la foi et les rêves » (p. 101). La mer et les rêves... Le général reparle du « terre à terre » dans ses *Mémoires d'espoir* (p. 285) à propos d'André Malraux : avec « cet ami génial [...] je suis couvert du terre à terre ».

Le vocabulaire du général de Gaulle a été savamment étudié par Cotteret et Moreau qui ont enfourné dans un ordinateur tous les mots utilisés en public par le général de juin 1958 à décembre 1965. Le point de départ de l'étude est stimulant : « A la question qu'on lui posa un jour : " Quels sont vos dix mots préférés ", Albert Camus répondit : " le monde, la douleur, la terre, la mère, les hommes, le désert, l'honneur, la misère, l'été, la mer ". Si la même question était posée au général de Gaulle, on ne sait ce qu'il répondrait, mais l'ordinateur interrogé peut nous dire que ses dix mots de prédilection conscients ou inconscients sont " la France, le pays, la République, l'État, le monde, le peuple, la nation, le progrès, la paix, l'avenir " » (J.-M. Cotteret et R. Moreau, p. 7). Les conclusions peuvent sembler très décevantes et la partie la plus intéressante du livre est un index de fréquence. La principale conclusion de Cotteret et Moreau concerne la distinction entre les discours-bilans (type : discours de fin d'année) et les discours-appels (par exemple lors du putsch des généraux) et ils ont découvert — ce qui n'est pas très étonnant — que le général emploie davantage le mot « nous » dans les « discours-bilans » et « moi », « je » et « vous » dans les discours-appels. Les auteurs ont découvert d'autre part un accroissement de la longueur moyenne de la phrase du général de Gaulle qui passe de 21 mots en moyenne en 1958 à 31 mots, mais ils n'osent avancer une hypothèse ferme sur les causes de cet allongement : est-ce un phénomène propre au général de Gaulle, ou emploie-t-on des phrases de plus en plus longues à mesure que l'on vieillit ? Il serait à cet égard d'un urgent intérêt d'entreprendre des études statistiques sur les polycopiés des professeurs à l'IEP.

A dire vrai l'étude de Cotteret et Moreau souffre d'un double défaut dont les auteurs sont très conscients. D'une part, une étude statistique de vocabulaire n'a d'intérêt véritable que si elle est comparative : il faudrait pouvoir procéder soit à une comparaison diachronique (les discours du général au temps du RPF et sous la Vᵉ République par exemple), soit à une comparaison synchronique (les discours de guerre du maréchal Pétain et du général de Gaulle par exemple). D'autre part, l'étude statistique ne dispense pas d'une familiarité aussi intime que possible avec les textes étudiés. L'étude statistique n'est pas une fin en soi, elle ne dispense pas de l'étude dite littéraire, mais elle peut stimuler celle-ci soit en suggérant des hypothèses soit en permettant d'en vérifier. Il n'est pas, à mon avis, très intéressant, lorsqu'on étudie le vocabulaire du général de Gaulle, d'étudier les fréquences. Les dix mots les plus fréquemment utilisés par le général que citent Cotteret et Moreau sont d'une extrême banalité. L'étude des fréquences ne suffit pas et elle doit être combinée avec d'autres approches. Par exemple, l'étude de la première occurrence, c'est-à-dire la première apparition d'un terme et les circonstances de cette apparition. Le problème ne se pose pas à propos du livre de Cotteret et Moreau puisqu'il étudie le vocabulaire d'un homme de 70 ans. Mais l'usage d'un ordinateur aurait permis de découvrir immédiatement ce que nous avons découvert beaucoup plus lentement : l'apparition dans les discours de guerre des mots « république », « démocratie » et « révolution » ou « la première occurrence » du tracassin. De même l'usage d'un ordinateur m'aurait permis de trouver immédiatement toutes les allusions maritimes au lieu de les découvrir une à une... D'autre part il est intéressant de déceler les mots ou les expressions qui n'ont qu'une existence éphémère : « du neuf et du raisonnable » (en 1945), « séparatistes » (début du RPF). D'une façon générale, ces expressions éphémères sont rares et le vocabulaire du général de Gaulle semble caractérisé par un certain nombre de traits constants [1].

Tout d'abord on peut essayer de relever les mots qui, sans être tous particulièrement fréquents, sont employés par le général de Gaulle avec une certaine intensité. Parmi les mots importants utilisés avec ce qu'on appelle une « connotation positive », on peut citer : appel; ambition (cf. « nationale », cf. rêve); association (cf. coopération et participation); coopération (cf. association et participation); participation (cf. association et coopération); bon sens (cf. honneur : « l'honneur, le bon sens, l'intérêt supérieur de la Patrie... »); décision; chef (cf. guide, commandant, responsable); destin (44); direct et directement; drame, dramatique; efficace, efficacité; effort; Etat (146); grand et grandeur; indépendance (36); liberté (34 au total), libres (36 au total); le général parle beaucoup plus de liberté que d'égalité ou de fraternité; honneur (cf. « l'honneur, le bon sens, etc. » et « l'honneur du navire); ordre (38); s'oppose à « la pagaille »; paix (68); peuple (109 au singulier, 42 au pluriel); profond, profondeurs, profondément, etc.; progrès (86); puissance (42); rang (10); république (151); rêve; salut (8); responsabilité (30 au total); siècle (17) (« au siècle où nous sommes... »); suffrages (26 au total) et vote (21); terme (« atteindre le terme »); unité (cf. un, seul, même, rassemblé, rassemblement); vaste (27 au total); rêve (cf. ambition, cf. national); mélancolie et mélancolique (voir plus haut); âme et notamment « reflet des » (voir plus haut), et naturellement France, Français, Nation, pays, etc.

D'autres mots, sont toujours employés avec une connotation négative : dérisoire (cf. jeux); désastre et désastreux; invectives; odieux; intermédiaire; système; politicien ou, en privé, « politichien »; totalitaires et totalitarisme; jeux

1. Dans les pages suivantes, les chiffres cités entre parenthèses après tel ou tel mot sont ceux que fournissent Cotteret et Moreau. Dans un certain nombre de cas, nous avons procédé aux additions que ne font point Cotteret et Moreau. Là où par exemple ils indiquent défendre (13), défends (2), défendons (5), nous disons défendre (20 au total).

(cf. poisons et délices, généralement « dérisoires »); apatride (cf. machinerie ou technocratie); technocratie (cf. apatride); abandon (cf. renoncement, cf. « école de l' »; généralement « lamentables »); renoncement; décadence (cf. « pente de la »); péripéties; hégémonie; idéologies.

D'autres mots sont absents ou très rarement utilisés : démocratie (3 fois utilisé par le général d'après Cotteret et Moreau, alors que démagogie l'est 7 fois, démographie 2 fois, démocratique 5 fois et démographique 5 fois); classes (1); doctrine (1) (cf. idée); égalité (7); gauche (5 et les 5 fois dans l'entretien avec Michel Droit en décembre 1965); droite (cf. gauche); centre (cf. droite et gauche); humanité (2); idée (6), idées (2), idéologie (1) et d'une façon générale tous les mots en isme : nationalisme (0), libéralisme (0), socialisme (0), communisme (0); joie (1) et bonheur (2); maison (5 au total); monopoles (1); les mots désignant telle ou telle catégorie sociale : ouvriers (6), patronat (1), patronales (1), paysans (6), pauvre (2 au total) et pauvreté (0); prolétaire (0); propriétaire (1) et propriété (0); race (2); religion (3), Dieu (3), etc.; richesse (3); syndicats (3) et syndical (3 au total); utile (4 au total).

On peut aussi s'attacher à relever un certain nombre d'expressions étranges, soit familières soit archaïsantes : adorner; bambocher; cahin-caha : aux États-Unis le régime présidentiel fonctionne « cahin-caha » (31 janvier 1964); avant 1914 en France les institutions fonctionnaient « cahin-caha » (15 décembre 1965); tohu-bohu : « pas de progrès dans le tohu-bohu » (24 mai 1945); A vau-l'eau (11 avril 1961) (cf. « cahin-caha » et « tohu-bohu »); pagaille (cf. chienlit); chienlit (cf. pagaille); tracassin, quarteron, féal (cf. *supra* p. 323); ramas (cf. féodalités); grogne (cf. rogne); rogne (cf. grogne); terre à terre (cf. à vau-l'eau); démon (4) (cf. diable (2) et sirènes; généralement de l'abandon ou du renoncement); idoines (cf. « maints », « maints idoines... »).

Mais plutôt que d'étudier des mots pris isolément, il vaut mieux tenter de découvrir des grappes de mots, des oppositions entre grappes, enfin des alliances quasi obligatoires. Les principales grappes de mots concernent le vocabulaire de l'*unité :* un, seul, même, ensemble, tous, rassemblé, rassemblement; le vocabulaire de la *nation :* France (436), Français (197), Nation (86), national (39), nationale (71), Patrie (16), pays (214), mais nationalisme (0) et patriotisme (2); et naturellement le vocabulaire *maritime :* mer, océan, houle, marée, flots, vagues, écume, môle, barre, gouvernail, navire, etc.

Au vocabulaire de l'unité s'oppose le vocabulaire de la division : catégories, clans, clientèles, combinaisons, comités, organisation, confusion, déchirements, féodalités, fiefs, corps, classes, partis, syndicats, gauche, droite, centre, partisans et partisanes et naturellement : division. Au vocabulaire de la *profondeur* (« la Nation dans ses profondeurs ») s'oppose le vocabulaire de la surface : élites, privilégiés, notables, écume... Ces deux oppositions unité-division et profondeur-surface sont pour le général de Gaulle tout à fait fondamentales, mais on peut aussi se demander comment se présentent chez le général de Gaulle un certain nombre d'oppositions traditionnelles.

On connaît les développements de Thibaudet sur l'emploi du mot « petit » dans le vocabulaire radical et de Stanley Hoffmann sur l'emploi du même mot dans le vocabulaire poujadiste. On découvre sans surprise que le général de Gaulle parle plus volontiers et plus souvent de ce qui est grand que de ce qui est petit : grand (43), grande (37), grands (14), grandeur (8), immense (26), vaste, etc. Mais petit (5), petits (3), etc.

En ce qui concerne l'opposition passé-avenir, le fait le plus frappant est l'emploi fréquent des adverbes désignant le passé : autrefois (20), jadis (10), antan (6), naguère (21), etc. Mais il serait abusif d'en tirer la conclusion que le général de Gaulle est un nostalgique du passé : c'est sans aucune amabilité qu'il parle des « partis de jadis » ou des « partis de naguère ». Le mot « désormais », si utilisé au temps de Vichy qu'on a pu parler de « désormisme » à propos de la

Révolution nationale est, selon Cotteret-Moreau, utilisé 22 fois. Les mots moderne (31 au total), nouveau (76 au total), sont, comme il était prévisible, abondamment utilisés sous la Ve République ; ils l'étaient déjà avant 1958. Un certain équilibre statistique est respecté entre le passé et l'avenir.

La même conclusion se dégage s'agissant de l'opposition conservation-changement; d'un côté, le vocabulaire de la conservation : conserver (1), conservateur (1), défendre (3), défense (35), protéger (5), garantie ou garanties (13), garantir (10), préserver (1), maintenir (16), rétablir (8), sauvegarder (6), sécurité (26), etc.; de l'autre côté le vocabulaire du changement : changer (7), changement (15), transformer (15), transformation (23), rénover (5), rénovation (11), renouveau (12), mouvement (19), renouveler, renouvellement, révolution (mot que le général emploie épisodiquement : très fréquemment pendant la guerre, très rarement sous la Ve République).

Absence à peu près complète de toute référence au bonheur (joie 1, bonheur 2, etc.). En revanche, présence du malheur (19), du drame, des dangers, des menaces (23), du gouffre, de l'abîme, des tempêtes... Mais non de la vieillesse : on a pu dire que le mot « vieux » était, avec bon, petit et pauvre un des mots préférés de Béranger, avec toutes les combinaisons possibles : bon petit, pauvre petit, bon vieux, pauvre vieux, etc. Tel n'est pas le cas du général de Gaulle qui emploie plus souvent, semble-t-il, les mots jeune (12) et jeunesse (21) que les mots « vieux et vieillesse ». « La vieillesse est un naufrage. »

Certains mots, enfin, nouent entre eux des alliances privilégiées : bon, cf. brave : « bon et brave », « bons Français »; bel, cf. bon : « belle et bonne alliance »; hégémonie, le plus souvent « double »; meute, le plus souvent au nombre de deux; partis, cf. exclusif : « le régime exclusif des partis »; cf. jadis et naguère : les partis de jadis; jadis, naguère, cf. partis; exclusif, cf. partis; âme, cf. reflet : « le reflet des âmes »; querelles, généralement « absurdes »; absurde, voir querelle, voir aussi périmé : « le système qu'institue la Constitution est absurde et périmé » (1er novembre 1946); divisions, généralement « funestes »; jeux, généralement « stériles et dérisoires »; aréopage, généralement technocratique; technocratie, généralement apatride.

Il resterait à étudier — et ce serait peut-être le plus important — *le ton du général.* Le ton ou plutôt les tons, car le général en utilise plusieurs : le ton de l'histoire : « Moi, général de Gaulle, j'ai conscience de parler au nom de la France »; « tandis que s'envolaient les mots irrévocables... »; le ton de la gouaille et du mépris, notamment au temps du RPF : les partis qui font cuire « leur petite soupe à petit feu, dans leur petit coin », « l'équipe du chloroforme », « les pleurnichards du renoncement », « les trotte-menu de l'abandon », « un pouvoir flageolant et larmoyant »; le ton des propos familiers devant Michel Droit le 14 décembre 1965: « Bien entendu, on peut sauter sur sa chaise comme un cabri en disant : " L'Europe, l'Europe, l'Europe... " », ou encore, le fameux développement à propos de l'ordre et du mouvement le 15 décembre 1965 : « Il y a, pour ce qui est de la France, ce qui se passe dans une maison : la maîtresse de maison, la ménagère, veut avoir un aspirateur, elle veut avoir un frigidaire, elle veut avoir une machine à laver, et même, si c'est possible une auto; cela, c'est le mouvement. Et en même temps, elle ne veut pas que son mari s'en aille bambocher de toute part, que les garçons mettent les pieds sur la table et que les filles ne rentrent pas la nuit : ça, c'est l'ordre. La ménagère veut le progrès, mais elle ne veut pas la pagaille, eh bien! c'est vrai aussi pour la France. Il faut le progrès, il ne faut pas la pagaille. »

Le ton, aussi, des mots du général. Ceux que rapporte Ernest Mignon (Constantin Melnik) dans un livre qui ne favorise point la carrière gaulliste de l'auteur [1] : le mot

1. Ernest Mignon, *Les Mots du général*, Fayard, 1962; *Les Nouveaux Mots du général*, Fayard, 1965.

devant les officiers d'ordonnance, qui se croient seuls dans un bureau voisin de celui du général; l'un d'eux s'écrie : « Mort aux cons », ou : « Les cons, il faudrait tous les pendre »; on entend la voix du général : « Vaste programme ! » Le mot de 1946, après le départ du 20 janvier; le général est déçu, il s'ennuie; l'ambassadeur du Canada invite le général devant Mme de Gaulle à séjourner dans son pays; le général n'est pas enthousiaste : « Je pêcherai des poissons », ironise-t-il, et, se tournant vers Mme de Gaulle : « Vous les feriez cuire » (J.-R. Tournoux, p. 16); le mot à propos du général Juin, dont l'entrée dans la Résistance avait été un peu tardive : « Juin ? de quelle année ? » (J.-R. Tournoux, p. 101). Le mot concernant les succès poujadistes aux élections de 1956 : « Autrefois les épiciers votaient pour les notaires. Maintenant les notaires votent pour les épiciers... »; le mot que rapporte Rémy dans son récent livre : le général s'entretient familièrement en 1945 avec le colonel Rémy, qui lui dit qu'on lui reproche, dans les milieux voisins du CNR, de n'avoir pas proclamé la République en août 1944, du balcon de l'Hôtel de Ville de Paris; le général demande à Rémy : « Savez-vous pourquoi je n'ai pas proclamé la République du balcon de l'Hôtel de Ville ? » Rémy répond en substance : parce que c'était inutile, parce que la République continuait. Le général de Gaulle l'interrompt et lui dit : « Oui, sans doute, Rémy, mais allez donc faire un tour place de l'Hôtel de Ville. Vous constaterez que cet édifice ne présente aucun balcon » (Rémy, p. 188); enfin, les mots du général devant André Malraux en décembre 1969 à Colombey; celui-ci d'abord, déjà souvent cité : « Mon seul rival international, c'est Tintin. Nous sommes les petits qui ne se laissent pas avoir par les grands. On ne s'en aperçoit pas à cause de ma taille... » (A. Malraux, p. 52); et cet autre, montrant à Malraux le paysage de Colombey : « On dressera une grande croix de Lorraine sur la colline qui domine les autres. Tout le monde pourra la voir, et, comme il n'y a personne, personne ne la verra. Elle incitera les lapins à la résistance. » Immédiatement après : « Staline avait raison : à la fin il n'y a que la mort qui gagne. »

Il y a des hommes qui n'ont qu'un ton, toujours le même.

Il y a des hommes qui n'ont aucun ton — et cela est assez fréquent dans la vie politique contemporaine. Pour qu'une voix ait un ton, pour qu'elle soit vraiment une voix et non pas une suite de sons, il faut qu'existe, « dans les profondeurs », un petit quelque chose qu'on peut appeler l'artifice, l'art, la conviction, la foi ou peut-être cette « distance intérieure » dont parle Malraux et qui permet d'être un peu au-delà — ou un peu à côté — de ce que l'on paraît, de ce que l'on est et de ce que l'on fait. Je dirai seulement, pour terminer ce cours, qu'autant les idées du général de Gaulle me semblent dénuées d'originalité, autant le ton de sa voix m'a toujours paru profondément singulier.

Conclusion générale

Il convient tout d'abord de passer en revue les interprétations générales du gaullisme qui ont été avancées par divers auteurs.

Le gaullisme serait l'expression politique du grand capital : c'est l'explication présentée par les doctrinaires du PCF dans les premiers temps de la Ve République. Elle est exposée par Henri Claude dans *Gaullisme et Grand Capital* (Éditions sociales, 1960). Thèse du livre : le grand capital a rompu avec la démocratie bourgeoise traditionnelle; la démocratie parlementaire correspondait aux besoins du capitalisme concurrentiel. Avec la croissance des monopoles et l'avènement du capitalisme monopoliste d'État, le Parlement devient un organe désuet, encombrant et nocif : « [...] Le développement du capitalisme monopoliste d'État exige un pouvoir exécutif solidement tenu en main par le grand capital et le dépérissement du Parlement, désormais tenu à un rôle second. » A l'appui de sa thèse, Henri Claude invoque les liens de certains dirigeants gaullistes avec le grand capital : Chalandon, Couve et naturellement Pompidou-Rothschild. Livre fait avec les annuaires des sociétés selon la technique d'Augustin Hamon et d'Henry Coston. Pompidou-Rothschild peut être un bon slogan, encore que pas tellement efficace en 1969, mais la thèse du livre d'Henri Claude se heurte à de sérieuses objections : d'une part elle est strictement limitée aux débuts de la Ve République. Elle n'explique absolument pas le gaullisme des périodes antérieures. Elle n'explique pas non plus pourquoi le PCF a perdu en 1958 1 million et demi de voix qu'il n'a que très partiellement récupéré depuis. Et surtout, la thèse communiste passe sous silence les relations difficiles du général de Gaulle avec le « grand capital ». De 1940 à 1944, le « grand capital » s'est montré fort discret envers le gaullisme. En 1945, au temps des nationalisations, ses représentants ont éprouvé une grande peur qui a laissé des traces durables. A l'époque du RPF, en dehors de quelques bastions comme Simca, le « grand capital » s'est montré fort méfiant et fort parcimonieux; le RPF a été perpétuellement à court d'argent. En 1952, le grand capital a préféré miser sur Pinay que sur le gaullisme pur et dur. En 1965, la plupart des hommes d'affaires français ont été vivement séduits par Jean Lecanuet. En 1969, c'est la défection des beaux quartiers qui a assuré la défaite du général de Gaulle au référendum d'avril. Que la France soit une société capitaliste, que le gaullisme n'ait pas porté de sérieuses atteintes aux privilèges capitalistes, nul ne songe à le nier, mais il est un peu court de soutenir que le gaullisme est l'expression politique du pouvoir renforcé des monopoles. Le PCF a toujours été très embarrassé pour interpréter le gaullisme. Il l'a fait en fonction de schémas largement préétablis : le gaullisme est un fascisme, le gaullisme est l'expression du capitalisme monopoliste d'État. Ces interprétations l'ont conduit à soutenir que de Gaulle ne ferait pas la paix en Algérie, qu'il ne s'opposerait pas à l'OAS, qu'il ne pouvait pas tenir tête à l'armée. Puis, lorsque l'évidence s'est imposée, la parade a été vite trouvée : c'est sous la pression des masses populaires que de Gaulle a fait la paix en Algérie et qu'il a fini par briser l'OAS. Les embarras du PCF pour analyser le gaullisme ont été analysés par F. Bon : « la Structure de l'idéologie communiste [1] ».

Une autre thèse a été soutenue par Serge Mallet dans les premiers temps de la Ve République, dans divers articles de *l'Observateur*, des *Temps modernes* et d'*Esprit*, repris dans un livre intitulé *le Gaullisme et la Gauche* (Le Seuil, 1965). Ancien communiste qui a quitté le Parti en 1958, passé au

1. In *Le Communisme français*, ouvrage collectif, Cahier de la Fondation de Science politique, n° 175, Armand Colin, 1969.

PSU dont il est un des dirigeants, Serge Mallet critique très vivement les thèses du PCF en 1958, sur le caractère accidentel du gaullisme et sa parenté avec le fascisme. Il critique surtout la stratégie du Parti qui mise sur les petits commerçants, les petits artisans, les petits propriétaires, et qui selon lui ne tient pas compte d'une évolution irréversible de l'économie française, l'apparition d'un néo-capitalisme, soucieux de technique et de rationalité économique, d'une industrie de pointe fondée sur l'automation, d'une nouvelle classe moyenne de techniciens et de cadres, d'une « nouvelle classe ouvrière », d'une nouvelle génération de paysans tournés vers la mécanisation et répudiant les vieux mythes de la paysannerie traditionnelle. Selon Serge Mallet, ce « néo-capitalisme » est profondément différent du capitalisme traditionnel et malthusien que décrivait Ehrmann dans son livre sur le Patronat français. Le gaullisme de la Ve République serait l'expression politique de ce néo-capitalisme que l'auteur appelle parfois le capitalisme d'organisation : « Le gaullisme, écrit-il, est l'expression des nouvelles classes dirigeantes du capitalisme d'organisation. » Mais il est aussi la chance d'un nouveau parti socialiste qui saurait écouter les leçons de Serge Mallet et qui miserait résolument sur les potentialités révolutionnaires de la nouvelle classe ouvrière, des nouveaux intellectuels et des nouveaux paysans.

Il est difficile de critiquer cette thèse, qui est présentée avec une extrême confusion dans un livre où la polémique anticommuniste et les soucis du militant politique l'emportent de loin sur la rigueur de l'analyse. Elle a pour elle le prestige de l'infrastructurisme (pour parler comme Claude Bourdet) et de la sociologie, mais elle soulève plusieurs questions : elle élimine complètement la personnalité du général de Gaulle ainsi que les années antérieures à 1958. Elle n'explique ni le gaullisme de guerre ni le gaullisme du temps du RPF qui était extrêmement peu soucieux d'expansion et dont le programme économique était extrêmement conservateur. D'autre part — et cette critique s'adresse aussi à l'explication du gaullisme par le pouvoir des monopoles — si nous assistons actuellement non seulement en France mais dans le monde à une transformation du capitalisme traditionnel dans le sens du néo-capitalisme, et si le gaullisme est l'expression de ce néo-capitalisme, on devrait assister dans tous les pays qui connaissent le néo-capitalisme à l'apparition de régimes de type gaulliste, notamment en Allemagne, en Italie, aux Pays-Bas, etc. Il ne semble pas que ce soit le cas. Enfin, le principal défaut des analyses de Mallet est d'établir un lien causal fort imprécis entre 2 séries de phénomènes : l'avènement de la Ve République, d'une part, et d'autre part une sorte de révolution économique qui est analysée en termes prophétiques et incantatoires. Sans doute une transformation du capitalisme français s'est-elle produite depuis la guerre, encore que Serge Mallet n'en précise guère la nature, n'en indique pas le point de départ, et en surestime sans doute la portée. Il semble réellement difficile d'expliquer par l'automation la chute de la IVe République et les succès gaullistes au référendum de septembre 1958.

François Goguel, qui est gaulliste depuis le début de la Ve République (mais un gaulliste qui n'a pas aimé le RPF, et qui a longtemps rêvé de voir Pierre Mendès France Premier ministre du général de Gaulle), ne brosse pas, comme Serge Mallet, de larges fresques sur l'évolution du capitalisme. Plus modestement, dans différents articles de sociologie électorale, et notamment dans un article intitulé « L'électorat gaulliste », in *Nouvelle Frontière* (n° 5, janvier 1964), il avance une thèse qui satisfait en lui l'admirateur du général de Gaulle : le gaullisme est l'expression de la France dynamique. L'antigaullisme obtient les meilleurs résultats dans la France statique. On trouve l'écho de cette thèse dans le livre collectif de Harvard, *A la recherche de la France* [1], dont la conclusion est précisément de François Goguel, ainsi que dans les déclarations de certaines personnalités gaullistes comme M. Alexandre Sanguinetti : c'est ainsi qu'on a pu parler d'une thèse harvardo-goguélo-sanguinettesque. Avec un souci exemplaire de rigueur scientifique, François Goguel a entrepris d'étudier minutieusement les conséquences politiques de la modernisation économique

1. Le Seuil, 1963.

en établissant un échantillon de 103 cantons, soit un trentième, en utilisant des indicateurs (malheureusement un peu imprécis) de modernisation économique, et en étudiant les votes dans ces cantons de 1928 à 1968. Les résultats de ce travail ont été consignés dans un livre, *Modernisation économique et Comportement politique* (travaux et recherches de Science politique n° 1, 1969). Les conclusions sont nuancées et peuvent être ainsi résumées : il importe de distinguer les effets de la modernisation économique dans les régions traditionnellement orientées à droite (comme l'Ille-et-Vilaine), et dans les régions traditionnellement orientées à gauche (comme la Drôme et le Gard). « La règle quasi générale dans les départements d'orientation traditionnellement modérée, c'est que le gaullisme est plus fort, parfois sensiblement plus fort dans les cantons en mutation régressive qu'il ne l'est dans les cantons en mutation progressive [...]. La situation est presque inverse dans les départements dont l'orientation traditionnelle est de gauche : on y constate en effet presque toujours et presque partout que le gaullisme est plus fort dans les cantons en mutation progressive que dans les cantons en mutation régressive. » Les résultats de cette analyse sont complexes. Ils prouvent bien, en tout cas, qu'il est tout à fait impossible d'établir une corrélation universelle gaullisme : France dynamique. Les dernières élections municipales, avec certains reculs du gaullisme dans l'Est et en Bretagne et certaines conquêtes dans des régions fort peu modernisées du Sud-Ouest, imposent une prudence accrue : le gaullisme pompidolien réussirait-il mieux que le gaullisme gaullien dans la France statique et moins bien dans la France dynamique ? Il est encore trop tôt pour le soutenir, et, en attendant, la plus extrême prudence s'impose lorsqu'on parle de France statique et de France dynamique et lorsqu'on cherche à établir des corrélations entre gaullisme et modernisation économique.

M. François Mitterrand et ses amis affirmaient en 1965 que le combat gaullistes-antigaullistes n'est pas autre chose que le vieux combat de la droite contre la gauche. Mais, au moment même ou François Mitterrand soutenait cette thèse avec éloquence, les résultats électoraux en démontraient la fragilité. Dans un article qui n'a jamais été réfuté, François Goguel administrait la preuve qu'en décembre 1965, 3 millions environ d'anciens électeurs de gauche avaient voté pour le général de Gaulle. D'autre part, François Mitterrand à la même date bénéficiait des voix d'au moins 2 millions d'électeurs qu'il n'est pas d'usage de classer à gauche : la quasi-totalité des 1 200 000 voix obtenues par Tixier-Vignancour et 1/3 environ des voix obtenues par Jean Lecanuet (3 700 000). Les élections postérieures ont confirmé cette tendance, puisque le nombre des voix de gauche qui était de 12 millions environ aux élections du 2 janvier 1956 (y compris les voix radicales au beau temps du mendésisme), soit 44,9 % des inscrits et 55,7 des exprimés, est tombé à 10 millions environ en mars 1967, soit 35,5 % des inscrits et 45 % des exprimés, à 9 millions environ en juin 1968, soit 32,4 % des inscrits et 40,9 % des exprimés, à 7 millions environ en additionnant les voix des 4 candidats de gauche aux élections présidentielles de juin 1969 soit 24,1 % des inscrits et 31,4 % des exprimés, alors que le nombre des électeurs inscrits est de 2 millions plus élevé qu'en janvier 1956. Sans doute peut-on soutenir que les ex-électeurs de gauche qui votent maintenant gaulliste ne sont plus des électeurs de gauche. Il n'en reste pas moins vrai que le gaullisme de la Ve République a provoqué des transferts de voix comme l'histoire politique de la France n'en avait jamais connus.

Aux antipodes de la thèse de François Mitterrand sur le coup d'État permanent se situe celle de Jean Charlot sur la mutation majoritaire, soutenue dans son livre *le Phénomène gaulliste* (Fayard, 1970) et dans divers articles notamment son article intitulé « Du parti dominant » dans la revue *Projet*, septembre-octobre 1970. Charlot affirme et a toujours affirmé que le gaullisme n'est pas un phénomène accidentel. Il a toujours prévu que le gaullisme ne volerait pas en éclats et qu'il survivrait au général de Gaulle. Pour lui, le gaullisme correspond à une mutation politique, qui se produit à partir de 1962 : la mutation majoritaire. La fonction du gaullisme dans le système politique français peut être ainsi définie :

« Faire qu'un système parlementaire et majoritaire soit possible dans un pays où le multipartisme et la force des barrières idéologiques ont créé une longue tradition de régime d'assemblée. » Ainsi, on assiste, selon J. Charlot, à une « véritable mutation du système politique français : le passage d'un système de partis multiples et faibles à un système de parti dominant, en attendant peut-être le bipartisme ». Dans cette perspective, J. Charlot décrit l'UDR, comme un « parti d'électeurs » très différent des partis de cadres et des partis de masses défini par Duverger, et qui a pour fonction d'attirer les électeurs, et de constituer une majorité.

Cette analyse pose au moins un problème : quel est l'avenir d'un parti majoritaire qui deviendrait minoritaire — ce qui est conforme à la destinée normale d'une formation politique et constitue pour elle l'épreuve de la vérité. Mais surtout, le lecteur de Jean Charlot n'aperçoit pas très bien le lien qu'il établit entre le gaullisme et la mutation majoritaire : est-ce le gaullisme qui a provoqué la mutation majoritaire, et, en ce cas, pourquoi a-t-il fallu attendre 22 ans de gaullisme pour que la mutation se produise ? Ou bien est-ce la mutation majoritaire qui explique les succès du gaullisme, mais en ce cas s'il s'agit d'expliquer par la mutation majoritaire le fait que le gaullisme soit majoritaire, sommes-nous très éloignés de la vertu dormitive de l'opium ? Bref les analyses de Charlot sont ingénieuses et elles semblent actuellement vérifiées, mais elles ne nous éclairent guère sur la nature du gaullisme.

La comparaison entre gaullisme et bonapartisme est mise en avant de façon purement polémique dans le livre *De Napoléon III à de Gaulle* de Jacques Duclos où l'on trouve les allusions attendues à Badinguet, au général-président, aux plébiscites, au pouvoir des banquiers, etc., et qui se termine par une anthologie en partie double rapprochant des textes de Napoléon III et des textes du général de Gaulle. D'une tout autre nature et d'un tout autre sérieux est l'analyse à laquelle procède René Rémond dans son livre sur la droite en France [1]. La thèse du livre : le gaullisme est le point

1. *La Droite en France de la Iʳᵉ Restauration à la Vᵉ République*, Aubier, 1968.

d'aboutissement de la droite bonapartiste. Rémond compare le boulangisme et le RPF : même révisionnisme, même nationalisme, mêmes soucis de pratiquer une politique sociale et de s'appuyer sur les ouvriers, mêmes succès dans les villes. Il compare surtout le second Empire et la Ve République : mêmes préoccupations sociales, même recours au plébiscite, même appel au peuple, même souci de la grandeur de la France, même alliance de la démocratie et du nationalisme.

Les analogies existent, mais elles me paraissent beaucoup moins déterminantes qu'à René Rémond, à qui on peut présenter trois objections : d'abord, je suis gêné par les comparaisons à un siècle de distance et par le caractère polémique que risque de revêtir ce genre de comparaisons : le général-président, Badinguet, etc. En second lieu la stature du général de Gaulle n'est guère comparable à celle de Napoléon III ou du général Boulanger. La place que tient le général de Gaulle dans le gaullisme est incomparablement plus grande que celle de Napoléon III dans le bonapartisme, et cela suffit à fausser les comparaisons. En troisième lieu, la part du nationalisme me paraît différente dans le bonapartisme et dans le gaullisme. Le second Empire est avant tout un régime autoritaire, soucieux de faire respecter l'ordre public et de rassurer les possédants. Le nationalisme n'apparaît que secondairement. Dans le cas du gaullisme, l'ordre des facteurs me semble inversé. Le gaullisme doit s'interpréter bien moins en fonction de l'histoire de la droite qu'en fonction de celle du nationalisme : sinon, on expliquerait mal les ralliements d'extrême gauche dont il a bénéficié à divers moments de son histoire.

En définitive, bien que je me méfie beaucoup des explications globales, c'est par le nationalisme qu'il me semble le plus fondé d'expliquer le gaullisme. Sans doute faut-il commencer par rappeler deux affirmations très banales : à l'origine du gaullisme, il y a un homme tout à fait exceptionnel et tout à fait anachronique qui s'appelait Charles de Gaulle. D'autre part, le gaullisme est né de la guerre et de la défaite de juin 1940. La naissance du gaullisme est incompréhensible si on ne fait pas l'effort nécessaire pour imaginer ce qu'a pu être juin 1940. Le gaullisme est la convergence entre le nationalisme d'un homme exceptionnel, mais dont l'idée de la France n'avait rien d'exceptionnel, et les sentiments d'une nation ou d'une partie de cette nation, ou parfois d'une poignée d'hommes, sentiments très différents selon les hommes et selon les périodes.

La première période est celle de la guerre; le gaullisme est alors l'expression du nationalisme d'une poignée d'hommes qui ne veulent pas se rendre, un refus au nom de l'honneur. La deuxième période s'ouvre avec la Libération, c'est le gaullisme de gouvernement, qui emporte l'adhésion confuse et souvent ambiguë d'un pays victorieux sans avoir beaucoup combattu, et dont de Gaulle est la bonne conscience. La troisième période, celle du RPF, est marquée par l'anticommunisme, l'antiparlementarisme, l'antidirigisme. Sans la guerre d'Algérie, la quatrième période, celle du retour au pouvoir, ne serait sans doute jamais advenue. Le gaullisme de 1958-1959 est, comme celui de 1945, extrêmement répandu et extrêmement ambigu. On y trouve des composantes très diverses : l'attachement à l'Algérie française, des traces de fascisme, des ralliements commandés par l'opportunisme et, chez beaucoup d'électeurs, une volonté, le plus souvent confuse, de renouveau. La cinquième période va de l'annonce de l'autodétermination à l'indépendance de l'Algérie; cette période de chassé-croisé est dominée par le drame algérien : tandis que rompent avec le gaullisme les plus ardents partisans de l'Algérie française, un certain nombre d'hommes très hostiles au gaullisme de 1958 se rapprochent du gaullisme menacé de janvier 1960 et d'avril 1961. La sixième période, celle du gouvernement Pompidou (1962-1968), est marquée par un gaullisme de gestion, sans aventures, avec deux motivations principales : la conscience du prestige retrouvé par la France; dans l'ensemble, la politique étrangère du général de Gaulle est très largement approuvée par l'opinion; mais surtout la conscience de la stabilité retrouvée, stabilité politique et économique. Le gaullisme c'est l'absence de crises, l'absence d'aventures, l'absence de drames. Le gaullisme c'est la tranquillité. La septième période enfin va de mai 1968 au départ du général de Gaulle. C'est en juin 1968, un gaullisme de réaction et de peur, mais on pouvait alors craindre non seulement pour l'ordre public et pour les situations acquises, mais pour la démocratie. C'est un gaullisme de fidélité et de tristesse pendant l'automne 1968-1969, avant les défections d'avril 1969. Durant cette étrange période, terminée par ce référendum absurde, un certain nombre d'hommes qui avaient depuis longtemps rompu avec le gaullisme et que préoccupait fort peu l'avenir de la majorité ont découvert que quelque chose d'assez profond les unissait à Charles de Gaulle, et en avril 1969 ils ont voté oui sans hésitation alors qu'ils n'avaient voté oui ni en 1958 ni en 1962. Toutefois, l'itinéraire inverse a certainement été plus fréquent.

Il resterait à apprécier le gaullisme de la période actuelle, le gaullisme pompidolien. Je me contenterai à cet égard de dire trois choses : contrairement aux allégations de Louis Vallon [1], je crois à la fidélité de Georges Pompidou envers le général de Gaulle. Je ne crois pas au complot ourdi par Georges Pompidou en 1969 contre le général. Quoi qu'il en soit, la politique de la France sous la présidence de Georges Pompidou s'est beaucoup moins écartée des principes définis par le général de Gaulle que ne l'avaient prédit un bon nombre d'observateurs : qu'il s'agisse d'Israël, de l'OTAN, ou de l'Europe. Mais, si les principes sont les mêmes, si les mots sont souvent les mêmes, le ton est totalement absent. Personnellement, je crois le gaullisme pompidolien beaucoup plus profondément enraciné dans l'opinion publique que ne l'était le gaullisme du général de Gaulle. Mais sans doute conviendrait-il, pour désigner le phénomène actuel, d'utiliser un autre mot que celui de gaullisme.

Ce cours est à peu près achevé et je n'ai étudié qu'un gaullisme : celui du général de Gaulle. Il resterait à étudier trois autres gaullismes :

Celui des personnalités gaullistes : Malraux, Mauriac, Michel Debré, Pompidou, Chaban-Delmas, Michelet, Capitant, Vallon, Léo Hamon, Soustelle, etc. A cet égard, quatre

1. Dans son livre *L'Anti-de Gaulle*, Le Seuil, 1969.

conclusions s'imposent : d'abord, les premiers gaullistes, au temps de la guerre, sont d'origine très diverse : de l'AF à la SFIO. En conséquence, le gaullisme a pour les personnalités gaullistes des significations profondément diverses. Le gaullisme a d'ailleurs fait une abondante consommation d'hommes : longue est la liste des hommes qui, pendant la guerre, à la Libération, au temps du RPF ou dans les premières années de la Ve République, ont été très proches du général de Gaulle et se sont éloignés du gaullisme. Enfin, il faut remarquer que, entre le gaullisme du général de Gaulle et le gaullisme de la nation dans ses profondeurs, le gaullisme des gaullistes n'a jamais pesé très lourd tant que le général a été au pouvoir.

Second niveau : le gaullisme des formations politiques se réclamant du gaullisme. Une remarque initiale : le général de Gaulle a toujours répugné à prendre la tête d'un parti politique. Il s'est toujours voulu l'homme de l'unité nationale. Pour lui, le RPF, à l'origine, n'est pas un parti comme les autres : c'est une entreprise de mobilisation nationale, dans un climat d'angoisse et de guerre menaçante. Conçu comme une seconde Résistance, le RPF devient une entreprise de mise en scène et a le destin d'un parti de droite qui ne tarde pas à se décomposer après les élections de 1951. Le RPF est un des principaux échecs du général de Gaulle et le souvenir de cet échec a sans doute influencé son attitude à l'égard de l'UNR qui, à l'origine, n'est pas autre chose qu'un sigle électoral permettant de dégager une majorité, et que le général de Gaulle traite avec un très visible détachement. L'évolution de l'UNR a été analysée par Jean Charlot dans sa thèse et surtout dans *le Phénomène gaulliste*. Vous en connaissez les conclusions que j'ai rapidement évoquées plus haut (cf. p. 350). Il faut signaler enfin les vicissitudes du gaullisme de gauche, l'extraordinaire prolifération de groupements plus ou moins éphémères et plus ou moins concurrents, l'inaptitude totale des gaullistes de gauche à constituer une véritable formation politique ou à influencer d'une façon perceptible les grandes formations gaullistes : RPF ou UNR. Le gaullisme de gauche existe — ou du moins a existé — au niveau de l'électorat (cf. les 3 millions d'électeurs de gauche ayant voté gaulliste en décembre 1965 selon François Goguel). Il n'a jamais vraiment existé au niveau des formations politiques.

Enfin — troisième niveau d'analyse — le gaullisme de la « Nation dans ses profondeurs ».

Pour analyser ce troisième niveau, qui est évidemment fondamental et qui est le plus difficile à étudier, car les sondages et les résultats électoraux ne sont pas toujours aisés à interpréter, il faut sans doute distinguer les huit périodes que j'ai esquissées rapidement. Car il n'est pas assuré du tout que le gaullisme ait la même étendue et la même signification à toutes les périodes de son histoire.

Repères chronologiques

I. JUSQU'AU 18 JUIN 1940

22 novembre 1890	naissance à Lille.
27 septembre 1909	reçu à Saint-Cyr.
2 mars 1916	blessé à Douaumont, fait prisonnier.
Août 1919	guerre en Pologne.
6 avril 1921	mariage avec Yvonne Vendroux.
1924	parution de *la Discorde chez l'ennemi*, chez Berger-Levrault.
1er juillet 1925	détaché à l'état-major de Pétain.
Avril 1927	conférences à l'École supérieure de guerre.
1932	parution du *Fil de l'épée*, chez Berger-Levrault.
1934	parution de *Vers l'armée de métier*, chez Berger-Levrault.
Juillet 1937	affecté au 507e régiment de chars à Metz.
Décembre	nommé au grade de colonel.
Septembre 1938	parution de *la France et son armée*, chez Plon.
3 septembre 1939	la France et la Grande-Bretagne déclarent la guerre à l'Allemagne.
26 avril 1940	promu commandant par intérim de la 4e division cuirassée.
25 mai	promu général de brigade à titre temporaire.
5 juin	nommé sous-secrétaire d'État à la Défense nationale et à la Guerre.
17 juin	départ de Bordeaux pour Londres.

II. LA GUERRE ET LA LIBÉRATION

1940

18 juin	appel, à 20 heures, sur la BBC.
23 juin	la France demande l'armistice.
10 juillet	la Chambre vote les pleins pouvoirs au maréchal Pétain.
2 août	le général de Gaulle est condamné à mort par contumace.
Août	ralliement de l'AEF à la France libre.
23 septembre	vaine tentative pour rallier l'AOF (Dakar).
24 octobre	entrevue de Montoire entre Pétain et Hitler.

1941

22 juin	l'Allemagne attaque l'URSS.
7 décembre	Pearl Harbor.

1942

8 novembre	débarquement anglo-américain en Afrique du Nord.

1943

3 juin	création du CFLN à Alger.
10 juillet	débarquement anglo-américain en Sicile.

1944

30 janvier	discours de Brazzaville.
3 juin	le CFLN devient gouvernement provisoire de la République française.
6 juin	débarquement allié en Normandie.
14 juin	de Gaulle débarque en France.
15 août	débarquement allié en Provence.
26 août	dans Paris libéré, de Gaulle descend les Champs-Élysées.

1945

4 février	Yalta.
8 mai	capitulation de l'Allemagne.
30 mai	incidents de Damas.
21 octobre	référendum et élection de l'Assemblée nationale constituante.
13 novembre	de Gaulle élu à l'unanimité président du gouvernement provisoire.

1946

20 janvier	de Gaulle se retire.

III. LA « TRAVERSÉE DU DÉSERT »

16 juin	discours de Bayeux.

1947

7 avril	discours de Strasbourg, annonçant la création du RPF.
14 avril	fondation du RPF.
4 mai	départ des ministres communistes du gouvernement Ramadier.
19 et 26 octobre	le RPF obtient environ 40 % des voix aux municipales.
Novembre-décembre	grandes grèves.

1948

25 février	coup de Prague.

1949

20-27 mars	le RPF obtient 31 % des voix aux élections cantonales.
4 avril	signature du Pacte atlantique.

1950

25 juin	début de la guerre de Corée.
17 juin	élections législatives, le RPF obtient 118 sièges sur 625.

1952

27 mai	signature du traité instituant la CED.

1953

26 avril-3 mai	municipales décevantes pour le RPF.
6 mai	de Gaulle signifie au RPF de ne plus avoir à participer aux élections ni aux activités de l'Assemblée.

1954

7 mai	chute de Dien Bien Phu.
Août	l'Assemblée nationale rejette la CED.
Octobre	publication du premier tome des *Mémoires de guerre*, chez Plon.
1er novembre	début de l'insurrection algérienne.

1956

Juin	parution du second tome des *Mémoires de guerre*, chez Plon.

IV. LE RETOUR AU POUVOIR. LA Ve RÉPUBLIQUE

1958

13 mai	à l'annonce de la formation du gouvernement Pflimlin, soulèvement à Alger et formation d'un comité de Salut public.
14 mai	le CSP d'Alger fait appel au général de Gaulle.
19 mai	conférence de presse du général de Gaulle.
26 mai	rencontre avec Pflimlin à Saint-Cloud.

28 mai	démission de Pflimlin; entrevue avec les présidents des Assemblées, Le Troquer et Monerville.
29 mai	le président Coty fait appel au « plus illustre des Français ».
1er juin	l'Assemblée nationale accorde l'investiture au gouvernement de Gaulle.
Juin-août	voyages en Algérie et en Afrique noire.
28 septembre	référendum constitutionnel.
1er octobre	fondation de l'UNR.
23-30 novembre	élections législatives; l'UNR emporte 198 sièges.
21 décembre	de Gaulle élu président de la République et de la Communauté.
	1959
1er janvier	naissance officielle de la Ve République.
8 janvier	formation du cabinet Debré.
16 septembre	dans une allocution radiotélévisée, de Gaulle promet l'autodétermination aux Algériens.
Octobre	parution du troisième tome des *Mémoires de guerre*, chez Plon.
	1960
Janvier-août	proclamation de l'indépendance des nouvelles républiques issues des colonies françaises d'Afrique noire.
1er janvier	entrée en vigueur du « nouveau franc ».
24 janvier-1er février	soulèvement des « barricades » à Alger.
2-3 février	le Parlement accorde au gouvernement le droit de légiférer par ordonnances pendant un an.
13 février	explosion de la première bombe atomique française.
3 mars	« tournée des popotes » en Algérie.
25-29 juin	entretiens de Melun.
4 novembre	dans une allocution radiotélévisée, le général de Gaulle parle de la « République algérienne ».

1961

8 janvier	référendum sur l'organisation des pouvoirs publics en Algérie.
Avril	premières manifestations de l'OAS.
22 avril	putsch des généraux.
23 avril	allocution radiotélévisée sur le « quarteron »; le général de Gaulle assume les pleins pouvoirs en application de l'article 16.
25 avril	effondrement de l'insurrection.
20 mai	première ouverture de la conférence d'Évian.
18 juillet	combats de Bizerte.
13 août	le mur de Berlin est édifié.
8 septembre	attentat de Pont-sur-Seine.

1962

8 février	fusillade de Charonne.
7 mars	ouverture des secondes négociations d'Évian.
18 mars	signature des accords d'Évian; le 19, cessez-le-feu en Algérie.
26 mars	fusillade de la rue d'Isly à Alger.
8 avril	référendum sur les accords d'Évian.
14 avril	démission de Michel Debré; formation du premier cabinet Pompidou.
20 avril	arrestation du général Salan.
15 mai	conférence de presse sur le « volapük », démission des ministres MRP.
1er juillet	référendum sur l'indépendance algérienne.
3 juillet	proclamation de l'indépendance de l'Algérie.
22 août	attentat du Petit-Clamart.
5 octobre	vote d'une motion de censure; le lendemain, démission du cabinet Pompidou.
10 octobre	dissolution de l'Assemblée nationale.
28 octobre	référendum sur l'élection du président de la République au suffrage universel.

18-25 novembre	élections législatives; l'UNR emporte 233 sièges, la majorité 285.
7 décembre	formation du nouveau cabinet Pompidou.
	1963
22 janvier	signature du traité de coopération franco-allemand.
28-29 janvier	ajournement *sine die* des négociations entre les Six et la Grande-Bretagne.
1er mars	début de la grève des charbonnages.
4 mars	réquisition des mineurs; condamnations à mort au procès des conjurés du Petit-Clamart.
	1964
27 janvier	la France reconnaît la Chine populaire.
	1965
1er juillet	la France se retire du Conseil des ministres des communautés européennes.
10 septembre	constitution de la FGDS par la SFIO, le parti radical et les clubs de la Convention des institutions républicaines.
5-19 décembre	de Gaulle élu président de la République au suffrage universel, contre François Mitterrand.
	1966
8 janvier	constitution du troisième cabinet Pompidou.
7 mars	retrait des forces françaises de l'OTAN.
1er septembre	discours de Pnom Penh.
	1967
5-12 mars	élections législatives, l'UNR-UDT emporte 200 sièges, les RI 44.
1er avril	démission du cabinet Pompidou.
6 avril	formation du quatrième cabinet Pompidou.
16 mai	au cours d'une conférence de presse, le général de Gaulle réitère le refus qu'il oppose aux démarches

	britanniques en vue d'entrer dans le Marché commun.
5 juin	début de la guerre des Six jours.
16 juin	le Parlement autorise de justesse le gouvernement à légiférer par ordonnances dans le domaine économique et social.
23-27 juillet	voyage au Canada : « Vive le Québec libre ».
22 août	ordonnances sur la Sécurité sociale.
27 novembre	conférence de presse : « un peuple d'élite, sûr de lui-même et dominateur... ».
	1968
3 mai	évacuation de la Sorbonne par la police.
10-11 mai	« nuit des barricades » du quartier Latin.
13 mai	défilés syndicats-étudiants à Paris et dans toute la France.
14-18 mai	voyage en Roumanie; débuts de la grève générale.
24 mai	allocution radiotélévisée sur la participation.
24-25 mai	nuit d'émeutes dans toute la France.
25 mai	ouverture des négociations de Grenelle.
27 mai	meeting de Charléty; le lendemain, F. Mitterrand fait savoir qu'il sera éventuellement candidat à la présidence de la République.
29 mai	voyage-éclair à Baden-Baden.
30 mai	allocution radiotélévisée; dissolution de l'Assemblée nationale; défilé gaulliste de la Concorde à l'Étoile.
31 mai	formation du cinquième gouvernement Pompidou.
6-11 juin	violents affrontements à Flins et à Sochaux.
23-30 juin	élections législatives, triomphe de l'UDR.
10 juillet	démission du gouvernement Pompidou; le 12, formation du cabinet Couve de Murville.
20-21 août	occupation de la Tchécoslovaquie.

1969

17 janvier	Pompidou annonce, à Rome, qu'il serait candidat à la présidence de la République si le général de Gaulle venait à se retirer.
27 avril	référendum sur l'organisation des régions et du Sénat ; le « non » l'emporte.
28 avril	le général de Gaulle cesse d'exercer ses fonctions.

1970

9 novembre	mort de Charles de Gaulle à Colombey-les-Deux-Églises.

Bibliographie sommaire

I. LE GAULLISME DU GÉNÉRAL DE GAULLE

Pour connaître le gaullisme, rien ne remplace la lecture des écrits du général de Gaulle :

La Discorde chez l'ennemi, Berger-Levrault, 1924; Plon, 1971.
Le Fil de l'épée, Berger-Levrault 1932; Plon, 1971.
Vers l'armée de métier, Berger-Levrault, 1934; Plon, 1971.
La France et son armée, Plon, 1938.
Trois études, Berger-Levrault 1945; Plon, 1971.
Discours et messages (éd. établie avec le concours de M. François Goguel), Plon, 1970 :

1. Pendant la guerre, juin 1940-janvier 1946;
2. Dans l'attente, février 1946-avril 1958;
3. Avec le renouveau, mai 1958-juillet 1962;
4. Pour l'effort, août 1962-décembre 1965;
5. Vers le terme, janvier 1966-avril 1969.

Mémoires de guerre :

1. L'appel, 1940-1942, Plon, 1954;
2. L'unité, 1942-1944, Plon, 1956;
3. Le salut, 1944-1946, Plon, 1959.

Mémoires d'espoir :

1. Le renouveau, 1958-1962, Plon, 1970.
2. L'effort, 1962- . . . , Plon, 1971.

A ces textes du général de Gaulle, il convient d'ajouter les deux volumes, faciles à consulter, d'André Passeron, qui regroupent par thèmes les principales déclarations du général de Gaulle de 1958 à 1966 :

De Gaulle parle des institutions, de l'Algérie, de l'armée, des affaires étrangères, de la communauté, de l'économie et des questions sociales, préface de J.-R. Tournoux, Plon, 1962. *De Gaulle parle*, 1962-1966, préface de P.-M. de la Gorce, Fayard, 1966.

Des innombrables ouvrages consacrés au général de Gaulle, nous extrairons quatre titres : le petit livre de Jean Lacouture (qu'il faut consulter dans l'édition de 1969), le gros ouvrage de Paul-Marie de la Gorce (qui aurait gagné à être allégé, et qui s'arrête en 1962), enfin les deux livres de Jean-Raymond Tournoux qui, dans le style « histoire secrète », apportent, surtout le second, un certain nombre de déclarations et de révélations plus ou moins inédites :

Lacouture J., *De Gaulle*, Le Seuil, 1969.

La Gorce P.-M. de, *De Gaulle entre deux mondes — une vie et une époque*, Fayard, 1964.

Tournoux J.-R., *Pétain et de Gaulle*, Plon, 1964.
– *La Tragédie du général*, Plon, 1967.

II. LE GAULLISME DES PERSONNALITÉS GAULLISTES

Il serait trop long d'énumérer ici les écrits des principales personnalités gaullistes — ou qui le furent longtemps : Jacques Soustelle, Michel Debré, Edmond Michelet, Louis Terrenoire, René Capitant, Louis Vallon, Léo Hamon, François Mauriac, André Malraux, etc. Dans cette bibliographie sélective, on ne signalera qu'une seule étude, celle de : Mossuz J., *André Malraux et le Gaullisme*, Armand Colin, 1970.

III. LE GAULLISME DES FORMATIONS GAULLISTES

Sur le RPF :

Purtschet C., *Le Rassemblement du peuple français, 1947-1953*, préface de C.-A. Colliard, avant-propos de Marcel Prélot, Cujas, 1965.

Sur l'UNR :

Charlot J., *L'Union pour la Nouvelle République — étude du pouvoir au sein d'un parti politique*, préface de René Rémond, Armand Colin, 1967.

IV. INTERPRÉTATIONS DU GAULLISME

Le gaullisme et le pouvoir des monopoles :

Claude H., *Gaullisme et Grand Capital*, Éditions sociales, 1960.

Le gaullisme expression politique du néo-capitalisme :

Mallet S., *Le Gaullisme et la Gauche*, Le Seuil, 1965.

Le gaullisme expression de la France dynamique :

Goguel F., « L'électorat gaulliste », *Nouvelle Frontière*, janvier 1964; du même auteur, une étude plus récente et beaucoup plus fouillée : *Modernisation économique et Comportement politique d'après un échantillon d'un trentième du corps électoral français*, Armand Colin, 1969.

Gaullisme et bonapartisme :

Rémond R., *La Droite en France de la première Restauration à la Vᵉ République*, Aubier, 1968 :
1. 1815-1940;
2. 1940-Juin 1968.

Le gaullisme et le « fait majoritaire » :

Charlot J., *Le Phénomène gaulliste*, Fayard, 1970.
Du même auteur, signalons un très utile recueil de documents : *Le Gaullisme*, Armand Colin, 1970.

Jean Touchard n'avait pas cru bon de donner d'autres indications bibliographiques; nous nous contenterons de rappeler ici les ouvrages suivants mentionnés dans son cours :

Alexandre Ph., *Le Duel de Gaulle-Pompidou*, Grasset, 1970.
– *L'Élysée en péril — 2-30 mai 1968*, Fayard, 1968.

Aron R., *Le Grand Débat*, Calmann-Lévy, 1963.
– *De Gaulle, Israël et les juifs*, Plon, 1968.

Auburtin J., *Le Colonel de Gaulle*, Plon, 1965.

Beloff N., *Le Général dit non*, Plon, 1963.

Bromberger M. et S., *Les Treize Complots du treize mai*, Fayard, 1959.

Buron R., *Carnets politiques de la guerre d'Algérie*, Plon, 1965.

Cotteret J.-M. et Moreau R., *Le Vocabulaire du général de Gaulle*, Armand Colin, 1969.

Debu-Bridel J., *Les Partis contre de Gaulle*, Somogy, 1948.

Fabre-Luce A., *Gaulle deux*, Julliard, 1958.
– *Le plus illustre des Français*, Julliard, 1960.

Ferniot J., *De Gaulle et le 13 mai*, Plon, 1965.

Grosser A., *La Politique extérieure de la Vᵉ République*, Le Seuil, 1965.

Hoffmann S. et I., *De Gaulle artiste de la politique*, Le Seuil, 1973.

Jouve E., *Le Général de Gaulle et la construction de l'Europe*, LGDJ, 1967.

Laurent J., *Mauriac sous de Gaulle*, la Table ronde, 1964.

Malraux A., *Les Chênes qu'on abat*, Gallimard, 1971.

Mauriac C., *Un autre de Gaulle*, Hachette, 1970.

Mauriac F., *De Gaulle*, Grasset, 1964.

Michelet E., *La Querelle de la fidélité*, Fayard, 1971.

Mignon E., *Les Mots du général*, Fayard, 1962.
– *Les Nouveaux Mots du général*, Fayard, 1965.

Nachin L., *Charles de Gaulle, général de France*, Éditions Colbert, 1944.

Paillat C., *Dossier secret de l'Algérie*, Presses de la Cité, 1961.

Rémy, *Dix Ans avec de Gaulle*, Éditions France-Empire, 1971.

Revel J.-F., *Le Style du général*, Julliard, 1959.

Reynaud P., *La Politique étrangère du gaullisme*, Julliard, 1964.

Soustelle J., *28 ans de gaullisme*, la Table ronde, 1968.
– *L'Espérance trahie*, Éditions de l'Alma, 1962.

Terrenoire L., *De Gaulle et l'Algérie*, Fayard, 1964.

Tesson Ph., *De Gaulle Iᵉʳ, la révolution manquée*, Albin Michel, 1965.

Tournoux J.-R., *Le Mois de mai du général*, Plon, 1969.

Vallon L., *L'Anti-de Gaulle*, Le Seuil, 1969.

Signalons enfin que Pierre Viansson-Ponté a donné, d'une part un petit guide pratique des personnalités gaullistes, d'autre part une histoire d'ensemble de la Vᵉ République :

Viansson-Ponté P., *Les Gaullistes, rituel et annuaire*, Le Seuil, 1963.
Histoire de la République gaullienne, Fayard, 1970-1971.
1. La fin d'une époque, mai 1958-juillet 1962;
2. Le temps des orphelins, été 1962-avril 1969.

Index

Table

IMPRIMERIE MAME À TOURS (7-81)
D. L. 1er TR. 1978. N° 4797-2 (8738).

Collection Points

SÉRIE HISTOIRE

H1. Histoire d'une démocratie : Athènes
des origines à la conquête macédonienne, *par Claude Mossé*
H2. Histoire de la pensée européenne
1. L'éveil intellectuel de l'Europe du IXe au XIIe siècle
par Philippe Wolff
H3. Histoire des populations françaises et de leurs attitudes
devant la vie depuis le XVIIIe siècle, *par Philippe Ariès*
H4. Venise, portrait historique d'une cité
par Philippe Braunstein et Robert Delort
H5. Les Troubadours, *par Henri-Irénée Marrou*
H6. La Révolution industrielle 1780-1880, *par Jean-Pierre Rioux*
H7. Histoire de la pensée européenne
4. Le siècle des Lumières, *par Norman Hampson*
H8. Histoire de la pensée européenne
3. Des humanistes aux hommes de science, *par Robert Mandrou*
H9. Histoire du Japon et des Japonais
1. Des origines à 1945, *par Edwin O. Reischauer*
H10. Histoire du Japon et des Japonais
2. De 1945 à 1970, *par Edwin O. Reischauer*
H11. Les Causes de la Première Guerre mondiale, *par Jacques Droz*
H12. Introduction à l'histoire de notre temps. L'Ancien Régime
et la Révolution, *par René Rémond*
H13. Introduction à l'histoire de notre temps. Le XIXe siècle
par René Rémond
H14. Introduction à l'histoire de notre temps. Le XXe siècle
par René Rémond
H15. Photographie et Société, *par Gisèle Freund*
H16. La France de Vichy (1940-1944), *par Robert O. Paxton*
H17. Société et Civilisation russes au XIXe siècle
par Constantin de Grunwald
H18. La Tragédie de Cronstadt (1921), *par Paul Avrich*
H19. La Révolution industrielle du Moyen Age, *par Jean Gimpel*
H20. L'Enfant et la Vie familiale sous l'Ancien Régime
par Philippe Ariès
H21. De la connaissance historique, *par Henri-Irénée Marrou*
H22. Malraux, une vie dans le siècle, *par Jean Lacouture*
H23. Le Rapport Khrouchtchev et son histoire, *par Branko Lazitch*
H24. Le Mouvement paysan chinois (1840-1949), *par Jean Chesneaux*
H25. Les Misérables dans l'Occident médiéval, *par Jean-Louis Goglin*
H26. La Gauche en France depuis 1900, *par Jean Touchard*

H27. Histoire de l'Italie du Risorgimento à nos jours
par Sergio Romano
H28. Genèse médiévale de la France moderne, XIVe-XVe siècle
par Michel Mollat
H29. Décadence romaine ou Antiquité tardive? IIIe-VIe siècle
par Henri-Irénée Marrou
H30. Carthage ou l'Empire de la mer, *par François Decret*
H31. Essais sur l'histoire de la mort en Occident du Moyen Age
à nos jours, *par Philippe Ariès*
H32. Le Gaullisme (1940-1969), *par Jean Touchard*
H33. Grenadou, paysan français
par Ephraïm Grenadou et Alain Prévost
H34. Piété baroque et Déchristianisation en Provence au XVIIIe siècle
par Michel Vovelle
H35. Histoire générale de l'Empire romain
1. Le Haut-Empire, *par Paul Petit*
H36. Histoire générale de l'Empire romain
2. La crise de l'Empire, *par Paul Petit*
H37. Histoire générale de l'Empire romain
3. Le Bas-Empire, *par Paul Petit*
H38. Pour en finir avec le Moyen Age, *par Régine Pernoud*
H39. La Question nazie, *par Pierre Ayçoberry*
H40. Comment on écrit l'histoire, *par Paul Veyne*
H41. Les Sans-culottes, *par Albert Soboul*
H42. Léon Blum, *par Jean Lacouture*
H43. Les Collaborateurs, *par Pascal Ory*
H44. Le Fascisme italien (1919-1945)
par Pierre Milza et Serge Berstein
H45. Comprendre la Révolution russe, *par Martin Malia*
H46. Histoire de la pensée européenne
6. L'ère des masses, *par Michael D. Biddiss*
H47. Naissance de la famille moderne, *par Edward Shorter*
H48. Le Mythe de la procréation à l'âge baroque, *par Pierre Darmon*
H49. Histoire de la bourgeoisie en France, *par Régine Pernoud*
1. Des origines aux temps modernes
H50. Histoire de la bourgeoisie en France, *par Régine Pernoud*
2. Les temps modernes
H51. Histoire des passions françaises (1848-1945), *par Theodore Zeldin*
1. Ambition et amour
H52. Histoire des passions françaises (1848-1945), *par Theodore Zeldin*
2. Orgueil et intelligence
H53. Histoire des passions françaises (1848-1945), *par Theodore Zeldin*
3. Goût et corruption
H54. Histoire des passions françaises (1848-1945), *par Theodore Zeldin*
4. Colère et politique